Mein Weg zum Buddhismus

Dagmar Doko Waskönig (Hrsg.)

Mein Weg zum Buddhismus

Deutsche Buddhisten erzählen ihre Geschichte

Mit einem Vorwort von
Dagyab Kyabgön Rinpoche

O.W. Barth

www.owbarth.de

Erste Auflage 2003

ISBN 3-502-61111-4

Inhalt

Vorwort von Dagyab Kyabgön Rinpoche 7

Einführung 9

KARL BRUNNHÖLZL
Wie ein Blitz in finstrer Nacht 15

ALFRED WEIL
Spurensuche 27

OLIVER PETERSEN
Mein Weg zur Integration 39

DAGMAR DOKO WASKÖNIG
Mein Weg durch die Küche 49

YESCHE U. REGEL
Im Zeichen der blaugelben Traumfahne 63

BHIKKHU SUKHACITTO
Von der äußeren zur inneren Reise 85

ALFRED WOLL
Wie ein Ausstieg zum Einstieg wurde 111

ANNABELLE ZINSER
Die Kostbarkeit meines Lebens entdecken 129

FRANZ-JOHANNES LITSCH
Was ein Papierflugzeug lehrt 139

ELKE HESSEL
Wanderin zwischen Welten 163

AGGANYANI (CHRISTA BENTENRIEDER)
Das ständige Kommen und Gehen 177

HANS GRUBER
Mit Buddha nach Hause kommen 197

RITSUNEN GABRIELE LINNEBACH
Mein Weg zum «einfach tun» 225

KAY ZUMWINKEL
Die Stille der Wats 237

THOMAS LAUTWEIN
Meine Zuflucht – wie es dazu kam und was daraus folgte . . . 247

SANGHAMITTA (TRAUDEL REISS)
Vom Großkonzern in ein buddhistisches Kloster 255

LAMA DJANGCHUB PALMO (JERENA SMUK)
Ein Säckchen voller Steine 265

VAJRAPRABHA ROSE KASPER
Keine Direttissima 273

GENPO DÖRING
Mein Weg zum Zen 281

SYLVIA WETZEL
Schwarz – Rot – Grün 291

VAJRAMALA
Wie ich den Dharma wiederfand 311

PAUL H. KÖPPLER
Mit leisen Schritten
Umwege und Wege zum Land ohne Werden und Vergehen 323

HEINZ-JÜRGEN METZGER
Kein Weg – Mein Weg – Ein Weg 331

Vorwort

Unsere Religion können wir nicht so leicht wechseln wie zum Beispiel unsere Kleidung. Spirituelle Überzeugungen – auch wenn wir uns nicht aktiv für sie entschieden haben – wirken bis weit über den Tod hinaus. Sie sollten in ihrer Reichweite nicht unterschätzt werden. Im Buddhismus wird deshalb jedem empfohlen, den einmal eingeschlagenen Weg nicht zu verlassen. Zu groß ist die Gefahr, dass wir im Moment des Todes verwirrt sind und weder in der einen noch in der anderen Tradition Orientierung und Unterstützung finden. Nicht zuletzt deshalb betont der Dalai Lama immer wieder, dass jeder bei der Religion bleiben sollte, mit der er oder sie aufgewachsen ist.

Schon gar nicht sollten wir versuchen, andere Menschen von einer fremden Religion zu überzeugen. Uns Buddhisten ist missionarischer Eifer verboten.

Gleichzeitig ist offensichtlich, dass die Menschen sehr verschieden sind. Nicht jede Religion ist für alle gleich gut geeignet. Fast jeder erinnert sich wahrscheinlich an einen Lehrer aus seiner Schulzeit, den er oder sie besonders gut verstanden hat und in dessen Unterricht er oder sie deshalb auch besonders gut war. So kann es auch im Spirituellen sein: dass wir mit den Erklärungen einer bestimmten Religion besser zurechtkommen als mit anderen und uns daher schneller und gewissermaßen «müheloser» entwickeln können. Wenn also jemand nach sorgfältiger Prüfung seine ursprüngliche Religion aufgibt und sich für den Weg des Buddha entscheidet, so sind wir Buddhisten verpflichtet, ihn oder sie von nun an nach Kräften zu unterstützen.

Es ist nicht leicht, eine asiatische Religion wie den Buddhismus in den deutschen Alltag zu integrieren. Auf den ersten Blick scheint vieles nicht zusammenzupassen. Nur mühsam lässt sich erkennen, welche Bestandteile der Überlieferung kulturell geprägte

Tradition sind und deshalb auf das neue Umfeld abgestimmt werden sollten, und welche Aspekte zum Kern der Lehre gehören, ohne den sie ihren Sinn verliert. Dieser Prozess wird noch viele Generationen dauern. Aber er vollzieht sich schon heute, in kleinen Schritten, in den persönlichen Entscheidungen vieler Einzelner, die sich diesen Fragen stellen und individuelle Antworten finden. Mit der Zeit wird aus den einzelnen Impulsen eine gemeinsame, neue, westliche Form des Buddhismus entstehen.

Das vorliegende Buch sammelt die Erfahrungsberichte von Männern und Frauen, die diesen Prozess der Integration seit vielen Jahren vorantreiben. Besonders diejenigen Leser, die selbst Buddhisten sind, werden von den folgenden Schilderungen profitieren: Wir werden darüber informiert, wie – inzwischen – erfahrene Praktizierende die Vorteile des Buddhismus für sich entdeckt haben und welche Fragen sich im Anschluss daran für sie ergaben. Ihren Motiven und Entscheidungen bei der Begegnung mit der fremden Religion lassen sich Anregungen entnehmen, wie man den Dharma sinnvoll in ein westliches Leben einbeziehen und auch mit den dabei unvermeidlich auftretenden kleineren und größeren Schwierigkeiten umgehen kann.

Darüber hinaus vermag das Buch sehr viel zum allgemeinen Verständnis zwischen den Religionen beizutragen. Denn wichtig ist letztlich nur eins: dass jeder Einzelne Verantwortung übernimmt für einen friedlichen und Sinn stiftenden Umgang mit sich und der Welt – sei es durch die buddhistische oder durch eine andere religiöse Grundhaltung. Ich bin davon überzeugt, dass sich jeder Leser, jede Leserin von den nachfolgenden Berichten in dieser Hinsicht inspirieren lassen kann. Möge dadurch Nützliches in Gang kommen.

Rheinbach, im September 2002

L. S. Dagyab Rinpoche

Einführung

«Wie sind Sie eigentlich *in unserer Kultur* (!) zum Buddhismus gekommen?» Die Regelmäßigkeit, mit der diese Frage – so oder ähnlich formuliert – bei öffentlichen Veranstaltungen außerhalb der buddhistischen Zentren an mich gerichtet wurde, verblüffte mich mit der Zeit immer mehr. Ebenso das spürbare Erstaunen, das dabei mitsprach – dies besonders in den letzten Jahren, in denen der Buddhismus hier doch durchaus eine gewisse Popularität erlangte. Anscheinend denkt man bei dem Stichwort «Buddhismus» weithin nur an Asien, erinnert sich an Mönche in bunten Roben und vor allem an Seine Heiligkeit den Dalai Lama. Noch zu wenig vertraut ist hingegen die Präsenz der deutschen Buddhistinnen und Buddhisten.

Verwunderung in der eben genannten Begegnungssituation gibt es jedoch auch auf meiner Seite. Wenn dabei stets von «unserer Kultur» die Rede ist, insbesondere bei Veranstaltungen mit Christen, dann wird offenbar gänzlich ausgeblendet, dass die christliche Missionierung «unsere» Religion ohne Skrupel in unzählige «fremde» Kulturen importiert hat.

Doch auch unter Buddhisten und Buddhistinnen stellt man seinem Gegenüber, sobald man im Gespräch etwas vertrauter miteinander wird, gern die Frage: «Wie bist du denn eigentlich zum Buddhismus gekommen?» Freilich wird dies hier etwas anders betont und natürlich ohne Verblüffung vorgebracht. Doch im Prozess des Kennenlernens interessiert irgendwann eben auch der biografische Hintergrund.

Seit längerem schien mir daher diese Thematik Stoff für ein interessantes Buch zu sein. Den letzten Anstoß dazu, die Initiative für die Edition solch einer Publikation zu ergreifen, bot eine interreligiöse Tagung in der Evangelischen Akademie Bad Herrenalb im Herbst 2001. Alfred Weil, Thomas Lautwein und ich selbst referierten dort über unseren Weg, hin zum Buddhismus. Und obgleich wir uns seit vielen Jahren gut kennen, gab es Aufschlussreiches und Spannendes mitzuvollziehen.

Die Absicht bei der Auswahl der hier zusammengestellten biografischen Skizzen deutscher Buddhistinnen und Buddhisten geht dahin, zu der genannten Frage einen guten Teil jener Gruppe von Praktizierenden zu Wort kommen zu lassen, die gegenwärtig die maßgeblichen Aufgaben im Bereich des Buddhismus wahrnehmen. Einmal abgesehen von den natürlich nach wie vor ungemein wichtigen, nur besuchsweise lehrenden asiatischen Lehrern oder den Asiaten, die hier ansässig sind.

Mit wenigen Ausnahmen ist dies die Altersgruppe zwischen 40 und 60. Berücksichtigt wurden hier die Jahrgänge 1943 bis 1963. Zumeist sind diese Menschen schon etwa 20 Jahre oder mehr auf dem Weg Buddhas, sodass ihr Verständnis und ihre Übungspraxis eine lange Entwicklung durchlaufen haben und sie in ihre Positionen hineingewachsen sind. Es konnte nicht ausbleiben, dass auf den Enthusiasmus der ersten Jahre zuweilen auch eine kritische Revision des eigenen Standortes erfolgte.

Viele Funktionen sind zu erfüllen, damit für die Suchenden wie für die Geübten zunehmend förderliche Bedingungen für das Studium des Buddha-Weges bereitstehen. So sind die AutorInnen tätig als Zentrumsleiter, leisten beeindruckende Organisationsarbeit, sind Lehrer und Referenten, Autoren, Übersetzer und Redakteure, oder sie stehen für einen vertieften Praxisweg. Vielfach haben sie gleich mehrere dieser Rollen auszufüllen. Ohne Übertreibung lässt sich sagen, dass der Buddhismus in Deutschland ohne das lang währende, unermüdliche Wirken dieser Menschen nicht das wäre, was er jetzt ist.

Mit der Autoren-Auswahl sollen ferner die großen traditionellen Schulungswege repräsentiert werden, die von den deutschen Buddhisten vor allem aufgegriffen werden, nämlich der Theravada, Zen und der tibetische Buddhismus. Hinzu kommt eine Gruppe von Autoren, die sich jüngeren Entwicklungen in der Geschichte des Buddhismus zugewandt haben.

Auch sollten beide Geschlechter in gleicher Zahl vertreten sein, der starken Position Rechnung tragend, die Frauen hier einnehmen. Dies ist allerdings nur annähernd gelungen, denn im Segment der traditionell tibetischen Ausrichtung bleiben die Frauen unterrepräsentiert. Dabei ist es keineswegs so, dass es dort zu wenig geeignete Personen gäbe. Doch gibt zu denken, dass sich sechs Frauen aus tibetischen Zentren, die ich ansprach, nicht dazu bereit finden mochten, derart persönliche Dinge zu publizieren. Im Einzelfalle mag auch die Arbeitsüberlastung eine Rolle gespielt haben. Insgesamt gesehen ist natürlich einzugestehen, dass eine solche Auswahl von Repräsentanten des deutschen Buddhismus einerseits durch den vorgegebenen Buchumfang begrenzt bleiben musste und andererseits in gewissem Maße subjektiv ist. Entschieden habe ich mich – mit einer Ausnahme – für Personen, die ich gut kenne, von deren Dharma-Verständnis und deren Tätigkeiten ich eine deutliche Vorstellung zu haben glaube.

Trotz dieser Einschränkungen steht meinem Eindruck nach ein aussagekräftiges biografisches Material zur Verfügung. Es bietet nicht nur spannende Einblicke in Lebenswege, Motivationsfindungen und die Ausformung von Praxiswegen, sondern es hat auch in gewissem Maße dokumentarischen Charakter. Die gegenwärtige, für die Rezeption des Buddhismus in Deutschland bedeutsame Phase bekommt ein von dreiundzwanzig Individuen bestimmtes, prägnantes Gesicht.

Als diese Generation von Buddhistinnen und Buddhisten ihren Weg suchte, war der Buddhismus in der Öffentlichkeit noch nicht annähernd so präsent, wie das heute der Fall ist. Auf Bücher zu diesem Thema stieß man höchst selten, und in den Medien wurde die östliche Weltreligion kaum erwähnt. Das machte es natürlich in vieler Hinsicht schwieriger, dieser Lehre überhaupt gewahr zu werden, und das Nachzeichnen der Umstände, unter denen dies geschah, ist umso aufschlussreicher und spannender. Das einmal Gefundene blieb denn auch keine bloße Episode im Lebenslauf, sondern die Motivation war offenbar stark genug, um über Jahrzehnte zu tragen.

Ein ganzes Bündel von Ursachen und Bedingungen kam in der Regel zusammen, um der jeweiligen Suche die nötige Schubkraft zu verleihen. Wie hier nachzulesen ist, kann die Motivation, dem Leben eine andere Wendung zu geben, durch eine drängende Beunruhigung über die Natur unseres Daseins oder die Sinnhaftigkeit der eigenen Lebensperspektive bestimmt sein, die manchmal schon frühzeitig, etwa am Ende der Schulzeit, oder etwas später, in der Phase der Festlegung der beruflichen Ausrichtung, manifest wird. Häufig werden auch eine aktuelle Krisensituation oder prägende alte oder aktuelle Leiderfahrungen als Antrieb für eine Veränderung wirksam.

Doch was besagt dies allein genommen schon? Schließlich erfährt fast jeder Mensch irgendwann einmal eine Krise, und um starke Leiderfahrung kommt gar niemand herum. Die Leser dieses Buches werden der Frage nachgehen können, welche Voraussetzungen im individuellen Falle zusammenkommen, um jemanden dazu zu motivieren, nach mancherlei Suchetapppen dauerhaft der Lehre Buddhas zu folgen. Nicht auszuschließen, dass neben den genannten Gründen auch anderes zur Wirkung kam, das nicht gleichermaßen bewusst gemacht wurde.

Immerhin verdient erwähnt zu werden, dass etwa die Hälfte der hier versammelten Autoren schon als Kind recht religiös war und das Aufnehmen des Buddha-Weges wie ein erneutes Auftauchen eines angelegten Bedürfnisses nach einer umfassenden Wirklichkeitsdimension verstanden werden kann. Mehrfach wird die Begegnung mit den Menschen in buddhistischen Ländern zu einem einschneidenden Erlebnis, das eine merkliche Irritation im Hinblick auf unsere hiesige Lebenssituation erzeugt. Namentlich die Atmosphäre der Himalayaregion und die Lebensart der Menschen dort lösen vielfach Faszination aus und machen tief nachdenklich.

Besonders interessant ist natürlich jener Moment, in dem die erste direkte Begegnung mit der Praxis und Lehre Buddhas stattfindet. Es ist ein Anliegen dieses Buches, diese Phase, in der schließlich der Entschluss da war, dabeizubleiben, möglichst genau in den Blick zu nehmen. Welche Elemente sind es, die als derart anziehend empfunden werden, dass sie das spontane Gefühl des Angekommenseins auslösen konnten? Und wie genau wird dieser beglückende Moment erfahren?

Zweifellos spielen vorbildliche Lehrergestalten in vielen Fällen eine maßgebliche Rolle. Doch sind diese als überzeugend empfundenen Menschen natürlich nicht von dem zu trennen, was sie lehren und praktizieren. Was auch immer an ersten Anziehungspunkten zusammengekommen sein mag, in erster Linie ging es darum, den hohen Wert der Buddha-Lehre und die Wirksamkeit des Übungsweges wenigstens in einigen wesentlichen Punkten klar zu erkennen. Praxis und Lehre werden denn auch am häufigsten ausdrücklich als primäre Beweggründe für das Aufnehmen des Weges genannt.

Eine signifikante Gruppe von ungefähr einem Drittel der Autoren, vielleicht auch etwas mehr, hat den Eindruck, etwas wiederzufinden, eine alte Verbindung wieder aufzunehmen. Ein Eindruck, der zuweilen als Vermutung im Unbestimmten belassen und manchmal explizit mit früheren Leben in Beziehung gebracht wird.

Was nun war es genau, das Lehre und Praxis derart anziehend und überzeugend gemacht hat, dass sie zur Zuflucht werden konnten? Ein Spektrum von möglichen Zugangstoren wird hier anschaulich. Es reicht von dem Wunsch nach einer Art von Spiritualität, die der eigenen aufgeklärten, an wissenschaftlichen Denkstrukturen orientierten Haltung entspräche, bis hin zu einigen stark intuitiv und gefühlsmäßig erlebten Eingangserfahrungen. Von besonderem Interesse scheint des Weiteren eine Reflexion darüber zu sein, wie die aus einem Ursachenbündel hervortretende Grundmotivation offenbar eine spezifische treibende Kraft mit sich bringt, die in Entwicklungsschüben das jeweilige Profil der Dharma-Praxis ausformt.

Die Lektüre eines solchen Sammelbandes kann natürlich auf unterschiedliche Weise erfolgen. Mancher Leser, manche Leserin mag mit den Geschichten derjenigen Autoren beginnen, die er oder sie bereits kennt. Andere werden sich womöglich von den Titeln der Berichte oder den diesen jeweils vorangestellten Kurzbiografien leiten lassen. Nicht ohne Reiz dürfte es jedoch sein, diesen Band tatsächlich von Anfang bis Ende durchzulesen. Kennern der Szene wird auffallen, dass vermieden wurde, die Autoren gemäß ihrer

Traditions-Zugehörigkeit zu gruppieren. Stattdessen gibt es sozusagen einen roten Faden, der von Geschichte zu Geschichte leiten kann. Der Leser möge ihn selbst entdecken und dadurch zu Vergleichen und zur Reflexion über Ähnliches und Verschiedenes sowie die Offenheit der Möglichkeiten angeregt werden.

Allen Leserinnen und Lesern sei ein inspirierendes Lesevergnügen gewünscht, bei dem auch für Verblüffendes und Amüsantes gesorgt ist, sowie wachsende Freude darüber, dass all diese Menschen sich dermaßen vom Buddha-Dharma motivieren ließen. Mögen sie Bestärkung auf dem eigenen Weg erfahren und manche hier geäußerte Einsicht oder Erfahrung mit Bedacht aufnehmen. Mögen auch diejenigen Leser, die einer anderen geistigen Orientierung folgen, Vorurteile abbauen und Verständnis oder gar Sympathie für die Frauen und Männer entwickeln, die sich im Westen der Lehre widmen, die der Welt von Asien geschenkt werden kann, weil sie sich ausnahmslos an alle Menschen richtet, die von ihr angezogen werden.

Zu guter Letzt sei allen Autoren mein tiefer Dank ausgedrückt für die Bereitschaft, sich auf dieses Projekt einzulassen, und für die Offenheit, mit der sie über persönliche Umstände und Erfahrungen aus abgelebten Zeiten berichten.

Dagmar Doko Waskönig

Karl Brunnhölzl
1958 geboren, wuchs Karl Brunnhölzl in München auf. Zunächst war er als Arzt tätig. Am Beginn seines buddhistischen Weges stand ein unerwartetes Erlebnis in einem Tempel in Nepal im Jahre 1983. Langjährige Studien der tibetischen Sprache und buddhistischen Philosophie – von 1986 bis 1990 im Kamalashila-Institut in Wachendorf sowie 1988–1996 am Marpa Institute for Translators in Nepal unter der Leitung von Khenpo Tsültrim Gyatso – begründeten seine heutige Tätigkeit als Übersetzer, Dolmetscher und Lehrer der buddhistischen Philosophie. Karl Brunnhölzl nimmt diese Aufgaben in Europa und in Kanada wahr, vor allem im Rahmen des von seinem Lehrer Ponlop Rinpoche begründeten Nitartha-Instituts (tibetische Kagyü- und Nyingma-Tradition).
E-Mail: kabru@surfen.de

Wie ein Blitz in finstrer Nacht

Jeder gute Buddhist weiß natürlich, dass Samsara (der Daseinskreislauf) keinen Anfang hat. Insofern entbehrt die Frage «Wie kamst du denn zum Buddhismus?» durchaus nicht einer gewissen Ironie. Ja, welche Zeit meinst du denn? Das allererste Mal geschah es vielleicht vor vielen tausend Jahren. Und wie damals? Keine Ahnung – alle Files gelöscht. Wenn es aber um dieses Leben geht, so kann ich nur davon reden, wie die offensichtlich vorhandene Verbindung wieder aufgenommen wurde, wobei es aber nicht ganz eindeutig ist, wer hier zu wem gekommen ist – ich zur Lehre oder sie zu mir.

Nachdem mein Bemühen um Wiedergeburt im Jahre 1958 wieder einmal erfolgreich war, wuchs ich in einer katholischen Familie in München auf. Besonders meine Mutter war ziemlich begeistert davon, dass ich von klein an so ein «braves Kind» war. Man konnte mich irgendwo hinsetzen, und ich beschäftigte mich ohne einen Mucks stundenlang und war zufrieden mit mir selbst. Man musste mir nur gelegentlich etwas zur Nahrungsaufnahme anbieten, das Essen hätte ich sonst glatt vergessen. Wenn das kein Zeichen von tief greifenden Gewohnheitsmustern einsgerichteter, meditativer Nabelschau war ... Aber auch später ist mir die Tendenz geblieben, bewusst einsame und abgeschiedene Plätze aufzusuchen – sei es, um in Ruhe und ungestört Sonnenuntergänge zu genießen oder um Meditationsklausuren durchzuführen (übrigens auch die Tendenz, bei konzentrierter Arbeit an irgendeiner Sache das Essen bis zum Abend völlig zu vergessen ...).

Warum heißen Äpfel nicht Pferde?

Mit etwa acht Jahren wurde ich Messdiener und betätigte mich auch in katholischen Jugendgruppen. Solche praktischen Seiten des Glaubens, aber auch das Beten, das für mich immer persönliche Kommunikation war, haben damals durchaus meine mehr emotionalen spirituellen Bedürfnisse befriedigt. Da ich aber schon früh stets alles ganz genau wissen wollte, habe ich sowohl meine Eltern als auch meine Religionslehrer gelegentlich aufs Äußerste strapaziert. Einmal, als ich etwa fünf Jahre alt war, fragte ich meine Mutter allen Ernstes, warum Äpfel nicht auch Birnen oder Pferde heißen könnten. Es schien mir völlig klar, dass es keinen wirklichen Grund für diese Namen gibt und alles eigentlich in jeder beliebigen Weise benennbar ist. Das sieht man ja in weiten Teilen des Buddhismus auch so, aber meine Mutter dachte natürlich nur, dass ich jetzt wohl total übergeschnappt sei.

Zunehmend empfand ich dann die wenigen Antworten, die es im Christentum auf meine vielen Fragen gab, als ziemlich unbefriedigend – wenn überhaupt Antworten angeboten wurden. Speziell die Frage nach Gott und dessen Existenz wurde für mich auch im Religionsunterricht der Schule nicht geklärt. In der achten Klasse im Gymnasium sollten wir unsere Vorstellung von Gott beschreiben. Das Einzige, was mir halbwegs plausibel erschien, war, dass Gott alldurchdringender lichter Raum sein könnte.

Mit sechzehn bin ich dann ohne Wissen meiner Eltern aus der Kirche ausgetreten und fühlte mich mehr denn je als Suchender. Zu dieser Zeit spürte ich sehr deutlich meine generelle Unwissenheit in Bezug auf das Leben und las alle möglichen Bücher zu Literatur, Philosophie und Religion im Allgemeinen. Wie das bei entsprechend kritischer Haltung ja häufig der Fall ist, erhielt meine stete Skepsis durch den Mangel an emotionaler spiritueller Einbindung dann für geraume Zeit einen ziemlich nihilistischen Zug. Gegen Ende meiner Schulzeit betrieb ich darüber hinaus – zumindest aus der Sicht meiner Eltern – «Sektenforschung», das heißt, ich besuchte alle möglichen spirituellen Gruppen in München – von der Mun-Sekte bis hin zu den Sannyasins von Bhagwan. Aber keine dieser Gruppen war so richtig mein Ding.

Bardo am Strand

Während der ersten Jahre meines Medizinstudiums (ab 1977) herrschte dann weitgehende Ruhe an der spirituellen Front, da ich mit dem Studium ziemlich ausgelastet war. Aber 1982 fasste ich – gegen den massiven Widerstand meiner Eltern – den Entschluss, ein Semester Pause einzulegen und nach Asien zu reisen. Ich fand die Länder Asiens mit ihren Kulturen und Religionen äußerst faszinierend. Und ich hatte das Gefühl, dort etwas suchen zu wollen, wusste aber nicht genau, was das sein könnte. So war ich dann neun Monate in Asien – von Nepal bis zu den Philippinen – unterwegs. Bis dahin hatte ich außer Hermann Hesses bekanntem Buch *Siddhartha* nichts Spezielles über Buddhismus gelesen. Aber kurz vor der Abreise fiel mir dann noch das Tibetische Totenbuch in die Hände, und ich nahm es als Reiselektüre mit. Da ich im August von Athen aus nach Asien fliegen wollte (damals das Billigste), hielt ich mich noch etwas in Griechenland auf, lag allein am Strand in meinem Zelt und las das Tibetische Totenbuch.

Wenn sich bis hierhin überhaupt ein Hinweis auf meine spätere Wahl einer bestimmten Tradition des Buddhismus sowie die Tätigkeit als Übersetzer für Tibetisch gezeigt haben sollte, dann wäre mit Sicherheit die Lektüre dieses Buches zu nennen: Zum einen war ich restlos begeistert von der – für jeden Durchschnittseuropäer mehr als fremdartigen – Welt des Zwischenzustands mit all ihren friedvollen und zornvollen Erscheinungen. Zum anderen erschien mir die bizarre Umschrift der tibetischen Wörter (in Wylie-Transliteration) ausgesprochen spannend, und ich konnte mich gar nicht satt sehen an diesen Buchstabenungetümen. Wie auch immer, normal fand das jedenfalls niemand …

In Asien habe ich neben dem üblichen Sightseeing vor allem Tempel und Klöster von Taoisten, Hindus, Christen und Buddhisten besucht und dabei besonders viel mit buddhistischen Mönchen gesprochen. Unterwegs entstand dann der immer stärker werdende innere Drang nach religiöser Andacht, Verehrung und Hingabe in mir, aber ich wusste erst einmal überhaupt nicht, wohin damit. Ich hatte das Gefühl, einen Altar oder etwas Ähnliches bauen zu müssen, hatte jedoch keine Ahnung, wen oder was ich damit verehren wollte. Ich erstand in Indonesien sogar einen Talisman, der zunächst als materieller Kristallisationspunkt meines inneren Impulses diente, bis mir das Ganze dann doch zu animistisch vorkam. Offenbar brach sich damals die lange verschüttete gefühlsmäßige Seite der Spiritualität – wenn auch sehr ungerichtet – wieder Bahn.

Zum Abschluss der Reise ging ich im März 1983 für vier Wochen in die nepalesischen Berge zum Trekking. Meine damalige Freundin, die ich in Sri Lanka kennen gelernt hatte, begleitete mich. Sie hatte mit den religiösen Heiligtümern in Nepal nicht viel am Hut und war schon leicht genervt von meiner «Tempelsucht». Auch zu diesem Zeitpunkt gab es meinerseits noch keine eindeutigen Präferenzen für den Buddhismus. Ich fand auch die Religion und Kultur der Hindus sehr anziehend und schaute mir einfach alles an. Wer Nepal kennt, weiß, dass das nicht wenig ist ... Wir quälten uns also die Berge hinauf und hinunter bis zum schneebedingten Endpunkt der Trekkingtour auf 3800 Meter Höhe in Muktinath. Dieser Ort ist für Hindus und Buddhisten gleichermaßen eines der größten Heiligtümer des Landes, unter anderem deshalb, weil dort die vier Elemente vereint sind und zudem 108 Quellen fließen. Der hinduistische Haupttempel ist über einer kleinen Quelle (Wasser) erbaut, die aus dem Felsen (Erde) kommt. Unter dem Wasser tritt Erdgas (Luft) aus, das sich dann auf dem Wasser entzündet (Feuer). So kann man tatsächlich eine kleine Flamme sehen, die auf dem langsam fließenden Wasser tanzt.

Ein Lichtstrahl im Nichts

Wir kamen dort am späten Nachmittag nach einem sehr anstrengenden Aufstieg an, und meine Freundin wollte sich nur noch ausruhen, jedenfalls keine Tempel mehr besichtigen. Ich hingegen war von der Stimmung derart beeindruckt, dass ich nicht anders konnte, als mich noch einmal aufzuraffen, um zumindest die wesentlichen Dinge zu sehen. Der Ort ist eine ziemlich weitläufige Ansammlung von größeren und kleineren Tempeln, die fast alle viele hundert Jahre alt sind. Die gesamte Gegend war tief verschneit, die 108 Quellen zu bizarren Gebilden gefroren, und alles lag da in vollkommener Stille im Licht der späten Nachmittagssonne. Es war kein Mensch mehr zu sehen, und ich dachte, dass ich sowieso in kein Heiligtum mehr hineinkäme, weil schon alles abgesperrt sei. So war ich in dieser grandiosen Berglandschaft mit Sonnenuntergangsstimmung zunächst mal wieder allein.

Wider Erwarten fand sich dann doch jemand, der mich in den Vier-Elemente-Tempel hineinließ, aber ich wollte noch weiter zu dem etwas höher gelegenen buddhistischen Teil der Anlage, der mit Stupas und Tempeln aus vielen Jahrhunderten übersät ist. Ich fühlte mich um eben diese Jahrhunderte zurückversetzt und empfand wohl das, was man klischeehaft «ein Gefühl von Shangri-La» nennen könnte. Tatsächlich war der verwitterte tibetische Haupttempel mit einem dicken Schloss abgesperrt. Während ich noch vor der Eingangstür stand, tauchte plötzlich eine winzige, uralte tibetische Nonne auf, die das knarrende Holztor mit freundlichem Lächeln aufmachte. Ich freute mich unmäßig und trat voller Erwartung ein, um erst einmal überhaupt nichts zu sehen, denn es war stockdunkel. Etwas benommen stand ich da, bis sich die nette alte Dame – für mich unsichtbar und unhörbar – bis zu dem wahrscheinlich einzigen Fenster vorgearbeitet hatte und einen der hölzernen Fensterläden einen Spalt breit öffnete.

Da sich das Fenster anscheinend an der westlichen Seite des Gebäudes befand, fielen die letzten, tiefroten Strahlen der untergehenden Sonne fast wie ein Laserstrahl auf eine Statue von Padmasambhava auf dem Altar (damals hatte ich natürlich keine Ahnung, wer das war). Daneben standen noch andere, kleinere Statuen im Zwielicht, aber der entscheidende Effekt war das plötzliche Aufleuchten dieser Hauptstatue, die in diesem ansonsten immer noch tiefschwarzen Raum wie aus einer anderen Zeit auftauchend förmlich im Nichts zu schweben schien. Ich nehme an, dass das minimale Öffnen des Fensters eine «Sparmaßnahme» war, weil die Besichtigungszeit eigentlich vorbei war. Bei mir aber löste dieser Anblick Hingabe und Ehrfurcht aus, und ich wollte eigentlich spontan die Hände falten und mich verbeugen. Aus Scheu vor meiner Begleiterin tat ich es dann doch nicht, sondern verharrte einfach in mich versunken an der Stelle.

Dies war einer jener Momente, in denen die Zeit völlig stillsteht und nichts anderes außer dem gegenwärtigen Erleben existiert. Ich weiß nicht, wie lange ich dort blieb, und auch nicht, wie ich wieder aus dem Tempel herauskam, nur noch, dass ich mich draußen in der einsetzenden Dämmerung bei der Nonne bedankte und dann ganz langsam zur Herberge zurückging. Ich war zunächst unfähig, zu schildern, was ich da innerlich erlebt hatte – und wenn ich es recht bedenke, bin ich es heute noch. Aber wenn ich irgendetwas als den «Beginn» meines buddhistischen Weges in diesem Leben identifizieren sollte, dann mit Sicherheit diesen – salopp ausgedrückt – «Flash».

Sag mir doch mal einer, wie Meditieren geht

Zurück in Deutschland, nahm ich mein Studium wieder auf und sah mich dann gezielter nach buddhistischer Literatur um. Was mich letztlich dabei am meisten anzog, war, dass der Buddha kein weit entfernter Gott ist, sondern eher ein Freund, der einem vormacht, wie es geht. Gut fand ich auch, dass es im Buddhismus offenbar kein Verbrechen ist, selber zu denken, und es jeder Mensch selbst in der Hand hat, mit den von vielen Generationen erprobten Methoden am eigenen Geist zu arbeiten. Da mir aber klar war, dass sich mir der Buddhismus nicht über bloßes Lesen erschließen würde, bemühte ich mich nun auch um den Zugang zur Praxis, das heißt, ich wollte meditieren lernen. In Trungpa Rinpoches Buch *Feuer trinken, Erde atmen* fand ich die Adresse eines Vajradhatu-Meditationszentrums in einem Ort mit dem schönen Namen Mücke. Als ich dort anrief, sagte man mir, das eigentliche Zentrum befinde sich in Marburg. Da ich damals passenderweise ebendort wohnte und sogar nur zehn Minuten von diesem Zentrum entfernt, machte ich mich eines Freitagnachmittags im Herbst 1983 gleich auf den Weg, um einfach mal unverbindlich die Lage zu peilen.

Diese meine beiläufige Herangehensweise verkehrte sich im Handumdrehen in Schwerstarbeit, als sich herausstellte, dass die Zentrumsangehörigen mitten in den letzten Vorbereitungen für ein so genanntes ITS (Intensive Training Seminary) mit dem damaligen US-amerikanischen Regenten von Trungpa Rinpoche namens Ösel Tendzin waren. Also hatte niemand Zeit, sich mir zu widmen, und ich war schon dabei aufzubrechen, um ein anderes Mal wiederzukommen, da sagte jemand: «Das Seminar ist zwar schon voll besetzt, aber ich frage mal nach, ob du nicht als Einstieg einfach gleich daran teilnehmen kannst.» Gesagt, getan – ich saß also ein paar Stunden später, um halb acht Uhr abends, das erste Mal in diesem Leben auf einem Meditationskissen und hatte natürlich keinen Schimmer, was da zu tun war. Es wurde auch nichts erklärt, offenbar wusste jeder Bescheid. Und um acht Uhr sollte ja der erste Vortrag stattfinden.

Wir saßen schweigend da, bis dann tatsächlich um circa zehn Uhr der Vortrag begann (solche «Warteschleifen» waren offenbar zumindest zu jener Zeit Standard bei Vajradhatu-Kursen). Dem Vortrag war auch nicht zu entnehmen, wie man denn nun meditiert. Am nächsten Morgen saß ich also als geduldiger Mensch wieder auf meinem Kissen. Zunächst versuchte ich, durch Fremdbeobachtung einen Anhalt dafür zu gewinnen, was hier eigentlich abging, gab dies jedoch natürlich bald ohne Ergebnis auf. Am Nachmittag erbarmte sich dann schließlich jemand und gab mir eine kurze Erklärung hinsichtlich dessen, was man statt sich zu langweilen oder intensiv über die wundervollen Haare der Frau vor einem zu kontemplieren sonst noch im Geist anstellen kann. So durchlebte ich drei Tage lang meine ersten Meditationserfahrungen mit durchschnittlich zehn Stunden auf flachem Hintern.

Trotz dieser Rosskur sind sie mich dort nicht losgeworden, denn ich fand Gefallen an dieser Art von Freizeitbeschäftigung und ging weiter jede Woche einmal abends zur Meditation. Insbesondere entsprachen die aus dem Tibetischen übersetzten Gebete genau meinem Geschmack, worüber sich die Leute dort eher wunderten, da sie diese zumeist doch recht fremdartig fanden. Mir persönlich dagegen war der Vajradhatu-Stil damals noch viel zu wenig tibetisch-buddhistisch (das ist heute entschieden anders, und ich habe wieder reichlich Kontakt zu diesem Umfeld). Im Rahmen einer Studiengruppe versuchte ich auch, meine zahlreichen Fragen zum Buddhismus loszuwerden. Schließlich fühlte ich mich in der Lehre und Praxis des Buddha zunehmend zu Hause, sodass ich mich im September 1984 dazu entschloss, durch die buddhistische Zuflucht formell in den «Kreis der Auserwählten» einzutreten. Es war erneut Ösel Tendzin, der diese Zeremonie in Marburg leitete.

Refuge by night

Damals befand ich mich im praktischen Jahr des Medizinstudiums in Kassel, arbeitete also dort im Krankenhaus. So nahm ich einen Tag frei, da die Zufluchtnahme samt den Erläuterungen etc. einen ganzen Tag dauern sollte. Am Morgen dieses Tages saßen wir also wieder wie üblich, und im Laufe des Vormittags defilierten wir alle an Ösel Tendzin vorbei, der sich kurz mit jedem unterhielt und dann einen tibetischen Zufluchtsnamen niederschrieb, der uns im Rahmen der eigentlichen Zeremonie am Abend verliehen werden sollte. Nachmittags gab es sehr schöne Erläuterungen zum Wesen der Zufluchtnahme. Der erfahrene Leser ahnt schon, was jetzt kommt – genau, wir saßen zunächst ab halb acht Uhr abends wieder da, wo man als angehender Buddhist zu sitzen hat. Die Zufluchtnahme sollte um acht Uhr stattfinden.

Die Tür des Schreinraumes ging in den nächsten paar Stunden ziemlich oft auf, aber Ösel Tendzin war nicht unter denen, die hereinkamen und Blumen arrangierten, Mineralwasser auf das Tischchen neben seinem Stuhl stellten oder einfach nur den Eindruck vermittelten, als sei es mal wieder Zeit, dass irgendwer die – natürlich völlig erwartungslose – Stille im Raum der Meditierenden durchbreche. Kurz (oder lang?!), die Zufluchtnahme fand schließlich von halb vier bis halb fünf Uhr nachts statt. Was ich doch ziemlich beachtlich fand, war der Umstand, dass alle der circa sechzig Kandidaten eisern sitzen geblieben waren. Ich kam dann gerade noch rechtzeitig nach Kassel zurück, um nach dieser «durchgemachten» Nacht – als sei nichts gewesen – um sieben Uhr morgens meine Frühschicht zu beginnen. Über die Qualität der medizinischen Versorgung an diesem Tag, die in meine Verantwortung fiel, decke ich jedoch lieber den Mantel des Schweigens.

Meine Zeit als «Tempelsklave»

Der Rest der Geschichte folgt in knappen Worten: Kurz nach der Zufluchtnahme erfuhr ich von der Kalachakra-Ermächtigung, die der Ehrwürdige Kalu Rinpoche im Kamalashila-Institut in Wachendorf geben sollte, und ich wollte mir in diesem Rahmen die «original tibetische» Version des Buddhismus zu Gemüte führen. Das Ganze war dann auch typisch tibetisch – ein großer Rinpoche (bis dahin hatte ich ja noch nie einen leibhaftig gesehen), viele Mönche, exotische Farbenpracht und ausgedehnte Rituale. Ich hatte natürlich auch von dieser Welt keine Ahnung und habe auch nicht kapiert, worum es bei dieser Ermächtigung eigentlich ging. Aber der ganze Stil war damals so recht nach meinem Herzen. Auf der anschließenden Fahrt nach Hamburg unterhielt ich mich ausgiebig mit drei Leuten, die im Hamburger Zentrum der Karma-Kagyü-Linie wohnten. Danach begann ich nach entsprechenden Unterweisungen mit der Praxis der so genannten «Vorbereitenden Übungen von Mahamudra». Nach Abschluss meines Medizinstudiums im Mai 1985 übersiedelte ich nach Hamburg und arbeitete intensiv in diesem Meditationszentrum mit. Schließlich zog ich Anfang 1986 dort ein und blieb bis Ende 1990.

Ein Bayer im Himalaya

In praktischer Hinsicht hatte ich dort in dieser Phase durchaus mein spirituelles Zuhause gefunden, aber wie immer wollte ich ja alles ganz genau wissen. So begann ich – neben meiner Arbeit als Arzt – 1985 damit, etwas Tibetisch zu lernen und buddhistische Texte zu studieren. Dies geschah aus dem Wunsch heraus, sowohl die tibetischen Lehrer als auch die Originaltexte direkt verstehen zu können, um zu einem umfassenderen Verständnis der Lehre zu gelangen. Von 1986 bis 1990 nahm ich auch an einem systematischen Studium buddhistischer Philosophie am Kamalashila-Institut unter der Leitung von Khenpo Lama Thubten teil, das ich mit dem tibetischen Grad eines «Dharma-Tutors» (tib. *skyor dpon*) abschloss.

Schnell entstand dabei der Wunsch, Übersetzer und Dolmetscher zu werden und mehr Zeit zu haben, um noch intensiver den Buddhismus studieren zu können. Schließlich hatte ich dann – auf Grund meiner nur noch zeitweisen ärztlichen Tätigkeit als Urlaubsvertretung – von 1988 bis 1996 jedes Jahr die Gelegenheit, ein paar Monate nach Nepal und Indien zu gehen, um vorwiegend am «Marpa Institute For Translators» unter der Leitung von Khenpo Tsültrim Gyatso Rinpoche tibetische Sprache und buddhistische Philosophie zu studieren. Auf eine solche Chance hatte ich lange gewartet, und ich sog alles dort förmlich auf.

Unter Elchen und Texten

Mein eigentlicher Hauptlehrer ist Dzogchen Ponlop Rinpoche, dem ich erstmals 1986 in Hamburg begegnete. Wir sahen uns über die Jahre immer mal wieder, teils in Europa, meist aber in Indien und Nepal. Sehr bald entstand in mir der Wunsch, mehr mit ihm zu arbeiten. 1994 sagte ich in Nepal – beiläufig, aber sehr ernst gemeint – zu ihm, dass ich zur Verfügung stünde, falls er mal einen Übersetzer brauche. Es dauerte dann allerdings fünf Jahre, bis dieser Fall tatsächlich eintrat. Seitdem arbeite ich zweimal im Jahr im Rahmen des Nitartha-Instituts in Kanada und Deutschland als sein Dolmetscher und unterrichte auch dort. (Dieses Institut bietet eine systematische Ausbildung in buddhistischer Philosophie in der tibetischen Kagyü- und Nyingma-Tradition an.)

Heute lebe ich zusammen mit meiner dänischen Freundin Mette in der Nähe von Aarhus in Dänemark. Im Moment arbeite ich hauptsächlich als Übersetzer und Dolmetscher aus dem Tibetischen ins Englische und Deutsche und studiere Sanskrit an der Hamburger Universität. Außerdem übe ich eine unregelmäßige buddhistische Lehrtätigkeit aus, vor allem in Deutschland und Kanada. Ab und an bin ich auch noch als «Gelegenheitsarzt» tätig.

ALFRED WEIL

1951 geboren, wuchs Alfred Weil in der Nähe von Frankfurt auf. Nach dem Studium der Sozialwissenschaften kam es Anfang der 70er-Jahre während einer Asienreise zur ersten Begegnung mit dem Buddhismus. In Deutschland waren seit Anfang der 80er-Jahre Paul Debes und Ayya Khema seine wichtigsten Lehrer. 1984 begannen Vortragstätigkeit und Seminarleitung. 1990–2002 gehörte Alfred Weil der Redaktion der *Lotusblätter* an, und 1993–2001 war er Sprecher (Vorsitzender) der Deutschen Buddhistischen Union. Neben zahlreichen Artikeln veröffentlichte er als Autor und Herausgeber folgende Bücher: *Wege zur Todlosigkeit. Tod und Transzendenz in der Lehre des Buddha*, Univ. Konstanz 1993/Beyerlein & Steinschulte 1998; *Im Spiegel des Todes*, DBU 1995; *Karma*, Theseus Verlag 1997; *Stiller Geist – Klarer Geist*, Theseus Verlag 1998; *Brücken bauen ins nächste Jahrhundert*, Theseus Verlag 1999.
E-Mail: alfred_weil@gmx.de

Spurensuche

Manchmal scheint es, als würden wir dorthin zurückkehren, wo wir noch nie zuvor waren. Als würden wir uns an Worte erinnern, die uns noch keiner gesagt hat. Als fänden wir etwas wieder, ohne es je verloren zu haben.

Unbeantwortete Fragen

Ganz im Gegensatz zu vielen meiner Schulfreunde interessierte mich nie, wie elektrische Geräte funktionieren, wie das Innenleben eines Autos aussieht oder warum Flugzeuge nicht vom Himmel fallen. Die Fragen, die mich nicht in Ruhe ließen, bezogen sich auf das Leben und seine verborgenen Seiten, auf das Geheimnis dieser Welt und meiner selbst. Woher kommt das alles? Warum ist es gerade so, wie es ist? Und vor allem – was bedeutet es? Verstehen, Einblick, Wissen – das waren die Leitsterne, an denen sich mein Leben schon ganz früh ausrichtete. Ich wollte einen Überblick bekommen, das Ganze sehen, Zusammenhänge begreifen.

In jungen Jahren sprach mich deshalb ein eher breites Spektrum von Themen und Wissensgebieten an: die Natur und ihre Gesetze ebenso wie Sprachen und Literatur oder die Sozial- und Geisteswissenschaften. Von Philosophie und Religion erhoffte ich mir letztendlich am meisten, ihnen traute ich die tiefsten Einsichten zu. So begann ich zunächst mein Studium der evangelischen Theologie, wechselte aber aus mehreren Gründen bald zu Pädagogik, Psychologie und Politik.

Nie zweifelte ich daran, «im nächsten Semester» oder «nach dem nächsten Buch, Seminar oder Examen» der Erfüllung meiner Anliegen etwas näher gekommen zu sein, um sie am Ende vollends zu erreichen: der Beantwortung aller Fragen beziehungsweise der

Lösung aller existenziellen Probleme. Leider war das aber nicht der Fall. Im Gegenteil. Mit jeder gefundenen Antwort taten sich nur noch mehr Lücken in meinem Geist auf. Hier war offensichtlich der Schlüssel zu der Tür ins Freie nicht zu finden.

Fremdheit

Mein intellektuelles Suchen kam nicht von ungefähr. Ihm lag eine lange, unbestimmte und unbestimmbare Fremdheit dem Leben gegenüber zu Grunde, eine Art von existenzieller Ungeborgenheit und Unzufriedenheit. Dabei hatte ich keineswegs eine unglückliche Kindheit. Im Gegenteil, ich wuchs in einer intakten Familie auf und hatte alle Fürsorge und Unterstützung, die meinen Eltern möglich war. Gerade, was meine Interessen und Bildungswünsche betraf.

Und dennoch war da ein Gefühl der Heimatlosigkeit, das Empfinden, noch nicht angekommen und wirklich zu Hause zu sein. Dass dieses menschliche Leben ein kostbares Geschenk sein sollte, das uns Gott in seiner Güte zugedacht hatte, verwunderte mich mehr, als es mich erfreute. Das kann nicht schon alles sein!, dachte ich immer. Es muss doch noch etwas «dahinter» geben; etwas, das größer, freier, befriedigender ist und uns wirklich glücklich macht. Ein Leben wenigstens ohne all diese doch letztlich ziel- und sinnlosen Alltagsbanalitäten, ohne innere Rastlosigkeit und Unfrieden!

Aufbruch

Ließ sich eine Lösung für dieses Dilemma in der widersprüchlichen Vielfalt von Meinungen und Ansichten in dieser Welt aufspüren, wenn es sie denn überhaupt gab? Den Heuhaufen sah ich vor mir, wo aber war die berühmte und in diesem Fall so wichtige Stecknadel?

Als ich 1969 mein Universitätsstudium begann, war die stürmischste Zeit der 68er-Bewegung gerade vorüber, und die durch die Studentenbewegung angestoßenen politischen Auseinandersetzungen ebbten langsam ab. Ein zunehmender Teil der Jugend suchte die Revolution jetzt weniger auf der politischen Bühne als im eigenen Geist. Gesellschaftliche Unterdrückung und Ausbeutung schienen mit einem Male nicht wichtiger zu sein als die verborgenen Tiefen des Bewusstseins. Marx und Engels blieben Ehrfurcht gebietende Größen, aber Freud, Jung und Adler hatten ebenfalls Entscheidendes zu sagen. Und die wirklichen Insider begannen von der asiatischen Philosophie und Religion zu schwärmen. So jedenfalls nahm ich es wahr.

In jenen Jahren machten sich die ersten Karawanen auf die beschwerliche Reise nach Asien, und auch ich war 1972 das erste Mal mit schulterlangen Haaren und Rucksack unterwegs. Zunächst führte die Tour über den Vorderen Orient nach Afghanistan, Pakistan, Indien und Nepal. In den späteren Jahren kamen Thailand, Sri Lanka, Birma, Bangladesh, Malaysia, Singapur und Indonesien dazu, um die Stationen zu nennen, die mich in Tuchfühlung mit dem Buddhismus brachten.

Begegnungen

Besonders in dem für Ausländer erst seit Mitte der 70er-Jahre zugänglichen Ladakh im Nordwesten Indiens kam ich aus dem Staunen nicht heraus. Landschaft, Menschen und Klöster dieser Bergregion waren gleichermaßen atemberaubend – in jedem Sinn des Wortes. Natürlich werde ich nie die Maskentänze von Hemis vergessen oder die zaghaften und scheuen Blicke in das Innere der Klöster und Schreinräume.

Meine Frau und ich waren als «Touristen» mit Fotoapparat und neugierigen Augen angereist und in «Klein-Tibet» voll auf unsere Kosten gekommen. Aber was hatte es mit diesem Amerikaner auf sich, dem wir im Kloster von Spituk begegneten und der sich unverhofft vor einer dieser äußerst seltsam anmutenden Gestalten an der Wand zu Boden warf und seine Verbeugungen machte? Verstand der etwa, was diese bizarren Malereien zu sagen hatten? Und vor allem, bedeuteten ihm diese Figuren persönlich etwas? Ersteres konnte ich mir vorstellen, Letzteres (noch) nicht.

Unvergessen werden mir sicher auch unsere Reisen durch Südostasien bleiben, wo neben Thailand und Sri Lanka das «Lieblingsland des Buddha», Birma, den nachhaltigsten Eindruck hinterließ und mich mit dem Theravada bekannt machte. Zu den frühen und ursprünglichen Formen des Buddhismus gewann ich im Laufe der Zeit schließlich eine tiefe Vertrautheit und Nähe und in der Folge mein eigentliches geistiges Zuhause.

In Deutschland hatte ich da meinen Fehlversuch mit dem autogenen Training bereits hinter mir. Das konnte doch auch überhaupt nicht funktionieren, so lange still zu sitzen und sich auf bestimmte Partien seines Körpers zu konzentrieren! Und dabei noch wahrzunehmen (oder sich einzureden?), wie die Arme schwerer und schwerer und die Beine immer wärmer wurden? Bald danach war für einige Zeit Yoga angesagt. Das ging schon etwas besser, weil dieses Training mit mehr fassbarer körperlicher Aktivität verbunden war. Schade nur, dass die Absicht, doch möglichst schnell voranzukommen und wenigstens einige der verheißenen Ziele auf kürzestem Wege zu erreichen, in kaum geeigneten Hauruck-Übungen mit den entsprechenden Zerrungen und Schmerzen endete. Trotzdem erschien mir Yoga damals vielversprechender als die buddhistischen Lehren. Handelte es sich dabei doch offenkundig um eine durchaus zugängliche und handfeste spirituelle Praxis, während mir der Buddhismus bis dahin entweder als bloßer (ritueller) Kult oder als reine Philosophie begegnet war. Aber doch immerhin als eine Weltanschauung, die neue und weite geistige Horizonte zu eröffnen versprach. Und so begann denn meine intellektuelle Auseinandersetzung mit der buddhistischen Weisheitslehre.

Sicher, die heute kaum mehr überschaubare Vielfalt an Büchern gab es damals nicht. Dennoch waren eine ganze Reihe guter Veröffentlichungen zu den unterschiedlichsten Themen zu haben. Vor allem konnte ich sogar in meiner Muttersprache nachlesen, was der Buddha vor 2500 Jahren selbst gesagt und gelehrt hat. Ein Weihnachtsgeschenk – die fünf Bände der *Angereihten Sammlung* aus dem Pali-Kanon – wurde 1979 der Ausgangspunkt meines «Studiums». Sofort hatte ich die intuitive Gewissheit, etwas ganz Großartigem auf der Spur zu sein, auch wenn mir nicht klar war, was das war. Die Energie, bis heute nicht nachzulassen und weiter und weiter zu fragen und zu forschen, rührte von dieser unverrückbaren Überzeugung her.

Und jede weitere Bekanntschaft mit den Wahrheiten des Dharma festigte die Nähe zu diesem «Phänomen Buddha» und seiner Lehre. Hier war «jemand», der unzweifelhaft wusste, der frei war, der dem Leben und der Wirklichkeit mit vollkommener Souveränität gegenüberstand, der als Lehrer unendlich viel geben konnte und nichts dafür haben wollte oder für sich brauchte. Aus seinen Worten sprach für mich unmittelbare, von jedem Zweifel freie Erfahrung – in Bezug auf die nahe liegenden und auf die letzten Dinge. All das mündete schließlich in dem überraschten und stillen Eingeständnis mir selbst gegenüber: «Im Grunde meines Herzens bin ich ein Buddhist!»

Gemeinschaft?!

Naivität nimmt mitunter erstaunliche Formen an. In diesem Fall besonders. Dass ausgerechnet mir das passieren musste: als Europäer einer so großartigen, aber doch völlig fremden und für uns Westler sicher unpassenden Weltanschauung zu verfallen! Bestimmt war ich der Einzige weit und breit, dessen war ich gewiss, und demgemäß behielt ich meine «Errungenschaft» zunächst einmal für mich.

Ende der Siebziger und Anfang der Achtziger war der Buddhismus in Deutschland gesellschaftlich gesehen noch keine nennenswerte und beachtete Größe oder gar so etwas wie eine Modeerscheinung, wie er es rund zwei Jahrzehnte später werden sollte. Dennoch brauchte man eigentlich nur die Augen aufzumachen, um zu sehen, dass keineswegs die Stunde null des Dharma in unserem Land geschlagen hatte. Schon ein ganzes Jahrhundert zuvor hatten sich die ersten Männer und Frauen auf den Weg gemacht und manches in Bewegung gebracht.

Immer häufiger stieß ich auf deren Spuren und auf die ihrer Erben und Nachfolger. Ich fand heraus, wer sie waren, wo sie lebten und was sie taten. Bald knüpfte ich erste Kontakte und bemerkte zu meiner großen Freude und Erleichterung, wie viel an Vorarbeit von diesen Pionieren schon geleistet worden war, um den ersten Schritten von Neuankömmlingen Orientierung und Halt zu geben.

Mit einem Mal waren auch meine Lehrer da, denen ich das Weitere und Entscheidende verdanke. Allen voran Paul Debes, der in jahrzehntelanger Arbeit den Pali-Kanon durchleuchtet und durchdrungen und vielen die Botschaft des Buddha mit seiner «Übersetzungsarbeit» zugänglich gemacht hat. Seine Einblicke und die Tiefe seines Verständnisses schienen mir immer unerschöpflich, und auf seiner Forschungs- und Lehrtätigkeit gründet mein Verständnis des Dharma. Und Ayya Khema will ich nennen, über die ich den Zugang zur Meditation fand und die mir immer wieder einschärfte, dass man die Wahrheit letztlich nicht erlesen, sondern nur erfahren kann. Bei ihr habe ich gelernt, nach innen zu schauen, auf den eigenen Geist zu achten und ihn ruhiger und klarer werden zu lassen. Sie brachte mir bei, dass intellektuelles Verständnis notwendig ist, aber eben nicht alles.

Im Laufe der Zeit waren es dann auch immer mehr Gleichgesinnte und Mitübende, denen ich bei Vorträgen, Seminaren und Retreats begegnete und deren Gesichter bald vertraut und gern gesehen waren. Aus wenigen und verstreut lebenden buddhistischen Suchenden war mittlerweile ein Netz von Gruppen, Gemeinschaften, Initiativen und Zentren geworden. Fast zwangsläufig brachte mich dann meine «Vorgeschichte» als politisch und gesellschaftlich engagierter junger Mann zum «organisierten Buddhismus», der auf Bundesebene seit Mitte der 50er-Jahre in der Deutschen Buddhistischen Union (DBU) Gestalt annahm. Als Einzelmitglied trat ich diesem Dachverband Mitte der 80er-Jahre bei, als die Buddhistische Gemeinschaft in der DBU (BG) gegründet wurde.

Mich sprach gerade der schul- und traditionsübergreifende Ansatz an beziehungsweise die Bandbreite der dort vertretenen Anschauungen und Erfahrungen sowie der Versuch, über die engen Grenzen des «eigenen» Verständnisses hinaus etwas Gemeinsames zu finden. Bei den vielfältigen Aufgaben einer solchen innerbuddhistischen Ökumene waren – wie es schien – einige meiner Fähigkeiten und Kenntnisse willkommen. Jedenfalls war meine

Mitarbeit möglich, und von 1993 bis 2001 war ich sogar der Vorsitzende (Sprecher) der DBU. Zudem engagierte ich mich von 1990 bis 2002 als Redaktionsmitglied ihrer Zeitschrift *Lotusblätter.*

Ein großherzoglicher Buddha

Je mehr ich mir darüber klar zu werden versuche, wie ich zum Buddhismus gefunden habe, desto mehr muss ich erkennen, dass dieses Finden noch gar nicht abgeschlossen ist. Und je mehr ich nach Spuren in der eigenen Vergangenheit suche, desto deutlicher zeigt sich, dass sie weiter zurückreichen als ursprünglich angenommen.

Lange konnte ich es mir nicht erklären, warum mich Abbildungen des Buddha oder Buddha-Statuen von Anfang an so außerordentlich faszinierten und berührten; wenn sie mir in den Tempeln und Pagoden gegenüberstanden, aber genauso als Fotografien in Büchern oder Zeitschriften. Diese Kunstwerke waren aus Stein, Bronze oder Holz, und dennoch strahlten sie etwas aus, das völlig jenseits von Form und Materie zu sein schien. Was war das für ein Lächeln, das von den Buddhas in Meditationshaltung ausging? Woher stammte die erstaunliche Souveränität ihrer Erscheinung? Wie war ein derartig friedvoller Zustand in einer so friedlosen, oft feindseligen Welt möglich? Und: Woher kam die Vertrautheit mit diesen Figuren und die mit ihnen verbundene Sehnsucht: «So müsste man selbst sein!»

Aufklärung hierüber gab es erst viel später und auf eine unvorhergesehene Weise. Als Kind hatte ich gelegentlich mit meinen Eltern auf dem Fahrrad einen Ausflug in das unweit meiner Heimatstadt gelegene Schloss Wolfsgarten bei Darmstadt gemacht. Der dazugehörende Park war einmal im Jahr anlässlich der Rhododendron-Blüte für das Publikum geöffnet und zog die Menschen aus der näheren Umgebung an. Dort entdeckte ich als Erwachsener – und inzwischen Buddhist – unverhofft wieder, was mich in ganz jungen Jahren offenbar tief beeindruckt hatte: eine etwa lebensgroße Jugendstilplastik aus Stein, die einen meditierenden Buddha zeigte – mit europäischen Zügen! Der Großherzog Ernst

Ludwig von Hessen hatte sie nach einer Indienreise bereits 1904 anfertigen lassen. Ein Kunstwerk, das seine Begegnung mit der asiatischen Kultur und dem Buddhismus dokumentierte, aber von seinen Landsleuten viele Jahrzehnte lang nur als exotischer Farbtupfer in unserer christlich geprägten Kulturlandschaft wahrgenommen wurde. Weder die blaublütigen Nachfahren des Großherzogs noch die Bewohner der Region konnten mit jener seltsamen Figur etwas anfangen. Für mich jedoch wurde gerade dieser Buddha ein entscheidender Wegweiser.

Die Teile eines Puzzles

Eher unbewusst als gewollt wurde diese frühe Erfahrung zu einem Kristallisationspunkt. An sie knüpfte alles Weitere an, und mit den Jahren begann sich aus den vielen einzelnen Puzzleteilen von Besorgnissen und Hoffnungen dem Leben gegenüber, von Ahnungen und Erwartungen an die Zukunft, von Annäherungen an und Begegnungen mit dem Buddhismus sowie von Bemühungen und Erfahrungen in der spirituellen Praxis ein immer deutlicheres und vollkommeneres Bild abzuzeichnen.

Im Buddha-Dharma fand ich das, was ich intuitiv gesucht hatte und was meinen (letztlich sehr hohen) Ansprüchen genügte: Den «Buddha» empfand ich als eine «Autorität», zu der ich volles Vertrauen fassen und für dessen Aussagen ich mich ohne innere Zweifel und Vorbehalte öffnen konnte. In seiner Lehre fanden Spiritualität und Wissenschaftlichkeit zusammen, «Glaube» und «Wissen», waren nicht länger einander ausschließende Gegensätze. Eine überzeugende Darstellung unserer Lebenswirklichkeit und eine umfassende spirituelle Praxis ergänzten sich. Zudem versprach die dazugehörende systematische Schulung des Geistes in der Meditation eigene religiöse Erfahrungen, über die sonst nur gesprochen wurde. Am meisten jedoch haben mich die bestechende Klarheit und die unübertroffene Tiefe des Dharma und seine befreiende Qualität zu gewinnen vermocht, für die ich keine Parallele kenne.

Vom Buddhismus zum Dharma

Wie oft haben wir das schon erlebt: Wir sind für etwas Feuer und Flamme, und nach kurzer Zeit schon können wir uns unsere einstige Begeisterung selbst nicht mehr erklären. Wie blass wurde jedenfalls schon manches, das mir einst am Herzen lag oder sogar lebensnotwendig schien. Ganz anders in diesem Fall. Je länger ich «dabeiblieb», desto fester wurde mein Vertrauen, desto stetiger meine Praxis und selbstverständlicher mein Bezug zum Buddhismus ganz allgemein.

Und doch stimmt das nicht ganz, denn das eine oder andere an «Buddhistischem» habe ich inzwischen ebenfalls hinter mir gelassen. Vielleicht bin ich sogar im Begriff, dem Buddhismus ganz den Rücken zu kehren. Aber keine Sorge, das hat nichts mit einem Sinneswandel, mit «Abfall» oder gar «Verrat» zu tun. Vielmehr geht es darum, so viel wie möglich an «Ismus» abzustreifen, unnötigen Ballast und hinderliches Beiwerk aus dem Weg zu räumen, um Platz für das «Eigentliche» zu schaffen.

Wie ich zum Buddhismus fand? Aus dieser Perspektive betrachtet, bin ich wieder dabei, ihn zu entdecken – wirklicher vielleicht oder tiefer. Etwa, indem ich versuche, trennschärfer auseinander zu halten, was die buddhistische (und asiatische) Kultur ausmacht und was die zeitlose Wirklichkeits- und Weisheitslehre des Erwachten; zu unterscheiden, was über den Buddhismus geschrieben, gelehrt und gedacht wird, und was die authentischen Aussagen des Buddha selbst beinhalten; was intellektuelles und abstraktes Wissen «über» den Dharma ist und was das Eintauchen in dessen Realität, die Umgestaltung des eigenen Lebens und des eigenen Herzens bedeuten.

Bei diesem Prozess der Umorientierung halfen und helfen die Enttäuschungen, von denen es in all den Jahren natürlich ebenfalls manche gegeben hat und geben musste. So hatte ich schlicht und einfach zur Kenntnis zu nehmen, dass Buddhistinnen und Buddhisten in aller Regel eben keine Buddhas sind, sondern Frauen und Männer mit all ihren erfreulichen und weniger erfreulichen Eigenschaften. Menschen eben, mit Stärken und Schwächen, die sich allenfalls anschicken, einen spirituellen Weg zu begehen, wie ich ja nicht minder.

Ich hatte mich damit auseinander zu setzen, wie schleppend sich die eigenen «Fortschritte» einstellten, wenn sie denn überhaupt sichtbar wurden. Hatte ich nicht schnell alles Wesentliche verstanden, einen guten Willen und genügend Elan? Eines konnte oder wollte ich offensichtlich lange nicht wahrhaben: dass sich der menschliche Geist ein fernes Ziel setzen und darüber trefflich reflektieren und reden kann, aber dass damit noch kein Schritt wirklich getan ist. Wohl konnte ich die glanzvollen Ideale, von denen allenthalben die Rede war, bald zu den Meinen machen, aber meine ganze Person mit all ihren verfestigten Gewohnheiten, Denk- und Verhaltensmustern konnte an sie doch nur millimeterweise und im Schneckentempo herankommen.

Alles folgt seiner eigenen Gesetzmäßigkeit, gerade spirituelles Wachstum. Welchen Bedingungen es unterliegt, hat der Erwachte in allen Einzelheiten aufgezeigt, und wie wir mit ihnen umzugehen haben ebenfalls. Umfassend, schlüssig, für jeden nachvollziehbar und frei von Irrtum. Der Buddhismus kennt Meinungen, Standpunkte, unterschiedliche Überzeugungen, der Dharma nicht. Er ist die Wahrheit. Buddhistinnen und Buddhisten können sich täuschen, Fehler machen und straucheln. Ein Buddha nicht. Der Buddhismus hat sich im Laufe der Jahrhunderte schon oft und beträchtlich gewandelt und nicht selten bedauerliche Fehlentwicklungen durchlebt, die Grundwahrheiten des Dharma keineswegs. Den Buddhismus habe ich schon vor vielen Jahren gefunden, jetzt möchte ich dem Dharma näher auf die Spur kommen.

Oliver Petersen

Oliver Petersen wurde 1961 in Hamburg geboren. Bereits gegen Ende seiner Schulzeit wurde er Schüler von Geshe Thubten Ngawang, dem Leiter des Tibetischen Zentrums Hamburg. Sechzehn Jahre lang (1983–1999) lebte er dort als Mönch. Währenddessen studierte er an der Universität Tibetologie, Religionswissenschaft und Philosophie und machte zusätzlich eine Ausbildung zum Gestalttherapeuten. Seit vielen Jahren ist Oliver Petersen für das Tibetische Zentrum im interreligiösen Dialog sowie als Referent und Übersetzer tätig.

E-Mail: petersen.o@t-online.de

Website: www.tibet.de

Mein Weg zur Integration

Aus buddhistischer Sicht hängt das Entstehen jedes Ereignisses von zahllosen Ursachen und Bedingungen ab. So ist auch die Tatsache, dass ich mich als Buddhist wahrnehme, sicherlich bedingt durch jene Faktoren, die mir bewusst sind, aber auch durch anderes, das ich wohl kaum überschauen kann. Hinzu kommt natürlich noch die subjektive Perspektive, aus der ich mein eigenes Leben betrachte. Mit diesen Überlegungen möchte ich jedoch nicht andeuten, dass es mir sinnlos erschiene, die wichtigsten Aspekte in diesem Prozess, so wie sie sich mir darstellen, möglichst aufrichtig zu schildern, um auf diese Weise vielleicht einen Beitrag zum Verständnis der Motive zu leisten, die heute auch im Westen zu einer Hinwendung zum Buddhismus führen können.

Erziehung in einem säkularen Elternhaus

Für jemanden, der 1961 in Hamburg geboren wurde, ist es keine außergewöhnliche biografische Tatsache, nicht mit einer kirchlichen Praxis aufzuwachsen. So wurde ich zwar noch getauft, aber nicht mehr konfirmiert. Meine Eltern überließen mir die Entscheidung darüber. Überhaupt wurde ich nicht sehr autoritär erzogen. Meine Eltern wollten mich angesichts der Verfehlungen der deutschen Geschichte zu einem autonomen, selbstständig urteilenden Individuum machen. Auch die Prägung durch den Vater war bei mir wie bei vielen meiner Altersgenossen nicht so bindend, als dass ich nicht volle Freiheit bei meiner beruflichen und spirituellen Ausrichtung gehabt hätte. Vielleicht ist es auch von Relevanz, dass sich meine Eltern scheiden ließen und ich bei meiner Mutter aufwuchs; ein soziales Muster, das sich ja in unserer Zeit häuft.

Meine Eltern sind sicherlich als kultivierte und humanistisch orientierte Menschen auch vom christlichen Weltbild geprägt, wie unsere ganze Gesellschaft, doch sahen sie keine Veranlassung, sich an der kirchlichen Praxis zu beteiligen. Das war freilich nicht etwa mit einer dezidierten Ablehnung der Kirche verbunden. Sie bezahlten sogar ihre Steuer in der protestantischen Kirche. Die mangelnde Überzeugung von der Existenz eines Schöpfergottes, der über das Schicksal der Menschen waltet, war mehr oder weniger selbstverständlich, und die kirchlichen Rituale wurden als eher fremdartig erlebt. Auf Grund des Missbrauchs ritueller Praktiken durch die Nazis bestand ein Vorbehalt gegenüber diesen Dingen, und man betonte die nüchterne Vernunft als Mittel gegen die religiöse Schwärmerei. Das wissenschaftliche Weltbild wurde als nicht zu bezweifelnd akzepiert.

Die Person Jesu aber spielte, vermittelt durch die religiöse Kunst und Musik, eine positive Rolle. Kirchen wurden mir auf häufigen Kunstreisen eher als Museen und Dokumentation vergangener Zeiten nahe gebracht denn als Orte gelebter Spiritualität, die auch für unser familiäres Leben eine Rolle hätten spielen können. Religion wurde also mehr als ein Relikt aus der Vergangenheit und als Umgangsform anderer sozialer Kreise angesehen. Mit der katholischen Kirche gab es gar keine Berührungspunkte in diesem norddeutschen Milieu. Das Judentum wurde als Teil der Kultur betrachtet. Die östlichen Religionen waren damals in der Öffentlichkeit höchstens in Form von Holzschnitten und Gedichten präsent, und muslimische Mitbürger gab es wesentlich weniger als heute.

Es ist also nicht so, dass ich als praktizierender Christ bewusst und ausdrücklich zum Buddhismus übergetreten wäre. Es war eher so, dass ich als säkularisierter, nicht religiös orientierter Mensch dennoch zur Spiritualität fand, was in meiner Familie mit Überraschung, aber auch mit Toleranz aufgenommen wurde. Menschen mit stärkerer, etwa katholischer Prägung haben sicherlich mehr mit inneren und äußeren Problemen zu kämpfen, wenn sie sich zum Buddhismus bekennen, als dies bei mir der Fall gewesen ist.

Die Suche nach Sinn in der modernen Welt

So wuchs ich auf, ohne die religiösen Fragen besonders zu problematisieren, erhielt meine Schulbildung, und es wurde mir von Seiten der Familie ein gewisser Respekt vor Literatur, Kunst und Musik vermittelt. Als ich selbst bewusst anfing zu lesen, fühlte ich mich schon bald zur Philosophie, der Literatur und später der Psychologie hingezogen. Hermann Hesse nahm ich mit Begeisterung auf. Sein Roman *Siddhartha* wurde für mich zu einer der ersten Einführungen in die östliche Mystik. Im Zusammenhang mit meinem Interesse für die alternative Kultur der Umweltschützer und Konsumkritiker las ich Werke von Erich Fromm. Teilweise versuchte ich, auf primitive Art zu meditieren, indem ich etwa meine Augen auf ein Licht fixierte. Nach zunächst recht wirr verlaufender Pubertät begann ich mich Ende der 70er-Jahre auch für Yoga und eine gesunde Lebensweise zu interessieren.

Dieses Interesse an der Selbstdisziplinierung eröffnete sich mir im Zusammenhang mit der immer drängender werdenden Sinnfrage. Eine berufliche Karriere und die Gründung einer gutbürgerlichen Existenz im Kreise der Familie schienen mir keine ausreichend sinnvolle Perspektive zu sein. Ich kann sagen, dass sich hier ein starkes, wohl angeborenes spirituelles Interesse zeigte, für das ich nun bereit war, mein ganzes Leben einzusetzen. Alles andere erschien mir nicht so relevant. Dieses Interesse nun richtete sich eindeutig auf die östlichen Religionen. Ohne dies überbewerten zu wollen, erinnere ich mich, dass meine Mutter oft sagte, ich hätte als Kind sehr asiatisch ausgesehen. Wer weiß, ob ich vielleicht wirklich in früheren Leben in Kontakt mit den Lehren des Buddha in Asien war. Auf jeden Fall konnte mir die rein wissenschaftlich orientierte Schulbildung die Sinnfrage nicht beantworten.

Auf der anderen Seite zog es mich auch nicht zu den mythologisch geprägten Religionen, deren Ausdrucksweise mir sehr fremd war. Bis heute ist es für mich ein Kernthema, eine Spiritualität zu suchen, die nicht hinter den Anforderungen der Wissenschaft zurückbleibt, aber gleichwohl die Grenzen einer materialistisch ausgerichteten Form der Wissenschaft aufzeigen und direkte

Erfahrungen von Sinn vermitteln kann. Diese Tendenz scheint meine persönliche Biografie mit einer allgemeinen Zeiterscheinung unserer Kultur in Beziehung zu setzen. Es geht dabei meines Erachtens um die Probleme einer Gesellschaft der Moderne, die zwar ihre rational hoch entwickelten Instrumente auf die wirtschaftlichen und sozialen Zusammenhänge anwendet, aber auf Grund der Leugnung des Geistes in eine Sinnkrise gerät.

Diese Problematik spürte ich intuitiv, ohne sie artikulieren zu können, und sie führte bei mir zwingend zu einer Suche. Auch die Wohlstandsgesellschaft, in die ich hineingeboren wurde, erlebte ich als zutiefst unbefriedigend. Es entstanden in mir starke Kräfte, die bereit waren, sich auf einen Weg zu begeben, auf dem diese Fragen geklärt werden konnten.

Erste Begegnung mit dem Buddhismus

Bei dieser Suche fielen mir dann in den Medien zunehmend Informationen zur östlichen Spiritualität auf. So erinnere ich mich, dass ein Bericht über ein Zen- Kloster in mir eine starke Sehnsucht auslöste, mich auch solchen disziplinierenden und den Geist formenden Übungen auszusetzen. Die Ausdrucksformen dieser Religion schienen mir nicht fremdartig, sondern eher sehr vertraut zu sein. Der Weg zur östlichen Spiritualität war für mich unbelasteter und paradoxerweise leichter, als es etwa die Hinwendung zu einer christlichen Spiritualität gewesen wäre. Das liegt wahrscheinlich an der Erfahrungsorientiertheit dieser Formen der Mystik, in der Dogmen keine Rolle spielen. Es schien mir in diesen Richtungen mehr um den Kern der Religion als um bloße Theologie zu gehen. Insbesondere die Vielfalt der praktischen Schulungswege des Geistes mithilfe der Meditation interessierte mich. Natürlich waren diese Wege auch noch frischer, neu in unserer Gesellschaft und schon von daher interessanter für einen jungen Mann. Auch Berichte über Nahtod-Erfahrungen schlugen bei mir eine vertraute Saite an. Unter meinen Freunden war es, im Gefolge der Hippiebewegung, nicht unüblich, sich mit der Literatur des Ostens zu beschäftigen, etwa mit dem *Tao Te King*, dem *I Ging*, den Worten des Buddha und mit Zen-Anekdoten, und darüber zu diskutieren.

Schließlich besuchte ich einen öffentlichen Vortrag mit einer Einführung in den Buddhismus. Insbesondere das Konzept der Buddha-Natur leuchtete mir sofort ein. Es schien mir überzeugend und meiner eigenen Intuition entsprechend, dass das Göttliche in unserem eigenen Geist und nicht in einem äußeren Gott zu finden sei (der dafür vielleicht nur ein Symbol ist) und dass unsere eigentliche Natur gut ist und nur von zeitweiliger Verwirrung behindert wird. Bei Gelegenheit dieses Vortrags erfuhr ich auch die Adresse des Tibetischen Zentrums. Bis dahin hatte ich keine Vorstellung von Tibet oder dem tibetischen Buddhismus. Eine Unterweisung des tibetischen Lama Geshe Thubten Ngawang, der fortan mein Lehrer wurde, löste dann bei mir eine Art Euphorie aus. Die mitfühlende, disziplinierte und sanfte Ausstrahlung dieses Mönchs, die offensichtlich auf spiritueller Erfahrung und nicht nur auf Worten beruhte, zog mich in ihren Bann. Darüber hinaus empfand ich die Erklärungen intellektuell als höchst befriedigend und nicht im Widerspruch zu meiner Sozialisation und meiner Denkweise stehend.

Die Einbeziehung der Analyse in die Spiritualität ist wohl als eine wesentliche Stärke des Buddhismus beim Kontakt mit der westlichen Welt zu werten. Die stark individualisierten Menschen des Westens können sich heute wohl nur noch sinnvoll mit einer Religion beschäftigen, wenn diese auch ihren persönlichen Prüfungen standhält. Diese Herangehensweise hat der Buddha selbst ja stets gefordert, etwa indem er seine Lehre mit zu prüfendem Gold verglich. In dieser Hinsicht sehe ich auch viele Parallelen zwischen der Person des historischen Buddha und Vertretern einer speziellen Schicht in unserer Gesellschaft. Auch der Buddha lebte in einer Zeit, in der der Gottesglaube an Kraft verlor und es ein erstarkendes Bürgertum nach vernünftiger Religiosität verlangte, die auf Ethik, Analyse und Erfahrung und nicht auf Überlieferung, Dogma und Offenbarung beruht. Jede andere Form der Religion würde mir heute als eine Art Regression erscheinen.

Der Buddhismus wurde mir als derart tolerant und kulturübergreifend präsentiert, dass in mir großes Vertrauen entstand. Die

Frage, ob die jeweiligen Traditionen in der Praxis solcher Selbstdarstellung immer gerecht werden, stellte ich erst viel später. Zunächst erschien mir alles Buddhistische vollkommen fehlerfrei. In Bezug auf die Ethik sah ich eine große Ähnlichkeit mit dem christlichen Verständnis und mit der humanistischen Tradition, in der ich aufgewachsen war. Die Rituale dagegen lagen mir zunächst recht fern. Es war für mich in dieser Phase ausgesprochen wohltuend, zu Veranstaltungen zu gehen, bei denen sich die Menschen äußerst gesammelt und respektvoll verhielten. Diese Erfahrungen halfen mir, die Unruhe der Pubertät zu überwinden und eine Ausrichtung für mein Leben zu finden. Neben dem Eindruck, den die Lamas auf mich machten, sowie der Wertschätzung für die philosophische Qualität ihrer Unterweisungen vermittelte mir zudem das Studium der Geschichte des Buddhismus die Zuversicht, dass dies der richtige Weg sei, da es dort weniger zu gewaltsamen missionarischen Übergriffen gekommen ist als in den abrahamitischen Religionen. Der Gedanke von Wiedergeburt und Karma war mir nicht fremd, sondern erschien mir als sinnvoller Rahmen, in dem ich mein Leben interpretieren konnte.

Hinzu kam mein Interesse für die Meditation. Entsprechend der Aussage des Buddha «Komm und sieh» bemühte ich mich um eigene Meditationserfahrungen, um zu verifizieren, dass dieser Weg sinnvoll sei. Sie erlebte ich als den überzeugendsten Beweis für dessen Wirksamkeit überhaupt. Ich würde mir wünschen, dass diejenigen, die die Welt nur materialistisch interpretieren, sich selbst einmal dem Experiment der Meditation unterzögen, um den Nachweis der Bedeutung der Geistesschulung zu erhalten. Neben meiner fortgesetzten Schulung im Tibetischen Zentrum besuchte ich auch Zen- und Vipassana-Kurse und machte spirituelle Erfahrungen bei der Naturbetrachtung etc. All diese Entwicklungen fallen in die Zeit meines Schulabschlusses. Nach dem Abitur leistete ich zunächst Zivildienst und verbrachte meine Wochenenden im Zentrum.

Aktivitäten als Mönch im Tibetischen Zentrum

Danach siedelte ich ins Zentrum über und schrieb mich auch an der Universität für Tibetologie, Philosophie und Religionswissenschaft ein. Im Zentrum erlernte ich nach und nach die tibetische Sprache und studierte die traditionellen Texte entsprechend der Tradition der tibetischen Klöster. Zudem wurde ich Übersetzer und reiste mit dem Lama zu Vorträgen durch ganz Deutschland. Schon bald nach der Zufluchtnahme hatte ich das Laiengelübde abgelegt. Kurze Zeit später entschloss ich mich, Mönch zu werden. Die abgeklärte und weltabgewandte Haltung eines Mönchs übte damals eine große Faszination auf mich aus und verschaffte mir vielleicht auch eine gewisse Distanz zu den Lebensproblemen, die sonst in dieser Phase auf mich zugekommen wären. In jedem Fall hatte ich so eher die Möglichkeit zum Studium des Buddhismus als in einem normalen Beruf. Innerhalb des am Tibetischen Zentrum neu eingeführten Studienganges Philosophie des Buddhismus wurde ich Arbeitskreisleiter. Diese pädagogische Tätigkeit liegt mir sehr. Meine Schwester ist Lehrerin, und auch in mir scheint der Wunsch angelegt zu sein, Wissen weiterzugeben. Es macht mir viel Freude, anderen etwas zu vermitteln, das mir sinnvoll zu sein scheint.

Bei mehreren Besuchen des Dalai Lama wurde ich zunehmend mit der Öffentlichkeit und den Medien konfrontiert und fungierte auf vielen Veranstaltungen als Repräsentant des Buddhismus. Der Dalai Lama machte großen Eindruck auf mich und erscheint mir auch heute noch als besonders integrer Vertreter einer Form des Buddhismus, die den Dialog mit dem Westen sucht. Während dieser Phase war ich in die Aktivitäten des Zentrums stark eingespannt und identifizierte mich vollständig damit. Ich sprach mit Schulklassen, organisierte Kulturwochen und Vorträge meiner Lehrer, ebenso gemeinsame Veranstaltungen der verschiedenen buddhistischen Richtungen. Häufig schrieb und übersetzte ich für unsere Vereinszeitschrift. Diese Aktivitäten überwucherten teilweise die Bemühungen um das innere Vorankommen.

Mein besonderes Augenmerk galt dem Dialog der Religionen, der in Hamburg sehr regelmäßig stattfindet. Zunächst ging ich zu diesen Treffen mit einer gewissen Überheblichkeit, da ich den Buddhismus für überlegen hielt. Diese Haltung hat sich aber durch den direkten Kontakt mit den Vertretern anderer Religionen, die dabei entstehenden Freundschaften, aber auch durch die Einsicht in die Mängel der eigenen gelebten Tradition sehr gewandelt. Auch steht für mich heute nicht mehr im Vordergrund, welche Philosophie jemand im Munde führt, sondern wie er diese lebt. Zunehmend musste ich feststellen, dass ich mich zwar theoretisch im Buddhismus sehr gut auskannte, diese Lehrinhalte aber gewiss nicht immer in meine Persönlichkeit integriert hatte.

Identitätsprobleme

Im Zusammenhang mit einer persönlichen Krise Ende der 90er-Jahre öffnete ich mich für die Psychotherapie und machte eine Ausbildung zum Gestalttherapeuten, wozu auch viel Selbsterfahrung und der direkte Kontakt mit Menschen aus einem anderen als dem buddhistischen Umfeld gehörten. Mein Blick weitete sich, und ich war der etwas engen Perspektive des Zentrums nicht mehr so sehr verhaftet. Der Umzug in das neu gegründete Meditationshaus in der Heide verhalf mir zu mehr Abstand und größerer geistiger Ruhe und führte auch zu einer stärkeren Eigenständigkeit meines Denkens und Handelns. Bei der Durchführung eigener Meditationskurse und durch eigene Vorträge und Texte entwickelte ich ein größeres Selbstvertrauen in Bezug auf meine Erfahrungen und begann die Inhalte des Buddhismus besser zu integrieren und mich auch für die Frage der Inkulturation des Buddhismus im Westen zu interessieren.

In Bezug auf die Vertreter der tibetischen Tradition bekam ich zunehmend Probleme mit ihrem Verständnis von Kommunikation und Menschenführung. Auch die sprachlichen und kulturellen Differenzen erscheinen mir heute relevanter als früher, als ich nur auf die Lehren als solche schaute. Die Stärken der westlichen Kultur wurden mir stärker bewusst, und mir wurde klar, wie tief meine angestammte Kultur in meiner Identität verwurzelt ist. Ich meine mit diesen Merkmalen unserer Kultur zum Beispiel die Differenzierung von Staat und Kirche oder von Wissenschaft und Religion sowie die demokratische, das Individuum respektierende Ausrichtung. So war es folgerichtig, dass ich mich entschloss, mein buddhistisches Leben außerhalb des Mönchsordens fortzuführen. Mein Interesse gilt heute sehr stark der Integration der für uns geeignetsten Aspekte der traditionellen Spiritualität des Ostens in die Wissenschaft und Kultur des Westens. In den Schriften Ken Wilbers zu einer transpersonalen Psychologie finde ich diese Synthese in Bezug auf die Evolution der Menschheit am überzeugendsten formuliert. Meine Begeisterung für die buddhistische Praxis hat mich in diesem Prozess jedoch nie verlassen.

Die Vermittlung des Buddhismus im Westen

Ich vermittle nunmehr als Angestellter des Tibetischen Zentrums die traditionellen Inhalte in unseren fortlaufenden Studiengängen und den Meditationskursen und engagiere mich weiter im Dialog. Darüber hinaus gibt mir das Zentrum die Gelegenheit, Kurse zu Fragen der Inkulturation anzubieten, etwa zum Verhältnis von Therapie und Buddhismus oder zu der Anwendung der Lehre in der Sterbebegleitung.

Bei persönlichen Einladungen und als Referent bei einer Ausbildung in unserem Schwesterzentrum in Berlin kann ich diese Ansätze weiter ausführen und neue didaktische Formen der Vermittlung des Buddhismus im Westen erkunden. Darüber hinaus bin ich auch therapeutisch tätig. Mit diesen verschiedenen Aktivitäten und ihrer Kombination glaube ich, eine Möglichkeit gefunden zu haben, meinen buddhistischen Weg mit einem Beruf zu verbinden. Ich kann als westlicher Mensch Buddhist sein, ohne meine Identität zu gefährden, wobei es mir als Privileg erscheint, mit diesen Inhalten auch beruflich umgehen zu können.

Dagmar Doko Waskönig

Dagmar Doko Waskönig wurde 1943 in Arnsberg geboren und wuchs in Wattenscheid (heute Bochum) auf. Nach dem Studium übte sie den Beruf einer Kunsthistorikerin aus. Ende der 70er-Jahre fand sie zur Übung des Zazen. Bereits 1983 fiel die Leitung der im Jahr zuvor gegründeten Zen-Gruppe in Hannover an sie, die später den Namen Zen Dojo Shobogendo erhielt. 1983–1998 war sie Schülerin von Taiten Guareschi Roshi, dem Abt des (Soto-)Zen-Klosters Shobozan Fudenji in Salsomaggiore (Italien). Nach ihrer Ordination im Jahre 1986 wurde sie in der traditionellen Klosterausbildung geschult und erhielt eine Lehrautorisierung. Eine Reihe von Jahren übte Dagmar Doko Waskönig im Kloster unter anderem die Funktion der Direktorin des Studiums der buddhistischen Philosophie und Geschichte aus.
In diesem Zusammenhang entstand der Wunsch, Sanskrit und Pali zu studieren sowie das Bedürfnis, auch andere buddhistische Traditionen näher kennen zu lernen. Dagyab Rinpoche wurde hier zum Lehrer. Im Januar 2003 erhielt sie in Japan von Gudo W. Nishijima Roshi die Transmission des Dharma.
Neben ihren diversen Lehr- und Dozententätigkeiten engagiert sich Dagmar Doko Waskönig in der Deutschen Buddhistischen Union: In den Jahren 1994–2001 gehörte sie der Redaktion der *Lotusblätter* an und 1995–2003 dem Rat der DBU. Zu ihren Veröffentlichungen zählt die Mitwirkung am *Harenberg Lexikon der Religionen*, Harenberg Verlag 2002.
Website: www.shobogendo.de

Mein Weg durch die Küche

Kirche

Was mag meine Mutter dazu bewogen haben, mich eines Sonntagmorgens, obwohl ich erst vier Jahre alt war, zum Kindergottesdienst zu schicken? Dieser erste Kirchenbesuch sprach mich allerdings derart an, dass ich fortan bis zur Konfirmation jeden Sonntag zur Kirche ging, und zwar zunächst allein und aus eigenem Antrieb, denn meine Eltern waren nicht kirchlich orientiert. Auch war ich nicht einmal getauft. Gut in Erinnerung blieb auch der Moment des Heraustretens aus dem Gebäude und der Anblick der großen Kinderschar, die sich um die Diakonin scharte. Noch nie hatten meine Augen so viele Kinder gesehen! Ein wunderbares Glücksgefühl strahlte in mir auf. So kann es nicht verwundern, dass ich bald in diversen Jugendgruppen aktiv wurde und bis heute vorzugsweise mit anderen zusammen praktizieren möchte, wenn ich auch studienhalber gern zeitweise allein bin.

Mein Verhältnis zur Kirche blieb ein Jahrzehnt lang ungebrochen positiv. Unmittelbar nach der Konfirmation, die ich noch als freudiges Ereignis erlebte, setzte jedoch sukzessive ein Ablösungsprozess vom Christentum ein. Eine erste Enttäuschung erfuhr ich bereits beim ersten Abendmahl, als ich feststellen musste, dass ich dabei rein gar nichts empfunden hatte. Vielleicht war ich unzureichend vorbereitet worden? Oder war ich vor allem auf Gott bezogen gewesen und hatte keine Herzens-Beziehung zu Christus entwickelt? Bin ich gar nie wirklich Christin gewesen? Bald darauf war ich einigermaßen bestürzt, als ein neuer, junger Pastor von der Kanzel von seinen eigenen Zweifeln an Gott sprach. Offensichtlich hatte ich es in meinem jugendlichen Gemüt nicht für möglich gehalten, dass ein Pastor fundamental zweifeln kann.

Erste eigene Glaubenszweifel spürte ich freilich erst ein paar Jahre später, als ich mich mit dem Zweiten Weltkrieg und dem Holocaust auseinander setzte. Wie konnte Gott nur all dies Leid zulassen ...?, fragte ich mich. Doch blieb ich weiterhin kirchentreu. Allerdings begann mich nun der Katholizismus zu reizen – wohl wegen seines mehr mystischen Gepräges –, und ich spielte ernsthaft mit dem Gedanken, zu konvertieren. In der zwölften Klasse besuchte ich den katholischen Unterricht, bis dies von evangelischer Seite aus unterbunden wurde.

Leider habe ich in eben diesem Zeitraum ausgerechnet die Unterrichtssequenz verpasst, die die anderen Weltreligionen zum Thema hatte! So wurde ich erwachsen und kannte vom Buddhismus nicht mehr als die beiden Begriffe «Buddhismus» und «Nirvana», dazu kam die Bemerkung einer Lehrerin, dieses Ziel des buddhistischen Weges sei nicht gleichzusetzen mit einem gänzlichen Nichts.

In diesen Oberstufenjahren spürte ich oftmals ein mir unerklärliches sehnsüchtiges Gefühl, so, als werde meine gewöhnliche optische Wahrnehmung dazu gedrängt, ihre Sicht mit einem Sprung zu transzendieren. Ich rätselte, was es denn sein könne, wonach ich mich eigentlich sehnte. Doch ich kam zu keinem Schluss. Stattdessen aquarellierte ich eine Strandlandschaft in einer dichten, zwielichtigen Stimmung – ein wenig im «Nolde-Stil» –, um zu versuchen, diese eigenartig gespannte Befindlichkeit zum Ausdruck zu bringen.

Als ich einundzwanzig Jahre alt war, kam dann der Moment, in dem mir klar wurde, dass ich den Glauben an Gott verloren hatte. Dies geschah während des Beerdigungsgottesdienstes für meine Mutter, als mir plötzlich bewusst wurde, dass ich nun nicht mehr beten konnte und der Gedanke da war, dass die anderen dies für mich mit übernehmen müssten. Obgleich ich nie etwas gravierend Negatives in der Kirche erlebt hatte, war damit das Thema Kirche in gewisser Weise abgeschlossen. Ein latentes religiöses Bedürfnis ging während meines Kunstgeschichtsstudiums allerdings in ein eigentümliches Berührtsein durch die sakrale Kunst des Mittelalters ein. Da dieser Studiengang jedoch gänzlich eurozentrisch orientiert war, gab es auch in dieser Lebensphase keine Gelegenheit, etwa durch eine Begegnung mit der buddhistischen Kunst Asiens mit dem Buddhismus in Berührung zu kommen.

Im Rückblick und insbesondere, wenn ich die Berichte der anderen Autoren und Autorinnen in diesem Buch lese, ist es mir unverständlich, wieso ich derart fest und ausschließlich auf die europäische Kultur fixiert sein konnte. Vielleicht mussten mein starker Wissensdurst und die Begeisterung für die wunderbaren geschichtlichen Entwicklungen der Kunst in Europa, die in diesen Jahren reichlich Nahrung fanden, erst einmal gestillt werden, bevor ich mit einigem Erstaunen anderes entdecken konnte. Auch kannte ich in den Schul- und Studienjahren niemanden, der von Asien gesprochen hätte. Die ungeheure Stoffmenge, die wir im Studium möglichst vollständig zu bewältigen hatten, mag ein Übriges getan haben, gänzlich eurozentrisch orientiert zu bleiben.

Erst Ende der 70er-Jahre hörte ich von Bhagwan und Poona und wusste doch sogleich, dass dies nichts für mich war. Was ich von diesem Experiment wahrnahm, war mir zu ekstatisch Gurufixiert, zu psychologisiert und zu sexualisiert. Auch kam mir der Gedanke, etwa für längere Zeit «auszusteigen» und nach Asien zu gehen, gar nicht in den Sinn. Es gab ja noch so viel zu sehen und zu bewundern – vor allem in Italien ... Schade eigentlich.

Ende der 60er-Jahre verlagerte sich der Schwerpunkt meiner Ausrichtung auf die Gesellschaftskritik, und ich wurde schließlich Marxistin. In eben dieses Visier geriet dann auch die Institution Kirche. Nachdem ich ein Buch mit Analysen der historischen Verbrechen und der politischen Verwicklungen der Kirchen in der Gegenwart studiert hatte, entschloss ich mich Anfang der 70er-Jahre zum Kirchenaustritt.

Küche

Nach einigen Jahren, in denen ein religiöses Denken und Empfinden kaum eine Rolle mehr gespielt hatten, kam es unversehens erneut zu einer Annäherung an eine umfassendere Dimension des Daseins, und zwar in Form eines eigentümlichen Vorspiels, nämlich auf dem Weg durch die Küche. Und nun bewegte ich mich endlich auf den Buddhismus zu. Allem Anschein nach fördert eine bestimmte Konstellation im Lebensablauf die Bedingungen, die dazu führen, dass wir den Buddha-Weg finden, ja sogar womöglich ohne zu zögern von einer bestimmten buddhistischen Tradition oder Schule angezogen werden. Man könnte geradezu von einer Affinität reden, die zum Beispiel auf Grund einer spezifischen Bedürfnislage, einer geistigen Disposition, eines Leidensdrucks oder eines Lebensstils, den man anstrebt, gegeben sein kann.

Es war die Küche, die gleichsam zum Katalysator für meine Hinwendung zum buddhistischen Weg wurde, obschon mich das Kochen bis dahin nicht speziell beschäftigt hatte. Zwar hatte ich immer schon mit einigem Genuss gegessen, doch empfand ich, offen gestanden, jedwede Hausarbeit eher als eine unangenehme Last, denn ich wollte mich vorwiegend mit geistigen und künstlerischen Dingen befassen.

Erst im Laufe der 70er-Jahre kam es in dieser Hinsicht zu einem fundamentalen Umdenken, als ich wie viele andere in meiner Generation die gesellschaftlichen Bedingungen für unser Tun und Lassen einer höchst kritischen Analyse unterzog. Eine stark gewandelte Motivation in Bezug auf die Alltagsanforderungen war eine der Folgen davon. Eine ganzheitliche und ökologisch begründbare Sicht, die verschiedenste Aspekte unseres Lebens in den Blick bekam, bewog mich schließlich, dem Kochen und allem, was damit zusammenhängt, meine konzentrierte Bemühung zuzuwenden.

Damals verdiente ich schon recht gut, und es lag nahe, nach den kargen Jahren als Studentin nun endlich «gut essen» zu wollen. Darunter verstand ich zunächst noch in erster Linie den Verzehr von viel Rinderfilet. Infolgedessen verspürte ich allerdings bald ein körperliches Unwohlsein, und gesundheitliche Bedenken tauchten auf. Zugespitzt hat sich die Sicht auf mein Befinden jedoch infolge einer Erfahrung, die wir damals mit dem Schlagwort «Entfremdung» bezeichneten, jenem von Hegel und Marx kritisch eingebrachten Begriff. Zwar wurde der Zustand der Entfremdung in den damaligen politischen Debatten vor allem in der Arbeitswelt diagnostiziert, im tiefer verstandenen Sinne war davon jedoch jedweder Lebensbereich der Menschen in der Industriegesellschaft mehr oder minder stark betroffen.

Fragen prinzipieller Art, die auch das Alltagsleben betreffen, wurden gestellt und in einer Intensität diskutiert, wie wir sie gegenwärtig nicht mehr kennen. Was brauchen wir eigentlich, was verbrauchen und was schädigen wir tagtäglich durch unreflektiertes Handeln? Was richten wir auf diese Weise durch unseren bloßen Lebensvollzug an?

Eine Einladung ins «Peace-Food», ein makrobiotisches Restaurant in Berlin, wurde dafür ausschlaggebend, dass mich solche Perspektiven motivierten, mein Leben zu ändern. Das unmittelbar spürbare harmonisierende Wohlbefinden nach dem Essen, die ungewohnt friedvoll gestimmte Atmosphäre dort und nicht zuletzt die hier aufgezeigte Möglichkeit, das barbarische, massenhafte Töten der Tiere nicht länger zu unterstützen, überzeugten mich augenblicklich, ohne dass viel darüber geredet werden musste.

Umgehend widmete ich mich dem Studium der Makrobiotik, einer japanisch inspirierten, (weitgehend) vegetarischen Kochweise, die damals en vogue war. Als ich bald darauf das erste umfangreichere Kochbuch, das *Tassajara-Kochbuch*, in den Händen hatte, war ganz ohne Absicht eine erste Verbindung zum Zen geknüpft, denn dieses Buch berichtet vom Kochen in Suzuki Roshis Zen-Zentrum in Kalifornien. Vom Zen wusste ich nämlich zum damaligen Zeitpunkt ebenso wenig wie vom Buddhismus.

Was war es nun, das mich daran derart reizen konnte? Als ich die Beschreibungen der Zubereitungsvorgänge und die Ratschläge für den Umgang mit den Pflanzen und Nahrungsmitteln las, entwickelte sich spontan meine Empfindungsfähigkeit für eine wunderbar bewusste Art des Tuns, und die hochgradig «entfremdete» Ernährungsweise, die durch portionierte Päckcken aus dem Tiefkühlfach des Supermarktes bestimmt wurde, war durchschaut. Ein Bewusstsein für den Lebens- und Bearbeitungsprozess der Pflanzen war damit weitgehend ausgeblendet worden – mit ungeheuren Folgen für unsere Gesundheit, die Pflanzen, Tiere und die Natur insgesamt sowie für all die Menschen, die an der Herstellung von Nahrungsmitteln arbeiten.

In Text und Bild vermittelten mir die einschlägigen Kochbücher einen wunderbar behutsamen, fast zärtlich zu nennenden Umgang mit den Pflanzen, ja sogar mit den Utensilien, den Töpfen, Schalen und Messern. Das erschien eigentümlich vertraut, auch das Konzentrierte daran sprach mich unmittelbar an: Sowohl das Zubereiten, die Speisen selbst als auch das Verzehren bekommen diese Qualität. Ich begegnete einem sinnvollen Lebensstil, den ich als ebenso vereinfacht und genügsam wie harmonisierend und kultiviert empfand. Genau diese Mischung war wohl wichtig, wobei das in diesem Zusammenhang vielleicht überraschende Element des Kultivierten, das hier neu durchdacht werden konnte, auf Grund meines Entwicklungsganges offenbar nicht fehlen durfte. Die Kultur der Einfachheit, ihr tiefer Sinn und ihre Ästhetik waren um einiges anziehender für mich als die in manchem ähnlichen Lebensstile der aufkommenden Alternativ- und Ökobewegung.

Darüber hinaus wurde mir bewusst, was mir nach einigen Jahren, in denen die politischen Aktivitäten mit all ihren verbalen Kämpfen im Vordergrund meines Interesses gestanden hatten, spürbar fehlte. Es mag seltsam erscheinen, aber es ist wohl so gewesen, dass ein Empfinden tiefen inneren Friedens, das ich schon als Kind und Jugendliche immer gespürt hatte, wenn ich in der Kirche den christlichen Segen empfangen hatte, jetzt auf dem Weg durch die Küche wieder auf mich zukam. Mehr noch, weniger bewusst, aber in der heutigen Rückschau völlig eindeutig, verwies mich meine Hinwendung zu diesen Dingen auf eine befreiende Qualität, nämlich auf die geistige Klarheit des Zen-Weges. Indem ich meinen Lebensstil von der Ernährungsbasis ausgehend neu orientierte, war eine Perspektive vorgezeichnet, von der ich nicht einmal hatte träumen können.

Parallel dazu nahm ich ab Sommer 1978 intensiven Yoga-Unterrricht. Auf den Yoga war ich verwiesen worden, weil mir ein Bandscheibenvorfall Beschwerden verursachte. Doch erst als ich infolge einer Liebesangelegenheit, die nicht wunschgemäß verlief, eine gewisse Unruhe verspürte, die an die Stelle der gewohnten Konzentration trat, entschloss ich mich, mit der Yoga-Praxis zu beginnen. Eine noch recht unbestimmte Ahnung, dass sich dahinter mehr als nur Körperübungen verbergen könnten, wird wohl dabei mit im Spiel gewesen sein. Durch den Yoga-Weg, den die schon gebrechliche, am Stock gehende Frau Kurig lehrte, eine der

Pionierinnen des Yoga in Deutschland, verstärkte sich für mich der Prozess der Harmonisierung und des friedlicher Werdens von Körper und Gemüt, und ich erfuhr ein wenig über östliche Weisheitslehren. Vor allem erschloss sich mir dort die Spiritualität erneut und nun körperbezogen. Nach ersten Meditationsübungen in der Yoga-Schule, die mich noch nicht völlig zufrieden stellten, stieß ich auf ein kleines Buch von Taisen Deshimaru Roshi, *ZA-ZEN – Die Praxis des Zen*. Damit waren, so könnte man sagen, erst einmal die Würfel gefallen.

Zazen

Fortan übte ich Zazen, zunächst allein und dann, seit 1982, in einer von mir mitbegründeten Zen-Gruppe. Der Gründungsmoment geriet einigermaßen kurios und sei all denjenigen, die heutzutage in etablierten, wohl ausgestatteten Zen-Zentren zur Praxis finden, vor Augen geführt. Die Gründung geschah in jenen Jahren, in denen sich die Alternativszene mit ungezählten Gruppen ausbreitete. Auch ich suchte noch eine *Gruppe* und fand schließlich in einer Szenezeitschrift das genau passende Angebot: Jemand wollte eine Gruppe nach Meister Deshimaru gründen. Im Frühjahr 1982 wurde ein erstes Treffen anberaumt.

Als ich nun am vereinbarten Ort eintraf, hatte sich ein derart fürchterliches Wetter zusammengebraut, dass sich eine geradezu unheimliche Atmosphäre darbot. Kein Mensch war hier in der City weit und breit zu sehen. Ich wartete eine geraume Zeit und erwog schon, mich wieder davonzumachen, als sich plötzlich ein Tor öffnete und der junge Mann mich begrüßte, mit dem ich telefoniert hatte. Über den Hinterhof ging es dann in ein Fabrikgebäude. Schon der Aufgang in die oberen Etagen forderte mir als passionierter Pflanzenfreundin einiges ab, denn die Treppenstufen wurden durchgehend von abgestorbenen Topfpflanzen gesäumt.

Etwa zehn Leute waren oben versammelt. Als wir in den «Meditationsraum» eintraten, die fensterlose, gedämmte Übungszelle einer Rockgruppe, schlug der junge Mann rhythmisch mit einem Holzstab auf ein Küchenbrett – eine Improvisation, die er verschämt lächelnd zu erläutern suchte … Gleichwohl war dieses erste gemeinsame Zazen in dem dunklen, von ungewohnten Räucherschwaden durchzogenen Raum eine besondere Erfahrung. Ich spürte eine intensivierte Energie an diesem Ort.

Es scheint mir auch im Nachhinein bemerkenswert, da heute allüberall recht viele Interessierte zur Einführung in Zazen erscheinen und so wenige wiederkommen, dass damals sieben Leute zusammenblieben, um die erste Zen-Gruppe in Hannover zu gründen. Und noch etwas ist zu erwähnen: Unser Leiter hatte gerade ein einziges Wochenend-Sesshin hinter sich und war durch den Tod von Deshimaru Roshi dazu motiviert worden, eine solche Initiative zu ergreifen.

Bevor es zu dieser Gründung kam, war jedoch im Frühjahr 1982 etwas für mich Wichtiges geschehen. Eine Yoga-Freundin hatte mich dazu angeregt, zu einem ersten Retreat mitzufahren. Nach einem vorbereitenden Wochenende bei dem Lehrer-Ehepaar van Ogtrop, an dem wir in die Methoden der Meditation und Eutonie eingeführt wurden, ging es für eine Woche in das Zentrum der beiden an die Flensburger Förde. Alles dort war völlig neu und spannend für mich. Gern hätte ich auch die anderen Übenden etwas näher kennen gelernt, doch zu meiner Überraschung verschwanden sie gleich nach der Übungszeit in ihren Einzelzimmern. Meine Freundin klärte mich über dies seltsame Verhalten auf. Dies seien alles sehr geübte Menschen, die sich nicht durch Kommunikation ablenken lassen wollten. Sie selbst hatte Liebeskummer und zog sich ins Bett zurück, sodass ich in der freien Zeit ganz auf mich allein gestellt war.

Nach anfänglicher Enttäuschung beschloss ich, das Beste aus meiner Lage zu machen, und erkundete auf langen Wanderungen den herrlichen Ostseestrand. Entzug gab es noch in einer anderen Richtung, denn wir hatten uns zu einem minimalen Teilfasten bereit erklärt. Abends übte ich mit der Freundin Zazen. Das eigentliche Kursgeschehen, die beiden Entzugsfaktoren sowie die Eindrücke in der frühlingshaften Natur am Meer wirkten sich zusammen offenbar sehr positiv aus.

Im Laufe dieser Tage geschah allerlei mit mir, und als die Freundin mich an einem freien Nachmittag fragte, ob ich mit in ein Café fahren wolle, da war für mich ganz klar, dass ich diesen Ort jetzt nicht verlassen konnte. Den stabilen Konzentrationszustand, den ich erreicht hatte, vermochte ich damals natürlich noch nicht adäquat einzuschätzen. Nach dem Ende des Retreats, am folgenden Morgen zu Hause, wurde mir – kaum zu glauben – das Geschenk eines großen Durchbruchs zuteil. Bald war mir klar, dass mein Weg nun unumkehrbar geworden war. Diese Erfahrung hatte auch etwas mit Zazen zu tun, sodass ich bei diesem Übungsweg blieb, obwohl ich weiterhin gute Zeiten bei den van Ogtrops verbrachte.

Im Sommer 1983 nahm ich die Gelegenheit wahr, an einem ersten, neuntägigen Zen-Sesshin (Intensivübungsperiode) in Italien teilzunehmen. Etwa hundertfünfzig Leute aus zahlreichen Ländern, darunter viele langjährige Schüler des verstorbenen Meisters Deshimaru, waren dort zusammengekommen. Meister Taiten Guareschi hatte zudem seine italienische Schülerschaft auf beeindruckende Weise in den perfekten Soto-Zen-Formen geschult, sodass mir dieses Ereignis ein viel vollständigeres und überzeugendes Bild vom Zen vermitteln konnte. Es dauerte nicht lange, bis Meister Guareschi dort ein Kloster gründete, wo ich noch umfassender praktizieren konnte.

Mein Zugangsweg zum Buddhismus führte also durch das Tor der Meditation. Nicht die Philosophie oder die Ethik, schon gar nicht das Vorbild berühmter Schauspieler oder Popgrößen, waren dabei maßgeblich, wenn ich auch nicht in Abrede stellen möchte, dass Philosophie und Ethik in gewissem Ausmaß in dem, was sich mir als «Zen-Geist» vermittelte, im Spiel waren. Schließlich habe ich nach dem ersten Kennenlernen der Meditation noch eine Wahl getroffen. Mein Suchen war zunächst gerade nicht auf die Auseinandersetzung mit einem komplexen Lehrgebäude gerichtet, denn dies war ohnehin mein «täglich Brot», sondern bewegte sich in eine Richtung, die ein Gegengewicht zum intellektuellen Tun darstellte.

Um mich der Übung der Sitzmeditation anvertrauen zu können, hatte ich allerdings noch eine gewisse Abwehr zu überwinden, denn anfangs lehnte ich es ab, nach dem Yoga zum Meditieren zu bleiben. Meditation kam mir etwas seltsam, möglicherweise ein wenig magisch vor. Vermutlich fürchtete ich, eventuell die Kontrolle über mich zu verlieren. Um vom Wert des Meditierens vorab überzeugt zu sein, brauchte ich eine gedankliche Brücke. Eine Freundin, die mich zum Meditieren bewegen wollte, gab mir das Buch *Hara* von K. Graf Dürckheim, das diese Funktion bestens zu erfüllen vermochte. Der Autor argumentiert in den Kategorien der deutschen idealistischen Philosophie und der westlichen Psychologie, die mir gut vertraut waren, erläutert Prinzipien eines ganzheitlichen Körpergefühls, der Zentrierung und der Harmonie von Körper und Geist, was mich sehr ansprach.

Nach dem angesprochenen Vorspiel, einem Lebensstil, der bereits durch den Geist der Küche geprägt war, dazu einer bestimmten ästhetischen Disposition sowie dem schon eingeschlagenen körperbetonten Übungsweg des Yoga war es nur folgerichtig, dass ich von einer asketischen Richtung des Buddhismus, nämlich dem Zen, spontan angesprochen wurde. Hier wird das Üben mit dem Körper betont, und Ästhetik hat mit Sorgfalt und Respekt vor den Menschen, Orten und Dingen zu tun und bekommt jenen spirituellen Bezug, in dem das Erfahren von Form und das von Nicht-Form dynamisch verbunden sind.

Als ich auf das Büchlein von Deshimaru Roshi stieß, berührte mich offensichtlich etwas, das ich mit den Begriffen *Klarheit, Einfachheit, Konzentriertheit* nur andeuten kann. Diese Qualität verspürte ich, so scheint mir heute, bei der Erläuterung der Methode, die mich vor allem interessierte, in der Sprache, wobei Zen-Sprache bei aller Einfachheit doch etwas Wunderbares durchscheinen lässt, sowie bei der Ausstrahlung des Lehrers auf den Fotos. In der Erscheinung tiefer Konzentration und im geformten Ausdruck des Übens in Haltung und Gestik, die von der Verwirklichung eines Weisheitslehrers zeugten. Es gab eine Affinität zum Zen, die wohl erwartungslos war. So war ich beim Soto-Zen gut angekommen.

Und doch mag ich nicht ausschließen, dass diese Affinität auch auf tiefer liegenden Wirkungsbahnen beruhte. Eine ganze Reihe von optischen Eindrücken, die mich plötzlich und auf eine stupende Art trafen, könnten für eine länger zurückliegende Verbindung mit Japan, ja, wohl bereits mit dem monastischen Bereich, sprechen.

Soll ich etwa bereits meine Faszination durch die auf Millimeterlänge rasierten Hinterköpfe der kleinen Jungen in der Grundschule in dieser Richtung deuten? – Als wir mit der zwölften Schulklasse die Kathedrale von Chartres besuchten, strömten die Kameradinnen in Erwartung der berühmten Glasfenster an mir vorbei ins Innere, während ich auf den Stufen des Westportals gebannt stehen blieb, um die Gewändestatuen zu betrachten. Natürlich – die schmalen Gestalten wirken in ihrem erodierten Zustand recht vergeistigt, und die Parallelfältelung ihrer fußlangen Gewänder erinnert ein wenig an die Buddha-Statuen des Gandhara-Typs. Verblüffend ist jedoch noch ein anderes Detail: Die überaus langen Ärmel – ein Zierrat der höfischen Mode um 1140 – ähneln denen des Priestergewandes, das ich heute selbst trage!

Als ich mich dann der Zen-Praxis widmete, sprachen mich verschiedene Faktoren an, von denen einige hier angeführt seien.

- Einmal die mögliche Intensität des Übens, das heißt der kontinuierlichen Sitzpraxis, der Intensivperioden (Sesshins) sowie bald das Üben im Kloster Shobozan Fudenji unter der Leitung meines Lehrers Taiten Guareschi Roshi. Die monastische Tradition spricht mich stark an, auch die zentypische Schulung in den Alltags-Aktivitäten, die erst im Kloster ganz umfänglich wird. Die im Soto-Zen gelehrte selbstlose Hingabe an die Übung, die Betonung, die auf dem Fallenlassen des Egoismus liegt, entsprachen ganz meinen Vorstellungen. Die ästhetische Kultiviertheit eines Zen-Klosters, die mit der Intensität des Übens zusammenhängt, erfuhr ich wie einen Abglanz des Absoluten.
- Mit dem intensiven Üben hängt die Erfahrbarkeit einer starken Wirkung zusammen. Der buddhistische Weg erweist sich als übereinstimmend mit den spirituellen Erfahrungen, die sich bei mir schon seit der Kindheit wie von selbst einstellten.
- Der Charakter eines Weges, der die eigene Entwicklung immer weiterführt, und zwar in eigener Verantwortung, unabhängig von einer äußeren Instanz oder der Gnade Gottes.
- Ferner sprach mich die Offenheit der Atmosphäre in ihrer Mischung aus Natürlichkeit und Kraft an, die sich der ostasiatischen Prägung einerseits und einer Sicherheit infolge der verwirklich-

ten Wegelemente andererseits verdanken. Dazu die Verbindung der philosophischen Haltung mit strahlender Güte. Optisch gefallen mir übrigens durchaus die freien Köpfe der Ordinierten, die eine gewisse Verwandtschaft mit den Philosophenköpfen der europäischen Antike aufweisen. Vom Buddha-Gewand, dem Kesa (Skrt.: *kasaya*), ganz zu schweigen, das natürlich ebenso wie die Rasur des Kopfes noch eine weit tiefere Bedeutung hat, die alles Atmosphärische übersteigt.

- Und nicht zuletzt die tiefgründige Lehre auf der Basis von Dogen Zenjis *Shobogenzo*, das schon 1983 sozusagen zu meiner neuen «Bibel» wurde.

Am 1.1.1986 ließ ich mich von Taiten Guareschi Roshi ordinieren, um eine tiefere Verbindung mit dem Buddha-Weg zu realisieren. Hingegen war mir in jüngeren Jahren der normale bürgerliche Lebensweg mit Heirat und einem begeisternden Beruf, den ich eingeschlagen hatte, immer wieder einmal wie ein Traum erschienen. Manchmal sinnierte ich darüber, wie ich dereinst im Kreise meiner Enkel sitzen würde, und diese Vorstellung hatte etwas unerklärlich Unwirkliches für mich. Eine mögliche Alternative zu meiner Lebenssituation konnte ich aber damals noch gar nicht erkennen.

Buddha-Lehre

Ende 1983 wurde mir die Leitung des später so genannten Zen Dojo Shobogendo übertragen. Infolgedessen begann ich, mich etwas intensiver mit der Lehre auseinander zu setzen. Als ich 1986 von der Existenz einer weiteren buddhistischen Organisation in Hannover erfuhr, dem Buddhistischen Bund, war mein spontaner Gedanke, dass es doch natürlich wäre, zusammenzugehen. Ich knüpfte die Verbindung an, und Rother Baumert nahm mich zudem bald zu einer Sitzung der Deutschen Buddhistischen Union mit. 1988 gründete ich zusammen mit Rother Baumert ein neues gemeinsames Zentrum. Hier, im Dachverband und natürlich vor allem im Kloster in Italien gab es nun viele Anregungen, um die buddhistische Lehre umfassender kennen zu lernen.

Ein sechsjähriges Studium der Geschichte und Philosophie des Buddhismus im italienischen Kloster seit Ende der 80er-Jahre, dazu die Begegnungen mit Buddhisten in Deutschland und später auch Praxiserfahrungen in birmanischer Vipassana-Meditation und im tibetischen Buddhismus – Dagyab Rinpoche wurde hier zum Lehrer – führten dazu, dass meine Kenntnis der wunderbaren Lehre und Praxis zunehmend runder wurde. Einige Punkte wurden mir erst in der Begegnung mit den anderen buddhistischen Schulen klarer. Einmal die Lehre von der Gewaltlosigkeit, der im Zen einiges an Eindeutigkeit zu fehlen scheint. Ferner die Auslegung des wichtigen Begriffes Bodhicitta. Im Zen liegt dabei die Betonung sehr stark auf dem Erkennen, während tibetische Lehrer meist den Akzent auf die verschiedenen Ebenen des Mitgefühls legen. Diese beiden Seiten vermag ich nun bewusster zu integrieren.

Mein starker Bezug zu Meister Dogen und dessen philosophischem Hauptwerk *Shobogenzo* führte schließlich wie von selbst zur Begegnung mit Gudo W. Nishijima Roshi, der sich seit vielen Jahrzehnten der Interpretation und Übersetzung des Werkes in europäische Sprachen widmet. Im Januar 2003 erhielt ich in Japan von ihm die Transmission des Dharma, um als Zen-Meisterin wirken zu können.

Was den gesamten Aufbau der Buddha-Lehre betrifft, so war die systematische Darlegung, die ich durch die Ausweitung meines Horizonts über Zen hinaus immer besser kennen lernte, dabei hilfreich, das Gefüge der geistigen Vorgänge auf dem Wege der Befreiung von Gier, Hass und Verblendung durchsichtiger zu machen. Die stimmige Lehre schließt das Gesetz von Karma und Wiedergeburt ein, das im Zen wenig systematisch einbezogen wird. Meiner eigenen Unvollkommenheit wurde ich mir stärker bewusst, als dies zu Beginn des Weges der Fall gewesen war, und der Wunsch ist gewachsen, sie zu überwinden. So ist eine tiefe Verehrung für den Weg entstanden, der über detaillierte, zielorientierte Methoden verfügt und einen in der Praxis die nötige Energie entfalten lässt, um schrittweise den Weg meistern zu können.

Yesche U. Regel

Udo Regel wurde 1957 in Köln geboren und wuchs dort auf. Nach dem Abitur ging er nach Berlin, wo er im Alter von zwanzig Jahren zum Buddhismus fand. Bereits 1980 ließ er sich vom 16. Gyalwa Karmapa in Woodstock/N.Y. ordinieren. Anschließend übernahm er Pionieraufgaben als Mönch der Karma-Kagyü-Tradition in Deutschland. Er wirkte beim Aufbau diverser Zentren mit, vor allem – seit 1984 in leitender Funktion – bei dem 1981 gegründeten Kamalashila-Institut in Schloss Wachendorf, dem als dem ersten größeren tibetischen Landzentrum in Deutschland besondere Bedeutung zukommt. Unter der Leitung von Lama Gendün Rinpoche wurde zudem ein Retreat-Zentrum in Halscheid angeschlossen, wo Yesche U. Regel von 1986 bis 1990 eine Drei-Jahres-Klausur absolvierte. Infolge der Krise, die die Karma-Kagyü-Schule in den 90er-Jahren erschütterte, wandte er sich seit 1993 auf der Suche nach einer neuen Orientierung auch anderen buddhistischen Traditionen zu. 1997 legte er die Mönchsroben ab. Seit 1996 ist er freiberuflich tätiger Seminarleiter und Publizist und wohnt seit 2002 in der Nachbarschaft des neuen Kamalashila-Instituts in Langenfeld/Eifel.
Website: www.yesche.de

Im Zeichen der blaugelben Traumfahne

Jedes Leben entsteht aus vielen Faktoren, die alle ohne ein eigenes Selbst sind. Und so ist auch ein Individuum frei von einem Selbst, in dem Sinne, dass es keine subjektive Essenz gibt und eben auch in den vielen zusammengekommenen Aspekten oder Faktoren kein Selbst enthalten ist. Dennoch betrachten wir alle uns als jemanden und identifizieren uns instinktiv mit der Flut der Eindrücke, die sich auf die verschiedenen Ebenen von Körper und Bewusstsein ergießt. In dem Maße, in dem wir uns identifizieren, halten wir uns auch für jemand Besonderen, und es kommt zu dualistischen Reaktionen von Zuneigung und Abneigung; das Ego tritt stärker oder schwächer in Erscheinung. Wir leben als scheinbare Personen in einer traumgleichen Welt der Illusionen und Projektionen, weshalb Zeit und Ort zuweilen als konkrete Wirklichkeiten zu verschwimmen scheinen.

Währenddessen haben wir doch allezeit die Buddha-Natur in uns, eine raumhafte Leere, in der die Qualitäten des Bewusstseins, nämlich seine Intelligenz, die Klarheit der Unterscheidung, aber auch die Fähigkeit zu reiner Wahrnehmung und damit Ruhe und Frieden, verbunden mit tiefer Leichtigkeit und Entspanntheit, ein Sinn für Schönheit und Harmonie, für die Klarheit und Leuchtkraft der Welt und das Potenzial von Liebe und Mitgefühl allesamt enthalten sind. Das jedenfalls scheint die besondere Sichtweise der Buddha-Lehre zu sein.

Zum Dharma zu finden heißt also, durch das Netz der Illusion hindurchzuschauen und Ahnungen in Bezug auf die eigene Natur, die Natur von allem zu entwickeln. Diese begegnet der oder dem Suchenden dann in der Form von Lehren, eventuell in Büchern, oder in Gestalt von Menschen, also Lehrern und Wegweisern, die bereits etwas mehr von dieser Buddha-Essenz erkennen, sei es theoretisch oder aber auch bereits durch Erfahrung und Verwirklichung.

Oder es treten Bilder und Symbole wie in einem Traum auf, die besonders tief wirken und eine Erinnerung oder Anziehung wachrufen, die eine übergeordnete Wirklichkeit erahnen lässt.

Ein in Träumen spielendes, kluges Kind

Da wächst U. heran zwischen Tisch- und Stuhlbeinen sowie den Beinen und Armen von drei Erwachsenen und baut sich seine eigenen Welten aus Lego-Steinen, Matchbox-Autos, Trix-Express-Bahnen und Faller-Häusern, zwischen Schallplatten von Peter Alexander und Udo Jürgens. Die Familienkonstellation wäre, obwohl jeder Einzelne ein liebevoller und nach Liebe suchender Charakter ist, bestens geeignet dafür, später reichlich Gesprächsstoff für Psychotherapeuten und Tränen bei Familienaufstellungen nach Hellinger zu liefern. Und so träumt sich dieser Junge, der immer von den beiden Frauen, der Mutter und der Großmutter, verwöhnt wird und der die leitende Hand eines Vaters, obwohl ein solcher da ist, nie so richtig zu spüren bekommt, in verschiedene Rollen hinein. Als Einzelkind hat er dafür zuerst kein Gegenüber und keine Spielgefährten. Er lässt sich noch mit fünf im Kinderwagen kutschieren, geht dann «als Lokomotive» pustend und pfeifend durch die Straßen von Köln und fühlt sich doch in dieser Stadt und ihren Parks eigenartig wohl und geborgen. In der Schule lernt er gut, kann schön Gedichte aufsagen und singen, weiß auch auf viele Fragen eine Antwort. Bei Rätselspielen im Familienkreis überrascht er oft damit, dass er über mehr Kenntnisse verfügt als die Erwachsenen. So brilliert er damit, dass er im Stande ist, den Namen der Hauptstadt von Nepal, Kathmandu, auszusprechen. Aber auch, dass Wagadugu die Hauptstadt von Obervolta ist, ist ihm geläufig. Er weint, als er mit neuneinhalb Jahren Lindenthal verlassen muss, das Viertel, in dem sie in einer Zweizimmerwohnung wohnen, die nur mit Koch- und Waschecke und einem Klo bei den Nachbarn ausgestattet ist, um ein Reihenhaus in Pulheim zu beziehen, im Nordosten vor den «Toren der Stadt», das sind in Köln die Unterführungen des Autobahnrings.

Geburt, Krankheit, Alter und Tod aus Erzählungen und im Fernsehen

Da bekommt er sein eigenes, kleines Zimmer und bald auch den eigenen Fernseher, das ganze Spektrum von Samsara auf damals noch zwei Kanälen, wenig später auf dreien. Und die Mutter und die Großmutter erzählen immer wieder vom Krieg, der Flucht aus Schlesien, dem 13. Februar 1945 in der Dresdener Innenstadt. Auch die Verwandten, die zu Besuch kommen, sind fast allesamt «von drüben». Der Vater, der wegen einer TBC nicht in den Krieg konnte, legte sich bei den fast täglich erfolgenden Luftangriffen auf Köln auf die Gräber des Melatenfriedhofs, weil er sich sagte, da liege er ja dann gleich richtig. Später erlebte er die Besetzung seines Dorfes durch die Amerikaner. Und dann reden sie immerfort von CDU und SPD, CDU und FDP, SPD und FDP und versuchen irgendwie, an das Wirtschaftswunder zu glauben. Sie bemühen sich redlich, gute Menschen zu sein und die richtige Partei zu wählen, doch er findet immer, sie hätten aus dem Krieg nichts gelernt.

Und er sieht bald den ganzen Nachmittag, Abend sowie am Wochenende fern, allerdings nie, ohne zuerst die Hausarbeiten korrekt erledigt zu haben. Seine Schulnoten liegen alle – abgesehen von Sport – zwischen Eins und Zwei. Und er sieht Geburt, Krankheit, Alter und Tod in Lassie- und Fury-Filmen, in Bonanza, bei Hiram Holliday und der bezaubernden Jeannie. Mit zehn soll er als erstes protestantisches Kind in ein katholisches Gymnasium, das Kloster Knechtsteden, eingeschult werden. Die Schulleitung hat eine der ersten Ausnahmen in ihrer Geschichte beschlossen. Doch er bleibt nur einen halben Tag dort. Der bärtige Mönch droht in der ersten Stunde den Kindern mit einer Rute und sagt, dass sie derjenige zu spüren bekommen werde, der nicht aufpasse. Man schreibt das Jahr eins vor 1968. Bei ihm löst dies einen Angstanfall aus, sodass er sich weigert, jemals wieder diese Klosterschule zu betreten. Am nächsten Morgen sitzt er im neusprachlichen Gymnasium von Köln-Chorweiler. Ein Drittel der Kinder der Klasse über ihm sind ein Jahr zuvor bei dem Attentat von Volkhofen ums Leben gekommen, andere haben Brandwunden.

Und in seiner Klasse sitzen vom ersten Tag an L. und J. und in der Parallelklasse U. und K., die ihn ein Leben lang begleiten und die auch etwa zehn Jahre später bei buddhistischen Lamas Zuflucht nehmen werden.

Die Republik von Beethovianien

Mit zwölf hat dieser Junge nun endlich ein paar Freunde in der Nachbarschaft seines Wohnorts gefunden und erklärt mutig die eigene Straße der Reihenhaussiedlung, die Beethovenstraße, zur unabhängigen Republik. Er schreibt ihr eine eigene Verfassung und entwirft eine Fahne für sie: oben hellblau, unten gelb, diagonal von unten links nach oben rechts unterteilt, mit einem B in der Mitte, das oben, im hellblauen Bereich, gelb und unten, im gelben Bereich, hellblau ist. Zur Nationalhymne wird die englische Pop-Fassung von Beethovens «An die Freude» erklärt, und bald werden Fußballweltmeisterschaften an Tisch-Kickern ausgetragen.

Das Samsara aus dem Fernseher wird in den 70er-Jahren tiefgründiger. Orson Welles' *Citizen Kane* versteht er auf Anhieb. Die Metapher der Rosenknospe *(rosebud)* am Schlitten aus der Kindheit des Verlegers, der die Höhen und Tiefen der Existenz erfahren hat und sich, im Sterben liegend, zurückerinnert, fasziniert ihn. Er sieht Charlie Chaplins große Filme, Werke von François Truffaut und Rainer Werner Fassbinder, Tatort-Krimis und Unzähliges mehr. Und er liest und liest, denn Oma und Mama geben abwechselnd alles nötige Taschengeld, um Bücher und Schallplatten zu besorgen: Heinrich Böll (*Ansichten eines Clowns* u.v.a.), fast alles von Hermann Hesse, vor allem *Siddhartha, Der Steppenwolf, Die Morgenlandfahrt*, später *Narziß und Goldmund*, und insbesondere Franz Kafka und Peter Handke. Das beginnt mit dreizehn, vierzehn. Bald unternimmt er eigene kleine Schreibversuche, um diesen Autoren nachzueifern. Und er hört und hört: Yes, King Crimson, Genesis, die Beatles, vor allem aber die sanfte Stimme von Joan Baez, und schreibt selbst ein paar Lieder. Mit vierzehn: «Diese Welt war von Anfang an ein Paradies. Doch es gab viel Freud, es gab viel Leid auf diesem bunten Luftballon. Diese Welt, sie wär' heut' viel schöner, wenn wir wüssten, in ihr zu leben, auf ihr zu lieben und nicht zu hassen. Glaube mir, die Welt ist schön.» Aber auch: *«Tell me the reasons for the war in Vietnam. Tell me the reasons for the war in Israel. I know the answer: you don't know. The reasons you would tell are not enough to kill other people. The reasons you would tell are not enough to make a war.»*

Und er schreibt und schreibt. Einmal am Decksteiner Weiher im Kölner Stadtwald an einem Sommertag: «Der Mensch ist ein Ruderer.» Da ist er sechzehn und hat gerade seine Freiheit auf dem Mofa entdeckt. Er sieht den Menschen als jemanden, der sich wie die Ruderer immer zwischen mehreren Möglichkeiten hin und her bewegt, fast willkürlich. Dieser Eindruck erscheint ihm wie die Illusion einer realen Welt, die doch eigentlich nur Traum ist. Als er später tibetische Lamas trifft und das Wort *drowa* für Lebewesen erklärt bekommt – es bedeutet «die sich Bewegenden» –, kommen ihm sofort wieder dieses Bild der Ruderer und sein Text in den Sinn.

Mit vierzehn hatte er noch den Konfirmandenunterricht besucht und sich sogar der evangelischen Konfirmation unterzogen. Der Pfarrer von Pulheim mochte ihn und war bestürzt, als der Junge ihm noch vor der Zeremonie erklärte, dass er an jenem Tag das letzte Mal als Christ eine Kirche betreten werde. Der Pfarrer besuchte daraufhin die Familie zu Hause, doch es half nichts. Ein Jahr später schreibt er aber einen langen Aufsatz: «Die religiöse Tendenz meines Denkens».

Auf den Spuren der Existenzialisten

Mit sechzehn und siebzehn unternimmt er mehrere Pilgerreisen zu den heiligen Stätten von Jean-Paul Sartre und Albert Camus nach Paris. Im Trenchcoat, mit Baskenmütze und immer einer Gitane im Mundwinkel sitzt er im Café Deux Magots und geht die Boulevards hinauf und hinunter, stets mit einem Notizblock unter dem Arm, und träumt sich in das Denken von weltüberdrüssigen Existenzialisten hinein, die das Leben als ein absurdes Spiel betrachten. Die eigenen Pubertäts- und Männlichkeitsprobleme geben dieser Wahrnehmung eine zuweilen depressive, ängstliche Note. Es beginnt die Zeit für die Lektüre von Freud, Janov und Ronald D. Laing. Und er liest Alfred Döblins *Berlin Alexanderplatz*. Unter dem Eindruck der langen Passage über den Schlachthof beschließt er, Vegetarier zu werden. 1992 wird er sich an diesen Auslöser seiner Entscheidung erinnern, als der Kongress der Europäischen Buddhistischen Union in unmittelbarer Nähe der längst stillgelegten Schlachthofhallen in Ostberlin stattfindet. Hier wird er dann zum ersten Mal Thich Nhat Hanh begegnen, der auch überzeugter Vegetarier ist, anders als die tibetischen Lamas, die er bis dahin getroffen hat.

In der reformierten Oberstufe, zu deren Einführung er als Schulsprecher mit einer überzeugenden Rede einen Beitrag geleistet hat, kristallisieren sich die Weggefährten heraus. Der letzte Skiurlaub, wobei er selbst kaum Ski fährt und es auch nicht lernt, sondern lieber Bücher liest, führt auf die Bettmeralp im Schweizer Wallis. Hier wohnt er mit den bereits oben erwähnten L. und K. und U. und dazu einem Franzosen namens P. in einem Chalet. Bis auf P. werden sie alle bald Buddhisten, doch das wissen sie mit achtzehn noch nicht, obwohl L. sich im Literaturunterricht einmal dafür stark gemacht hatte, dass man Hermann Hesses *Siddhartha* nicht zerpflücken dürfe, sondern ihn einfach mal auf sich wirken lassen müsse. Für das Abitur bleiben ihm nur noch vier Fächer. All seine Abschlussarbeiten haben «Dharma-Charakter», wie er schon ein Jahr später erkennt. Da geht es im Englischen um den Text *The Word is not the Thing*, in Philosophie um Platons Höhlengleichnis, und in Deutsch und Literatur sucht er sich auch «philosophisch-existenzialistische» Themen aus. Das Ergebnis ist ein NC von 1,6. Der Schuldirektor gratuliert ihm und gleichzeitig K., der dieselbe Note erzielt hatte. Als sie danach im Café sitzen und eine Schachtel Rothändle verrauchen, fällt ihre Entscheidung: Wenn es schon so weit kommt, dass der Direktor, der das Establishment repräsentiert, gratuliert, dann ist man gewarnt davor, eben dieser bürgerlichen Scheinwelt und ihren hohlen Idealen anheim zu fallen. Zwei Wochen später steigen die beiden für immer aus der Gesellschaft aus, wie sie glauben, und stehen an der Autobahn nach Berlin – eine Szene, von der es noch ein Foto gibt, das die beiden langhaarigen Freunde zigarettendrehenderweise auf einem Autobahnrastplatz zeigt.

Natürlich hat er auch den Wehrdienst verweigert, denn es ist ihm klar, dass militärische Gewalt immer grausam ist und es nichts und niemanden gibt, wofür er kämpfen würde. Die Kriegserfahrungen seiner Vorfahren und alles, was er über Krieg gelesen oder in Filmen gesehen hat, reichen doch aus, um einen Gedanken klar zu fassen: «Nie wieder Krieg!» Er wird 1986 auf der Titelseite der *Bild*-Zeitung als «Totalverweigerer» bezeichnet, da er durch die Jahre in Berlin und die Einschreibung an Universitäten nicht einmal dazu kam, Zivildienst zu leisten. Gerade vor dem Beginn seines Drei-Jahres-Retreats im Jahre 1986 will man ihn jedoch dazu einberufen. Mithilfe eines Rechtsanwaltes gelingt es ihm, ein Recht auf Befreiung vom Zivildienst in Anspruch zu nehmen, das eigentlich für Priester in der Ausbildung gedacht ist.

Nach Berlin, einer Stadt voller Geheimnisse

In Berlin leben K. und er in verschiedenen Wohnungen. Schulfreundin L. hat unterdessen einen Berliner Freund, sodass er und K. eine Weile bei ihm unterkommen. Sie erleben hier ein anderes Deutschland. Die prekäre politische Lage einerseits, die bunten Subkulturen andererseits. Er pilgert zu Wolf Biermanns Haus in der Chausseestraße im Osten, denn er kennt die Lieder auf der gleichnamigen Platte fast auswendig, wo Biermann Deutschland und Berlin mit einem Arsch vergleicht: «... und wenn den großen Herrn der Welt der Magen drückt und kneift, dann stinkt's ganz fürchterlich in Deutschland, ihr begreift ...» Sie finden die Szene im Jodlkeller in der Adalbertstraße spannend, weil hier angeblich die Baader-Meinhof-Bande ein und aus geht, ohne jemals irgendjemanden von diesen Leuten zu treffen. Man fühlt sich hier aber der Realität näher, denn es ist ja nur eine Frage der Zeit, dass hier der Atomkrieg losgehen und die Gesellschaft zusammenbrechen wird. Erst drei Jahre später verändert sich dieses Zeit- und Lebensgefühl etwas, als er mit seinem Lama Thrangu Rinpoche am Potsdamer Platz auf einer Aussichtsplattform steht. Nachdem Rinpoche Mauer und Minenfeld nur eine Minute betrachtet hatte, sagt er: *«This will not remain like this forever!»* Das muss 1979 gewesen sein.

In Berlin hat er dann mit neunzehn seine erste intensivere Begegnung mit einer Frau. Er lernt sie auf einem Treffen kennen, zu dem ein paar Leute kamen, die Urschreitherapie nach Arthur Janov machen wollen, um «reale Menschen» zu werden. Sie lädt ihn zu sich nach Hause ein und meint, nachdem er ihr das psychische Dilemma seiner Pubertät und Jugend geschildert hat, dies müsse doch kein so großes Problem sein. Über dem Bett hängt ein kleines tibetisches Mandala. Nach der ersten Euphorie entwickelt sich innerhalb von Wochen ein Emotionsdrama, das genug Anlass für ewige Weltentsagung gegeben hätte. Doch eines Tages kommt ein Christus-gläubiger Hippie, der wie John Lennon aussieht und immer *stoned* ist, zu ihnen in die Wohnung. Er fragt ihn eindringlich, ob er sicher sei, dass dies die von Gott für ihn auserwählte Frau sei. Obwohl er an diese Vorstellung von Gott nicht glaubt, wird diese Frage doch zum auslösenden Moment dafür, dass er sich von seiner ersten Freundin zu lösen beginnt.

Der Freund K. ist unterdessen nach Köln zurückgekehrt, und er ist es, der bald die Frau seines Lebens trifft, mit der er bis heute ein kleines buddhistisches Zentrum an der Schwäbischen Alb betreibt.

John Lennon führt ihn zu einer Wohnung, von der es heißt, hier würden interessante Leute wohnen, die an Schwingungen glauben und demnächst ausziehen würden. Er kann bei der kleinen Patchwork-Familie nicht mehr leben und muss endlich seinen eigenen Weg in Berlin finden. Hier hängen tibetische Poster an den Wänden, und es gibt schöne Dinge, die an Indianer und an Zen-Buddhismus erinnern. Es riecht sehr interessant nach besonderen Kräutern. Und die beiden Vermieter sind unglaublich sympathische Figuren und kommen ihm vor wie ein alter Indianer und seine Squaw. Sie scheinen etwas mit Carlos Castaneda zu tun zu haben, und es geschehen merkwürdige Dinge, so, als stünde hier die Zeit still und als würde man eine andere Dimension betreten. Er zieht bei ihnen ein, doch sie ziehen nicht aus. Er wird zum Vermieter und die beiden zu Untermietern. Angeblich hat ihnen das

I Ging oder der Große Geist gesagt, sie sollten noch eine Weile bleiben, er sei jemand, der nicht ohne Grund zu ihnen gekommen sei. Sie verwenden Drogen, aber nur vom Feinsten und nur zur Bewusstseinsveränderung und um verschiedene Stadien des Bewusstseins zu erforschen, heißt es. Und es gibt tolle Bücher: Aldous Huxley, Timothy Leary, Ram Dass' *Be Here Now*, Alan Watts und das Tibetische Totenbuch.

Obwohl er nie etwas mit Drogen zu tun haben wollte, nimmt er an ihren Sitzungen teil. Und er beginnt eigene Sitzungen durchzuführen, allein in seinem Zimmer, das bald das Flair einer orientalischen Klosterstube bekommt. Das Setting ist entscheidend, hat er gelernt. Und die Dosis, und die Reinheit des Stoffes. Manchmal ist sie zu hoch, und er leidet fürchterlich an Übelkeit und Schwindel, doch dann treten immer wieder sehr interessante Zustände auf: «Die Worte und Begriffe lassen sich ein- und ausschalten wie Leuchtreklame ...», ist eine seiner ersten Einsichten. Er liest wieder viel und meint unter dem Einfluss von Haschisch tiefer in die Worte einzudringen: *Tao Te King*, Castaneda, Zen, tibetische Texte. Er betrachtet Thangkas, tibetische Rollbilder, in Kunstbüchern und kauft sich die ersten Poster der Dhyani-Buddhas. Er liest Milarepa und findet eine schöne alte Ausgabe seiner Lieder aus den 20er-Jahren auf dem Flohmarkt. Er liebt Anagarika Govindas *Der Weg der weißen Wolken* und *Grundlagen tibetischer Mystik*. Seine Untermieter geben ihm Chögyam Trungpas *Spiritueller Materialismus* als Lektüre auf. Und er liest auch wieder Hesses *Siddhartha* und versteht ihn ganz anders als mit vierzehn oder fünfzehn. Er ist jetzt zwanzig, und seine Familie macht sich große Sorgen um ihn, nicht ganz zu Unrecht. Doch ist er im Begriff, etwas für ihn Bedeutungsvolles zu entdecken.

Künstlich ausgelöste Grenzerfahrungen

In der ersten Hälfte des Jahres 1977 verlässt er die Kreuzberger Wohnung nur zu Spaziergängen durch die Stadt und gelegentlich auch mal, um etwas Geld zu verdienen, zum Beispiel als Statist beim Film. Er schreibt sich an der FU ein, für Vergleichende Religionswissenschaften, Völkerkunde und Indologie, wo er übrigens schon ein Jahr später einen Tibetisch-Kurs zu zweit mit Sylvia Wetzel belegen wird. Einmal sitzt er abends zu Hause in seinem Sessel und sieht einen Mönch in sein Zimmer kommen. Er schreibt einen kurzen Text, wonach der Mönch mit ihm verschmilzt und sie eins werden.

Siebenmal nimmt er die Droge ein, die seine Untermieter den «Schlüssel» nennen. Einmal liest er dabei das ganze Tibetische Totenbuch und ist sich danach sicher, dass er es wirklich verstanden und erlebt hat. Insbesondere das Klare Licht hat er deutlich gesehen und glaubt, es als das erkannt zu haben, was es ist. Und er beobachtet auch, wie sich aus dem Zustand gleißender Leere wieder ein dualistisch wahrnehmender Geist mit all seinen Halluzinationen und Projektionen erhebt. Er blickt auf sein japanisches Vajrasattva-Poster und sieht, dass dieser Gott, wie er es nennt, sein eigenes Wesen ist. Als er Angst bekommt, liest er in dem Buch weiter. Er sitzt etwa sechzehn Stunden so fast regungslos in einem Sessel. Irgendwann sieht er sich zum Außenklo im Treppenhaus schweben und reines Gold sich aus ihm ergießen. Er sitzt dann weiter und sieht sich als alten Mönch mit einem weißen Bart und einer Glasperlenkette in Meditation sitzen. Nachdem die Wirkung vorüber ist, schreibt er die ganze Erfahrung auf. Nun ist er ein in das Geheimnis Eingeweihter geworden, was er seinem Guru, dem Untermieter, zu verdanken hat, der wahrscheinlich zusammen mit seiner Frau während der ganzen Sitzung im Nebenzimmer meditiert hatte. Und dort hängt ja auch das Bild von Milarepa an der Wand, von dem stets diese ungeheure Kraft ausgeht und dem immer alle Substanzen vor der Einnahme geopfert werden.

Der tibetische Buddhismus dringt in sein Leben ein – oder kehrt er zurück?

Er wird dünner, und seine Haut wird aschgrau, zumal sie auch in ihrer Dreier-WG eine streng makrobiotische Kost zu sich nehmen, die unter anderem, nach George Ohsawa, helfen soll, den

Atomkrieg zu überleben. Man würde quasi in der Lage sein, sich unsichtbar zu machen und unverletzbar zu werden. Er hat über zwanzig Kilo abgenommen. Einmal wöchentlich geht er in das Bhagwan-Center am Mehringdamm zu den Sannyasin (manchmal übrigens auch zu den Zen-Buddhisten fast nebenan), denn der Untermieter hat dies empfohlen, damit durch das Tanzen wieder mehr Lebenskraft und Schwung in ihn zurückkehre. Nachdem er eines Abends die Dynamische Meditation mitgemacht hat, sieht er in der Halle des Ashrams ein großes Poster, das den Besuch von Seiner Heiligkeit dem 16. Gyalwa Karmapa in Berlin ankündigt. Er wird dort am 23. September 1977 im Künstlerhaus Bethanien – das klingt fast wie Beethovianien –, direkt um die Ecke vom so genannten Baader-Meinhof-Haus, die Zeremonie der Schwarzen Krone durchführen. Das Lächeln und der Ausdruck dieses Fotos erschüttern ihn zutiefst. Das muss der Mann sein, der alles über das Klare Licht und das fantastische Tibetische Totenbuch weiß. Er wird ihn sehen.

Anfang September liegt jedoch seine Großmutter in Köln im Sterben. Sie hatte ihn neunzehn Jahre lang betreut, und jetzt muss er zu ihr, war es doch sowieso völlig unverständlich, was er eigentlich macht und warum er so selten nach Hause kommt. Sie liegt in einer Klinik in Köln-Ehrenfeld, und die Schulfreunde wohnen jetzt plötzlich auch alle dort in der Nähe, sodass er bei ihnen unterkommen kann. Er kauft sich unterwegs noch die Evans-Wentz-Ausgabe des Tibetischen Totenbuchs. Wie ein Zauberer tut er das. In Hannover, auf dem Weg nach Köln, steigt er plötzlich und ohne Plan aus dem Zug aus und läuft scheinbar ziellos in den Zeitungskiosk in der Eingangshalle. Dort steht neben all den Illustrierten und Jerry-Cotton-Heften die blaue Ausgabe zu einem Sonderpreis, so, als hätte er es geahnt. Er kauft sie und fährt damit weiter zu seiner Oma und liest ihr leise aus dem Buch vor. Sie spricht kaum mehr, stirbt aber noch nicht.

Er sieht den 23. September kommen, an dem er doch den Karmapa in Berlin treffen will. Ein paar Tage vorher geht er nicht zur Oma, sondern zum Hauptbahnhof. Wieder weiß er nicht, was und warum er es tut. Man könnte sagen, er ist völlig ausgeflippt und ausgespaced. Er nimmt einen Eilzug, der Richtung Frankfurt fährt, rechtsrheinisch, das gab es damals. Und er steigt, wiederum so plötzlich wie in Hannover, in Linz am Rhein aus dem Zug aus und läuft auf die Rheinanhöhe hinauf. Er setzt sich an diesem Spätsommertag mitten auf einen Kohlacker und benutzt noch einmal seinen «Schlüssel zum Bewusstsein», ein letztes Mal in diesem Leben. Er sitzt lange, bis die Abenddämmerung kommt, und blickt über die Landschaft, hinüber zur Eifel, zurück über den Westerwald, nach Norden zum Siebengebirge und nach Süden Richtung Taunus. Ein paar Jahre später dämmert ihm bei unvermeidlich auftretender Gänsehaut, dass an diesem Tag der Karmapa in Königstein bei Frankfurt die Kronen-Zeremonie zelebrierte, die von vielen, die er bis dahin getroffen hatte, als besonders kraftvoll bezeichnet wurde. Auch saß er an jener Stelle, die ziemlich genau die Mitte zwischen den Orten darstellt, an denen später das Kamalashila-Institut und das Retreat-Zentrum Halscheid entstehen würden. Er würde in beiden Fällen der buddhistische Mönch sein, der die Orte für den Karmapa und seine buddhistische Tradition fand und einrichtete. Und dreiundzwanzig Jahre später wird er in der Nähe des Waldhauses am Laacher See leben, von wo aus man einen Blick auf die Rheinanhöhe hat, an der er damals, 1977, saß.

Am 23. September trampt er aus Geldmangel nach Berlin und verlässt seine Oma, die dann ein paar Wochen später verstirbt. Doch er kommt zu spät zur Kronen-Zeremonie. Seine Untermieter sind dabei gewesen und kehren gerade zurück, als er ganz enttäuscht aus Köln eintrifft. So bleibt ihm nur, sich genauer zu informieren, wo er dem Karmapa noch begegnen kann. Und er bekommt aus Kopenhagen einen genauen Plan von dessen Europareise. Er beginnt auch das Karma-Kagyü-Zentrum, das damals im Wedding ist, gelegentlich aufzusuchen und an der Tschenresig-Puja teilzunehmen. Und er besucht gerne das Buddhistische Haus in Frohnau und geht danach an die Mauer bei Lübars, um Brennnesseln zu pflücken. Die sollen schon Milarepa zur Erleuchtung verholfen haben.

Niemand sah ihn vermutlich, als er mitten in der Nacht im kühlen Herbst mit einer Taschenlampe und dem Tibetischen Totenbuch am Grab der Oma auf dem Pulheimer Friedhof saß und die Kapelle zirkumambulierte, in der ihr Leichnam im Sarg lag.

Anfang Dezember hat er eines Abends den Eindruck, der Brief aus Kopenhagen würde leuchten und zu ihm sprechen, und er liest noch einmal darin. Der Karmapa würde in ein paar Tagen in Samye Ling, Schottland, zu einem zweiwöchigen Aufenthalt eintreffen. Es ist kalt, und er hat kaum Geld. Für fünf Mark kauft er sich beim Trödler an der Ecke einen dicken, hellen Wintermantel aus guter Wolle. Am Morgen seiner Abreise wird er von geträumten, ungewohnt klingenden Glocken geweckt und geht mit einem Schild mit der Aufschrift «London» zur Autobahn, zum Anhalter-Bahnhof, wie man damals sagte, nach Dreilinden. Innerhalb von drei Tagen erreicht er Südschottland, nach kurzem Stopp bei K. und U. in Köln und einer interessanten Episode in London, wo er im Haus von Sogyal Rinpoche übernachtet, der ihm morgens aus dem Badezimmer entgegenkommt. Er frühstückt mit Patrick Gaffney, der viele Jahr später mit Sogyal Rinpoche sein bekanntes *Tibetisches Buch vom Leben und vom Sterben* schreiben wird. Die Adressen von Londoner Buddhismus-Zentren hat er aus einem Buch, «Alte Wege zur neuen Welt». Eine ähnliche Begegnung mit den beiden, Sogyal und Patrick, wird sich drei Jahre später ereignen, 1980, als er auf dem Weg zu seiner Mönchsordination in Woodstock, New York, zu Karmapa ist. Der Abflug verspätet sich um fünf Stunden, und er trifft Sogyal Rinpoche und Mr. Gaffney in der Wartehalle, da sie dasselbe Flugzeug nehmen wollen, um mit dem Oberhaupt ihrer Nyingma-Linie, Dudjom Rinpoche, zusammenzukommen. Er wird von Dudjom Rinpoche am Nachmittag seiner Mönchsordination im August 1980 in Manhattan die Einweihung der 1000 Buddhas dieses guten Kalpa (Weltzeitalters) erhalten.

Doch zurück in den Dezember 1977. Als er in Samye Ling ankommt, dem Ende der 60er-Jahre von Chögyam Trungpa und Akong Tulku gegründeten ersten tibetisch-buddhistischen Zentrum im Westen, heißt es, Seine Heiligkeit, der Karmapa, sei gerade eingetroffen. Er hört zum ersten Mal buddhistische Belehrungen direkt aus dem Mund von Lehrern und Mönchen, und das sind Jamgon Kongtrul Rinpoche und Khenpo Tsültrim Gyamtso Rinpoche und manchmal auch der Karmapa selbst. Er fühlt sich an seine Drogenerlebnisse erinnert, als Lama Lhachog mit hunderten von Kursteilnehmern stundenlang das Mantra OM MANI PEME HUNG wiederholt, und er erkennt auch die Glocken wieder, die ihn ein paar Tage vorher aus dem Schlaf weckten. Jedoch versteht er nicht gleich, warum hier niemand mit Drogen und Makrobiotik etwas zu tun haben will. Einen Engländer danach fragend, erhält er die Antwort: *«Man, we got over this trip long ago!»* Er erzählt einem Lama von seinen Drogenerfahrungen und bekommt so etwas zu hören wie: «Das waren nur Erlebnisse, aber noch kein Weg. Wenn du mit dem Ngöndro (den vorbereitenden Übungen) beginnst, wirst du nach ein paar Monaten völlig damit aufhören, Drogen einnehmen zu wollen.»

Er geht zu mehreren kurzen Audienzen des Karmapa, von dem er zutiefst beeindruckt ist. Es war, als würde die Ausstrahlung von «His Holiness» den ganzen Raum durchdringen und als könne er die Gedanken der Leute, die vor ihm standen, lesen. Einmal nimmt der Karmapa ihm seinen hölzernen Rosenkranz vom Hals, so etwas besitzt er da schon, lacht schallend und sagt dann: «Diese Mala ist ein Beweis dafür, dass Malas nicht teuer sein müssen.» In der Tat hatte er sie mal für nur fünf Gulden in Amsterdam erstanden. Als er das erste Mal der Zeremonie der Schwarzen Krone beiwohnt, sieht er, wie der Karmapa den kristallenen Rosenkranz aus der Hutschachtel hebt. Es reißt ihn fast von seinem Sitz, denn er meint darin die Glasperlenkette wieder zu erkennen, die er vor einigen Monaten in seiner eigenen Bardo-Vision von sich als altem Mönch gesehen hatte. Irgendwie scheint der Karmapa das Kraftzentrum zu sein, das die ganzen Begegnungen und Erlebnisse der letzten Monate, ja Jahre ausgelöst hatte, und nun ist er direkt zur Quelle gekommen.

Am Weihnachtstag, dem 25. Dezember 1977, nimmt er die buddhistische Zuflucht bei Karmapa, Höhepunkt dieses Jahres höchst eigenartiger Erfahrungen. Es ist Vollmond, und der Karmapa zelebriert außerdem noch drei Kronen-Zeremonien, die Bodhisattva-Gelübde und eine Vajrasattva-Einweihung. Eigenartigerweise meint er von all diesen Dingen schon etwas zu wissen. Er hat von allem bereits gehört und gelesen und glaubt auch, manches aus Erfahrung zu kennen. Und nun ist er bei echten Buddhisten gelandet, bei Tibetern, und befindet sich in einem bunten Haufen ihrer westlichen Schüler und Anhänger. Und sie nehmen ihn auf, er fühlt sich ihnen verwandt, verbunden und irgendwie zu Hause. Alles, was ihm so neu erschien, ist hier so etwas wie Alltag und gehört zur Normalität.

Die Zuflucht verändert das Leben

Bei der Rückkehr nach Berlin kurz nach Neujahr 1978 findet er die Wohnung halb leer vor. Seine Untermieter sind ausgezogen. Er ist jetzt allein in der großen Stadt, und er ist Buddhist. Er richtet sich ein Meditationszimmer ein, mit einem Poster von Padmasambhava. Nach zwei Wochen bekommt er einen Anruf. Das Karma-Kagyü-Zentrum vom Wedding sollte eigentlich nach Steglitz umziehen, aber die Familie dort will es im letzten Moment nicht mehr haben. Er sei doch neu im Dharma und so ein Senkrechtstarter, ob er denn nicht das Zentrum machen könne. In der Tat war tags zuvor auch noch die Nachbarwohnung auf derselben Etage frei geworden. Er fragt die Hauswartsfrau, die froh darüber ist, gleich einen neuen Mieter zu finden. Jede Wohnung kostet damals 120 Mark. Noch am selben Tag kommen die Utensilien des Karma Tengyal Ling in seine Wohnung, mit Altar, dem Thron, auf dem der Karmapa am 23. September des Vorjahres gesessen hatte, Sitzkissen, Thangkas usw. Und er beginnt den kleinen Tempel herzurichten und zu pflegen. Nur ein paar Wochen später zieht B. zu ihm, die auch seine Untermieter gekannt und sehr gemocht hatte, durch ähnliche Erfahrungen gegangen war und den Karmapa in Berlin getroffen hatte. Sie verlieben sich bald und organisieren dann für fast zwei Jahre gemeinsam das kleine tibetische Zentrum in dem Kreuzberger Hinterhof. Beim Herrichten des Lama-Zimmers für den Besuch von Tenga Rinpoche finden sie unter dem alten Linoleum *Bild*-Zeitungen von 1959, die in großer Aufmachung von der Flucht des Dalai Lama berichten.

Und es kommen große Meister die Treppe zu den beiden kleinen Wohnungen hinauf, in denen er noch ein Jahr zuvor seine psychedelischen Erfahrungen gemacht hatte. Da, wo Milarepas

Poster hing, ist jetzt das Berliner Lama-Zimmer schlechthin. Nach einer kurzen Zeit der Umstellung, nicht nur für ihn, sondern für einige im Berliner Sangha, hört er ganz damit auf, Drogen zu nehmen. Diese Phase dauerte somit nur etwa ein Jahr.

Jetzt beginnt die Zeit der ritualisierten Meditationen und Pujas, der traditionellen Belehrungen und der Pilgerreisen zu Kursen in den verschiedenen Zentren dieser buddhistischen Tradition, später auch nach Asien. Mit seinem Schulfeund K. macht er im Herbst 1978 eine Reise nach Griechenland, wo sie sich auf Lesbos vier Wochen lang auf einen Phowa-Kurs (Bewusstseins-Übertragung ins Reine Land zum Zeitpunkt des Todes) vorbereiten, indem sie das Mantra des Buddha Amitabha wiederholen. Er absolviert 1979 und 1980 die dreimonatige Sommerschule bei Thrangu Rinpoche in Samye Ling, während sie in den Working Hours an den Fundamenten des späteren großen Tempels arbeiten dürfen. Einmal wird abends ein Film über das Kloster Rumtek in Sikkim gezeigt, und er begegnet zum ersten Mal der tibetischen Kultur in bewegten Bildern. Tief berührt geht er danach allein über die Klosterbaustelle und sieht das Kloster in kurzen Flashs so, als sei es bereits fertig und voller Leben. Vor Rührung heult er wie ein Schlosshund. Und wie er so dasteht, legt sich plötzlich eine Hand auf seine Schulter. Es ist die Hand von Thrangu Rinpoche, und dieser sagt väterlich zu ihm: *«You feel better now?»* Beim nächsten Interview mit dem Rinpoche trifft er den Entschluss, so bald wie möglich Mönch zu werden.

Er wird zu Yesche, dem Mönch

Im Sommer 1980 verlässt er Berlin und wird, mit einem Empfehlungsschreiben von Thrangu Rinpoche ausgestattet, von Karmapa in Woodstock ordiniert. So wird er zu Yesche, der dann als Mönch zu seinen Kölner Freunden zieht, die unterdessen bei derselben buddhistischen Tradition gelandet sind und ein dem Berliner Zentrum ähnliches, aber größeres Zentrum in der Kölner Innenstadt eingerichtet haben. Und hier wächst er in seine Aufgabe als Mönchs-Pionier dieser Tradition in Deutschland hinein. Sie empfangen viele Lamas, und immer geht es um die Natur des Geistes, das Tibetische Totenbuch und auch grundlegendere Lehren. Sie ziehen bald in ein schönes großes Haus in der Straße Weyertal, nur ein paar hundert Meter von dem Krankenhaus entfernt, in dem er 23 Jahre vorher das Licht der Welt erblickt hatte. Einmal fragt er Situ Rinpoche, ob er diesem Umstand irgendeine Bedeutung zumessen solle, und hätte vielleicht gerne gehört, dass er ein wiedergeborener tibetischer Mönch sei, der vom Bardo aus den Ort seiner Wiedergeburt als den seines zukünftigen Wirkens haargenau angepeilt habe. Doch er bekommt nur zur Antwort: *«As long as we are in Samsara, we have to be born somewhere.»* Er kommt also 1981 tatsächlich noch einmal in das Milieu zurück, das er mit neuneinhalb unter Tränen verlassen hatte.

Er besucht tibetologische Vorlesungen in Bonn, und dann finden sie Schloss Wachendorf. Dies geschah auf einem Empfang beim Vorsitzenden der Deutsch-Nepalesischen Gesellschaft in Köln-Lindenthal zu Ehren des Shamarpa, der damals in «seinem Zentrum» zu Gast war. Jetzt ist Yesche als dreiundzwanzigjähriger Mönch schon Leiter des Zentrums in seiner Heimatstadt. Und er wird zum Sekretär des neuen Kamalashila-Instituts. Der Tod des Karmapa noch im selben Jahr 1981, die erste Asienreise zu seiner Einäscherung in Rumtek, der Besuch des Dalai Lama in Wachendorf 1982, die Kalachakra-Einweihung mit Kalu Rinpoche 1984, der enge Kontakt zu Lama Gendün Rinpoche und das Finden des Retreat-Hauses in Halscheid 1985 mit dem Beginn der Drei-Jahres-Klausur 1986 sind weitere Höhepunkte auf seinem Weg. 1984 ist er zum Vorsitzenden des Karma-Kagyü-Vereins, der Tibetisch-Buddhistischen Religions-Gemeinschaft, gewählt worden, wodurch wieder dieselbe pragmatische Seite in ihm zum Vorschein kommt, die ihn zehn Jahre zuvor hat Schulsprecher seines Gymnasiums sein lassen.

Während des Drei-Jahres-Retreats gibt es dann eine Zeit, in der sich die Männer ihre Bärte und Haare nicht schneiden, und da fällt ihm eines Tages auf, wie sehr sich seine Erscheinung jetzt der des bärtigen Mönchs mit der Perlenkette in der Hand aus seiner Drogenvision, etwa zwölf Jahre zuvor, angenähert hat. Vor seinem Zimmer in Halscheid weht die blaugelbe Traumfahne des Karmapa und spiegelt sich täglich in den sieben Wasserschalen auf seinem Altar.

In den 90er-Jahren erschüttert eine Krise die Karma-Kagyü-Schule, die ihm sehr zu schaffen macht. Zwei Kinder werden als Wiedergeburt des Karmapa ausgerufen, doch nur einer kann der Karmapa sein. An seinem sechsunddreißigsten Geburtstag, im Jahre 1993, ist er mit der Einrichtung seines Klosterzimmers im entstehenden großen Zentrum von Le Bost in der Auvergne fertig. Unangemeldet kommen die alten Schulfreunde L.und J. zu Besuch, die längst geheiratet haben. Waren sie nicht auch an jenem Tag vor sechsundzwanzig Jahren da gewesen, als er es in dem katholischen Kloster nicht ausgehalten hatte? Er wird es auf Grund seines subtilen Sinns für politische Zusammenhänge auch in diesem Kloster bald nicht mehr aushalten können.

Zum ersten Mal sucht er bei anderen buddhistischen Traditionen, wie bei Thich Nhat Hanh, eine neue Orientierung und beginnt an die Notwendigkeit der Entwicklung eines westlichen Buddhismus zu glauben. Er nimmt auch an einer Konferenz über die Entwicklung des Buddhismus im Westen mit S.H. dem Dalai Lama in Dharamsala teil, die ihm ganz neue Perspektiven eines schulübergreifenden Buddhismus aufzeigt. Seit dem Ende seines Drei-Jahres-Retreats (1990) versucht er sich selbst als Meditationslehrer. So kann er mit dem Reichtum seiner Erfahrungen, für den er dankbar ist, am besten Haus halten. Nach siebzehn Jahren legt er 1997 die Mönchsroben wieder ab und begegnet bald danach seiner Lebens- und Weggefährtin. Ein neues Kapitel beginnt.

Die blaugelbe Traumfahne

Anfang der 80er-Jahre tauchte sie auf: die blaugelbe Traumfahne des Karmapa. Sie wird ihm persönlich nach dem Tod des Karmapa in Rumtek, Sikkim, erläutert. Sie zeigt im oberen Feld eine hellblaue doppelte Welle, die die Fahne diagonal unterteilt, und ist im unteren Feld entsprechend gelb, fast wie ein Yin-und-Yang-Zeichen. Sie bedeutet das Ineinandergreifen von absoluter und relativer Wirklichkeit, von Leerheit und Erscheinung, von Klarem

Licht und Manifestation. Er weiß: Sie sieht der Fahne seines Beethovianien sehr ähnlich, und das große B hätte ja nun auch nicht nur Beethoven bedeuten können Diese Fahne begleitet ihn an vielen Orten und erinnert überall an die Traumhaftigkeit unserer Existenz, an die Abwesenheit eines konkreten, persönliches Selbst, aber auch an die spielerische Freude, mit der die Wirklichkeit von Leerheit und traumhafter Erscheinung sowie die Botschaft davon sich verbreiten und einen Weg für viele weisen können.

Im vergangenen Sommer wollte ich mit meiner Partnerin Neuland betreten und einen Ort in der Mitte Deutschlands finden, an dem wir ein kleines traditionsübergreifendes Zentrum gründen konnten. Doch es kam anders: Anlässlich des Geburtstags des 17. Karmapa besuchten wir eine Zeremonie im neuen Kamalashila-Institut in Langenfeld/Eifel. Unmittelbar nachdem ein neues Modell der blaugelben Karmapa-Fahne, das von Karmapa eigens für dieses Institut angefertigt worden war und das in der Mitte einen bunten Doppel-Vajra zeigt, in den Eifelhimmel gehisst worden war, wurde uns ein Haus in unmittelbarer Nähe des Instituts angeboten, in das wir einige Wochen später einzogen. Mein alter Lehrer Thrangu Rinpoche, der mich vor zweiundzwanzig Jahren zur Mönchsordination geschickt hatte, segnete bald darauf unser Haus mit seinem Besuch.

Die blaugelbe Fahne weht von weitem sichtbar über den Dächern des Eifeldorfes. Ich sehe sie jetzt jedes Mal, wenn ich aus dem Haus gehe, und sie weist mir am Ende jeder Reise den Weg nach Hause.

Ein persönliches Schlusswort

Seit der Zeit, als ich zum Weg gefunden habe, hat sich viel geändert. Die Intensität der ersten Erfahrungen tritt so nicht mehr auf. Grenzerfahrungen wurden zu Erinnerungen, wie hier. Der Geist der Suche ist nicht mehr so stark, und die Magie des Weges ist entweder zur Gewohnheit geworden oder zeigt sich so nicht mehr. Der Mönchsstatus hatte mir geholfen, aus meiner ganzen «Eigen-Art» eine Berufung und eine Aufgabe zu machen. Er gab mir Kraft, erdete mich und half dabei, die Erfahrungen im Kontext eines universellen Weges, eben des Dharma, zu sehen. Ein westlicher Mönch zu sein bewirkte auch, immer eine besondere Brücke herstellen zu müssen zwischen den buddhistischen Lehrern aus Asien, denen ich zum Teil sehr nahe war, und den Menschen, die die Zentren und Kurse besuchten.

Doch das Mönchsein war auch zeitweise wie ein Vertreter-Dasein in einem Missionsverein und die Einrichtung und Unterhaltung buddhistischer Zentren auch ein Weg zu ihrer nicht unproblematischen Institutionalisierung. Und ich musste einsehen, dass genauso wenig wie Gott in jeder Kirche wohnt, der Geist des Buddha oder eines Karmapa nicht immerfort in jedem Zentrum zu finden ist, das unter seinem Namen steht. Leider ebenso wenig in jedem Rinpoche oder Lama, der solche Titel trägt. Um nicht selbst der Inflation dieser Rangbezeichnungen Vorschub zu leisten, habe ich auf den Titel «Lama» verzichtet, mit dem ich nach dem Drei-Jahres-Retreat angesprochen wurde. Dennoch verneige ich mich an dieser Stelle tief vor allen großen Lehrern der buddhistischen Tradition, insbesondere vor jenen, denen ich begegnen durfte.

Der Buddhismus ist im Westen viel bekannter geworden, und wunderbare asiatische Lehrer und begabte westliche Schüler haben dazu beigetragen. Aber der Buddhismus läuft auch Gefahr, vermarktet zu werden und im Dschungel der Globalisierung eine harmlose Freizeitbeschäftigung für gestresste Wohlstandsbürger zu werden. Was für mich als persönliche Suche und Erfahrung begann, ist deshalb auch eine gesellschaftliche Aufgabe geworden. Sie besteht darin, einen Weg zu vermitteln und selbst weiterzugehen, der einerseits tiefgründig, aufrichtig und klar verständlich ist und andererseits schrittweise und methodisch geübt werden kann, sodass sich gesunde und schöne Befreiungswege daraus ergeben. Die buddhistische Ethik verdient in diesem Zusammenhang eine besondere Beachtung und Anwendung.

Seine Heiligkeit der Dalai Lama soll gesagt haben:

> Die Religion findet sich nicht in Tempeln und Klöstern;
> man muss sie in den Herzen der Menschen finden …

Vielleicht müssen wir eines Tages die Tempel und Klöster zerstören, um die Religion, den wahren Dharma, zu retten.

Ich wünsche mir nicht, dass buddhistische Zentren, Klöster und Tempel zerstört werden. Im Gegenteil, sie erfüllen eine wertvolle Funktion in unserer so stark säkularisierten, ja in völligem Materialismus befangenen Zeit, die voller nicht-dharmischer Kräfte ist, und es ist noch ein langer Weg, bis die Buddha-Lehre in ihren vielfältigen Sichtweisen und Methoden hier umfassend überliefert werden kann. Und dennoch gilt es auch immer zu sehen, was «in den Herzen der Menschen» wirklich geschieht, und zu vermeiden, dass Religion, in diesem Fall der Buddhismus, selbst zur Besessenheit wird, zum Formalismus oder zum Dogma. Ein echter spiritueller Weg würde zum inneren und äußeren Frieden beitragen und Heilung von Ängsten und Illusionen bringen.

Mögen alle Lebewesen glücklich und frei von Angst sein und allen Wahnsinn als Illusion durchschauen!

Bhikkhu Sukhacitto

Der spätere Bhikkhu, Jahrgang 1963, wuchs in Bad Nenndorf auf. Nach anfänglicher Tätigkeit als Reiseverkehrskaufmann begegnete er im Jahre 1986 in Thailand der Buddha-Lehre. Mit Unterbrechungen lebte er in der Folgezeit vorwiegend im Kloster des berühmten Mönchs Buddhadasa Bhikkhu (gest. 1993), in Wat Suan Mokkh. Nach zehnmonatigem Noviziat wurde er 1990 in den Mönchs-Sangha aufgenommen. 1993 kehrte Bhikkhu Sukhacitto in den Westen zurück,
wo er sich in Klöstern und Zentren verschiedener buddhistischer Richtungen aufhielt. Dabei entwickelte er ein Interesse am innerbuddhistischen und interreligiösen Dialog sowie an der Sterbebegleitung. Seit 2001 lebt er im Schweizer Kloster Dhammapala in Kandersteg.

E-Mail: sukhacitto@t-online.de

Von der äußeren zur inneren Reise

Anfang der 60er-Jahre geboren, wuchs ich mit zwei älteren Geschwistern in einem Kurort nahe Hannover in einem gesunden und harmonischen familiären Umfeld auf. Meine Kindheit und Jugend möchte ich als schön bezeichnen. Wir genossen von lieben Eltern, die fast immer für uns da waren, eine, wie ich denke, gute Erziehung, die sich an christlich-evangelischen Werten und Tugenden orientierte, ohne jedoch allzu kirchennah zu sein. Mit meiner Schwester konnte ich Pferde stehlen, von meinem Bruder erntete ich manchmal ein paar Schläge, wohl nicht zuletzt deshalb, weil ich als Jüngster durchaus in vielen Dingen bevorzugt wurde. Ich hatte mein Zimmer etliche Jahre in der Wohnung meiner Großeltern, die im selben Haus lebten, und war nicht zuletzt dadurch sehr eng mit ihnen verbunden.

So erlebte ich auch bewusst das sich über Jahre hinziehende Herzleiden meines geliebten Großvaters mit, seine Infarkte und Krankenhausaufenthalte. Gut erinnere ich mich an das besondere Ereignis des Todes meines Opas; ich war damals elf. Er schlief friedlich in seinem Bett ein. Es war aufregend, das erste Mal einen Toten zu sehen, es schien fast so, als schlafe er, sehr natürlich und friedlich. Dann kam der Bestattungsunternehmer und bahrte meinen Großvater auf dem Flur kurz auf. Dieses Bild ist mir bis heute gegenwärtig: Das grelle Licht strahlte auf den jetzt künstlich aufgefrischt wirkenden Leichnam im hellen Totenhemd in einem Sarg, der mit einem hellen Samttuch und roten Rosen geschmückt war. Wir beteten gemeinsam das Vaterunser, ehe der Sarg abtransportiert wurde. Auch an die Beerdigung erinnere ich mich noch genau, speziell an den Moment, als der rundum mit Blumenkränzen geschmückte Sarg nach der Totenfeier aus der Friedhofskapelle zum Grab gebracht wurde. Dort fühlte ich unter Tränen am deutlichsten, dass mein Opa mir jetzt wirklich für immer genommen wurde. Dies sind keine Erinnerungen an Schrecken oder tiefste Betroffenheit, sondern eher an Beobachtungen, wie «merkwürdig» mit dem Thema Tod, das mich schon damals zu faszinieren schien, umgegangen wurde.

Meine Großmutter, die fast ihr ganzes Leben lang ihrem Mann zur Seite gestanden und ihn die letzten Jahre gepflegt hatte, baute nach dessen Tod rapide ab, zunächst geistig, später auch körperlich. Ich war wohl der Mensch, zu dem sie damals den engsten Kontakt hatte. Später war sie dann jahrelang bettlägerig und wurde von uns, vor allem von meiner Mutter, intensiv gepflegt, mit allem, was dazugehört. Als die Belastung für die Familie zu groß wurde, lebte sie noch einige Jahre im Pflegeheim zwei Straßen weiter, wo ich sie häufig besuchte und manch andere pflegebedürftige ältere Menschen kennen lernte und mit ansah, was (hohes) Alter bedeuten kann.

Gott oder Religion spielten für mich bis dahin nur dann eine Rolle, wenn es mir einmal schlecht ging oder wenn ich Probleme hatte, zum Beispiel krank war oder Knatsch mit den Eltern hatte. Nur dann betete ich zu Gott, meist allein abends im Bett. Sobald sich die Dinge wieder normalisiert hatten, kehrte ich zum Alltag zurück. Der Tendenz, nicht zum Konfirmandenunterricht gehen zu wollen, folgte ich nicht, da die zu erwartenden (Geld-)Geschenke zur Konfirmation zu verlockend waren und meine Eltern zu fest davon überzeugt waren, es gehöre zum guten Ton, konfirmiert zu werden. Von der im Konfirmandenunterricht vermittelten christlichen Lehre blieb allerdings nur wenig hängen. Viele von uns nahmen die Sache nicht sehr ernst, hinzu kam die Ablösung des damaligen Pastors durch einen neuen. Da wir regelmäßige Kirchenbesuche nachweisen mussten, entschloss ich mich eines Heiligabends, gleich drei oder vier Gottesdienste hintereinander «abzusitzen», sehr ökonomisch, wie ich damals fand. Nach der Konfirmation war das Thema Christentum zunächst abgehakt. Im Fach Werte und Normen befassten wir uns einmal mit einem theologischen Text über die Gottesbeweise, der für mich wegen der vielen Fremdwörter und seiner komplizierten Ausdrucksweise derart unverständlich war, dass die Theologie danach für mich gestorben war.

Im Religionsunterricht sprachen wir nur kurz über die Buddha-Lehre. Ich erinnere mich vage an die Aussage «Leben ist Leiden», mit der ich damals nichts anfangen konnte (einmal abgesehen davon, dass die erste Edle Wahrheit des Erwachten so auch nicht korrekt wiedergegeben wird). In der Familie war ich jedoch wohl derjenige, der noch am ehesten eine religiöse Ader hatte. Ergriffen war ich, als ich als Jugendlicher bei einem Besuch in München in einer katholischen Kirche einen echten Mönch mit schwarzer Kutte und Kapuze sah. Ich kannte so etwas vorher nur aus Filmen im Fernsehen und fand das sehr spannend. Es wird sich wohl um einen Benediktinermönch gehandelt haben, doch mein Vater konnte mir nicht viel dazu sagen.

In der Schule hatte ich keine größeren Probleme. Meine Leistungen waren meist gut bis befriedigend, mit mehr Fleiß hätte ich sicher ein recht guter Schüler sein können. Zeitweise war ich, gemeinsam mit einem Freund, eine Art Klassenkasper, wir machten jedenfalls genug Blödsinn. Nach der Grundschule besuchte ich bis zum Abitur das örtliche Gymnasium. Ich war Teil einer netten Clique. Harte und illegale Drogen waren bei uns nicht im Umlauf, dafür aber reichlich die legalisierte «Volksdroge Nummer eins», der Alkohol. Mein Haupthobby war der Sport, später begeisterte mich das Reisen. Materiell hatte ich nie überhöhte Ansprüche oder Erwartungen. Mein Aussehen, die Kleidung und Dinge wie die Zimmereinrichtung bedeuteten mir nicht viel. Ich musste auch nicht immer die neuesten Sachen haben. Pläne für eine große Karriere, Familie, ein Haus oder dergleichen waren mir fremd.

Anfang der 80er-Jahre, kurz vor dem Abitur, hatte mich die politische Entwicklung (Rüstungswettlauf, Pershing-2-Raketen, Energiekrise) emotional ziemlich mitgenommen. Zeitweise vermochte mich nichts mehr zu erfreuen, ich konnte nichts mehr genießen. Ein Besuch beim evangelischen Kirchentag in Hamburg, der mich sehr positiv berührte, ließ die Hoffnung aufkeimen, dass die Kirche gemeinsam mit der Friedensbewegung vielleicht die Kraft haben würde, diese wahnsinnige Entwicklung zu stoppen. Als ich Abitur machte, schien ich mich wieder gefangen zu haben. Rückblickend war mein Dasein bis dahin recht sorgenfrei verlaufen. Dennoch tauchten manchmal Fragen nach dem tieferen

Sinn des Lebens auf, auch wenn meine Begegnungen mit Krankheit, Alter und Tod (und einem Mönch?) bis dahin nicht so tief gehend waren wie die des Buddha, von denen ich später hören sollte.

Berufszeit und erste Fernreisen

Wegen meiner Untauglichkeit für den Wehrdienst blieb mir der Zivildienst erspart. Zur Bundeswehr wollte ich aus Gewissensgründen ohnehin nie. Ich bekam überraschenderweise, ohne Beziehungen zu haben, einen der begehrten Ausbildungsplätze zum Reiseverkehrskaufmann in einer renommierten Reisebürokette in Hannover und begann die zweijährige Lehrzeit nach dem Abitur. Der Ernst des (Arbeits-)Lebens begann. In der Filiale, in der ich anfing, war der Chef sehr streng und manchmal unfair und hart, die Kollegialität der Mitarbeiter untereinander aber entsprechend groß. Es brauchte Zeit, mich an die neue Lebenssituation zu gewöhnen. Ich lernte jedoch viel und fand in dieser Phase auch durchaus Erfüllung im Beruf. Der Krawattenzwang passte mir jedoch nicht, und das Streben nach immer mehr Umsatz fand ich recht fragwürdig. Vorteilhaft waren natürlich die Möglichkeiten, billig verreisen zu können.

Im März 1983 flog ich mit zwei Arbeitskollegen für zwei Wochen auf eigene Faust nach Sri Lanka. Wir besuchten historische und buddhistische Stätten wie die alte Königsstadt Kandy mit dem berühmten Zahntempel, die Dambulla-Höhlentempel, die ehemalige Felsenfestung Sigiriya, das Bergland mit den Teeplantagen, den Hindu-Tempeln und während der letzten Tage die Strände. Die Unruhen hatten noch nicht begonnen, und das Land begeisterte mich, einmal abgesehen von den aufdringlichen Händlern. Die buddhistischen Tempel und Klöster interessierten mich zwar, brachten mich der Buddha-Lehre aber nicht näher. Meine nächste, wiederum zweiwöchige Reise nach Asien folgte nur sechs Monate später. Diesmal flog ich allein via Sri Lanka nach Südindien. Das «spirituelle, heilige Land» Indien erlebte ich nicht. Bemerkenswert war ein organisierter Nachmittagsausflug von

Pondicherry, südlich von Madras, aus nach Auroville, zu einer spirituellen Gemeinschaft, die eine «Stadt der Zukunft» plante. Einige der Insassen des Kleinbusses blieben dort für einige Tage als Gäste. Sie wurden an einem wundervoll friedlichen und ruhigen Ort untergebracht, in einer bezaubernden Atmosphäre: in einem riesigen, kühlen Schatten spendenden, weit verzweigten Baum, in den mehrere «offene Wohnebenen», aus Holz eingebaut waren. Mich berührte diese Stille und Kühle, ich wünschte mir, auch ich könnte mich einmal auf so etwas einlassen. Aber mir war klar, dass die Zeit dafür noch nicht gekommen war. Aufenthalte in Madras, Bangalore und Umgebung sowie in Goa brachten zwar nette touristische Erfahrungen beim Besuch von Hindu-Tempeln und anderen Sehenswürdigkeiten, zogen aber keine tiefere Beziehung zur Spiritualität nach sich. 1984 folgte eine dreiwöchige Reise nach Indonesien. Wieder allein und mit Rucksack ging es von Jakarta bis nach Bali. Die berühmte buddhistische Tempelanlage Borobudur und andere hinduistische Tempel beeindruckten mich sehr. Ein Interesse an den fremden Religionen entfachten sie aber auch jetzt noch nicht.

Inzwischen wohnte ich mit einer guten Bekannten zusammen in einer günstigen Souterrain-Mietwohnung in Hannover, was mir das tägliche Pendeln mit dem Zug ersparte. Die Ausbildungszeit schloss ich mit einer ordentlichen Prüfung ab und wurde ins Angestelltenverhältnis übernommen. Für Mitauszubildende, die auch weiter beschäftigt wurden und gute Beziehungen hatten, wurden schon längerfristige Karrierepläne in der Firma vorbereitet. Ich beobachtete das weniger mit Neid als mit der Einsicht, dass nicht Leistung oder Kompetenz entscheidend zu sein schienen, sondern eher Beziehungen. In der kleinen Filiale, in der ich jetzt arbeitete, hatte ich zwar mehr Verantwortung, zeitweise wurde es aber auch langweilig, wenn wenig zu tun war. Ich fand, das könne doch nicht alles im Leben sein. Durch ein wenig Tricksen gelang mir die Versetzung in ein größeres Reisebüro, aber auch dort fühlte ich mich nicht ganz ausgefüllt. Manchmal tauchten gar Befürchtungen auf, ich würde langsam, aber sicher verblöden, obwohl ich im Beruf noch einiges zu lernen hatte und die Aufgaben recht vielfältig waren.

Welche Abwechslung war dann die lang ersehnte Traumreise nach Neuseeland im Februar 85! Das Land faszinierte mich, vor allem die Weite, die unberührte, atemberaubend schöne Natur, die wenigen, dafür um so freundlicheren Menschen, die vielen Schafe und und und ... Erstmals unternahm ich mehrtägige Wanderungen auf markierten Wegen durch Nationalparks, trank Wasser aus den wilden Bächen, erlebte bewusst den Zauber der Natur. Da ich viel sehen wollte in dem einen Monat, setzte ich mich etwas unter Zeitdruck. Allein reisend, nahm ich diesmal bewusster und intensiver Kontakt zu den anderen internationalen Travellern auf und musste feststellen, dass diese sich meist Monate oder gar Jahre Zeit genommen hatten. Machte ich etwas falsch in meinem Leben? Am Ende der Reise stand fest: Hierher wollte ich zurück, und zwar für länger!

Hannover, Deutschland, das trübe Wetter, die Menschen, der Job ... Alles schien nach meiner Rückkehr trist zu sein. Tatsächlich brauchte ich einige Wochen, um mich wieder einzuleben. Ich schmiedete Pläne für eine längere Reise nicht nur nach Neuseeland. Als mein Ansinnen, für einige Monate unbezahlten Urlaub zu nehmen, abgelehnt wurde, entschied ich mich kurzerhand, zu kündigen, um eine Weltreise machen zu können. Da ich vorhatte, mich eventuell beruflich in Neuseeland oder Australien fortzubilden, und mein Weggang bedauert wurde, stellte mir die Geschäftsleitung in Aussicht, mich nach meiner Rückkehr wieder einzustellen. Ich konnte mir noch über das Büro billige Flugtickets besorgen: zunächst nach Bangkok; dann offene Tickets von Singapur nach Melbourne; von Sydney via Neukaledonien nach Neuseeland; weiter über Tahiti bis nach Los Angeles; für einen Zeitraum von 12 bis 18 Monaten. Bekannte und Freunde reagierten unterschiedlich, teils mit Freude, teils mit Unverständnis. Auch meine Eltern konnten nicht begreifen, dass ich meinen (Traum-)Job aufgeben wollte. Bei einigen Leuten hatte ich den Eindruck, sie hätten gern selbst so etwas gemacht, doch steckten sie zu fest in ihrer Lebensweise und klammerten sich zu sehr an (scheinbare?) Sicherheiten, Beziehungen oder sonstige Verpflichtungen. Meinen dreiwöchigen Resturlaub verbrachte ich im November mit einer Bekannten wieder in Sri Lanka, das inzwischen schon stark von den Unruhen geprägt war. Die alten buddhistischen Stätten Anuradhapura und Polunaruwa beeindruckten mich sehr, doch eine engere Verbindung zum Buddhismus sollte erst Wochen später in Thailand zu Stande kommen.

Deutschland adieu – hin zur grenzenlosen Freiheit?

Anfang Januar 1986 flog ich mit einer Chartermaschine nach Bangkok. Ich war doch etwas überrascht, wie viele Männer an Bord waren. Sehr bald begegnete ich dann in Bangkok der «Nachtszene», die mich ziemlich schockierte. Eines war in Thailand sehr viel anders als in den vorher von mir besuchten asiatischen Ländern: Die Menschen waren nicht nur freundlich, sondern auch überhaupt nicht aufdringlich. Ein paar Tage lang entdeckte ich begeistert Bangkok mit seinen vielen Klöstern, Tempeln und anderen Sehenswürdigkeiten. Ich fühlte mich fast wie im siebten Himmel. Zu diesem Zeitpunkt hatte ich das Gefühl einer grenzenlosen äußeren Freiheit: Es gab keine Verpflichtungen in Bezug auf Job, Familie oder sonst jemandem, und die Welt schien mir offen zu stehen. Rückblickend kann ich sagen, dass ich in dieser Lebensphase das erreicht hatte, was ich mir bis dahin erträumt hatte. Doch lange sollte dieser Eindruck nicht anhalten. Als ich erstmals in einem Tempel westliche Menschen sah, die sich vor einer Buddha-Statue verneigten, fand ich das noch merkwürdig.

In Chiang Mai, im Norden des Landes, kam es in dem schönen, alten, parkähnlich angelegten Waldkloster Wat U Mong (*wat* ist das Thai-Wort für Kloster) zur ersten Begegnung mit einem deutschen Theravada-Mönch, dem liebevollen, humorvollen und rundlichen Tan Santi (Tan ist die Thai-Anrede für Mönche). Er lebte seit vielen Jahren dort und bot Sonntags einführende Vorträge zur Buddha-Lehre an. Zum Glück war es gerade Sonntag. Das Treffen fand in einem offenen, kleinen und schönen chinesischen Pavillon an einem friedlichen Teich statt. Ich hörte gespannt zu, kann mich aber nicht mehr an den Inhalt der Lehrrede erinnern. Leider war mein Englisch auch nicht gut genug, um alles zu verstehen. Beim anschließenden Tee gab es dann ein lockeres Fragen und Antworten, und wir sprachen deutsch.

Auf meine Frage, wie man denn meditieren könne, folgte nach einer kurzen Erklärung eine vielleicht zehnminütige geleitete Atembetrachtungs-Meditation, bei der wir auf dem harten Boden saßen. Meine einschlafenden und schmerzenden Beine, der Rücken, die mit der Dämmerung auftauchenden Moskitos, die vielen Gedanken und die unruhig machende Frage, wann denn diese ewigen Qualen enden würden, ließen mich kaum auf meinen Atem achten, geschweige denn mich entspannen. Trotz dieser Erfahrung blieb eine Faszination, die sehr viel mit der friedvollen Stimmung an diesem Ort zu tun hatte. Gern hätte ich einige Tage im Kloster verbracht, doch Tan Santi erklärte mir freundlich, dass er hohen buddhistischen Besuch aus Österreich erwarte und deswegen leider keine Unterkunft frei sei. Auch sei er die nächsten Tage sehr beschäftigt. Er erzählte mir jedoch von der Möglichkeit, in einem Wat im Süden Thailands organisierte 10-tägige Meditationskurse zu machen. Das klang sehr verlockend!

Anschließend verbrachte ich eine Woche auf einer Badeinsel östlich von Bangkok und gelangte dann zur Insel Koh Samui im Süden Thailands. Am Big Buddha Beach fand ich eine nette, einfache Hütte in einer Bungalowanlage. Beim Besuch der Hafenstadt der Insel stach mir ein Plakat in die Augen: die Ankündigung eines zehntägigen Meditationskurses, der in wenigen Tagen beginnen sollte. Kein Zufall, dachte ich mir, denn ich hatte die Meditation fast schon wieder vergessen. So fuhr ich zwei Tage später zu dem Restaurant in der Stadt, wo es weitere Informationen zu dem Kurs gab. Ich war sehr neugierig und freute mich, den Exberliner Thomas kennen zu lernen, der den Kurs als Koordinator betreute. Thomas wurde einige Monate später selbst für viele Jahre Mönch und ist bis heute ein guter Freund. Trotz meiner Bedenken wegen meiner schlechten Englischkenntnisse und der strikten Disziplin meldete ich mich zu dem Kurs an. Irgendetwas daran schien mich magisch anzuziehen. Ich spürte eine innere Aufregung und schrieb in mein Tagebuch: «Vielleicht könnte diese neue Erfahrung mein Leben verändern.»

Der erste Meditationskurs – die Begegnung mit dem «inneren Chaos»

So deponierte ich einen Teil meines Gepäcks in der Bungalowanlage und fuhr nur mit dem Nötigsten zur Chaweng Beach. Das Kloster hieß Wat Pang Bua («Kloster der Lotosteiche») und lag zehn Gehminuten vom Strand entfernt. Es war ein herrlicher, stiller Ort mit vielen alten, Schatten spendenden Bäumen und Kokospalmen, der recht verlassen wirkte. Zwei Teiche mit prächtigen Lotosblumen waren durch einen begehbaren Damm voneinander getrennt. Die Unterkunft für die ungefähr dreißig männlichen Teilnehmer war, sehr spartanisch, in einer größeren, ansonsten leeren Halle hergerichtet worden. Jeder suchte sich eine mit einer dünnen Bastmatte versehene Holzpritsche aus (die Bezeichnung Bett wäre beschönigend), auf der man dann zehn Nächte lang versuchte, zu schlafen oder zumindest sich auszuruhen. Die etwa gleiche Anzahl von Frauen war in einem nahen Schulgebäude untergebracht. Strom gab es nicht, bei Dunkelheit benutzten wir Taschenlampen oder Kerzen. Die Buddha-Halle, in der die Vorträge stattfanden, wurde mit Petroleumlaternen dürftig beleuchtet und hatte eine schöne Atmosphäre. Vormittags war es noch angenehm kühl. Beim Abendvortrag hüpften oft Kröten durch die Halle, die liebevoll von den vortragenden Mönchen zur Seite gesetzt wurden. Hunderte dieser Kröten, die ich recht drollig fand, waren in der Dunkelheit unterwegs, und man musste aufpassen, nicht versehentlich eine platt zu treten oder sich auf sie zu setzen.

Wir füllten ein Anmeldeformular aus, nachdem wir alle Informationen zum Tagesablauf, den Regeln etc. zur Kenntnis genommen hatten. Da hatte ich mich auf etwas eingelassen! Auf zehn Tage Schweigen (auch kein Lesen und keine anderen äußeren Ablenkungen) bis auf die Möglichkeit – bei Bedarf – ein kurzes persönliches Gespräch mit dem Lehrer zu führen, ein Programm von morgens um 4 Uhr bis abends nach 21 Uhr, einen Vortrag über die Meditation sowie einen über die Lehre des Buddha, ansonsten abwechselnd Perioden von Sitz- und Gehmeditation, zwei Mahlzeiten (abends gab es nur Sojamilch) und kein Verlassen des Geländes vor Kursende. Zehn Tage, die zu den herausforderndsten in meinem Leben werden sollten, standen mir bevor. Die lange Reise nach innen begann Anfang März 1986.

Der Meditationskurs, auch Retreat genannt, begann offiziell mit einer kleinen feierlichen Zeremonie. Thomas erklärte uns die im Kloster und den Mönchen gegenüber angemessenen Verhaltensformen. Alle Mönche und Helfer des Retreats waren aus dem bekannten Kloster Wat Suan Mokkh («Garten der Befreiung») vom Festland angereist. Dort lebte, schon in hohem Alter, der berühmte Meister Buddhadasa Bhikkhu, den man durchaus als einen der einflussreichsten Reformatoren des Buddhismus in Thailand im 20. Jahrhundert bezeichnen kann. Ajahn (das Thai-Wort für Lehrer) Poh, der Abt von Wat Suan Mokkh und Initiator dieser Kurse, begrüßte uns und begleitete den gesamten Retreat mit seiner freundlichen Ausstrahlung. Als Ehrengast war der höchste Mönch der Provinz extra angereist. Er begann seine Ansprache mit den Worten: «Schwestern und Brüder im Geborenwerden, Altern und Sterben ...» und baute damit gleich eine Brücke zu uns. Ich verspürte sofort Vertrauen und Sympathie für die Sache und den älteren, gelassen und freundlich wirkenden Mönch (gut drei Jahre später ordinierte er mich zum Novizen). Nach der Zeremonie musste er jedoch abreisen. Der Hauptlehrer war ein circa dreißigjähriger US-amerikanischer Mönch mit dem Namen Santikaro. Auch ein anderer, deutscher Mönch hielt einige Vorträge. Alle Instruktionen und Referate fanden auf Englisch statt, was mir ein korrektes, umfassendes Verstehen schwer machte. Zwar bekam ich mit, dass der deutsche Mönch am zweiten Tag in der Mittagspause zur Verfügung stand, um Fragen zu beantworten. Diese Pause hatte ich aber wirklich bitter nötig, und leider erfuhr ich erst nach Abschluss des Retreats, dass dieses Angebot täglich bestanden hatte.

In der Meditation ging es anfangs darum, den eigenen Atem zu erspüren und ihn einfach zu beobachten. Diese Anapanasati-Meditation, die «Geistesgegenwart beim Atmen», ist die wohl verbreitetste Form der Meditation in der Theravada-Tradition. Sie wurde vom Buddha selbst bis zur Erleuchtung geübt und später als vollständiger Übungsweg mit 16 Stufen beziehungsweise Übungsaspekten gelehrt. Wir bekamen dazu im Verlaufe des Kurses genaue, aufeinander aufbauende Anleitungen und Erklärungen. Eigentlich ganz einfach, anfangs nur den eigenen Atem zu beobachten, wenn da nicht diese körperlichen Schmerzen und Verspannungen gewesen wären und die nicht aufhören wollenden Gedankenfluten … Diese sowie Fantasien vom Essen und von weiblichen Kursteilnehmerinnen machten mich zeitweise fast wahnsinnig, weil ich mich mit all diesem Zeug stark identifizierte. Vergangenheit und Zukunft waren öfter in meinem Kopf als das einfache Erleben der Ein- und Ausatmung im Hier und Jetzt.

Selbst die leckeren vegetarischen Mahlzeiten waren auf dem Boden einzunehmen. Nur beim Gehen und auf meiner verdammt harten Holzpritsche gab es Entspannung für meine Beine, Knie und den Rücken. Eine Sitzmeditation dauerte bis zu einer Stunde, wir durften aber zwischendurch unsere Körperhaltung achtsam verändern, wovon ich mehr als reichlich Gebrauch machte. Ich konnte wirklich keine fünf Minuten stillsitzen. Da halfen auch die kreativsten Ideen nichts, wie ich meine verschiedenen Kissen noch platzieren könnte, um dem Körper möglichst viel Erleichterung zu verschaffen. Die angeleitete Yoga-Stunde beim Sonnenaufgang war zwar sehr hilfreich, im Gegensatz zu anderen fühlte ich mich aber eher wie ein steifer Sack, den die Übungen sehr anstrengten. Ich nenne diese zehn Tage eine (erste) wirkliche Konfrontation mit dem «inneren Chaos», und es gab (fast) keine Fluchtmöglichkeiten.

Vom Inhalt der Vorträge bekam ich, wie erwähnt, nur wenig mit, einmal wegen meiner begrenzten Englischkenntnisse, vor allem aber wegen meines unruhigen Zappelgeistes und schmerzenden Körpers. Am sechsten Tag wagte ich mich zum Gespräch mit dem Lehrer Santikaro. Dieser schien von den Problemen, die ich hatte, schon oft genug gehört zu haben, und seine gut gemeinten Ratschläge warfen mich wieder in mein Dilemma zurück, die Ungeduld mit mir selbst. Zeitweise ging mir durch den Kopf, frühzeitig abzubrechen trotz der eingegangenen Verpflichtung, bis zum Ende zu bleiben. Nachmittags hatten wir einen vierstündigen Meditationsblock, abwechselnd eine Stunde Sitzen und Gehen. Das kam mir wie viele Ewigkeiten vor, und ich beobachtete andere Teilnehmer, die ebenfalls nicht nur regungslos dasaßen oder meditativ langsam auf und ab gingen. Am Ende des Dammes zwischen den beiden Lotosteichen war kurz vor dem Seitenausgang ein Schild an einem Baum angebracht: *You can run, but you can't hide!* (Du kannst davonlaufen, aber dich nicht verstecken!) Wie wahr! Also hielt ich bis zum Ende durch und erlebte doch tatsächlich für kurze Augenblicke hier und da auch mal Ruhe und Zufriedenheit. War ich doch kein hoffnungsloser Fall? Je näher das Ende des Kurses rückte, desto mehr schien ich mich mit dem Alltag im Kurs und mit mir selbst anzufreunden, Ja, es entstand sogar so etwas wie Unsicherheit und Angst vor der Zeit danach.

Kontakt zur Lehre

Am Ende des Retreats konnten wir freiwillig Spenden geben, da es traditionell nicht üblich ist, für die Lehre des Buddha Geld zu verlangen. Alle schienen glücklich und heiter zu sein, die Stimmung war toll, und wir tauschten unsere unterschiedlichen, aber irgendwie auch ähnlichen Erfahrungen aus. Ajahn Poh, gebürtig aus Koh Samui, organisierte einige Fahrzeuge und lud uns zu einer Inseltour ein, bei der wir neben einigen Klöstern auch einen Wasserfall und sein Heimatdorf besuchten. Als vor einigen Jahren die ersten Touristen die Insel besuchten, wollte Ajahn Poh ihnen auch das Beste zugänglich machen, was Thailand zu bieten hatte: Buddhas Lehre! Ich sprach mit dem deutschen Mönch Viriyanando, der nach dem Retreat noch im Kloster blieb. Er bot mir an, ihn zu besuchen, falls ich noch Fragen hätte. Dies Angebot nahm ich dankbar an, da ich ja inhaltlich kaum etwas verstanden hatte. Bis auf einen älteren US-amerikanischen Mönch, der die ganze Zeit, auch während des Retreats, schweigend in der Buddha-Halle meditierte, war Wat Pang Bua wieder leer.

Von meiner kleinen Strandhütte aus besuchte ich nun täglich den Ehrwürdigen Viriyanando und fragte ihm förmlich Löcher in den Bauch. Mir gefiel vor allem seine lockere und humorvolle, manchmal derb-bayrische Art, in der er die Buddha-Lehre erklärte. Das war für mich eigentlich der Einstieg in die inhaltliche Auseinandersetzung mit dem Dharma, der Lehre Buddhas. Sie schien so klar und nachvollziehbar, dass ich trotz meiner kritischen Haltung nichts, aber auch gar nichts finden konnte, was widersprüchlich erschien.

War meine vorherige Lebenseinstellung sehr egozentrisch darauf ausgerichtet, ein möglichst starkes «Ich» zu entwickeln, um in der Welt bestehen zu können, erfuhr ich nun eine ganz andere Sichtweise: Das Selbst, so wie wir es erleben (und daran glauben), existiert in Wirklichkeit gar nicht. «Nichts ist es wert, zu sein oder es zu haben!», war ein (von Ajahn Buddhadasa oft verwendetes) Zitat des Buddha, das mich sehr beeindruckte. Sehr einleuchtend fand ich auch die «stufenweise Lehrdarlegung» der Übung: vom Geben *(dana)* über die Sittlichkeit *(sila)*, daraus folgend das Erleben sinnlichen Glücks und die Erkenntnis, dass auch das höchste Glück letztlich endet und deshalb unbefriedigend ist. Auf dieser Grundlage und Erkenntnis aufbauend, kam der Buddha erst dann zu den vier edlen Wahrheiten. Alles, was die Buddhas lehren, hat nur mit der Unzulänglichkeit *(dukkha)* und deren Ende zu tun. Nichts musste ich glauben, sondern der Buddha lud dazu ein und forderte sogar dazu auf, selber zu sehen und nachzuprüfen anhand der eigenen Erfahrung.

Im Kern geht es um das Anhaften an vergänglichen Dingen. Es kommt darauf an, dass man lernt, sich davon zu lösen, loszulassen. Ich hatte ja meine Erfahrungen gemacht, wie sich ein untrainierter Geist anfühlt, mit dem man sich identifiziert. Wir sprachen über Tugend, Meditation *(anapanasati)*, Vergänglichkeit *(anicca)*, Unzulänglichkeit, Ichlosigkeit *(anatta)*, die vier edlen Wahrheiten, den edlen achtfachen Pfad, die fünf Daseinsgruppen *(khandha)*, Anhaften und Identifikation *(upadana)*, die Stufen zur Erleuchtung, die Wichtigkeit der Geduld, des rechten Verstehens und der rechten Vorgehensweise beim Praktizieren sowie diverse andere Aspekte des Dharma, allgemeiner auch über die Sinnfrage im Leben. Vieles war mir sehr neu und trotz meiner Notizen ahnte ich, dass ein klares Verstehen dieser Dinge seine Zeit brauchen würde. Ungefähr zwei Wochen lang verbrachte ich öfter mehrere Stunden in Wat Pang Bua. Manchmal versuchte ich auch zu meditieren, ohne größere Erfolge allerdings. Mich faszinierte die Disziplin und Aufrichtigkeit, mit der Tan Viriyanando praktizierte, der zu diesem Zeitpunkt etwa fünf Jahre lang Mönch war. Auch für seine Geduld mit mir war ich sehr dankbar. Die Stimmung im Kloster war für mich oft bezaubernd schön, sehr idyllisch, romantisch und naturnah. In ungefähr zehn Tagen lief mein schon verlängertes Visum für Thailand aus, und ich wollte noch gern die Insel Phuket an der Westküste besuchen. Tan Viriyando erzählte mir auch vom Hauptkloster Suan Mokkh und der Möglichkeit, sich dort als Gast aufzuhalten und weitere Retreats durchzuführen. So kam die Zeit des Abschieds von Wat Pang Bua und von dem Ehrwürdigen Viriyanando, der für mich in jenen Tagen zum wegweisenden spirituellen Freund geworden war.

Ich fuhr tatsächlich noch für drei Tage ins Wat Suan Mokkh und freute mich, auch Thomas dort wieder zu treffen. Das Kloster ist ungeheuer groß. Es gibt viel Wald dort, in dem die vielen kleinen Kutis (Hütten) für die Mönche stehen, einen Hügel, ein Gebäude mit zahlreichen spirituellen Bildern unterschiedlichster Traditionen, ein kleines Museum, eine Bibliothek und anderes mehr. Ungefähr zwanzig westliche Gäste waren anwesend. Mehrmals am Tag fand eine Gruppenmeditation statt und abends ein Vortrag. Irgendwie fühlte ich mich aber ein wenig verloren dort. An meinem geplanten Abreisetag , dem Ostersonntag, sollte es einen christlichen Gottesdienst geben, den einer der Gäste, der Priester war, zelebrieren würde. Diese Offenheit beeindruckte mich. Ob wohl in einem christlichen Kloster ein feierliches buddhistisches Ritual stattfinden könnte? Doch mir waren die Reisepläne wichtiger. Am Vorabend ging ich nach dem Tee zu Ajahn Poh, der unsere Wertsachen aufbewahrte, um sie wieder in Empfang zu nehmen, damit ich gleich morgens abreisen konnte. Auch ein Australier bekam seine Wertsachen zurück, und er fragte, ob er sich kurz vom Meister Buddhadasa Bhikkhu verabschieden dürfe. Ajahn Poh stimmte zu, und aus Höflichkeit fühlte ich mich verpflichtet, mitzugehen. Mir war klar, dass es dazugehörte, mich vor dem Meister zu verbeugen, was mir nicht so recht war. Mitgegangen, mitgefangen: Der gütig lächelnde Buddhadasa, fast achtzig Jahre alt, saß wie fast immer auf einer Bank vor seiner Kuti. Das Treffen war sehr kurz, er erkundigte sich danach, wie lange wir im Kloster zu Gast waren, und dann verneigten wir uns zum Abschied vor ihm, traditionsgemäß dreimal. Mein Widerwille löste sich dabei völlig auf, und irgendwie war mir klar, dass dieser Mönch etwas ganz Besonderes war.

Weiterreise

Am nächsten Morgen fuhr ich via Surat Thani nach Phuket, wo ich wieder voll in die Reisewelt eintauchte und mich von der Insel begeistern ließ. Wegen meiner seltenen, unbefriedigenden Meditationsversuche plagte mich ein leicht schlechtes Gewissen. Doch stellte ich fest, dass meine touristischen Klosterbesuche jetzt eine andere, tiefere Qualität hatten. Gelegentlich ergaben sich nette Begegnungen mit Mönchen, sofern diese denn etwas Englisch konnten. Nach ein paar Tagen fuhr ich zu der traumhaft schönen Insel Koh Phi Phi. Dort teilten zwei Engländer ihren Joint mit mir, der mich nach drei langen inhalierten Zügen dermaßen high werden ließ, dass ich mir schwor, nie mehr so ein Zeug zu mir zu nehmen. Via Krabi und Had Yai verließ ich Thailand Anfang April und entdeckte in Malaysia zunächst die multikulturelle, auch landschaftlich reizvolle Insel Penang. Chinesen, Inder, Malaien, Tempel, Kirchen, Moscheen, Klöster ... Mir gefiel die Vielfalt dieser Insel, an Meditation war kaum noch zu denken. Nach gut einer Woche besuchte ich die kühle Bergregion Camerun Highlands mit ihren Teeplantagen, die mich sehr an Sri Lanka erinnerten.

Dann fuhr ich kurz nach Kuala Lumpur und weiter per Bus und Boot zu dem geschützten Nationalpark Taman Negara, einem riesigen Gebiet mit noch ursprünglichem Dschungel. Wilde Tiere konnte ich nicht beobachten, aber die Erforschung einer Höhle voll mit Fledermäusen und ihren übel riechenden Exkrementen war sehr spannend. Die Idee, meine neuen, bis dahin noch unbenutzten Wanderschuhe als Schutz vor den Blutegeln zu tragen, war nicht gerade klug, denn es gab kaum welche, und ich lief mir in dem feuchtheißen Klima fürchterliche Blasen, die meine vorzeitige Abreise an die Ostküste nötig machten. Ich genoss die schönen Strandtage, merkte aber, dass eine Blase am rechten großen Zehennagel nicht heilen wollte. Bevor ich nach fünf Tagen noch die Insel Pulau Tioman an der Südspitze der Ostküste Malaysias besuchte, ging ich kurz zum Arzt, da die Sache zu schmerzen begann. Die verordnete antibiotische Salbe und der Ratschlag, die kleine Wunde trocken zu halten, beruhigten mich. Doch schon auf der Bootsfahrt zur Insel gab ich es auf, den Fuß trocken zu halten, und beim Baden im herrlich warmen Meer ist das ja auch schwer möglich. Die Wunde schmerzte im Laufe der Tage immer mehr und heilte nicht zu. Ein erfahrener Traveller aus der Hütte nebenan warf einen Blick darauf und entdeckte einen nicht unerheblichen Eiterherd in der Wunde. Er riet mir, schnellstens nach Singapur zu fahren, da es dort gute Ärzte gebe und ich sonst riskiere, meinen Zeh zu verlieren. Das klang schockierend, und so machte ich mich gleich am nächsten Tag, schon leicht humpelnd, auf den Weg nach Singapur.

Tiefstes Leid und höchstes Glück

Boots- und Busfahrt dauerten mehrere Stunden, und so war es bereits früher Abend, als ich in dem Inselstaat ankam. Per Taxi fuhr ich gleich zur Notaufnahme in das Krankenhaus, das mir empfohlen worden war. Nach dem üblichen Papierkram und kurzem Warten untersuchte ein freundlicher chinesischer Doktor die jetzt sichtbar eiternde Wunde und versprach, das Problem gleich zu beheben. Konkret ging es um eine (kleine) ambulante Operation, bei der wohl auch der große Zehennagel in Mitleidenschaft gezogen werden würde. Mir wurde es beim Warten ganz schön mulmig, und ich fühlte mich sehr einsam und verlassen an diesem Abend in der fremden großen Stadt. Ich erinnere mich an die Gespräche mit Tan Viriyanando: Das Leiden und das Ende des Leidens, nur darin besteht die Lehre des Buddha. Dann ging es los: lokale Betäubung am rechten Fuß, gründliche Desinfektion und munteres Rumschnippeln des kompetent wirkenden Arztes mit zwei Assistenten. Nach kurzer Zeit konnte ich nicht mehr hinsehen, auch wenn ich keine Schmerzen verspürte. Es dauerte vielleicht eine Viertelstunde, dann wurde ein dicker Verband angelegt, und ich durfte hinaushumpeln und mich in den großen Wartesaal setzen. Langsam ließ die Betäubung im Fuß nach, und der Schmerz wurde immer stärker. An die vierzig Chinesen glotzten den großen Europäer an, der immer mehr unter Schmerzen litt, bis er anfing zu weinen. – Niemand kam und bot mir Hilfe an. Neben dem körperlichen Schmerz fühlte ich mich aber vor allem geistig-emotional miserabel: hilflos, alleine, verzweifelt, fast haltlos-ängstlich wie ein kleines, verlassenes Kind. Es war eine tiefe Erfahrung von *dukkha* (der Leidhaftigkeit des Lebens), der ersten edlen Wahrheit, die der Buddha so treffend beschrieben hat. Die Relevanz des Dharma war mir vorher nie so klar bewusst gewesen.

Schließlich brachte mir eine Krankenschwester Schmerztabletten und versprach eine Wirkung nach wenigen Minuten, die mir allerdings sehr lang vorkamen. Allmählich ließ der körperliche Schmerz jedoch nach, und auch emotional war ich jetzt wieder stabiler. Ich bekam einen kleinen Plastikbeutel mit vier verschiedenen Sorten von Tabletten und sollte den Anweisungen folgend alle sechs Stunden jeweils sechs Tabletten nehmen, das heißt, während der nächsten Tage täglich insgesamt 24(!) Stück. Nach Bezahlung des geringen Rechnungsbetrages konnte ich humpelnd mit meinem Gepäck in ein Taxi steigen und mich zu einer billigen Unterkunft für Traveller fahren lassen. Ich kam in einem Raum mit drei anderen Reisenden unter und schlief diese Nacht hervorragend. Am nächsten Morgen bot mir ein junger deutscher Krankenpfleger an, die Wunde zu versorgen. Beim Abmachen des Verbandes wurde mir schwindlig, und ich fand, der Fuß sehe schrecklich aus. Für den Krankenpfleger schien die Sache halb so wild zu sein, und er zeigte mir, wie ich in Zukunft selbst den Verband wechseln konnte. Ich war jetzt startbereit, fühlte mich wie neugeboren und konnte schmerzfrei humpelnd beginnen, Singapur zu entdecken. Wieder fühlte ich mich wie im siebten Himmel, so, als ob ich eine schwere Krise überstanden hätte. Nun dachte ich viel über die Buddha-Lehre nach, hob geistig förmlich ab. Alles Erleben schien intensiver und frischer als sonst, ich war wirklich euphorisch. Fasziniert tauchte ich in Singapur ein.

Nur verkürzt kann ich schildern, was während der nächsten Tage mit mir geschah. Ich erlebte geistige Zustände, die ich nie vorher gekannt hatte. Rückblickend gehe ich davon aus, dass ich mich auf Grund der täglichen Einnahme der 24 Tabletten (vermutlich waren es Antibiotika, Schmerzmittel, Entzündungshemmer) auf einer Art «Medikamententrip» befand. In der nächsten Nacht schlief ich kaum und irrte stundenlang, meditativ gehend, durch Singapur. Am folgenden Tag war Vesakh, Vollmondtag im Mai, der höchste buddhistische Feiertag, an dem Geburt, Erleuchtung und Tod des historischen Buddha festlich begangen werden. Mein geistiger Zustand wurde immer intensiver, ich wollte unbedingt einen buddhistischen Tempel besuchen.

In der Nähe meiner Bleibe gab es einen chinesischen Mahayana-Tempel. Die Atmosphäre darin, all die Rituale und das Räucherwerk der vielen anwesenden Chinesen waren mir fremd. Eine andere westliche Person bemerkte wohl, dass mit mir etwas nicht stimmte, und fuhr mich zu einem Theravada-Tempel mit Mönchen aus Sri Lanka, der total überfüllt war. Die Gesänge der Mönche, die Räucherstäbchen, Kerzen, Blumen und anderen Opfergaben waren mir hier schon viel vertrauter. Als ich meine Portion «heiliges Wasser» bekam und trank, ging die Post endgültig ab. Ich erlebte jetzt geistige Dimensionen, die mich fälschlicherweise annehmen ließen, ich sei befreit. Jetzt musste ich unbedingt ein Thai-Kloster besuchen. Ein freundliches Ehepaar fuhr mich in seinem Auto zu einem Wat in der Nähe des Krankenhauses. Auch dort waren unzählige Gläubige. Ich fühlte mich fast heimisch und verbeugte mich vor dem Thai-Mönch und teilte ihm mit, dass ich Mönch werden wolle. Er lächelte und wandte sich kurz darauf anderen Gläubigen zu. Ich verbrachte in diesem Tempel ein paar Stunden in höchsten Glücksgefühlen. – Diese Nacht war an Schlaf nicht zu denken.

Abgehobenen Geistes zurück nach Koh Samui

Am nächsten Tag entschloss ich mich, schnellstens nach Thailand zurückzufahren, und besorgte mir ein Nachtbus-Ticket nach Penang. Dummerweise beunruhigte ich in jenen Tagen mit mehreren Telefonaten auch meine Eltern, die sich große Sorgen machten und wohl annehmen mussten, ich sei durchgedreht. Ich schien an nichts mehr zu haften, ließ mein Gepäck zurück, machte manch andere merkwürdige Dinge und hatte die Idee, vielleicht in Wat Suan Mokkh an Buddhadasa Bhikkhus achtzigstem Geburtstag Ende Mai Mönch zu werden. Auf der Nachtfahrt nach Penang schlief ich wieder so gut wie gar nicht, und mein geistiger Zustand wurde sehr labil, schwankte zwischen total glücklich und sehr betroffen und traurig. Viele Ereignisse um mich herum bezog ich fälschlicherweise direkt auf mich. Ich fuhr weiter nach Thailand, konnte in der grenznahen Stadt Had Yai aber keinen Bus oder Zug mehr zur Weiterreise bekommen. Trotz aller Warnungen bezahlte ich einen überhöhten Preis für eine nächtliche Mitfahrgelegenheit in einem Lastwagen. Die beiden Fahrer schmuggelten wohl irgendetwas, da die mitfahrende Frau von der Polizei bei einer Kontrolle mitgenommen wurde. Ich lebte völlig realitätsfremd in meiner eigenen (Traum-)Welt, schenkte den Fahrern sogar noch Geld, um der Frau zu helfen. Später, als ich wohl kurz eingenickt war, stahlen sie mein restliches, frisch getauschtes Geld. Als ich nachts ausstieg, rasten sie mit meiner Kamera davon. Alles kein Problem ohne Anhaften, außerdem hatte ich noch ein bisschen Kleingeld und meine Kreditkarte. Jemand nahm mich mit in die Hafenstadt Surat Thani. Nach einigen Stunden des Wartens auf das erste Boot erreichte ich überglücklich vormittags Koh Samui und träumte davon, in Wat Pang Bua friedlich meditieren zu können.

Welche Überraschung! Der Ehrwürdige Viriyanando begrüßte mich und merkte wohl sofort, dass ich auf einem Trip war. Er ließ mich nicht im Kloster schlafen, sondern verordnete mir Ruhe in einer der Hütten am nahen Strand. So schlief ich erst einmal und fand danach wieder zu einem normalen Tagesrhythmus. Inzwischen waren auch alle Tabletten aufgebraucht, und die Wunde heilte gut. Ich besuchte regelmäßig Tan Viriyanando und kam in kurzer Zeit von meinem Trip runter. Die Buddha-Lehre stand jetzt zweifelsohne an der Spitze all meiner Interessen. Der Ehrwürdige Viriyanando half mir sehr, die Erfahrungen der vergangenen Tage sinnvoll zu verarbeiten und wieder festen Boden unter den Füßen zu bekommen. Meinen Eltern versprach ich, in gut zwei Monaten nach Deutschland zurückzukehren, und beruhigte sie so erst einmal. Dann fuhr ich wieder nach Singapur, um mein Gepäck zu holen und einige Dinge zu regeln.

Anfang Juni war ich zurück auf Koh Samui , besuchte noch öfter den Ehrwürdigen Viriyanando und vertiefte in Gesprächen mit ihm mein Verständnis des Dharma. Nach wenigen Tagen begann wieder ein zehntägiger Meditationskurs, bei dem ich schon viel besser mit den schwierigen äußeren Gegebenheiten und vor allem mit meinem «inneren Chaos» umgehen konnte. Etwas war mir ja schon von der Bekanntschaft mit der Lehre Buddhas klar geworden. Letztlich entscheidet der eigene Geist über Glück und Leid, und immer gilt: «Es bleibt nicht so!» Den langen Weg, den eigenen Geist in der Meditation zu schulen, habe ich wohl auch heute bei weitem noch nicht abgeschlossen, doch sind gewaltige Unterschiede zu meinem damaligen Erleben spürbar.

Zweimal Deutschland und zurück

Vor meiner Abreise nach Deutschland verbrachte ich dann noch einige Wochen in Wat Suan Mokkh, wo es mir sehr gut gefiel. Die einfache, natürliche Lebensweise sprach mich sehr an. Ich durfte auch in einer Kuti im Wald wohnen. Der Austausch mit den anderen westlichen Besuchern, die Unterstützung durch sie und der strukturierte Tagesablauf halfen mir sehr. Abends gab es entweder einen Vortrag des US-amerikanischen Mönchs Santikaro, oder wir hörten eine Rede vom Tonband. Vor meiner Abreise nach Deutschland fand noch ein Retreat statt. Dieser dritte Kurs war wieder leichter zu ertragen als der vorige, denn inzwischen waren mir mein Affengeist, der schmerzende Körper und die Ungeduld ja fast schon zu alten Bekannten geworden.

In Deutschland blieb ich nur sechs Monate, ehe ich wieder nach Thailand flog. Ich genoss das Privileg, Arbeitslosengeld zu bekommen. Meine praktische Anwendung des Dharma war teilweise sehr kläglich. Meine Interesselosigkeit an weltlichen Dingen war nicht echt, und von entsagender Lebensweise und wahrem Mitgefühl war ich weit entfernt. Sicher wirkte ich sehr egoistisch für so manchen, der mich von früher kannte. Über Silvester nahm ich an einem fünftägigen Retreat teil, wobei ich mir wie ein absoluter Anfänger vorkam. Nicht nur meine Eltern hatten es nicht leicht mit mir. Ich erinnere mich an einige Situationen. So traf ich meinen Cousin und erzählte ihm begeistert von meinen Erfahrungen und – wohl etwas zu missionarisch-enthusiastisch – von der Buddha-Lehre. Speziell meine kläglichen Versuche (ich verstand es selbst wohl kaum), ihm Leerheit *(sunnata)* und Nicht-Selbst *(anatta)* zu erklären, müssen ihn wohl sehr befremdet haben. – Ich besuchte auch meine ehemaligen Kollegen im Reisebüro und fragte mich nach dem Treffen, warum ich nicht so sein konnte wie sie, nämlich zufrieden mit einem «normalen Lebensstil».

Anfang 1987 war ich wieder in Thailand und verbrachte viele Monate in Wat Suan Mokkh. Zeitweise lebte ich auch mit Tan Viriyanando für einige Wochen in Wat Pang Bua, meist vor oder nach einem Kurs. Ich machte fast jeden Monat einen zehntägigen Retreat, meistens in Suan Mokkh, und half jetzt öfter bei der Organisation mit als Koordinator. Die Lehrdarlegungen des Meisters Buddhadasa, der betonte, er sei mehr ein spiritueller Freund, sprachen mich sehr an, da sie sehr pragmatisch waren und sich stets auf das Hier und Jetzt bezogen. Im Kontext der «Bedingten Zusammen-Entstehung» *(paticcasamuppada)*, eines seiner Lieblingsthemen neben der Leerheit und Atembetrachtung (*anapanasati*), befasste er sich mit der Wiedergeburts-Thematik nicht auf traditionelle Weise, sondern betonte die «geistige Geburt» des «Ich-Gefühls». Eine solche «Wiedergeburt» geschieht hunderte von Malen täglich. Sind wir glücklich, werden wir hier und jetzt im Himmel «geboren», wenn wir zum Beispiel unter Zorn oder Hass leiden, «leben», wir jetzt in der Hölle.

Ein paar Monate verbrachte ich in dem internationalen Waldkloster Wat Pah Nanachat im Nordosten, wo fast nur westliche Mönche der strikten Waldtradition leben. Einige Zeit verbrachte ich dann bei Tan Santi in Wat U Mong in Chiang Mai. Thomas, der inzwischen Mönch geworden war, besuchte ich ebenfalls mehrmals in seinem Kloster, wo zwei weitere deutsche Mönche lebten; zeitweise war ich auch bei Thomas in Wat Pang Bua. So lernte ich verschiedene westliche Mönche kennen, zu Tan Viriyanando jedoch war der Kontakt am engsten und vertrautesten. Zumindest auf der intellektuell-reflektierenden Ebene wurde mir der Dharma klarer, Meditation blieb eine Herausforderung. Ich sah aber sehr klar die Notwendigkeit, meinen eigenen Geist in der Meditation zu schulen. Nur das schien der Weg zum Glück zu sein; Befreiung oder Nirvana erachtete ich als (zu) weit entfernt. – Doch wie sollte es weitergehen mit meinem Leben?

Im Mai 88 machte ich auf dem Weg nach Deutschland für einen Monat in Sri Lanka Zwischenstation und besuchte verschiedene Klöster und Meditationszentren. Geplant war, auf der Rückreise nach Thailand in einem halben Jahr meine Erfahrungen auf Sri Lanka zu vertiefen. Zurück in Deutschland, wurde mir klar, dass es mich wieder ins Kloster zog, denn «weltliche Ambitionen» hatte ich offenbar nicht. Ich besuchte kurz die Klöster Chithurst und Amaravati in England, die zur Waldtradition Ajahn Chahs gehören. Doch die Geschäftigkeit dieser Plätze sprach mich nicht sehr an. Bei diesem Deutschlandaufenthalt konnte ich zumindest die Lehre schon besser integrieren, mit der Selbstdisziplin haperte es aber immer noch sehr.

Im November flog ich wieder nach Sri Lanka, blieb aber auf Grund der politischen Unruhen kurz vor den Wahlen nur für eine Nacht. In Thailand angekommen, verbrachte ich zunächst einige Zeit in dem Kloster, in dem Thomas mit den deutschen Mönchen lebte. Tan Viriyanando sollte bald dorthin kommen. Wie ein Schock traf mich dann die Nachricht, dass mein verehrter Viriyanando[1] sein Mönchtum aufgegeben hatte. Eine gute, aber harte Lektion im Loslassen von Erwartungen und Hoffnungen. Zuflucht können wir nur zu uns selbst nehmen, denn allein dort haben wir direkten Zugang zur Erkenntnis der Wahrheit und zu Buddha, Dhamma und Sangha, den drei Kostbarkeiten und Zufluchtsobjekten im Buddhismus. In der Theravada-Tradition können die Mönche, speziell in Thailand, jederzeit in den Laienstand zurückkehren.

1 Er wirkt jetzt unter dem Namen Viriya in der Buddhistischen Gesellschaft München und unterstützt u.a. das Dhamma-Dana-Projekt, eine Initiative, Dhamma-Bücher in deutscher Übersetzung kostendeckend (Ziel ist die freie Verteilung) anzubieten. Infos unter www.dhamma-dana.de, www.buddhismus-muenchen.de oder über die DBU.

Leben mit der Mönchsrobe

Anfang 1989 reifte in Suan Mokkh der Entschluss, zunächst als Novize zu ordinieren. Obwohl ich schon einige Zeit im Kloster lebte, schien ich mich doch noch sehr mit allerlei Dingen ablenken zu können. Der Weg als Mönch wurde nicht nur vom Buddha immer wieder als der effektivste beschrieben, sondern schien auch mir derjenige mit den wenigsten Herausforderungen und Ablenkungen zu sein. Ökonomisch suchte ich den Weg des geringsten Widerstandes. Gemeinsam mit einem US-amerikanischen Freund (er blieb nur acht Monate Novize) war ich mehrere Monate Anagarika (eine Art Postulant), als Vorbereitungsstufe auf das Noviziat. Wir trugen weiße Kleidung und hatten acht Richtlinien zu befolgen, die Enthaltsamkeit und den Verzicht auf die Abendmahlzeit beinhalteten. Im Juli wurden wir dann in dem nahe gelegenen Ort Chaiya von dem oben erwähnten obersten Mönch der Provinz als Novizen *(samanera)* ordiniert. Ich erhielt den inspirierenden Pali-Namen Sukhacitto, was so viel wie «glücklicher Geist» oder «glückliches Herz» bedeutet. Seltsamerweise wurde mir während der Ordinations-Zeremonie erstmals wirklich bewusst, welch hohes Ideal das Anlegen der Roben eigentlich verkörpert: das Streben nach völliger Leidfreiheit (*nirvana*).

Der US-amerikanische Mönch Santikaro[2] unterstützte und begleitete uns auf dem Weg in die Hauslosigkeit und bemühte sich sehr, uns die Gewöhnung an das neue Mönchsleben zu erleichtern. Die Regeln und kulturspezifischen Umgangsformen, das Tragen der Roben und vieles andere waren zeitweise eine ganz schöne Herausforderung. Ich entwickelte jedoch im Laufe der Monate stärkeres Vertrauen in diesen Mönchsweg, fand mehr Gefallen an dem einfachen Lebensstil, der die Dharma-Praxis doch sehr unterstützt. Außerdem hätte ich ja jederzeit wieder Laie werden können. In Thailand ist es nicht üblich, lange Zeit Novize zu bleiben,

2 Santikaro Bhikkhu war auch der Übersetzer für Ajahn Buddhadasa. Über seine jetzigen Aktivitäten, vorwiegend in den USA, Infos unter www.liberationpark.org. Weitere Informationen über Ajahn Buddhadasa sowie Wat Suan Mokkh unter www.suanmokkh.org

und so erhielt ich zehn Monate später von dem älteren Dharma-Bruder des Ehrwürdigen Buddhadasa, dem heute neunzigjährigen populären Mönch Pannananda Bhikkhu, in der Nähe Bangkoks die volle Mönchsweihe zum Bhikkhu.

Bis Anfang 1993, kurz vor Ajahn Buddhadasas Tod, blieb ich in Wat Suan Mokkh und half öfter bei den Retreats mit durch Vorträge, bei geleiteten Meditationen oder Gesprächen. Gelegentlich war ich im Wat Pah Nanachat und in dem «deutschen Wat», in dem Thomas lebte. Mehrmals besuchten mich sogar meine Eltern, zweimal auch meine Schwester. Die Abreise nach Deutschland kam plötzlich, da mein Bruder tödlich verunglückte. Bis auf einen einjährigen Aufenthalt 1997 in Sri Lanka (meist lebten Thomas[3] und ich in einer kleinen Einsiedelei im Bergland) und einen mehrmonatigen Besuch in Suan Mokkh, Malaysia, Myanmar und einem Stopover in Sri Lanka, verbrachte ich die letzten Jahre als Mönch im Westen in verschiedenen Klöstern unterschiedlicher Länder, teilweise auch anderer Traditionen. Gelegentlich nahm ich auch an Retreats verschiedener Lehrer und an interreligiösen Dialogen teil. Einen Monat lang war ich Praktikant in einem Sterbehospiz (eine sehr lohnende Erfahrung!). Enge Verbindung habe ich außer zu meinem Elternhaus vor allem zu dem vietnamesischen Kloster «Pagode Vien Giac» in Hannover. Dort betreue ich manchmal die deutschen Besuchergruppen, und ich war auch an den Dharma-Aktivitäten anlässlich der EXPO 2000 beteiligt. Derzeit halte ich mich in der kleinen kontemplativen Klostergemeinschaft Dhammapala in Kandersteg im Berner Oberland auf.

3 Thomas lebt jetzt als Laie im Waldhaus am Laacher See und leitet dort die Lehrredengruppe. Infos unter www.Buddhismus-im-Westen.de.

Alfred Woll

Alfred Woll, 1956 geboren, wuchs in einem Dorf in Nordbaden auf. Nach dem Hauptschulabschluss und ersten unbefriedigenden Erfahrungen in der Arbeitswelt begab er sich 1975 auf eine erste Weltreise. Im Jahre 1984 fand er im indischen Dharamsala und im thailändischen Waldkloster Suan Mokkh zum buddhistischen Weg. Noch im selben Jahr begegnete er in Malaysia seinem Lehrer, dem tibetischen Lama Ngawang Gelek Rinpoche. 1988 kehrte er nach Deutschland zurück, um am Tibetischen Zentrum Hamburg ein systematisches Dharma-Studium zu beginnen. Dagyab Rinpoche wurde zum weiteren wichtigen Lehrer. Alfred Woll wirkt für dessen Zentrum Chödzong als Dharma-Referent und leitet Meditationsgruppen. Er lebt mit seiner Familie in einer schwäbischen Kleinstadt und arbeitet heute als Mandolinenbauer.
E-Mail: AlfredWoll@gmx.de

Wie ein Ausstieg zum Einstieg wurde

Aufgewachsen bin ich in einem Dorf in Nordbaden. Meine Eltern waren überzeugte Katholiken, und ich kann mich noch erinnern, dass mir meine Mutter des Öfteren christliche Heiligenlegenden aus einem dicken, alten Buch vorlas. Ich war beeindruckt von der Güte und Nächstenliebe dieser Menschen. Damals und noch Jahre danach entgegnete ich, wenn ich gefragt wurde, was ich später einmal machen möchte, dass ich Pfarrer werden wolle.

Mit zehn Jahren wurde ich Pfadfinder und konnte von nun an unter der Obhut des Vereins meine Leidenschaft für Lager und Fahrt ausleben. In der Schule war ich eher fleißig als faul, aber in meiner Freizeit stellte ich alles Mögliche und Unmögliche an. Meine Eltern und Lehrer hatten manchmal ihre liebe Not mit mir. Mit fünfzehn beendete ich die Hauptschule und begann eine dreijährige Lehre als Fernmeldemonteur. Man sagte mir, dass jetzt der Ernst des Lebens beginne, und ich glaubte es. Die Ausbildung gefiel mir gut, und das Basteln mit elektronischen Bauteilen faszinierte mich so, dass ich viele Stunden damit zubringen konnte. Doch als ich ausgelernt hatte und in die Geschäftswelt der Büros und Kollegen eintauchen musste, verging mir bald der Spaß. Hier zählte nicht mehr primär meine gute Leistung, so wie ich es in der Ausbildung erlebt hatte. Meine langen Haare und mein Vollbart erregten Anstoß bei meinen Chefs, und obwohl dem einen oder anderen meine 750er Moto Guzzi gut gefiel, hätten sie es doch lieber gesehen, wenn ich in einem netten Mittelklassewagen vorgefahren wäre. Nach einem Jahr hatte ich genug von diesem Arbeitsklima und kündigte. Mein Drang nach Reisen und Abenteuer hatte sich als stärker erwiesen als die Aussicht auf eine geradlinige berufliche Karriere mit sicherem Einkommen.

Auf der Suche nach Abenteuern

Mit ein paar tausend Mark in der Tasche zog ich 1975 als Neunzehnjähriger zusammen mit einem Freund los nach Frankreich und weiter Richtung Afrika. Per Anhalter fuhren wir quer durch die Sahara bis hinunter zur Elfenbeinküste. Nie zuvor war ich so zufrieden und erfüllt gewesen. Bei der Vorbereitung hatte ich vier bis sechs Monate für die Reise eingeplant, aber als ich dann unterwegs war, hörte ich nach und nach auf, mir irgendetwas vorzunehmen. Ich tauchte tief ein in das Gefühl von Offenheit und Freiheit, von unbegrenzter Zeit, ohne irgendwelche Verpflichtungen zu haben, sodass ich immerzu nur weiter- und weiterreisen wollte. Damals glaubte ich, ich würde mein ganzes Leben lang einfach so durch die Welt ziehen. Bald überließ ich mich dem Lauf der Ereignisse, denn ich machte die Erfahrung, dass der Lauf der Dinge, «der Zufall», immer bessere Ereignisse bringt, als ich sie hätte planen können. Nach einigen Monaten fuhr mein Reisebegleiter wieder heim, und ich reiste mit einem neuen Freund weiter. So ging es kreuz und quer durch Afrika.

In dieser Zeit lernte ich ein ganz anderes Leben als bisher kennen: Muße und Beschaulichkeit, ein Leben unter freiem Himmel, andere Sitten und Bräuche, völlig neue Werte, Gastfreundschaft und ungeschriebene Gesetze, aber auch Hunger, Kriege, Krankheit, Elend und Not. Und als ich nach einundzwanzig Monaten wieder nach Deutschland zurückkam, war ich entsetzt über unsere westliche Wohlstandsgesellschaft. Ich hatte einen so großen Abstand dazu gewonnen, dass ich nun vieles mit ganz anderen Augen sah. Was lagen da für unnötige Dinge in den Schaufenstern der Kaufhäuser und den Regalen der Supermärkte! Wie sorgen sich die Deutschen um Luxus und Freizeitgestaltung und hadern mit Lebensumständen, von denen ein Afrikaner nicht einmal träumen kann!

Mein Aufenthalt in fernen Ländern und die Begegnung mit fremden Kulturen hatten mich in vielen Bereichen zum Denken angeregt, und ich verspürte nun einen zunehmenden Bildungshunger. Mein Entschluss stand fest: Ich werde wieder in die Schule gehen. Ich war an Erziehung interessiert und wollte Heilpädagoge werden. Über den zweiten Bildungsweg erwarb ich die Fachhochschulreife. Dazu zog ich nach Freiburg und lernte die Szene der Studenten und Alternativen kennen. Das waren zwei schöne und interessante Jahre. Doch bevor ich einen Studienplatz belegte, meldete sich in mir meine Neigung zu handwerklichen Tätigkeiten wieder so stark, dass ich das Studieren verschob, um ein halbes Jahr in einer Schreinerei ein Praktikum zu absolvieren. Dann mietete ich mit Freunden ein altes Haus auf dem Lande und richtete mir eine Werkstatt zum Gitarrenbauen ein. Bereits nach einem Jahr konnte ich damit meinen Lebensunterhalt bestreiten.

Ein Leben auf dem Lande

Damals nahm die Musik eine wichtige Stellung in meinem Leben ein. Nicht nur, dass ich Instrumente baute, seit längerem machte ich auch mit Freunden Musik. Wir spielten französische und irische Tänze und Lieder, hatten ab und zu kleine Auftritte oder verdienten uns in der Fußgängerzone ein Taschengeld. Auf diese Weise hatte ich mir Lebensumstände geschaffen, die ganz meinen Neigungen entsprachen: ein Landhaus mit Garten, liebe Mitbewohner in unserer Wohngemeinschaft, eine selbstständige Arbeit, die ich mir selbst einteilen konnte, viel netter Besuch, Feste und lange Spaziergänge sowie immer wieder junge, interessante und unkonventionelle Frauen, die ebenso wie ich Lust dazu hatten, eine lockere und freudige Zeit miteinander zu verbringen. Das «alternative» Leben war so auf den ersten Blick gesehen ein Leben in Freiheit und Fülle, aber irgendetwas fehlte mir dennoch. Manchmal, wenn gerade kein Besuch da war, fühlte ich mich einsam dort draußen auf dem Lande und stürzte innerlich ab. Und gegenüber manchen Leuten aus der Szene fühlte ich mich unscheinbar und klein, uninteressant und minderwertig.

So kam es, dass ich eines Tages, als ich auf einer Wiese lag und in dem Roman *Alexis Sorbas* las, an der Stelle innehielt, an der Sorbas zu dem Engländer etwa Folgendes sagte: «Weißt du, viele Menschen glauben, sie seien frei. Aber jeder hängt lediglich an einer mehr oder weniger langen Leine. Um wirklich frei zu sein, musst du etwas verrückt sein und alles loslassen.» Da hatte ich das Gefühl, als würde etwas in mir aufbrechen, eine tief in mir wurzelnde Sehnsucht nach echter Freiheit. Tränen liefen mir über die Wangen, und ich wusste, dass ich das probieren musste.

Eine Reise in den Osten

Bald danach zogen meine engste Freundin in die Schweiz und mein engster Freund nach Tübingen. Das waren günstige Bedingungen für eine Veränderung. Damals waren mir die tieferen Motive und Zusammenhänge des sich anbahnenden Aufbruchs noch nicht ganz bewusst. Aber rückblickend ist mir klar, dass ich den Versuch wagen wollte, meine Leine zu durchtrennen und selbstständiger und selbstbewusster zu werden. Ich machte meine Werkstatt zu, gab mein Zimmer einem Freund zur Untermiete und packte meinen Rucksack. Ich hatte kein bestimmtes Ziel, ich wollte nur hinaus in die Welt, um mich allein all dem auszusetzen, was mir begegnen würde, und daran zu reifen. Der «Zufall» sollte mich lenken.

So trampte ich im Jahre 1983 nach Hamburg, um auf einem Schiff anzuheuern. Die Schiffsfahrt sollte bestimmen, wo es hinging. Doch in Hamburg angekommen, musste ich sehr schnell feststellen, dass es zu viele arbeitslose Seemänner gab und ich keine Arbeit auf einem Schiff finden würde. Eigentlich hatte ich insgeheim ein wenig gehofft, dass es mich nach Nordamerika verschlagen würde, denn die nordamerikanischen Indianer übten eine gewisse Faszination auf mich aus, und ich hätte sie gern näher kennen gelernt. Wenn sich das jedoch als zu schwierig erweist, so dachte ich, dann ziehe ich eben auf dem Landweg weiter. Da ich Afrika bereits kannte, entschied ich mich dafür, in Richtung Asien zu reisen. In Hamburg ging ich zu den Botschaften jener Länder, die ich zu durchqueren hatte, um mir die Visa zu besorgen, und als mir der Iran die Einreise verwehren wollte, entschloss ich mich, zu fliegen. Der billigste Flug nach Asien, den ich fand, ging in den Süden von Pakistan. Also flog ich dorthin.

Die ersten Wochen waren schlimm. Ich fühlte mich schrecklich allein und fürchtete mich vor diesem heißen und staubigen Land, vor der fremden Kultur, vor Einsamkeit, Dieben und Krankheiten. Hätte ich nicht den teuren Flug bezahlt und den Spott meiner Freunde gefürchtet, wäre ich sofort wieder heimgefahren. Aber zumindest einige Zeit musste ich durchhalten. Alle Erfahrungen, die ich früher einmal in Afrika gemacht hatte, waren wie weggeblasen. Es war, als sei ich zum ersten Mal alleine draußen in der weiten Welt.

Im dicht bevölkerten Süden von Pakistan war es kaum auszuhalten, also flüchtete ich bald nach Norden in die Berge, raus aus den großen Städten mit den vielen Menschen, dem Schmutz und dem Elend. Im Norden konnte ich mich dann etwas mehr entspannen und wurde nach und nach ruhiger. Im Swat-Tal wanderte ich den Fluss entlang, stieg durch wilde, zerklüftete Berglandschaften, kehrte in kleinen Dörfern ein und hatte freundliche Begegnungen mit Einheimischen. Die Menschen in dieser Region waren ruhige und ehrliche Leute. Sie folgten ihren altüberlieferten Traditionen und ungeschriebenen Gesetzen und waren geprägt durch die Gefahren und Härten der Natur, in der sie lebten. Interessiert schaute ich ihrem Leben und Treiben zu und vergaß darüber manchmal die Zeit.

Oder ich stieg hoch in die Berge hinein und schaute lange hinunter in die Täler und hinauf zu den Gipfeln, während nichts außer dem Wind oder dem Krächzen einer Krähe zu hören war. In solchen Momenten spürte ich etwas Heiliges, die Unendlichkeit des Universums und so etwas wie die Ewigkeit. Dann wurde es still in mir, und ich fühlte mich froh. Ich merkte, dass ich Berührung mit dem aufgenommen hatte, wonach ich mich sehnte, und wie aus dem Dunkel meines Bewusstseins dämmerten längst vergessene Gefühle empor. Gefühle und Werte, die ich irgendwoher kannte, die schon einmal da gewesen waren, und zwar damals auf meiner Reise in Afrika. Sieben Jahre waren vergangen, seit ich aus Afrika zurückgekommen war, und ohne mir dessen bewusst zu werden, hatte ich mich wieder an die westlichen Werte und Normen gewöhnt, an den harten Konkurrenzkampf, an das Streben nach Gütern und Konsum, nach Sicherheit und Status. Das Lebensgefühl und die Werte, die mir auf meiner Reise in Afrika eigen gewesen waren, waren so sehr verblasst, dass ich sie ganz und gar vergessen hatte.

Nach diesen Erfahrungen ging es mir zunehmend besser, aber einsam war ich immer noch. Wenn ich nur eine liebe Freundin bei mir hätte, dachte ich des Öfteren, dann wäre alles in Ordnung. Lange musste ich nicht darauf warten, dann bot sich mir die Gelegenheit, mit einer allein reisenden Belgierin zusammen weiterzureisen. Doch schon nach wenigen Tagen erlebte ich das Reisen zu zweit als so einschränkend, dass ich wieder allein meines Weges ging und den Wunsch nach einer Gefährtin loslassen konnte.

Krankheit und Innehalten

Einige Wochen später in Indien, und zwar in Kaschmir, holte ich mir eine Amöbenruhr. Ich war sehr krank und völlig erschöpft. Ein alter Mann, ein Nachtwächter in einem leeren Hotel, pflegte mich, und meine Reise und all meine Pläne kamen hier zum Stillstand. Bis dahin war ich noch getrieben, wollte meine Reise hinter mich bringen und bald wieder nach Hause fahren, um die Meisterprüfung als Instrumentenbauer abzulegen. Doch mit einem Mal musste ich innehalten und konnte nicht einfach so weitermachen, wie ich wollte. Zuerst bremste mich meine Krankheit aus, und dann wurde mir auch bewusst, dass ich gerade erst jetzt dabei war, in Asien anzukommen. Ich wurde ruhiger, ließ von dem ab, was hinter mir lag und auch von den Plänen, die ich in mir trug, und merkte vor allem, dass ich Zeit hatte, viel Zeit. Es ging nicht darum, irgendwo hinzugelangen oder Ziele abzuhaken, sondern das zu erleben, was sich gerade darbot.

Als ich wieder genesen war, lief ich eines Nachmittags auf einen nahe gelegenen Hügel, der einen wunderschönen Ausblick über den See bot. Es war schon Spätherbst, Touristen waren nicht mehr in der Gegend. Kinder spielten in kleinen Booten auf dem blauen See, lachten und bespritzten sich mit Wasser. Ein leichter Dunstschleier lag über dem See, und die letzten gelb gefärbten Blätter raschelten vom Winde bewegt in den Baumkronen. Von den noch warmen Sonnenstrahlen beschienen, lag ich im verwelkten

Gras und war glücklich. – Und wie ich so die Landschaft betrachtete und den Frieden und die Harmonie spürte, die über allem lagen und alles durchdrangen, versuchte ich, meine Gefühle in Worte zu kleiden, und fand für dieses Glücksgefühl kein treffenderes Wort als «Alleinsein». Zum ersten Mal in meinem Leben erkannte ich das Alleinsein, eine Situation, der ich bisher so oft zu entfliehen versucht hatte, als schön und vollkommen. Von da an liebte und schätzte ich das Alleinsein.

Begegnung mit einem Weisen

Bald darauf reiste ich weiter. Im Norden von Himachal Pradesh ergab es sich, dass ich eine Woche lang bei einem älteren, freundlichen Mann zu Gast war, der allein mit seiner Tochter oben am Berghang, am Rande des Dorfes Brahmour, lebte. Er war der Dorfschullehrer und tagsüber in der Schule, während ich durch die Berge streifte. Abends, wenn wir beide heimgekommen waren, bereitete uns seine Tochter eine Mahlzeit. Wir saßen bei ihr in der Küche, schauten zu oder schnippelten etwas Gemüse und fühlten uns gut. Anschließend sprachen wir über unsere Erlebnisse und Weltanschauungen, und oft saßen wir auch schweigend da und schauten ins Herdfeuer. Einmal erzählte mir der alte Mann von seinem Guru, einem bekannten Hindu-Meister, und ich war ergriffen von der Ehrfurcht und dem Respekt, den er dabei zum Ausdruck brachte. Der alte Mann war für mich schon bewundernswert, er war anders als die meisten Inder, denen ich bis dahin begegnet war. Er ruhte in sich selbst und wollte nichts von mir für sich persönlich. Er gewährte mir einfach seine Gastfreundschaft, für die ich dankbar war. Er war voller Güte, bescheiden und weise, das war für mich ganz offensichtlich. Am nächsten Morgen gab er mir ein Buch, das sein Meister geschrieben hatte. Da es in englischer Sprache verfasst war, konnte ich nur wenig davon verstehen. Aber ich spürte, dass ich auch solch einem Meister begegnen wollte.

Wieder einige Wochen später, im März 1984, führte mich meine Reise nach Dharamsala, dem Ort in Nordindien, an dem viele

Tibeter, tibetische Mönche und auch der Dalai Lama im Exil leben. Spät in der Nacht kam ich an, übernachtete in einer Herberge und schaute mir am anderen Morgen den Ort und einige der tibetisch-buddhistischen Klöster an. Dabei begegnete ich ein paar jungen Mönchen, die etwa in meinem Alter waren. Wir verbrachten eine gute Stunde miteinander, und mir fiel auf, dass sie alle voller Humor waren, vital, bodenständig, intelligent und im Grunde genommen «ganz normal». Bis dahin hatte ich immer geglaubt, dass ein Mönch, der ja auf so vieles verzichten muss, verklemmt und unausgeglichen sein müsse. Doch nun erlebte ich das genaue Gegenteil. Da fing ich an, mich zu fragen, was für eine Ideologie wohl hinter deren Leben stand.

In der folgenden Nacht hatte ich einen ungewöhnlich deutlichen Traum, war danach hellwach und tief berührt. Zusammengefasst ging es um Folgendes: Ich saß in der Hauptschule hinter der Schulbank, als mein Klassenlehrer mich während der Schulstunde ansprach und sagte, dass er daran zweifele, ob ich die Abschlussprüfung bestehen würde. Ich hätte in der letzten Zeit viel zu wenig getan. Obwohl ich insgeheim wusste, wie recht er hatte, spielte ich seine Zweifel herunter und entgegnete, dass ich keine Probleme sähe. «Gut», meinte er, «stell es unter Beweis! Setz dich hierher an meinen Schreibtisch, und schreib eine Testarbeit.» Mit gemischten Gefühlen gehorchte ich. Als ich dann anfing zu schreiben, war es jedoch plötzlich nicht mehr mein Hauptschullehrer, der hinter mir stand, sondern jener Lehrmeister, bei dem ich die Ausbildung als Fernmeldemonteur gemacht hatte. Scharf und streng korrigierte er meinen Test, er ließ nichts durchgehen. Dann sah ich auf einmal viele Hobelspäne auf dem Boden vor mir liegen und wusste, dass nun der Meister neben mir stand, bei dem ich die Instrumentenbauerpüfung ablegen wollte.

Die Vier Edlen Wahrheiten

Der Traum stimmte mich nachdenklich. Er enthielt die Aufforderung dreier meiner bisherigen «Meister», mich um mein Studium zu kümmern, das ich in der letzten Zeit vernachlässigt hatte. Doch was galt es für mich hier zu lernen? – Der Eindruck, den der alte Mann aus Brahmour und sein Guru auf mich gemacht hatten, war mir noch lebhaft in Erinnerung, ebenso die Begegnung mit den jungen Mönchen am Vortag, die mein Interesse an der buddhistischen Lehre geweckt hatten. Und so kam es, dass ich über einen Monat lang fast jeden Morgen in die große tibetische Bibliothek in Unter-Dharamsala ging, um bis abends zwischen Büchern zu sitzen und zu lesen. In der kleinen Sammlung deutscher Schriften fand ich eine sehr detaillierte Darstellung der vier edlen Wahrheiten und lernte so die Grundidee des Buddhismus kennen. Meine Begeisterung war groß, denn ich fand eine über Jahrhunderte überlieferte Lehre, die mir im Grunde genommen das bestätigte, was ich ahnte und teilweise auf meiner Reise erlebt hatte: Glück und Zufriedenheit findet derjenige, der Bedürfnisse reduziert, an nichts mehr anhaftet und sich ganz auf den Moment einlässt.

Einmal ging ich in eine Veranstaltung, die der Dalai Lama leitete. Von der Zeremonie und dem, was er sagte, verstand ich kaum etwas, dennoch war ich von seiner Erscheinung nachhaltig beeindruckt. Auch sehr viele Tibeter waren anwesend, darunter Flüchtlinge und Nomaden, die direkt aus Tibet eingetroffen waren. Kräftige Männer mit langen, zu Zöpfen geflochtenen schwarzen Haaren, mit Fellmänteln bekleidet und einem Dolch im Gürtel. Frauen mit energischen Gesichtern, bestickten Gewändern, verziert mit kunstvoll geschmiedetem Silberschmuck, der mit Türkisen und Korallen besetzt war. Genauso hatte ich mir die nordamerikanischen Indianer vorgestellt, deren ich so gern einmal begegnet wäre. Nun saßen sie da vor mir, und ich wusste, dass ich nicht mehr nach Amerika fahren musste.

Im ersten Stock, über der Bibliothek, gab es für westliche Studenten täglich Belehrungen von einem tibetischen Mönch, einem so genannten Geshe. Sie wurden ins Englische übersetzt, doch leider reichten meine Sprachkenntnisse nicht dazu aus, ihm zu folgen. Als dann die Bibliothek Anfang Januar wegen Inventurarbeiten für längere Zeit geschlossen wurde, nahm ich dies zum Anlass, weiterzureisen.

In den folgenden Monaten bekam ich von anderen Reisenden hin und wieder ein buddhistisches Buch. Ich las es interessiert, freute mich, eine für mich passende Lehre gefunden zu haben, doch weiter geschah erst einmal nichts. So führte mich meine Reise durch Indien und Nepal. Erneut begegnete ich Tibetern und tibetischen Mönchen und besichtigte buddhistische Klöster. Ich empfand eine große Sympathie für das tibetische Volk, seine Kultur und seine Religion. Doch leider waren zu jener Zeit die Grenzen nach Tibet gesperrt, und als ich mich einmal illegal über die Sperrzone hinaus nach Tibet durchschlagen wollte, wurde ich am zweiten Tag erwischt, musste umkehren und gab mein Vorhaben, mehr von Tibet kennen zu lernen, erst einmal auf.

Das Lösen alter Bindungen

Doch nicht nur im Äußeren veränderten sich die Dinge, auch in meinem Inneren vollzog sich ein Wandel. Meine Ängste vor der Fremde waren nun verschwunden, ebenso die alten Gefühle von Einsamkeit oder Minderwertigkeit. Asien und die Menschen, die dort lebten, waren mir vertraut geworden. In jedem Dorf traf ich interessante Leute und hatte viele tief gehende und intensive Begegnungen. Mit Westlern traf ich kaum noch zusammen. Abseits von touristischen Routen und Sehenswürdigkeiten bereiste ich Gebiete, in denen die Einheimischen eher selten Kontakt mit Leuten aus dem Westen hatten. Dort saß ich manchmal stundenlang an einer Ecke des Dorfplatzes und schaute dem Treiben der Menschen zu. Ich hatte unendlich viel Zeit, und es gab nichts Wichtigeres zu tun, als genau an diesem einen Ort zu sein und diese eine Szene zu betrachten, und das über Stunden hinweg. Ich war froh und glücklich, war im Fluss und ließ mich treiben. Ich fühlte mich innerlich stark und gefestigt. Alles, was ich brauchte, hatte ich in meinem Rucksack, und ansonsten vermisste ich nichts. An eine Rückkehr nach Deutschland war gar nicht zu denken.

Während des Verlaufs meiner Reise löste ich unbewusst, aber systematisch einige Bindungen, die mich in meiner Vergangenheit festhielten, ließ Zukunftspläne los und wurde somit freier und präsenter. Ohne Pläne und Bindungen konnte ich besser auf das eingehen, was gerade geschah, und offen sein für alles, was sich aus einer bestehenden Situation entwickelte. So hatte ich zwischenzeitlich meinem Bruder aufgetragen, mein Zimmer und meine Werkstatt in der Wohngemeinschaft in Deutschland aufzulösen und alles bei meinen Eltern unterzustellen. Und als ich einmal in Darjeeling lange einem Silberschmied bei seiner Arbeit zugeschaut hatte, verspürte ich plötzlich den großen Wunsch, bei ihm dieses Handwerk zu erlernen. Er hätte mich auch als Lehrling angenommen, aber da meine Aufenthaltsgenehmigung nicht verlängert wurde, musste ich leider weiterziehen. Als Silberschmied, so dachte ich, wäre ich viel flexibler, als ich es als Instrumentenbauer sein könnte. Ein Koffer voll Werkzeug und Material würden genügen, um überall mein Dasein fristen zu können. Mit dieser neuen Idee ließ ich dann den Plan los, später wieder Musikinstrumente zu bauen.

Der Wendepunkt

In der Zwischenzeit war ich ein gutes Jahr in Asien umhergereist, immer wieder Berührung mit Bergvölkern in abgelegenen Gebieten suchend, als ich mit ein paar jungen Thailändern, die in Bangkok studiert hatten und Entwicklungshilfeprojekte betreuten, hoch oben im Norden Thailands unterwegs war. Wir besuchten tief im Dschungel versteckte Dörfer, deren Bewohner, die die Regierung gern sesshaft gemacht hätte, traditionsgemäß Brandrodungs-Wanderfeldbau betrieben. Eines Abends, nachdem ich sehr persönliche Gespräche mit meinen thailändischen Freunden geführt hatte, wurde ich nachdenklich. Warum zieht es mich immer wieder zu Bergvölkern in abgelegenen Gebieten? Was will ich dort? – Als ich so in mir nachforschte, wurde mir klar, dass mich diese Menschen und ihre Lebensform faszinierten. Die Leute, die ich dort traf, schienen mir von Grund auf ehrlich zu sein, sie lebten einfach und bescheiden, waren heiter und froh, freundlich, offen, freigebig und strahlten eine Würde oder Weisheit aus, die ich auch gerne gehabt hätte. Das genau war es. Ich wollte von den Menschen dort lernen, wollte das erlernen, was mich an ihnen beeindruckte. Aber war mir das bis dahin gelungen? Eher nicht. Ich reiste von einem Volksstamm zum nächsten, schaute ihnen zu und fühlte mich gut dabei, aber nichts weiter geschah. Mir war mit einem Mal klar: Entweder ich bleibe jetzt einfach dort im Dorf und lebe mit den Menschen, werde einer von ihnen, oder ich muss das Motiv meiner Reise völlig neu überdenken. Ich entschied mich für das Letztere und beschloss, zu einer südthailändischen Insel zu fahren und dort zu überlegen, wie alles weitergehen sollte. Das ziellose Umherreisen hatte sich damit erschöpft. Ich suchte eine neue Orientierung, eine sinnvolle Beschäftigung oder Aufgabe.

Während ich im Bus auf der Hauptstraße in den Süden Thailands fuhr, erinnerte ich mich an eine Schweizerin, die mir in Nepal von einem Aufenthalt in einem Kloster in Thailand erzählt hatte. Sie hatte dort einen zehntägigen Meditationskurs mitgemacht und mit großer Begeisterung davon gesprochen. Wenn ich einmal in jene Gegend käme, so empfahl sie mir, solle ich doch unbedingt dort hineinschauen. Die Schweizerin hatte Eindruck auf mich gemacht, und ich hatte mir den Namen des Klosters und des Ortes aufgeschrieben. Es war Wat Suan Mokkh in Chaiya. Nun fuhr ich auf der Straße, die direkt an Chaiya vorbeiführte. Warum nicht, dachte ich, und als Chaiya auftauchte, stieg ich dort aus.

Klosterleben

Wat Suan Mokkh, wo ich im Juni 1984 ankam, war ein großes, buddhistisches Waldkloster, in dem viele Mönche und einige Nonnen lebten. Der sehr liberale Abt, Buddhadasa Bhikkhu, ermöglichte es interessierten Westlern, im Kloster zu leben. Ein ordinierter US-Amerikaner, der schon länger in Suan Mokkh lebte, Thai sprach und eng mit dem Abt zusammenarbeitete, betreute die westlichen Gäste, hielt Vorträge und leitete Meditationen. Da wenige Tage zuvor ein zweimonatiger Meditationskurs begonnen hatte, waren bei meiner Ankunft bereits zwanzig andere Westler im Kloster zu Gast.

Am nächsten Morgen nahm ich auch an der Meditation teil. Der US-amerikanische Mönch gab der Gruppe detaillierte Meditationsanweisungen und stand den Teilnehmern nach Bedarf für persönliche Gespräche und Einzelunterricht zur Verfügung. Ein bis zwei Tage schaute ich zu, ließ alles auf mich wirken und war mir dann sicher: Das ist genau das, was ich jetzt brauche! Obwohl ich einige Tage später als die anderen eingetroffen war, konnte ich in den Kurs noch einsteigen, war darüber sehr erfreut und voll gespannter Erwartung.

Etwa zwanzig Minuten zu Fuß entfernt, ganz am hinteren Ende des Klosterwaldes, wurde mir eine kleine Hütte zugewiesen, in der ich wohnen konnte. Frühmorgens traf sich die Gruppe als Erstes zum Hatha-Yoga auf einer Wiese, anschließend wurde gemeinsam meditiert, und danach gab es etwas zu essen. Am Nachmittag bekamen wir Unterweisungen in den buddhistischen Lehren, danach meditierten wir wieder, und am Abend erhielten wir noch einmal eine kleine Mahlzeit. Zwischen den offiziellen Veranstaltungen organisierte die Gruppe immer wieder kleine eigene Programmpunkte, wie das gemeinsame Singen überlieferter Hindu-Chants oder ein schamanisches Tranceritual und dergleichen. Es war eine bunt zusammengewürfelte, inspirierende Gruppe von Leuten. Viele waren schon lange in der Welt herumgereist, offen und aufgeschlossen, experimentierfreudig, aber auch voller Hingabe an den spirituellen Weg.

Der Einstieg in die buddhistische Praxis

In den folgenden Wochen, im Sommer 1984, machte ich meine ersten Erfahrungen mit der Meditation und fand damit den eigentlichen Zugang zum Buddhismus. Die Sympathie mit einer Lehre wandelte sich nun zu einem praktischen Lebensweg. Auf Grund meiner beschaulichen Reisezeit hatte ich bereits ein gutes Maß an Ruhe und Präsenz entwickelt. Doch nun lernte ich durch ein paar einfache Meditationsübungen noch ganz andere Zustände geistiger Ruhe kennen, und das stärkte mein Vertrauen in die Lehre des Buddha. Ich erlebte die kraftvolle Wirkung der buddhistischen Praxis und war glücklich, einen Weg gefunden zu haben, um an meiner persönlichen Entwicklung wirkungsvoll weiterarbeiten zu können.

Manchmal beschlich mich damals die Angst, ich könnte das, was ich gerade neu kennen gelernt hatte und was mir sehr kostbar geworden war, meine Ziele, Ideale und die neuen Werte, wieder verlieren, wenn ich nach Deutschland zurückkehren würde. Denn genau das war mir damals passiert, nachdem ich aus Afrika zurückgekommen war. Deshalb sagte ich mir nun, dass ich nicht wieder zurück in den Westen gehen würde, bevor ich nicht das sichere Gefühl hätte, genügend Stabilität im buddhistischen Lebensweg gefunden zu haben. Nachdem der zweimonatige Einführungskurs zu Ende gegangen war, blieb ich daher noch zwei weitere Monate in Suan Mokkh, um meine Praxis zu vertiefen.

Hingabe an den Lehrer

Dann hörte ich von einem tibetischen Lama, der in Malaysia Belehrungen gab. Da ich wissen wollte, was der Unterschied zwischen Theravada und Mahayana ist, und weil ich außerdem sehen wollte, ob die Meditation auch außerhalb des Klosters funktioniert, entschloss ich mich weiterzuziehen und fuhr zusammen mit meinem Freund Hartmut nach Malaysia.

In Penang lernte ich im September 1984 den tibetischen Lama Nyare Khentrül, Ngawang Gelek Rinpoche kennen. Er gab einführende Belehrungen aus der Sicht des tibetischen Buddhismus und sprach viel über Liebe, Mitgefühl und Bodhichitta. Ich war tief beeindruckt von seiner Persönlichkeit, von der Kraft seiner Rede, seinem unerschöpflichen Wissen, seiner geistigen Klarheit und Präsenz, von seinem uneingeschränkten Mitgefühl, seiner Freigebigkeit, seinem Humor, aber auch von seiner Strenge. Gelek Rinpoche ließ die Leute sehr dicht an sich herankommen, und so hatte ich schnell ein paar Aufgaben übernommen. Ehe ich mich versah, war ich einer von seinen Schülern, die ihm in Malaysia überallhin folgten, wenn er Vorträge hielt und Belehrungen und Einweihungen gab. Wenn Gelek Rinpoche etwas erklärte, verstand ich meist mühelos, was er meinte. Mein Vertrauen und meine Hingabe wuchsen schnell, und mir wurde bald klar, dass ich in ihm meinen Lehrer gefunden hatte.

Was also meinen Zugang zum Buddhismus angeht, so bin ich in Dharamsala mit der buddhistischen Lehre in Berührung gekommen, habe in Suan Mokkh die Praxis der Meditation kennen gelernt und in Malaysia meinen Lehrer getroffen. Damit hatte meine Sehnsucht, die mich hinaus in die weite Welt getrieben hatte, so etwas wie Erfüllung gefunden. Ich hatte etwas kennen gelernt, das meinem Leben Orientierung, einen neuen Sinn oder neuen Inhalt gab. Konsequent folgte ich diesem Weg und widmete die darauf folgenden Jahre ganz der Praxis und dem Studium des Buddhismus.

Um den Bericht von meiner Asienreise noch etwas abzurunden, will ich, etwas zusammengefasst, zusätzlich ein paar Ereignisse schildern. Später, als Gelek Rinpoche wieder aus Malaysia abgereist war, fuhr ich mit Hartmut, der von Gelek Rinpoche ebenso begeistert war wie ich, nach Australien. Wir mussten Geld verdienen und wollten mit gegenseitiger Unterstützung auf diese Weise den Westen «antesten». Unser Motto war: «Bete und arbeite!» Das gelang uns auch ganz gut. Nach sieben Monaten täglicher Meditation und mit einer Menge Geld in der Tasche flogen wir zurück nach Malaysia, weil Gelek Rinpoche wieder für einige Zeit dort Belehrungen gab. Neuerlich inspirierten mich seine Worte und seine Handlungen. Danach ging ich für sechs Monate in Retreat. Als dieser zu Ende war, fühlte ich mich stark genug, um wieder einmal meine Heimat zu besuchen. Drei Jahre waren vergangen, seit ich aus Deutschland fortgezogen war, und ich wollte gern meine Familie wiedersehen. Aber damit ich auf keinen Fall in alten Mustern hängen bleiben würde, kaufte ich mir gleich ein Rückflugticket, denn ich wollte ganz bestimmt nach einem halben Jahr nach Malaysia zurückzukehren. Ich wollte sicher sein, dass ich weiter meinen buddhistischen Weg ging, und dazu, so dachte ich, würde ich die Unterstützung der spirituellen Umgebung Asiens brauchen.

Das Ende der Reise

Nach sechs Monaten Deutschland flog ich also wieder nach Malaysia und hielt mich noch zwei Jahre lang in Asien auf. Fünf Monate davon war ich in Tibet, ein halbes Jahr in Dharamsala und dazwischen in verschiedenen buddhistischen Zentren. Dann verspürte ich den Wunsch, ein gründliches Dharma-Studium zu absolvieren. Bisher musste ich nach sechs Monaten immer wieder das Land, in dem ich mich aufhielt, verlassen, was einer Kontinuität im Wege stand. Während der Dalai Lama in Dharamsala Belehrungen gab, lernte ich Geshe Thubten Ngawang und einige seiner Schüler kennen, die in Hamburg lebten und dort ein solches Studium zum Jahresende hin beginnen wollten. Und da ich meinen spirituellen Weg inzwischen als stabil betrachtete und mich in der Lage sah, überall zu praktizieren, entschloss ich mich, im Jahre 1988 nach Deutschland zurückzukehren und in Hamburg am Tibetischen Zentrum ein Dharma-Studium zu beginnen.

So wie mich anfangs mein Weg zu meinen inneren Zielen und zu mir selbst weit weg von meinem Geburtsort geführt hatte, weg von bekannten Konventionen und Normen, von Gewohnheiten und Bindungen, so musste ich von ebenso weit her zurückkommen in die westliche Gesellschaft. In kleinen Schritten musste ich wieder lernen, Bindungen einzugehen, mich auf ein soziales Umfeld einzulassen und für meinen Lebensunterhalt zu sorgen. «Jemand, der Dharma praktiziert und lehren will», so hatte Gelek Rinpoche einmal zu mir gesagt, «sollte ein respektiertes Mitglied der Gesellschaft sein.» Diese Ansicht teile ich. Auch betrachte ich es für mich persönlich als eine Herausforderung, den Dharma mitten in unserer westlichen Gesellschaft zu leben, und zwar nicht als Aussteiger, Einsiedler oder Mönch sondern als jemand, der im Berufsleben steht und eine Familie hat. Aber die Integration und Umsetzung buddhistischer Praxis in einen westlichen Alltag ist wieder eine andere Geschichte und würde den Rahmen dieses Beitrags sprengen.

Abschließend will ich noch erwähnen, dass ich im Jahre 1990 für eineinhalb Jahre nach Holland ging, dort ein buddhistisches Zentrum von Gelek Rinpoche leitete und, nachdem ich Dagyab

Rinpoche kennen gelernt hatte, für drei Jahre in die Wohngemeinschaft des Buddhistischen Zentrums Chödzong in Mittelfranken zog und dort mitarbeitete. Dagyab Rinpoche wurde ein weiterer wichtiger Lehrer für mich. Heute lebe ich mit meiner Frau und ihren beiden jüngeren Kindern in einer schwäbischen Kleinstadt und verdiene meinen Lebensunterhalt als Mandolinenbauer, leite vor Ort zwei Meditationsgruppen, halte jedes Jahr ein paar buddhistische Seminare ab und widme mich in meiner Freizeit weiterhin dem Dharma und meiner spirituellen Praxis.

ANNABELLE ZINSER

Annabelle Zinser, Jahrgang 1948, wuchs auf dem Land in Schwaben auf und lebt gegenwärtig in Berlin. Nach dem Staatsexamen in Geschichte und Politik war sie als Familienhelferin tätig. Seit 1982 wirkt sie als Yoga-Lehrerin. 1980 begann sie mit der Meditationspraxis in verschiedener Ausrichtung, bis sie 1988 in Indien bei dem Lehrer Goenka auf die Vipassana-Tradition stieß. Bald darauf begegnete sie der deutsch-amerikanischen Vipassana-Lehrerin Ruth Denison, die ihre Herzens-Lehrerin wurde. Seit 1992 lehrt Annabelle Zinser selbst Vipassana-Meditation. In den letzten Jahren setzten die Aufenthalte in Plum Village, dem französischen Zentrum von Thich Nhat Hanh, neue Akzente in ihrem Leben, und sie ist jetzt aktiv am Aufbau eines klösterlichen Stadtzentrums dieser Tradition in Berlin beteiligt.

Die Kostbarkeit meines Lebens entdecken

Kindheit in der Nachkriegszeit: Geborgenheit und liberale Religiosität

Ich wuchs mit zwei etwas älteren Geschwistern auf dem Land in Schwaben auf. Da sie schon zur Schule gingen, verbrachte ich zunächst einige Stunden am Tag alleine, und meine Mutter sagte mir später, es habe so ausgesehen, als sei ich vollkommen vertieft gewesen in das Spiel mit meinen Steiff-Tieren, und ich hätte einen sehr erfüllten und friedlichen Eindruck gemacht, obwohl ich alleine war.

Ich kann mich erinnern, dass ich ein starkes Gefühl von Verbundenheit mit allem spürte, was mich umgab, mit den Tieren, aber auch mit den Möbeln, dem Teppich, dem Fenster, den Pflanzen, dem Bach, den Bäumen und den Steinen. Mir schien, ich sei mit allem in Kontakt: Jeder Gegenstand, jedes Wesen hatte seinen «eigenen Geist», und so fühlte ich mich immer «in Gesellschaft», obwohl ich alleine spielte. (Wahrscheinlich geht das allen Kleinkindern so, wenn nicht allzu sehr an ihnen herumgezerrt wird.)

Mein Vater starb, als ich anderthalb Jahre alt war, bei einem Autounfall, und der Umgang mit dem Tod wurde mir deshalb schon sehr früh etwas Vertrautes. Dieser Tod war für mich auch nicht traumatisch, obwohl die Menschen immer wieder darüber sprachen, da ich große Geborgenheit im Zusammensein mit meiner Mutter, den Geschwistern, den Großeltern, den Hausangestellten, dem Schäferhund und den Verwandten und FreundInnen in meinem Dorf erfuhr.

Meine religiöse Erziehung im protestantischen Glauben war liberal. Gott war für mich eine Gestalt, die meinem Vater ähnelte und an die ich mich immer wenden konnte, wenn ich unglücklich war. Mein Lieblingsaufenthalt, wenn ich mich unverstanden fühlte, war der Friedhof, wo ich mich auf ein Steinbänkchen am Grab meines Vaters setzte und Gott-Vater alles erzählte, was mich bedrückte. Die Blumen und Büsche schienen mir zuzunicken und mich zu verstehen, und nach einem Weilchen zog ich dann erleichtert nach Hause.

Meine Mutter betete mit uns in der Kindheit jeden Abend am Bett: «Ich bin klein, mein Herz ist rein, soll niemand darin wohnen als Jesus allein.» Vor dem Beten fragte sie meist noch, ob ich ihr etwas erzählen wolle. Dann küsste sie mich, und ich fühlte mich ganz behütet und schlief ein. Morgens stand ich im Sommer oft schon sehr früh auf, wenn noch alle schliefen, und ging allein in dem großen Garten spazieren.

Unser Pfarrer war ein wunderbarer Mensch, sehr aufrichtig, bescheiden und mitfühlend, und ich nahm aktiv am kirchlichen Leben teil, an den Jugendfreizeiten, Theater-Spielen, erzählte den Kindern Geschichten aus der Bibel, half meiner Tante bei Kaffeekränzchen für die alten Menschen in der Gemeinde und besuchte gerne den Gottesdienst, obwohl sich meine Geschwister manchmal über mich lustig machten, weil ich so viel in die Kirche ging.

Meine Mutter war in der Zeit nach dem frühen Tod meines Vaters auf der Suche nach dem Sinn von Leben und Tod und hatte in ihrer Bibliothek alles versammelt, was es in dieser Zeit der frühen 50er-Jahre auf dem buddhistischen Büchermarkt gab. Sie gab diese geistige Richtung allerdings nach einigen Jahren wieder auf und schlug den Weg der Psychotherapie ein.

Kleine Geistesübungen im Alltag: «Nussknacker» und Eifersucht auf der Sommerwiese

Bevor ich selbst direkt in Berührung mit dem Buddhismus kam, gab es kleine geistige Übungen, die sich ganz natürlich entwickelten:

Ich wohnte in den 70er-Jahren in Berlin, mitten in der Stadt, in der Nähe des Kurfürstendamms, und es gab dort eine Konditorei, an der ich oft vorbeiging und in Versuchung war, mir einen «Nussknacker», mein Lieblingsgebäck, zu kaufen. Manchmal stellte ich mir einige Meter vor dieser Konditorei einen solchen Nussknacker einfach nur vor, kaute ihn in der Vorstellung und spürte den guten Geschmack. Dann kaufte ich ihn manchmal, oder aber ich ging an dem Geschäft vorbei. Dieses «in der Vorstellung essen» half mir dabei, bewusst die Entscheidung zu treffen, ob ich ihn jetzt wirklich essen wollte oder nicht.

Beide Male war es möglich, Freiheit zu erleben: einmal, indem ich mich aus dem Gefängnis «Ich muss diesen guten Geschmack jetzt haben» löste, das andere Mal, indem ich die Vorstellung aufgab, «Ich sollte jetzt keinen Nussknacker essen». Das Wichtige war, dass ich mir in dieser spezifischen Situation selbst ganz meiner Gefühle und Handlungen bewusst wurde. Diese kleine geistige Übung brachte mir insgeheim eine große Freude, weil ich mich danach so frei vom Anhaften fühlte.

Eine andere Situation aus dem Jahre 1979, an die ich mich erinnere: Ich hatte gerade, angeregt durch eine Freundin, mit Yoga angefangen – eigentlich nur, um körperlich fit zu sein –, wurde mir aber bald bewusst, wie wunderbar ruhig und friedvoll mein Geist dabei wurde, wenn ich längere Zeit in einer Position blieb und einfach nur den Atem spürte.

Damals verbrachte ich meine Ferien in einer größeren Gruppe in einer wunderschönen Umgebung auf dem Land in Frankreich und bemerkte, wie ich auf eine Freundin eifersüchtig wurde. Ich spürte, dass es jetzt wichtig war, meinen Geist zu beruhigen, um nicht weiter derart von diesem leidvollen Gefühl so überwältigt zu werden. Ich ging alleine spazieren, setzte mich auf eine Wiese, spürte die Sonne und den Wind auf der Haut, folgte der Atembewegung, wie ich das durch den Yoga gelernt hatte, und wurde innerlich ruhig und gelöst, fühlte mich wieder unbeschwert und frei. Das Bild der Freundin, auf die ich eifersüchtig war, kam mir in den Sinn, und mir wurde klar, dass ich überhaupt keine Feindschaft gegen sie nähren konnte: Ich wusste, dass sie genauso wie ich selbst einfach nur glücklich sein wollte und sich deshalb so verhielt, wie sie es tat.

Dieses innere Loslassen des Gefühls der Eifersucht gab mir so viel Vertrauen, dass ich jetzt, in dieser Situation gar nichts Bestimmtes sagen oder machen musste, sondern mich einfach nur ganz normal verhalten und den Dingen ihren Lauf lassen konnte. Dann würden sich die Beziehungen schon so herstellen, wie es sinnvoll war. So übte ich erst einmal nur für mich selbst.

Begegnung mit dem Buddhismus: GeburtshelferInnen

Kurz nachdem ich mit Yoga angefangen hatte, kam ich zu der grundlegenden, einfachen Meditationspraxis des Sitzens, als ich nämlich ein Buch las, das mir eine Freundin im Jahre 1980 geschenkt hatte: Taisen Deshimarus *Za-Zen. Die Praxis des Zen*. Als ich dieses Buch studierte, spürte ich bei manchen Sätzen ein sanftes Strömen in meinem Körper, und mein Geist wurde still und weit. Das Gelesene half mir, einfach im Augenblick ganz da zu sein und meine Vorstellungen aufzugeben, etwas Bestimmtes erreichen oder sein zu müssen. Das empfand ich als eine große Erleichterung. Ich entwickelte dann neben meiner täglichen Yoga-Praxis eine mehr oder weniger sporadische Sitz-Praxis.

Mein erstes «richtiges» Meditationsseminar besuchte ich bei Sylvia Wetzel im Buddhistischen Haus in Frohnau 1982 und praktizierte dann mit ihr und einer Nonne aus der tibetisch-buddhistischen Tradition einige Jahre, aber irgendwie fühlte sich diese Tradition etwas fremd und zu kompliziert für mich an.

1988 stieß ich auf meiner Indienreise, angeregt durch eine Freundin, die schon Meditationsseminare von Ayya Khema in Deutschland besucht hatte, auf einen Vipassana-Meditationskurs bei Goenka (U-Bha-Khin-Tradition) in Igatpuri bei Bombay und merkte, dass diese einfache Achtsamkeitsübung mich sehr ansprach: von Augenblick zu Augenblick meinen Körper, Geist und die Gefühle in ihrem ständigen Entstehen und Vergehen zu erforschen, wie der Buddha das im *Satipatthana-Sutta* beschrieben hat.

Die Erfahrung von Vergänglichkeit und Substanzlosigkeit auf dieser sehr konkreten Ebene erzeugte keine Angst in mir, sondern war verbunden mit einem Gefühl von großer Weite: «Oh, das ist also die Wahrheit», und diese Wahrheit hatte einen Geschmack von Angekommensein, Stille und Schönheit.

Nach diesem ersten intensiven Vipassana-Kurs zog bei meinen morgendlichen Sitz-Meditationen mein bisheriges Leben in Ausschnitten an mir vorüber, und ich erlebte in großer Intensität viele Momente nach, in denen ich andere verletzt hatte. Bald löste ich mich aus einigen emotionalen Verwicklungen, denn mir wurde klar, dass ich mein Leben noch einmal ganz neu ausrichten musste, wenn ich wirklich mehr Frieden einkehren lassen wollte: Die ethischen Empfehlungen fingen an, in mir zu wirken.

Ich wollte weiter in der U-Bha-Khin-Tradition üben und traf einige Monate nach meiner Indienreise die deutsch-amerikanische Vipassana-Lehrerin Ruth Denison, die meine Herzens-Lehrerin werden sollte. Sie war von U Bha Khin zur Weitergabe der Lehre autorisiert worden und hatte die Gründung des buddhistischen Seminarhauses «Waldhaus am Laacher See» angeregt, wo ich sie kennen lernte. Wenn sie über den Dharma sprach, machte es in mir «klick, klick», und ich saugte alles auf wie ein trockener Schwamm das Wasser.

Samsara wirklich als Leiden erfahren – jetzt reicht's aber !!!

Ich war damals achtunddreißig Jahre alt und hatte ein volles Leben mit intensiven Liebesbeziehungen mit Männern und Frauen gelebt, war aktiv in der Studenten-, Internationalismus- und Frauenbewegung gewesen, hatte einige Reisen unternommen – und doch gab es das Gefühl, dass sich in all diesen Bewegungen und Beziehungen bestimmte leidvolle Muster immer wiederholten und dass mir etwas Essenzielles, ein tiefer innerer Friede fehlte. Irgendwie wusste ich aber auch, dass es ihn gab, denn ich hatte winzige Atome davon schon gekostet.

Unbewusst war ich, schon bevor ich meine Lehrerin traf, auf der Suche nach einem tieferen Sinn des menschlichen Daseins, und natürlich war es die Suche nach einem Glück, das nicht durch äußere Vorkommnisse und Erscheinungen zu erschüttern wäre.

Durch mein Studium der Geschichte und Politik, der intensiven Beschäftigung mit dem Holocaust in Deutschland, mit den Folterberichten nach dem Umsturz in Chile, durch die Solidaritätsarbeit mit politischen Gefangenen im damals noch faschistischen Spanien war ich von Extremsituationen menschlichen Leidens tief berührt und oft sehr verzweifelt. Die Frage, weshalb wir Menschen anderen Menschen so viel Leid zufügen und wie wir einen Weg aus diesem Ozean des Leidens herausfinden können, bedurfte einer Antwort.

1982 hatte ich angefangen, in unterschiedlichen Institutionen und in privaten Kursen Yoga zu unterrichten. Bald nach der Begegnung mit Ruth begann ich damit, auch das geistige Training der Achtsamkeit in diese Kurse «einzubauen». Vor allem in den Kursen für Multiple-Sklerose-Betroffene, die auf eine sehr eindrückliche Art und Weise mit den ständigen Veränderungen und schnellen Verlusten von körperlichen und geistigen Fähigkeiten zurechtkommen müssen, bot sich das an.

Im Buddhismus fühlte ich mich vor allem von der großen Kraft der Güte, dem Nicht-Verurteilen und der Weisheit angezogen, die auf der Basis eines selbstständigen Erforschens aller Lebensvorgänge entsteht, wobei mich die Einfachheit der Theravada-Tradition, vermischt mit sehr viel Heiterkeit, Humor und großer Lebenserfahrung, wie sie meine Lehrerin Ruth Denison präsentierte, besonders ansprach.

Es gab immer wieder Erlebnisse im alltäglichen Zusammensein mit ihr oder auch während eines Intensivkurses, die mir halfen, auf einer tiefen Ebene meine Vorstellungen, wie etwas sein sollte, loszulassen. Mich dem Augenblick hinzugeben und den Frieden in mir zu berühren, gerade auch, wenn die Situation schwierig für mich war und Urängste angesprochen wurden. Ruths unglaubliche Ausdauer, Hartnäckigkeit und Genauigkeit, mit der sie versucht, uns immer wieder in das Erleben und Zulassen der Wirklichkeit im Augenblick zu führen, und zwar ohne Anhaften und Aversionen zu entwickeln, brachten die vielen Verwicklungen und Widerstände gegen die Wirklichkeit in mir ans Licht. Gleichzeitig half die Übung der reinen, nichturteilenden Achtsamkeit, sie aufzulösen.

Todesängste und Glückseligkeit

Schon im Frühjahr 1989 machte ich eine zentrale Erfahrung im Zusammenhang mit der Vipassana-Übung: Ich blieb nach einem Meditationskurs noch zwei Wochen in Ruths Zentrum in der Mojavewüste, wo ich vorher mit zwanzig Frauen ein Häuschen bewohnt hatte, das circa 500 Meter vom Zentrum entfernt lag. Während des Kurses waren die drei Türen immer unverschlossen geblieben, und auch als ich dann ganz alleine zurückblieb, dachte ich gar nicht daran, sie abzuschließen.

Ich war gerade eingeschlafen und hörte auf einmal die Hündin bellen und dachte mir: «Oh, vielleicht ist da jemand», und in meinem Kopf tauchte ein Bild aus der Zeit des Kurses auf, als sich einige Frauen unbekleidet vor dem Häuschen gesonnt hatten und eine Militärkolonne circa 500 Meter vom Zentrum entfernt auf der Wellblechstraße entlangmarschiert war zu dem nahe gelegenen Luftwaffenstützpunkt in «29 Palms». (Von dort zogen die Soldaten 1991 zur Operation «Desert Storm» gegen den Irak in den Krieg!)

Sofort fügte sich in rasender Geschwindigkeit eine Assoziationskette in meinem Kopf zusammen, und ich dachte, dass vielleicht einer der Soldaten jetzt nachts zurückgekommen sei, um das Häuschen zu überfallen.

Todesangst kam in mir auf, aber nur einen Moment lang. Dann hörte ich die Stimme meiner Lehrerin, wie sie uns während des Kurses immer wieder aufgefordert hatte: «Geht zurück zu den körperlichen Empfindungen, seid aller körperlichen Empfindungen vollkommen gewahr, lasst alle Vorstellungen los ...», und ich folgte einfach den Anweisungen dieser Stimme, tauchte völlig in das Spüren der körperlichen Empfindungen ein und erfuhr eine unglaubliche Welle starken, wunderbaren Strömens durch den ganzen Körper. Mein Körper wurde ganz leicht, alle bedrohlichen Bilder in meinem Kopf lösten sich auf, und ich badete in einem Meer von Glückseligkeit. Die Frage oder die Befürchtung, was oder dass etwas passieren könnte, gab es nicht mehr, die Todesangst wich einem tiefen Gefühl von Eins-Sein.

Dieses Erlebnis hatte nachhaltige Auswirkungen auf mein Leben: Tief in meinem Inneren hatte ich die Erfahrung gemacht, dass etwas in mir unzerstörbar ist, auch wenn sich alles auflöst. Vielleicht gab mir diese Erfahrung jenes Urvertrauen zurück, das ich im Laufe meines Sozialisationsprozesses verloren hatte.

Die Übung der Achtsamkeit, einfach von Augenblick zu Augenblick wach zu sein bezüglich der körperlichen Empfindungen, Gefühle und geistigen Zustände während des vorangegangenen Meditationskurses mit meiner Lehrerin, hatte zu dieser Erfahrung von Eins-Sein geführt. Der Widerstand, verbunden mit Flucht oder Kampfreflexen, mit denen ich normalerweise auf die für mich Furcht erregende Situation reagiert hätte, war gar nicht entstanden. Es gab nur einige Momente von vollkommener Präsenz. Aber sie eröffneten mir eine innere Heilung und Schönheit des Daseins, die jenseits all meiner bisherigen Vorstellungen von Glück waren. Die Übung der Achtsamkeit war jetzt für mich der kostbare Schatz meines Lebens geworden.

In den letzten Jahren erhielt meine spirituelle Entwicklung durch meine Aufenthalte in «Plum Village» und die Lehre Thich Nhat Hanhs noch ganz neue Akzente. Da ich während meines ganzen Lebens in unterschiedlichen Arten von Wohngemeinschaften mit anderen Menschen zusammengelebt habe, ist es für mich sehr inspirierend, eine spirituelle Gemeinschaft im Alltagsleben kennen zu lernen, die sich so klar dem Ziel des Erwachens verbunden fühlt.

Jetzt bin ich sehr engagiert gemeinsam mit anderen vietnamesischen und deutschen Dharma-FreundInnen am Aufbau der «Quelle des Mitgefühls» beteiligt, eine klösterlichen Stadtzentrums in Berlin-Hermsdorf, das von Thich Nhat Hanh im Herbst 2002 eingeweiht wurde. Ich freue mich über die große Bereicherung, die ich durch diese vietnamesische Tradition des Mahayana-Buddhismus in meinem Leben erfahre.

Franz-Johannes Litsch

Franz-Johannes Litsch wurde 1945 am Bodensee geboren und wuchs im südwestdeutschen Raum auf. Er studierte Architektur und ist gegenwärtig im Bereich Umweltforschung am Umweltbundesamt in Berlin tätig. Schon seit 1962 befasste er sich mit der buddhistischen Lehre. Mitte der 70er-Jahre näherte er sich ihr zum zweiten Male, um in verschiedenen Traditionen zu praktizieren: tibetisch orientiert sowie beim Rinzai-Zen. In den 90er-Jahren machte er den so genannten engagierten Buddhismus zum Zentrum seiner Bemühungen, wobei der vietnamesische Meister Thich Nhat Hanh seit Ende der 80er-Jahre sein wichtigster Lehrer wurde. Franz-Johannes Litsch ist Initiator des deutschsprachigen Netzwerkes engagierter Buddhisten und gehörte von 1995 bis 2003 dem Rat der Deutschen Buddhistischen Union an.

Website: www.buddhanetz.org

Was ein Papierflugzeug lehrt

Die Essenz des Buddha-Dharma ist die Lehre vom «wechselseitig bedingten Entstehen». Für sie gibt es kein plötzliches Erscheinen aus dem Nichts, sondern immer ein Davor und Noch-Weiter-Davor. Wo beginnt also mein «Buddhist-Sein»? Je tiefer ich es zu ergründen suche, desto mehr Spuren und Samen finde ich, die in eine immer frühere Kindheit zurückreichen, bis zu meiner Geburt und noch weiter zurück zu meinen Eltern, Großeltern, in die Geschichte der Vorfahren. Ebenso gibt es da die nachhaltigen Einflüsse und «merkwürdigen Zufälle», hervorgerufen durch andere, durch Freunde, Bekannte, Unbekannte. Und doch war wiederum nichts irgendwie vorbestimmt, darauf angelegt oder auch nur vorhersehbar. Ich könnte heute ebenso auch ganz woanders stehen.

Geborgenheit, Kirche und Krieg

Ich bin in einer stark religiös, genauer: römisch-katholisch geprägten Umgebung in einer Atmosphäre aufgewachsen, die diese kirchliche Bindung als alte und wichtige Familientradition sehr betonte. Dennoch war jene Herkunftswelt nicht einheitlich. Die Familie meines Vaters stammt aus den bäuerlich-handwerklich geprägten Tälern des Nordschwarzwalds, die meiner Mutter hingegen aus den gutbürgerlich-kaufmännischen Vierteln der Stadt Köln. Zwischen beiden gab es sogar uralte Verbindungen, insofern nämlich, als väterliche Vorfahren einst als Flößer mit ihren langen Schwarzwaldstämmen den Rhein hinunter bis Köln getrieben waren und manche weiter bis nach Rotterdam, wo die größten Stämme zu Schiffsmasten wurden und über die Weltmeere fuhren. Jene Flößer trugen eine eigene Sehnsucht nach der Ferne und dort wiederum ein starkes Heimweh in sich. Auch hatte unsere kleine, in die Wälder eingebettete Vaterstadt Baden-Baden einen sehr besonderen, kosmopolitischen Charakter. Russische, französische, englische, preußische Adlige und Literaten hatten sie im 19. Jahrhundert zur «Sommerhauptstadt Europas» gemacht. Umgekehrt hatte der Vater meiner Mutter als Porzellanhändler und eleganter Gentleman etliche Jahre in London, Paris und Madrid gelebt und beherrschte mehrere Sprachen. Für ihn war Europa die Heimat.

Europa, das war die «Mutter Kirche», ja, die Kirche war unsere weltweite Familie. In beiden elterlichen Familien gab es Angehörige, die Priester waren oder auch Kirchenbauer, gab es kirchlich stark engagierte Laien und enge Kontakte zu Klöstern. Und beide – dies war wichtig für die Begegnung meiner Eltern – standen in einer gewissen katholischen Opposition zu Hitler und zum Nationalsozialismus. Doch war die politische Ausrichtung der Familie meiner Mutter (Hieronymi) eher weltoffen-liberal, die meines Vaters bodenständig-konservativ. In ihrer ehelichen Verbindung lag so etwas wie eine Synthese von Kölner Dom und Berghochwald. Beide Elemente haben – bei aller Gegensätzlichkeit – etwas Dunkles, Mystisch-Himmelstrebendes.

Tatsächlich war ich ein sehr frommes und vom Religiösen stark fasziniertes Kind. Alle Verwandt- und Bekanntschaft sah in mir schon früh den zukünftigen Priester. War ich doch sogar in einem katholischen Pfarrhaus zur Welt gekommen, bei einem Bruder meiner Mutter am Bodensee, während mein Vater noch in Kriegsgefangenschaft war. Den seelsorglichen Kontakten des Pastoren-Onkels zu den Bauern der Umgebung hatte ich es auch zu verdanken, dass ich überhaupt überlebte, denn ich war stark unterernährt und vertrug fast keine Nahrung. Der Onkel hatte durch sein ebenso unkonventionelles wie humorvolles christlich-soziales Engagement einigen Einfluss auf mich. Meine kindliche Seele liebte besonders die Kirchenmusik und die geheimnisvolle Atmosphäre von Klöstern. In der russisch-orthodoxen Kirche Baden-Badens wurde ich einmal vor lauter Weihrauch, himmlischen Gesängen, Kerzenschimmer und goldenen Ikonen ohnmächtig. Und in einem Nonnenkloster der Stadt war ich der Liebling der Schwestern, wenn ich in der Kirche laut krähte: «Maria, breit' den Mantel aus, mach Schutz und Schirm für uns daraus. Lass uns darunter sicher stehn, bis alle Stürm' vorüber gehn.»

Vor Stürmen hatte ich große Angst. Vor jenen, die gelegentlich durch die Bergwälder des Schwarzwalds brausten, und vor denen, die «Krieg» und «Bombenangriff» hießen und gerade als Zweiter Weltkrieg zu Ende gegangen waren. Ich hatte den Krieg nicht mehr erlebt, doch war er in den Menschen noch gegenwärtig, und überall waren Ruinen zu sehen. Einige Familienangehörige und Freunde waren «gefallen», insbesondere die engsten Freunde meines Vaters, deren Vornamen (Franz und Johannes) ich nun trug. Dabei ist der Name, auf den ich getauft wurde, zugleich der vollständige Name des heiligen Franz von Assisi (Francesco Giovanni). Als der «buddhistischste» aller christlichen Heiligen hat er noch heute meine Verehrung. Dass es so etwas wie den Weltkrieg und Hitler nie wieder geben dürfe, das brannte sich mir seelisch tief ein, insbesondere, als meine Mutter mit mir erstmals das zerbombte Köln besuchte. Der Dom inmitten der Trümmer ist das frühste Bild meiner Erinnerungen. Das machte mich von Kindheit an wach für das, was wir Menschen uns an politischer Wirklichkeit schaffen.

Innerhalb von zehn Jahren wuchs unsere Familie auf sieben Kinder an, sodass jeder seine Ansprüche stark einschränken musste. Die Lebensverhältnisse waren bescheiden. Doch lernten wir, dass es gleichzeitig notwendig und möglich war, mit hungernden Kindern in weit entfernten Ländern solidarisch zu sein. Jedes von uns Geschwistern hatte ein Patenkind in Afrika, für das wir ersparte Pfennige und Bonbons sammelten. Von der «Liebe zum Nächsten» wurde viel gesprochen. Nicht selten wurden wir damit auch überfordert, hatten wir doch auch ein natürliches kindliches Eigenbedürfnis, das schnell als «eigensüchtig» ausgelegt wurde.

Die Nächsten waren für mich – außer meinen Schwestern und Brüdern – zuerst einmal die Tiere. Sie liebte ich über alles, und ihr Leiden ging mir sehr nah. Als ich einmal einen Förster bei einer Dachsjagd begleiten durfte, musste ich mit ansehen, wie er statt des Dachses seinen eigenen Dackel erschoss. Tagelang war ich untröstlich. Nirgendwo fühlte ich mich so glücklich wie im Wald und in freier Landschaft, wo ich Pilze und Blaubeeren sammeln, Rehe oder Bussarde beobachten oder, mich als Fuchs oder Leopard fühlend, in Felsen klettern und Höhlen erforschen konnte. Zu Hause gab es wenig Platz und Gelegenheit zum Spielen, das galt als Zeitverschwendung. Wir sollten uns «nützlich machen», oder für die Schule lernen. Das Leben ist «Pflicht» und «Gehorsam vor Gott», «eine Prüfung», so hieß es.

Aufbrechende Heimatlosigkeit

Als ich zehn Jahre alt war, verlagerte sich mein Interesse und Mitgefühl von den Tieren auf die Indianer. Hatte ich zuvor schon viel über Tiere gelesen, so verschlang ich jetzt alles über die Indianer. Dabei spielte ich in dem Wald, der direkt hinter unserem Haus lag, nicht nur Indianer, ich war Indianer. Und das hieß, ich wollte genau wissen, wie und wo sie gelebt hatten, wie sie dachten und fühlten, was ihre Geschichte und Geschichten waren, wie sie sprachen, was ihre Symbole sagten und welche Religion sie hatten. Ich studierte und sammelte alles, was ich darüber finden konnte, und begann schließlich, ein eigenes dickes «Buch» zu schreiben. Es war «mein Buch», für sie, denn zunehmend empfand ich Schmerz und Empörung: über die Brutalität und Rücksichtslosigkeit der Weißen, die viele Indianervölker grausam verfolgt oder gar ausgerottet hatten. Über die Herzlosigkeit und Borniertheit der christlichen Missionare, die ihre Kulturen zerstört hatten. Über die Ignoranz der Zeitungs- und Bücherschreiber, die selbst zu dieser Zeit noch Wörter wie «Wilde» und «Primitive» gebrauchten. Und über das Desinteresse meiner Eltern, Lehrer, Schulkameraden am Schicksal der unterdrückten Menschen und Völker. Erregung und Trauer, in denen sich letztlich das Gefühl meines eigenen Unfrei-, Verlassen- und Missachtetseins spiegelten.

Mein Vater war streng, autoritär und sehr verantwortungsbewusst. Meine Mutter – die eigentlich Pianistin hatte werden wollen, wegen des Krieges aber Krankenschwester geworden war – ging ganz in der Hausarbeit und Sorge um die Jüngsten auf. Für Zuwendung gab es keine Zeit mehr. In mir vollzog sich eine wachsende Entfremdung von meiner Umgebung. Ich erlebte die Eltern fast nur noch als fordernd, mahnend und strafend. Die Schule interessierte mich kaum und war mir eine Last. Mit den Schulkameraden konnte ich wenig anfangen, oder sie wohnten an anderen Orten. Die Kirche empfand ich zunehmend als kaum noch erfreulichen Druck. Nur mit meiner ältesten Schwester verbündet, träumte ich mich in eine ferne Welt des natürlichen und freien Lebens hinein. Jene war unsere «wahre, ursprüngliche Heimat», während wir in diese Familie nur «zufällig oder zwangsweise hineingeraten» waren.

Die väterliche Antwort war verschärfter Druck in Form von Drohungen, Beschimpfungen, Strafen, körperlicher Gewalt, was mich zu einem weiteren Rückzug in meine innere Welt veranlasste. Meine Mutter war zu wenig selbstständig, um eine eigene Haltung zum Ausdruck zu bringen. Und meine flehentlichen Gebete zu Gott und Jesus schienen im Nichts zu verhallen. Da war keine Hilfe, keine Antwort, kein Gegenüber. Ich fühlte mich allein gelassen. So äußerte ich eines Tages trotzig, dass ich nicht mehr Priester werden wolle, woraufhin alle Erwartungen und alles Vertrauen meines Vaters in mich zusammenbrachen, sodass unser Verhältnis nie mehr vollständig geheilt werden konnte. Dies wiederum ließ meine Verbundenheit mit «seiner Kirche» rapide schwinden, die für mich nun keine Quelle der Erfüllung und des Trostes mehr war, sondern Zwang und Leid repräsentierte.

Mein ehemals heiteres kindliches Gemüt wurde von einem Grundgefühl tiefer Traurigkeit und Einsamkeit ergriffen. Dazu trug zusätzlich bei, dass ich in diesem Alter zum ersten Mal von den unfasslichen Verbrechen der Deutschen an den Juden erfuhr. Das erschütterte mich und mein Vertrauen in die soziale und kulturelle Umwelt, in die ich hineingeboren worden war, derart, dass sich in mir der Gedanke festigte, aus diesem Land eines Tages auszuwandern. Ich wollte nicht mehr dazugehören.

Indessen weitete sich mein Interesse aus, und ich identifizierte mich nicht nur mit den Indianern, sondern mit allen außereuropäischen Völkern und Kulturen. Und es war doch wieder mein Vater, der dies – wenn auch eher unbeabsichtigt – förderte. Denn er selbst hatte in seiner Jugend sehr gerne Reisebücher über ferne Länder und Völker gelesen, und einige davon befanden sich in seinem für uns verschlossenen Bücherschrank. Auch waren wir alle begeisterte

Bergwanderer, und ehemals hatte unser Vater davon geträumt, einmal an der Besteigung eines der Schneeriesen des Himalaya teilzunehmen oder ferne Wüsten zu durchqueren. Sein Bücherschrank barg einige Expeditionsberichte über Tibet und China.

Als ich vierzehn Jahre alt war, schenkte er mir ein Buch, das mich völlig in seinen Bann schlug: Heinrich Harrers *Sieben Jahre in Tibet*. Es war nicht nur die mir überirdisch erscheinende Landschaft, diese so ganz andere und mir irgendwie glücklicher vorkommende Kultur, sondern auch die so tief mystische Religion mit jenem heiter menschlichen Oberhaupt, dem noch jugendlichen 14. Dalai Lama, was mich so ansprach. Und eben zu der Zeit hörte ich in den Nachrichten, dass jener Dalai Lama gerade vor den Truppen Maos aus Tibet nach Indien geflohen war. Fortan las und sammelte ich alles, was ich darüber finden konnte. Einiges davon besitze ich noch, und die innere Freundschaft zum Dalai Lama ist mir bis zum heutigen Tag geblieben.

Buddhas andere Wirklichkeit

Als ich sechzehn Jahre alt geworden war, zu Weihnachten 1961, schenkte mir mein Vater eines der Asienbücher seiner eigenen Jugend: die Schilderung der Reise eines gebildeten Europäers im Jahre 1929 mit dem Schiff von Italien aus durchs Mittelmeer und den Suezkanal an Arabien vorbei nach Sri Lanka und Indien. Dort dann durch fast das ganze Land bis hinauf zu den Bergen und Klöstern des Himalaya. Der Autor hatte die Reise nicht nur als äußere, physische sondern ebenso als innere, geistige beschrieben – als philosophisches Unterwegssein, von der griechisch-christlichen Kultur kommend, über die islamische Welt bis zum Rätsel des Hinduismus und Buddhismus. Vieles verstand ich nicht, aber ich war zutiefst fasziniert. Erstmals las ich da von der Lehre des Buddha, von den Vier Edlen Wahrheiten, der Lehre vom Leiden und vom Weg zur Erlösung, vom achtfachen Pfad und vom Nirvana. Ja – «Leben ist Leiden», das war mir sofort eingängig, das entsprach meiner täglichen Erfahrung. Und Nirvana: Glück, Frieden, Freiheit – welche Verheißung, und doch so fremd und fern.

Von da an begann ich intensiv über das Leben, die Welt und den Sinn des Daseins nachzudenken, mein Geist war offen und fragend. Wenige Monate nach der Lektüre jenes Buches geschah dann etwas, dessen Wirkung mich bis zum heutigen Tage prägt. Ein letztlich belangloses Ereignis, eine banale Geschichte – und doch die zentrale Erfahrung meines Lebens.

Wir wohnten zu der Zeit in einem kleinen Städtchen am Rande des Odenwalds, und ich besuchte ein Gymnasium in einer benachbarten Kleinstadt. Jeden Morgen in aller Frühe musste ich mit einigen Schulkameraden mit dem Zug dorthin und nachmittags wieder zurückfahren. Häufig hatten wir an einem auf freier Strecke liegenden Bahnhof umzusteigen und längere Zeit auf den Anschlusszug zu warten. Es gab einen Wartesaal, der von einem in der Mitte stehenden Kanonenofen beheizt wurde. Eines Wintertages hielten wir Schüler uns darin wieder einmal auf. Meistens vertrieben wir uns die Zeit mit Lesen, Raufen und Späßen. An diesem Nachmittag falteten wir zum soundsovielten Male Papierflugzeuge und ließen sie durch den Wartesaal gleiten. Ich nahm meinen Flieger und warf ihn in Richtung Ofen. Er stieg auf und machte einen schönen Bogen hinauf und dann hinunter auf den Ofen zu. Doch dort stieg er plötzlich erneut auf, steil nach oben, drehte sich und kam in großem Bogen direkt zu mir zurückgeflogen. Ich war völlig überrascht und begeistert von diesem wunderschönen Flug. Aber geradezu getroffen war ich von dem Eindruck, dass der Ofen «mir geantwortet», mit mir «interagiert» hatte.

Längst war ich rational so weit geschult, um zu erkennen, dass die Ursache dafür nicht darin bestehen konnte, dass der Ofen tatsächlich lebendig war. Vielmehr war dieser Flug wohl deshalb zu Stande gekommen, weil die warme Luft des Ofens nach oben stieg und das Papierflugzeug mit sich hochgetragen hatte, von wo es aus kühlerer Luft wieder herabsegelte. Ich erkannte, hier gibt es eine Beziehung von warmer Luft zu kalter Luft, vom Papierflieger zum Ofen und zur Luft, von mir zum Ofen und zum Papierflieger … Dieser Ofen ist da, weil ich da bin; es ist seine Aufgabe, mich zu wärmen. Und ich bin da, weil dieser Ofen da ist; ich möchte mich wärmen. Wir alle in diesem Raum sind da, weil der Ofen da ist. Ich bin aber auch da, weil meine Klassenkameraden da sind. Der Ofen ist da und beheizt, weil es draußen kalt ist. Weil es im Winter draußen kalt ist, ist auch der Wartesaal da. Und der Wartesaal ist da, weil es Menschen gibt, die hier häufig warten müssen. Draußen ist es jetzt kalt, weil Winter ist. Und Winter ist es wegen der Umlaufbahn unserer Erde um die Sonne. Weil es die Sonne gibt, gibt es Tages- und Jahreszeiten. Die ganze Erde gibt es, weil es die Sonne gibt. Und weil es die Erde gibt, darum gibt es uns Menschen. Wir existieren, weil es die Erde und die Sonne und die Milchstraße und das gesamte Universum gibt. Alles existiert, weil alles zusammengehört.

Mit einem Male war ich erfüllt von dem unmittelbaren Bewusstsein, dass alles im Kosmos mit allem in Beziehung steht, alles mit allem verbunden ist, alles ein untrennbares Ganzes bildet … Diese Gedanken und Einsichten vollzogen sich sehr rasch, und ich war davon schließlich völlig erfasst, ja, wie vom Donner gerührt. Zuletzt war da nur noch Staunen und ein Gefühl von ungeheurer Weite und Freude …

Ich weiß nicht mehr, was ich dabei tat, wie lange ich so dastand, was meine Kameraden machten, ob sie überhaupt etwas davon mitgekriegt hatten. Auch was in den Stunden und Tagen danach geschah, habe ich längst vergessen. Ich erinnere mich nur noch daran, dass dieses Ereignis und seine Erkenntnisse mich Wochen und Monate beschäftigten. Ich hatte eine unumstößliche Einsicht erfahren, die mir eine völlig neue Sicht auf die Welt gab. Und so begann ich, davon ausgehend, nun eigene Lehrsätze aufzustellen, wie zum Beispiel: Alles steht mit allem in Verbindung. Das Eine gibt es nicht ohne das Andere. Alles gibt es nur, weil es ein Gegenüber gibt. Gegensätze gehören untrennbar zusammen. Die Welt ist eine Einheit von Gegensätzen. Die Welt ist ein Ganzes.

Kurze Zeit nach diesem Erlebnis war ich bei einem meiner Schulfreunde zu Hause. Dessen Vater, ein Lehrer, besaß ein großes Bücherregal. Neugierig wie stets, schaute ich nach, was es zu entdecken gab. Da sah ich ein kleineres schwarzes Buch mit goldenen Buchstaben: Reden des Gotama Buddha. Ich zog es heraus. Es waren Buddha-Lehrreden in der Übersetzung von Hermann Oldenberg, erschienen im Kurt Wolff Verlag, München 1922. Sehr feines Papier, eine edle Ausgabe, wie ein Bibeldruck. Ich fragte den

Vater meines Freundes, ob ich das Buch ausleihen könne. Es schien ihn nicht zu interessieren, es war wohl ein Erbstück. Er schenkte es mir.

Noch auf der Heimfahrt las ich darin und war zutiefst berührt und erfüllt von dieser erhabenen, ruhigen und schönen Sprache, von der Tiefe der Gedanken, von dieser Atmosphäre der Weisheit und des Friedens. In den folgenden Wochen las ich bei jeder Gelegenheit in diesem Buch. Erneut begegnete ich den Vier Edlen Wahrheiten mit der Ausgangswahrheit: Leben gibt es nicht ohne Leiden. Doch der achtfache Pfad ist der Weg der Befreiung. Er ist der «Weg der Mitte», jenseits aller Gegensätze. Und in der Mitte des Pfades steht die Lehre vom «bedingten Entstehen». Ich sah, hier finde ich die Antwort auf das, was mir einsichtig geworden war. Und ich entschied: Ich bin Buddhist.

Doch wie konnte ich dies praktizieren? Damals – Anfang der 60er-Jahre – war von Buddhismus in Deutschland so gut wie nichts zu sehen. Ob es hier überhaupt Buddha-Schüler gab, war mir unbekannt, und wenn, dann waren sie nicht auffindbar. An neueren Büchern existierte fast nichts, oder es handelte sich um verfälschende Sekundärliteratur von Nichtbuddhisten. Buddhismus, wenn er denn wahrgenommen wurde, war in Deutschland zu der Zeit entweder «Götzendienst» und «Heidentum», die «Anbetung» eines «dickbäuchigen Gottes» durch «schlitzäugige Bonzen» oder eine «nihilistische und pessimistische Philosophie Asiens» nach dem Geschmack Schopenhauers und Nietzsches.

Ein unerwarteter Zufall kam mir entgegen. Einige Zeit zuvor war zum Ärger unserer Familie direkt neben unserem allein am Waldrand stehenden Haus ein weiteres Haus gebaut worden. Der Bauherr und baldige Bewohner offenbarte sich als Naturheiler. Eines Tages erhielt er sehr fremdartigen Besuch: einen Heiligen höchstpersönlich. So jedenfalls erschien uns die eindrucksvolle Person: ein indischer Yogi mit dem Namen Swami dev Murti. Eine stattliche Erscheinung mit edlem Profil, langen Haaren, langem Bart und weitem Gewand, wie Jesus. Da er vorhatte, längere Zeit hier zu bleiben, luden ihn meine Eltern an einem Sonntag zu uns zum Tee ein. Ich war überglücklich. Mein Meister war zu mir gekommen. Ich sagte ihm, dass ich Meditation lernen wolle, und tatsächlich gab er mir in den Tagen danach eine Einführung in die Sitz-Meditation mit Atembeobachtung. Er blieb mehrere Wochen am Ort, zeigte mir auch Yoga-Übungen, und ich half ihm dabei, in Kinos und Gemeindesälen der Gegend Vorträge und Vorführungen über Yoga durchzuführen. Ich war sein erster und ergebener Schüler. Als er ging, hinterließ er mir einige Schriften mit Anweisungen für Yoga-Übungen, gesunde Ernährung und gute Lebensführung. Obwohl ich wusste, dass dies Hinduismus war, nicht «mein» Buddhismus, bin ich den Übungen einige Jahre gefolgt, bis mir die Unterschiede zur buddhistischen Lehre und Praxis bewusster wurden.

Ein zweiter Zufall kam hinzu. Einige meiner Schwestern nahmen Unterricht bei einer Ballettlehrerin, die kurz zuvor in unser Städtchen gezogen war und mit ihrer Schule ebenfalls Ungewöhnliches hergebracht hatte. Eines Tages erzählte eine Schwester, dass Frau Rückert für öffentliche Aufführungen jemanden suche, der gern Kulissen male. Nun hatte ich seit meiner Kindheit sehr viel gezeichnet und gemalt. Es war eine meiner Lieblingsbeschäftigungen, und im Fach Kunst war ich immer der Beste in der Schulklasse. Ich meldete mich bei ihr als Interessent und zeigte ihr einige meiner Bilder. Sie war sehr angetan davon, und ich war engagiert. Und so erstellte ich mit Helfern zusammen die Kulissenbilder für eine Aufführung des Balletts Schwanensee von Peter Tschaikowsky. Die Ballettlehrerin, die Mädchen und die Zuschauer waren begeistert von meinen romantischen Bühnenbildern. In der Zeitung wurde ich ausdrücklich gewürdigt. Zum ersten Mal erlebte ich Anerkennung und Zuspruch. Frau Rückert sah meine Fähigkeiten und erkannte meine Interessen. Zum Dank für die Bilder schenkte sie mir ein Büchlein über japanische Zen-Malerei mit Haiku-Gedichten und meinte dazu: Sie könne sich denken, dass mir das gefalle, denn ich würde «so japanisch» malen.

Auf dem Weg der Zen-Künste

Ich sah die Tuschbilder und las die Gedichte und war vollkommen begeistert. «Genau so möchte ich malen und Gedichte schreiben.» Und als mir dann noch bewusst wurde, dass es sich um eine buddhistische künstlerische Tradition handelte, wusste ich, dass Zen und diese Kunst mein Weg sein würden. So begann ich, Tuschbilder im Zen-Stil zu malen, Haikus zu schreiben, Ikebana (Blumengestecke) zu arrangieren und im Zen-Stil zu töpfern und zu fotografieren. Anregungen und Wissen darüber holte ich mir aus Büchern über die Zen-Künste, die es zu der Zeit bereits in größerer Zahl und hoher Qualität gab. Pinsel, chinesische Tusche, Reibstein und anderes Zubehör hatte ich in einem kleinen Laden in Zürich gefunden. Unsere Familie war inzwischen an die Schweizer Grenze gezogen. In Zürich besuchte ich mit großer Begeisterung die hervorragenden Sammlungen chinesischer und japanischer Kunst. Darüber hinaus las ich alles, was ich über den Zen-Buddhismus und seine Geschichte, über Laotse und den Taoismus sowie über die Kultur Japans und Chinas finden konnte. Es waren vor allem die Bücher von Eugen Herrigel, Karlfried Graf Dürckheim, D.T. Suzuki, H. Dumoulin, Erich Seckel und Alan Watts, die mich beeindruckten. Mein Lieblingsbuch, «meine Bibel», wurde das *Tao Te King*.

Das alles brachte mir jedoch heftige innere und äußere Probleme. Außer durch meine Bilder hatten meine Eltern von meiner inneren Entwicklung nichts mitbekommen. Ich sprach nicht darüber, denn ich konnte kein Verständnis erhoffen. Für sie hatte ich ein guter Katholik zu sein und am Sonntag in die Kirche, zur Beichte und zur Kommunion zu gehen. Auch hatte ich selbst noch nicht genügend Klarheit in meinem Verhältnis zu Gott, Jesus und der Kirche. Zu sehr hatte ich den christlichen Glauben verinnerlicht, als dass ich ihn einfach so hätte ablegen können. Und mein Wissen vom Buddhismus und Zen war noch viel zu dürftig, zu sehr von den unvollständigen Sichtweisen der Buchautoren, von eigenen falschen Vorstellungen und fehlenden direkten Kontakten geprägt.

Schlimmer noch war meine Situation in der Schule. Auf Grund meines weitgehenden Desinteresses an dem, was dort vermittelt wurde, hatte ich fast nur noch miserable Noten. Und mein Vater war kein Mensch, dem es in den Sinn kam, sich und seinen Kindern das Leben leichter zu machen. Was nicht gleich funktionierte, damit machte er «kurzen Prozess». Jugendliche Entwicklungsprobleme zu sehen, schulische Nachhilfe anzunehmen oder die Schule zu wechseln, wäre für ihn ein Ausdruck von Schwäche und Versagen gewesen. So entschied er eines Tages, mitten im zehnten Schuljahr, mich aus dem Gymnasium zu nehmen, und schickte mich in eine Bauhandwerkslehre, damit ich später wie er Bauingenieur werden konnte. Bauberufe waren in unserer Familie Tradition. Der Schock über den plötzlichen Schulausstieg mit dem Verlust all meiner Freunde und meiner gewohnten Umgebung sowie mit dem Beginn von täglich neunstündiger, körperlich sehr harter Arbeit zu allen Jahreszeiten unter wenig rücksichtsvollen und gebildeten Bauhandwerkern war gewaltig. Dennoch empfand ich den Schritt auch als Befreiung. Ich war es los, mich innerlich mit Dingen beschäftigen zu müssen, die mich nicht interessierten. Und die Erfahrung der körperlichen Arbeit und der sozialen Situation von Arbeitern wollte ich später nicht missen. Sie verschaffte mir einige praktische Fähigkeiten und wichtige gesellschaftliche Einblicke.

Diesem Schulabbruch, der auch ein tiefer Bruch in der Beziehung zu meinem Vater war, folgte der endgültige innere Bruch im Verhältnis zur Kirche. Letzter Auslöser dafür war eine Predigt, die unser Pfarrer an einem Sonntag in der Kirche hielt. Er wetterte mal wieder gegen das Böse, und das war meistens der «Bolschewismus» oder das, was er dafür hielt, etwa Willy Brandt, Günter Grass und *Der Spiegel*, und er meinte, Gott werde das Böse vernichten, und das Gute werde letztlich siegen. Abgesehen davon, dass in mir durch meine sozialen Erfahrungen als Baulehrling zunehmend Sympathien für die Anliegen der Sozialdemokratie – ja, des Sozialismus – erwacht waren, erschien mir diese Aussage angesichts meiner eigenen spirituellen Erfahrung völlig widersinnig. Wie kann je das Böse beseitigt werden und dann nur das Gute übrig bleiben? Wenn es kein Böses mehr gibt, gibt es auch kein Gutes mehr, das war mir längst klar. Und wie kann dieser Gott der höchste Gott sein, wenn er nur gut ist, aber noch einen Teufel als Gegner hat, den er vernichten muss? Dann gibt es doch letztlich zwei höchste Götter oder keinen. In diesem Augenblick waren für mich das Christentum und die Kirche endgültig unglaubwürdig geworden, und ich trat innerlich daraus aus. Meine Eltern ignorierend, habe ich von da an viele Jahre keine Kirche mehr besucht. Stattdessen verbrachte ich nun viel Zeit allein in der Natur und in den Bergen.

Nach meiner Lehre auf dem Bau lernte ich noch ein Jahr in einem Architekturbüro. Dort entdeckte ich weitere Aspekte der Zen-Kunst, nämlich die Architektur und die Gartengestaltung. Das versöhnte mich etwas mit der mir von meinem Vater aufoktroyierten Berufsentscheidung, der Architektur, denn ich selbst wollte Künstler werden. Zunächst musste ich jedoch auf dem zweiten Bildungsweg die Hochschulreife nachholen, was ich auf einer Schule in Karlsruhe tat. Hier war ich endlich frei von meiner Familie und dem direkten Einfluss meines Vaters. Karlsruhe war auch eine größere Stadt, in der ich meinem Forschungs- und Bildungsdrang nachgeben konnte. Zudem gab es dort «zufällig» einen original japanischen Zen-Garten – mein neuer «heiliger Ort», den ich so oft wie möglich zur stillen Betrachtung aufsuchte. An den Wochenenden war ich wieder häufig in der Vaterstadt Baden-Baden, in den Wäldern und auf den Hochmooren des Nordschwarzwalds oder gelegentlich in Straßburg, im Elsass, in Heidelberg.

Da ich wissen wollte, ob in der europäischen Geistesgeschichte Parallelen zur buddhistisch-taoistischen Sichtweise zu finden seien, wandte ich mich intensiv dem Selbststudium der europäischen Philosophie zu, von Heraklit, Platon und den Stoikern über Spinoza, Kant und Hegel bis zu Heidegger und Sartre. Im Bücherschrank meines Altphilologen-Onkels in Baden-Baden traf ich auf die Spuren der deutschen und europäischen Mystik, insbesondere auf das damals weitgehend vergessene Dreigestirn Meister Eckhart, Johannes Tauler und Heinrich Seuse (Suso). Doch trotz allen freudigen Erstaunens konnten ihre Aussagen mich nicht in dem Maße überzeugen, wie es der Geist des Zen vermochte. Auch schien mir die christliche Mystik eine längst ausgestorbene Tradition zu sein.

So war inzwischen auch mein Interesse an der eigenen, der abendländischen Kultur erwacht, und ich begann, mir die europäische Geschichte, Kunst, Literatur und Musik zugänglich zu machen. Ich besuchte häufig Theater und Konzerte, entdeckte die Dichtung und Sprache Goethes, Rainer Maria Rilkes, Franz

Kafkas, der Expressionisten und Bert Brechts, die Musik Monteverdis, Bachs, der Romantiker und Impressionisten, die Architektur und Malerei der Romanik, Gotik, Renaissance und Moderne. Ich war begeistert von der Kultur und Landschaft Italiens und unternahm dorthin dann auch meine erste eigenständige Reise. Angesichts des Vatikans spürte ich noch einmal die ganze Faszination dieser Kirche und zugleich meine Wut, die sich gegen ihr erdrückendes Machtgebäude richtete.

Ich begann mein Architekturstudium in Konstanz, der Stadt des Mystikers Suso. In dieser alten Stadt und wunderbaren Landschaft fühlte ich mich außerordentlich wohl und zu Hause. Die geliebten Berge waren zum Greifen nah, die Schweiz und Österreich vor der Haustür und Oberitalien nur ein paar Stunden entfernt. Und hier kam ich zum ersten Mal auch in Kontakt mit westlichen Buddhisten. Ausgerechnet der damals einzige deutschsprachige buddhistische Verlag, der Christiani-Verlag, hatte in Konstanz seinen Sitz. Doch die Begegnung mit dem kleinen deutsch-schweizerischen Theravada-Zirkel enttäuschte mich. Es erschien mir dort alles sehr professoral-akademisch, irgendwie verstaubt und puritanisch, erinnerte mich eher an Bibelkreise als an die spontane, undogmatische, humorvolle Lebendigkeit der alten Zen-Patriarchen Chinas und Japans. Zudem galt Mahayana geradezu als Häresie. Und es waren alles ältere Leute. Theravada, nein, das war nichts für mich. Ich blieb bei meinem Weg der Zen-Künste.

Ausbruch aus allem Bestehenden

Zugleich kam damals etwas völlig Neues auf. Die USA verstrickten sich in Vietnam immer tiefer in einen Krieg «gegen den Kommunismus». Zwischen den beiden vietnamesischen Fronten gab es eine buddhistische Friedensbewegung. Um ihr Anliegen vor aller Welt sichtbar zu machen, verbrannten sich eines Tages in Saigon öffentlich buddhistische Mönche. Die Nachrichten und Bilder gingen um die Welt. Ich war ebenso erschüttert wie wachgerüttelt. Fortan verfolgte ich die politische Entwicklung mit großer Aufmerksamkeit. Meine Solidarität galt uneingeschränkt der vietnamesischen Unabhängigkeit. Die USA hatten für mich dort nichts verloren. Darin bestärkte mich, dass es in den USA selbst eine eindrucksvolle, neuartige Opposition «gegen das Establishment» gab. Die Bürgerrechtsbewegung Martin Luther Kings, die Hippiebewegung in Kalifornien, die Antivietnamkriegs-Bewegung der Studenten und dann diese großartige rebellische Musik: Bob Dylan, Joan Baez und viele andere. Meditation und Protest trafen in San Francisco und Berkeley mit einer neuen Jugendkultur zusammen, die Beatles verbrachten einige Monate in Indien im Ashram von Maharishi Yogi. Jack Kerouacs Buch *Gammler, Zen und hohe Berge* fiel mir in die Hände. Mit einem Mal entdeckten offensichtlich auch viele andere junge Leute die Dinge, die mich seit Jahren angezogen hatten. Endlich war ich nicht mehr allein. Mit schulterlangen Haaren und provokant «gammligem» Outfit wurde ich Teil der neuen antiautoritären Jugendkultur der «Sixties».

Ein evangelischer Studentenpfarrer in Konstanz gründete ein so genanntes «Vietnamkomitee». So begann auch dort die 68er-Bewegung. Und da sich die Entwicklung vor Ort wie in ganz Deutschland und schließlich Europa in kurzer Zeit ungeheuer beschleunigte und dramatisierte, wurde ich in eine Strömung hineingerissen, die für etliche Jahre den Buddhismus, den Zen-Weg und die Mystik fast völlig in den Hintergrund drängte. Jetzt Solidarität mit der Dritten Welt zu zeigen, mich für die Befreiung der unterdrückten und ausgebeuteten Völker einzusetzen, jetzt einen brutalen Kolonialkrieg des Westens gegen buddhistische Länder zu beenden, jetzt den immer noch mächtigen und bedrohlichen braunen Geist aus den Köpfen der Menschen in Deutschland auszutreiben, das schien mir wesentlich notwendiger und mitfühlender zu sein, als mich weiter in ästhetischer Abgeklärtheit zu üben. «Was tut der Zen-Buddhismus angesichts des Elends der Welt?», wollte ein enger Freund von mir wissen, und ich hatte darauf keine Antwort. Die Frage ging mir viele Jahre nach.

Tatsächlich brachte mich die Entwicklung immer mehr von allem Bisherigen ab. Nicht nur, dass ich jetzt sogar Sympathie für jenen Mao Zedong aufbrachte, der mir doch als Unterwerfer Tibets und Zerstörer der buddhistischer Kultur in China bekannt war. Der Maoismus schien mir gar ein wesentlich wirksamerer

Weg als der Buddhismus zu sein, das Leiden der Menschen zu überwinden. Und irgendwie meinte ich ja auch, in der Guerillataktik Ho Chi Minhs, in den Worten und Gedichten des «Vorsitzenden Mao» und im kulturrevolutionären, bäuerlich-egalitären China den Geist des alten Laotse wieder zu erkennen.

Bei aller Verwirrung und Verirrung, der wir uns hingaben, möchte ich diese «wilden Jahre» nicht missen. Für meine eher stille, schüchterne und depressive psychische Struktur waren sie eine große Befreiung. Ich ging erstmals aus mir heraus, konnte plötzlich vor vielen Menschen sprechen, konnte Aufsätze schreiben, hart diskutieren, andere überzeugen, Flugblätter und Zeitschriften erstellen, Demos und Versammlungen organisieren. Ich hatte viele Freunde und endlich auch Freundinnen und legte meine sexuelle Verklemmtheit ab. Ich reiste viel umher, war kurz nach dem Ende der Maiunruhen 68 in Paris, zum «Prager Frühling» und noch einmal nach dem Einmarsch der Truppen des Warschauer Pakts in Prag, nahm an Studentendemonstrationen in Belgrad teil und war sogar beim kurdischen Widerstand in der Türkei. Ich machte in der Bewegung gar eine gewisse Karriere und brachte es zum hauptamtlichen Referenten bei der Evangelischen Studentengemeinde in Deutschland (ESG) und zum Vorstandsmitglied in der Vereinigung Deutscher Studentenschaften (VDS). Ich lebte in Stuttgart, Köln, Berlin und Wuppertal. Jetzt trat ich auch formal aus der katholischen Kirche aus. Als dies meinem Vater mitgeteilt wurde, schickte er mir eine eigens angefertigte Todesanzeige seines Sohnes. Daraufhin sahen wir uns jahrelang nicht mehr.

Zurück zu den Ursprüngen

Mitte der 70er-Jahre ging all das für mich zu Ende. Der gesellschaftskritische Aufbruch hatte sich inzwischen in rigiden Dogmatismus, in neurotische Selbstzerfleischung und absurde Weltfremdheit verrannt. Und schmerzlich musste ich zur Kenntnis nehmen, wie aus der Befreiung der Völker von der Herrschaft des «westlichen Imperialismus» unversehens die grausame Unterwerfung unter die vermeintlichen Befreier wurde. Die Erkenntnis über das, was im kulturrevolutionären China und im Kambodscha Pol Pots geschehen war, stürzte mich in tiefe Selbstzweifel und zeigte mir in aller Deutlichkeit die tödliche Gefahr jeder fanatischen und dogmatischen, noch so wohlmeinend auftretenden Heilsideologie.

Meinen Ausstieg aus dem Ausstieg vollzog ich, indem ich endlich einen Arbeitsplatz in meinem Beruf annahm, indem meine mehrjährige Partnerin und ich heirateten, indem wir eine Tochter bekamen und mit unserer neuen Familie aus Wuppertal zurück an den Bodensee zogen. Damit schloss sich ein Kreis. Mit ganzer Aufmerksamkeit wandte ich mich nun diesem Wunder eines neu ins Leben tretenden Kindes zu, und es war, als würde ich selbst dadurch noch einmal geboren. In mir erwachte meine alte Verbundenheit mit der Natur, mit der Landschaft, mit meiner Familie, mit meinen Eltern, mit der Religion, mit dem Buddha-Dharma, mit dem Zen.

Inzwischen hatte sich in der Entwicklung des westlichen Buddhismus einiges getan. Erste buddhistische Zentren waren entstanden, erstmals kamen Lehrer aus Asien oder den USA, die Zen-Sesshins, Retreats und Meditationskurse durchführten. Es gab endlich qualifizierte buddhistische Literatur und Originaltexte aus den verschiedenen Schulen des Dharma. Kleine buddhistische Zeitschriften erschienen. So entschloss ich mich, den Buddhismus ein zweites Mal zu entdecken, diesmal mit ganzer Intensität. Zugleich begann ich einen langjährigen Weg verschiedener Therapieerfahrungen einschließlich einer tiefenpsychologischen Analyse am C.G. Jung-Institut in Zürich. Doch an all dem Umbruch und der Suche auf dem Weg der Selbstfindung zerbrach meine Ehe. Dieses persönliche Scheitern und die Trennung von meiner Tochter erfüllten mich viele Jahre mit tiefem Schmerz – ein zusätzlicher Antrieb, den Wurzeln des Leids in mir gründlich auf die Spur zu kommen.

Es folgte eine Zeit des erneuten, diesmal bewussten Rückzugs nach innen und eines fast mönchischen Lebens. Ich besuchte eine Vielzahl von Meditationskursen und lernte zahlreiche Lehrer kennen. Zunächst Karlfried Graf Dürckheim, der schon seit dem Krieg ganz in der Nähe meiner Schwarzwälder Heimat gewohnte hatte, ohne dass ich davon wusste. Auch in einigen katholischen Klöstern wurden inzwischen von Jesuiten und Benediktinern Zen-Sesshins angeboten. Als ich dann japanische Zen-Lehrer kennen lernte, wurde mir allerdings bewusst, dass es hier doch einen erheblichen Unterschied gab. Auch wollte ich endlich meiner alten inneren Entscheidung, dem Weg des Buddha zu folgen, eine äußere Konsequenz zur Seite stellen. Die Zen-Lehrer, die ich danach fragte, gingen nicht darauf ein.

So besuchte ich 1980 in München den tibetischen Lama Tenga Rinpoche aus der Karma-Kagyü-Linie und nahm an einem längeren Retreat teil, um schließlich bei ihm Zuflucht zu Buddha, Dharma und Sangha zu nehmen. Er gab mir den tibetischen Namen Tashi Choephel (Glück in der Verbreitung der Lehre). Die Begegnung mit der wunderbaren Herzlichkeit und Wärme Tenga Rinpoches veranlasste mich, mich näher mit dem tibetischen Buddhismus zu beschäftigen. Diesem Impuls folgte ich einige Jahre, unternahm dann auch meine erste Asienreise und besuchte etliche tibetische Klöster in Indien, Nepal und Sikkim. Mehrmals begegnete ich Seiner Heiligkeit dem Dalai Lama. 1995 konnte ich schließlich an einer Pilgerreise mit tibetischen Lamas und Nonnen nach Tibet teilnehmen. Dort stand ich auch in jenem kleinen Wohnraum, von dem aus der Dalai Lama einst Tibet hatte verlassen müssen, was ich – weit davon entfernt – als Kind innerlich mitverfolgt hatte.

Die über Zen möglich gewordene Wiederbegegnung mit der katholischen Kirche veranlasste mich, mein Verhältnis zum Christentum noch einmal völlig neu und gründlich zu klären. Inzwischen arbeitete ich an der Universität Konstanz und hatte dort eine umfangreiche theologische und kirchengeschichtliche Bibliothek zur Verfügung. So begann ich ein intensives Studium der christlich theologischen Lehre, wobei mich die mystisch geprägte «negative Theologie» der Kirchenväter und die Ostkirche in besonderem Maße anzogen. Gleichzeitig besuchte ich für Tage oder Wochen katholische Klöster (insbesondere Beuron, Weingarten, St. Ottilien und Niederaltaich) wie auch kirchliche Akademie-Tagungen und unternahm mehrere Reisen zu Klöstern der Ostkirche (Russland, Berg Athos, Insel Patmos) sowie eine Reise ins Heilige Land mit Jerusalem, Bethlehem, Nazareth und dem Berg Sinai.

Im Mittelpunkt stand aber weiter meine Übung auf dem Zen-Weg, auf dem ich die intensivsten Erfahrungen allerdings weniger mit japanischen als mit deutschsprachigen Lehrern wie Gesshin Prabhasa Roshi aus Los Angeles und Genro Roshi aus Wien machte. Hierbei und während meiner bald zahlreichen Asienreisen wurde mir bewusst, wie sehr ich doch auch in der aufgeklärt christlich-europäischen Kultur verwurzelt bin und bleiben möchte. Dennoch – als Höhepunkte meines Lebens gelten mir drei große Asienreisen: eine zu den heiligen Stätten des Buddha in Indien (Sarnath, Bodh-Gaya, Nalanda), eine in Begleitung von Thich Nhat Hanh zu den Ursprungsorten des Chan (Zen) in China sowie eine zu den bedeutendsten Klöstern des Zen in Japan (Kyoto, Eiheiji). Insbesondere in Kyoto überwältigte mich ein solches Gefühl von Vertrautheit und Zuhausesein, wie ich es sonst nirgendwo außerhalb meiner südwestdeutschen Heimat erlebt habe. Bei einem Aufenthalt im berühmten Rinzai-Kloster Daitokuji in Kyoto hatte ich gar das seltene Glück, den einzigen Tag im Jahr erleben zu dürfen, an dem den Freunden des Tempels die bedeutendsten Tuschrollbilder der großen alten Meister gezeigt werden – Bilder, die ich fast alle aus meiner frühen Zeit als «Zen-Künstler» von Bildbänden her gut kannte.

Der engagierte Buddhismus

Zum zentralen Inhalt meines Dharma-Weges der 90er-Jahre wurde dann die Begegnung mit der Strömung, die heute die Bezeichnung «engagierter Buddhismus» trägt. Damit verbunden war ein bewusster Umzug aus meinem beschaulichen Bodenseedorf in die gerade wieder vereinigte Hauptstadt Berlin und die Entscheidung für eine Berufstätigkeit im Umweltschutz. Der Impuls entstand aus meinem Bedürfnis heraus, mein Leben zu einer Ganzheit zu bringen und die verschiedenen Aspekte, die ich auf diesem Weg zur Entfaltung gebracht hatte, zusammenzuführen: die religiös-kontemplative innere Seite mit der gesellschaftlich engagierten äußeren Seite. Die Ursprungserfahrung mit jenem Papierflugzeug hatte mir einst gezeigt, dass alles mit allem verbunden ist und dass es letztlich nicht möglich ist, uns als «Ich» vom «Anderen», unser Inneres vom Äußeren abzutrennen. Auf allen meinen Wegen und Irrwegen hat sich diese Grunderfahrung und -einsicht bis zum heutigen Tag immer mehr vertieft.

Einige meiner Zen-Lehrer hatten mir die Übungsaufgabe gestellt: «Zeig mir den Buddha! Wie manifestierst du deine Buddha-Natur?» Die Antwort, die ich fand, war der Entschluss, «meinen» Weg, den eines gesellschaftlich, das heißt sozial, humanitär, gewaltfrei und ökologisch engagierten Buddhismus, zu gehen und diesen, soweit ich kann, zu fördern. Hier sah ich eine der heutigen Zeit und ihren Herausforderungen gemäße Form des Bodhisattva-Wegs. Die wichtigsten Anregungen dazu bekam ich durch das weltweite gewaltfreie Engagement S.H. des Dalai Lama sowie durch den vietnamesischen Zen-Mönch und Friedensengagierten Thich Nhat Hanh, der seit Ende der 80er-Jahre mein wichtigster Dharma-Lehrer ist. Er hat den Begriff und die Idee des «engagierten Buddhismus» aus der vietnamesischen Tradition und Erfahrung in den Westen gebracht. 1994 wurde ich Mitglied des von ihm während des Vietnamkriegs gegründeten Tiep-Hien-Ordens (Orden des Interseins) und erhielt von ihm den vietnamesischen Namen Chan Ban Tri (Wahre ursprüngliche Weisheit).

Eine weitere wichtige Figur in der Erneuerungsbewegung des engagierten Buddhismus ist der bedeutende thailändische Theravada-Lehrer Buddhadasa Bhikkhu. 1993 hatte ich das Glück, ihm noch kurz vor seinem Tode in seinem Kloster Wat Suan Mokkh begegnen zu dürfen. Es hielt sich im Anschluss an eine der Jahreskonferenzen des International Network of Engaged Buddhists (INEB) in einem Kloster in Thailand auf. Dort hatte ich zusammen mit vier Dharma-Freunden das deutschsprachige «Netzwerks engagierter Buddhisten» gegründet. Dessen Aufgabe sollte es sein, aus dem Geist des Buddha heraus sowohl praktische Beiträge als auch gedankliche Lösungsansätze zur Überwindung der vielfachen Leiden und Krisen der heutigen globalisierten Menschheit zu erarbeiten, anzubieten und zu fördern. Hierbei inspirierten mich in besonderem Maße der Initiator dieses Netzwerks, der thailändische Sozialwissenschaftler Sulak Sivaraksa, Dr. A.T. Ariyaratne, der Gründer der großen, sozial engagierten Laienbewegung Sarvodaya Shramadana in Sri Lanka, sowie der Patriarch des kambodschanischen Buddhismus und unermüdliche «Gandhi Kambodschas» Maha Ghosananda.

Eines meiner tiefsten Dharma-Erlebnisse verdanke ich schließlich dem Mut, der Kraft und der Weisheit des amerikanisch-jüdischen Zen-Lehrers Bernie Glassman Roshi, unter dessen Leitung ich 1996 an einem einwöchigen Winter-Retreat im ehemaligen Vernichtungslager Auschwitz teilnahm. Er konfrontierte mich noch einmal mit dem ganzen Ausmaß des Leidens, das wir in uns tragen und unerkannt anderen immerfort zufügen. Zahlreiche weitere großartige buddhistische Lehrer und Persönlichkeiten und ebenso wunderbare einfache Nonnen und Mönche Asiens sowie eindrucksvolle Vertreter anderer Religionen sind mir seither auf diesem Weg begegnet und haben mich innerlich reich beschenkt.

Über die Begegnung mit dem engagierten Buddhismus fand ich endlich auch den Zugang zum uranfänglichen Theravada, dem nun, in den 90er-Jahren, mein besonderes Dharma-Studium galt. Den von Buddha selbst einst gelehrten Weg des Satipatthana (der Achtsamkeitspraxis) erkannte ich für mich als so wichtig, dass ich inzwischen die Methode des Zazen aufgegeben und mich der des Vipassana zugewandt habe. Der derzeit letzte Schritt meines langen Pfades war der Entschluss, mich unmittelbar für die Förderung und heilsame Entwicklung des Buddhismus in Deutschland einzusetzen. Seit 1995 bin ich gewähltes Mitglied des Rates der Deutschen Buddhistischen Union (DBU) und Mitarbeiter von *Lotusblätter, Ursache & Wirkung, Tibet und Buddhismus* sowie anderer buddhistischer Zeitschriften. Mein besonderes Interesse und Engagement gilt dabei dem innerbuddhistischen, interreligiösen und gesellschaftlichen Dialog des Buddhismus im Westen, wozu ich in den letzten Jahren auch zahlreiche Einladungen zu Vorträgen, Tagungen und Seminaren erhielt. Um diesen Dialog noch gezielter zu fördern, wurde ich zuletzt Mitgründer der ersten buddhistischen Akademie in Deutschland mit Sitz in Berlin.

Heute auf meinen bisherigen Lebensweg zurückblickend, empfinde ich zwar noch manchen Schmerz über erlebtes und anderen zugefügtes Leid, manches Bedauern über nicht ergriffene Möglichkeiten, mangelnden Mut und fehlende Konsequenz, über unnötige Irrwege und lange nicht begriffene Erfahrungen. Doch insgesamt erfüllt mich tiefe Dankbarkeit und Freude. Dankbarkeit einerseits für das, was mir als «Zufälle» zufiel, und andererseits meinen Eltern gegenüber. Sie haben es mir nicht leicht gemacht, meinen Weg zu gehen. Doch auch ich habe es ihnen nicht leicht gemacht, wollte sie nicht verstehen und habe mich ihnen kaum verständlich gemacht. Dennoch haben sie mein Leben und meinen Weg erst ermöglicht. Tatsächlich haben sie mir das Wertvollste vermittelt, was es zu entdecken, zu bewahren und zu verwirklichen gibt. Für meine vor wenigen Jahren unerwartet und leise verstorbene Mutter wurden die Bücher des Dalai Lama und Thich Nhat Hanhs zuletzt zur hoch geschätzten Quelle der Inspiration und des inneren Friedens. Ihr und meiner Tochter Juliane widme ich diese Erinnerungen.

Elke Hessel

Elke Hessel, 1956 in Bensberg bei Köln geboren, studierte Freie Kunst an der Kunstakademie in Düsseldorf, wo sie bis heute mit ihrer Familie lebt und als Malerin und Autorin arbeitet. Seit 1992 ist sie Schülerin von Dagyab Kyabgön Rinpoche, für dessen Zentrum Chödzong sie als seine Mitarbeiterin und Dharma-Referentin wirkt. Zudem entfaltet sie umfängliche Aktivitäten in sozialen und kulturellen Hilfsprojekten in Tibet. Für Dagyab e.V, den Förderverein für die osttibetische Region Dagyab, organisiert und kontrolliert Elke Hessel die Projekte von Deutschland aus und in Tibet selbst. Ferner ist sie Mitbegründerin von Shalu Deutschland e.V., der den Schutz und die Restaurierung der ältesten Wandmalereien und Gebäude in Tibet vorantreibt. Im Jahre 2000 erschien ihr Buch über den ersten modernen Künstler und Wissenschaftler Tibets: *Die Welt hat mich trunken gemacht. Die Lebensgeschichte des Amdo Gendün Chöpel*, im Theseus Verlag. Website: www.elkehessel.de

Wanderin zwischen Welten

Mein Leben (falls ich es überhaupt «mein» nennen kann) ist immer geprägt gewesen durch Vor-Ahnungen, die sich in Form von Träumen, tief gehenden Erlebnissen an besonderen Orten und in meinen Bildern und Zeichnungen manifestierten. Für mich ist es wirklich interessant zu beobachten, wie «Karma» funktioniert und wie komplex die Einflüsse, die auf einen Menschen einwirken, in der Regel sind. In diesen Bericht habe ich sehr viele persönliche – oft innere – Erlebnisbeschreibungen eingeflochten, in denen sich meine spezielle Ausrichtung im Buddhismus ankündigte beziehungsweise widerspiegelte.

Hexen, Traum-Klöster und Käfer

Am 2. Oktober 1956 werde ich als zweite Tochter der Hausfrau und ehemaligen Lehrerin Hannelore und des Chemikers und Erfinders Johannes Mühlenbein in Bensberg bei Köln geboren. Übrigens heißt das erste Buch, das meine Mutter meinem Vater kurz nach der Hochzeit schenkt, *Sieben Jahre in Tibet*. Ich dagegen überlebe beinahe die ersten sieben Wochen nicht, da mich meine Großmutter im Kinderwagen in der kalten Novembersonne vergisst und ich eine schwere Lungenentzündung bekomme. Doch dann entwickele ich mich zu einem dicken, fröhlichen Baby mit dunklen Knopfaugen.

Mit zwei Jahren kann ich zwar noch nicht sprechen, beginne aber – zum Erstaunen meiner Umwelt, die mich allmählich für etwas «beschränkt» hält –, ausgiebig zu zeichnen. Ich skizziere jedoch keine Kopffüßler, sondern fertige richtige, akkurate Zeichnungen an, in denen ich meine täglichen Erlebnisse, aber auch Träume und kindliche Visionen verarbeite. Während meiner Kindergartenzeit spiele ich meistens mit Jungen, interessiere mich überhaupt nicht für Puppen und Rollenspiele für Mädchen. Ich erinnere mich noch sehr genau an das märchenhafte, geheimnisvolle Treiben in unserem alten Garten, bei dem es von Fantasiewesen wie Hexen, Dämonen und Menschenfressern nur so wimmelte. Manchmal kann ich – damals – nachts nicht einschlafen, weil ich das dunkle Zimmer voller Geister wähne.

Mit fünf habe ich einen Albtraum, den ich am nächsten Morgen aufgeregt meinen Eltern erzähle: Ich werde eine große Steintreppe heraufgezerrt, die zu einem hohen Holztor führt, und weiß genau, dass dahinter ein Kloster liegt. Voller Angst schreie ich und wehre mich, weil ich nicht durch dieses Tor gehen will. Von meinem Vater, mit dem ich jeden Sonntag lange Wanderungen durch den Wald unternehme, lerne ich, wie wichtig es ist, die Natur zu beobachten, und dass man die Tiere schützen müsse, und seien sie noch so klein. So beginne ich folgerichtig, alle möglichen Raupen und Käfer von der Straße aufzulesen und in Sicherheit zu bringen. Das mache ich noch jahrelang und treibe meine Mutter manchmal zur Verzweiflung, weil ich oft dreimal so lange wie alle anderen Kinder für den Weg von der Schule nach Hause brauche.

Blumen für die weiße Maria

Während des ersten Schuljahres zieht meine Familie ins katholische Köln. Obwohl (oder vielleicht gerade weil) meine Eltern eher atheistisch orientiert sind, entwickle ich mich zu einem glücklichen katholischen Kind: Ich liebe die Vorstellung, dass es Engel gibt, höre voller Staunen die Heiligenlegenden, freue mich über den Marienaltar im Mai, bringe meiner kleinen weißen Marienstatue täglich Blumen und zünde eine Kerze an. Den Fronleichnamsumzug mache ich mit einem duftenden Rosenzweig in der Hand jedes Mal freudig mit. All diese sinnenfrohen, mystischen und rituellen Elemente der Mutter Kirche genieße ich. Was ich auf der anderen Seite überhaupt nicht mag, sind die dunklen, kalten Kirchenräume, die distanzierten Priester, und vor allem die Beichte: Mir fällt nie etwas ein, was ich denn wirklich ernsthaft verbrochen haben könnte. Klar habe ich mal mit meiner Schwester gestritten oder mich gar nackt im Spiegel gesehen, aber ist das denn gleich eine Sünde, so wie es im Katechismus steht?

Mit sieben Jahren entdecke ich die Welt der Bücher. Als ich das erste Mal die örtliche Bücherei besuche, habe ich das Gefühl, einen dämmrigen, geheimnisvollen Tempel zu betreten. Meine Mutter fördert mein Interesse und bringt mir auch bei, niemals ein Buch auf den Boden zu legen oder darüber zu steigen. Sie signalisiert mir, dass Bücher für sie etwas Heiliges an sich haben, eine Einstellung, die ich später im tibetischen Kulturkreis wiederfinde. Bald schon schreibe und male ich voller Begeisterung mein erstes kleines, «dramatisches» Büchlein über die «Feuerprinzessin», die mit ihrem geliebten Prinzen ins Feuer geht und mit ihm im Tod vereint wird.

Ich bin eine leidliche Schülerin. Als absolute Linkshänderin werde ich von den Lehrern gezwungen, rechts zu schreiben, nach dem Motto: «Die linke Hand ist die böse Hand.» Dieses Problem löse ich auf meine Art und Weise: In der Öffentlichkeit schreibe ich rechts und zu Hause links. Ein syrischer, angeheirateter Onkel besucht uns zu der Zeit oft. Er kann hinreißend orientalische Märchen erzählen und weckt damit meine Sehnsucht nach dem Osten. Mit acht Jahren träume ich davon, später nach Indien zu gehen, um dort den armen Kindern zu helfen. Ich male ein idealistisches Selbstporträt: Ganz in Rot, mit einem weiten langen Kleid und rotem Hut stehe ich, umgeben von hunderten von indischen Kindern, in einem gelben Lichtkranz.

Der Verlust des Paradieses

1967 ziehen wir aufs Land in ein eigenes Haus. Ich besuche inzwischen das Gymnasium, habe viele Freundinnen, schreibe intensiv Tagebuch und zeichne immer noch unaufhörlich. Mit dreizehn werde ich von einem Galeristen entdeckt, der eine Einzelausstellung mit all meinen Zeichnungen, die ich seit dem zweiten Lebensjahr hergestellt habe, organisiert. Dies macht mich überregional bekannt. Meine Eltern sind sehr stolz auf ihre begabte Tochter, und schon beginnt sich das Fernsehen für mich zu interessieren. Da höre ich schlagartig auf zu zeichnen. Zur Enttäuschung meiner Umwelt will ich den ganzen Rummel um mich herum nicht. Zusätzlich bricht die Pubertät mit aller Macht über mich herein. Meine Geborgenheit in dieser Welt weicht einer tiefen Unsicherheit und der Infragestellung all dessen, was ich sehe und empfinde.

Zu dieser Zeit schenkt mir meine Mutter *Das Tagebuch der Anne Frank*, und ich beginne mich ernsthaft mit der Gleichaltrigen zu identifizieren. Über ein Jahr lang schreibe ich täglich Briefe an sie in mein eigenes Tagebuch und teile ihr all meine Sorgen mit. Gleichzeitig fange ich auch an, ein Traumtagebuch zu führen. Darin findet sich ein besonderer Traum, der mich zutiefst aufgewühlt hat. Am Tage zuvor hatte ich in einer Zeitschrift ein Foto aus einem Film gesehen: In einem indischen Palast sitzt ein Mann mit langen, zotteligen Haaren, in einen weißen Lungi gehüllt, mit einer Bierflasche in der Hand auf einem großen Bett, und im Hintergrund liegt eine Frau – kaum sichtbar – in den Laken.

Nachts träume ich, dass ich und zwei weitere Kinder in eine alte, leere Kirche schleichen. Übermütig spritze ich Weihwasser auf den Steinboden und erkläre den anderen, dass ich damit die Geister herbeirufen kann. Wir spüren augenblicklich, dass sich die ganze Atmosphäre um uns herum verändert. Etwas Unfassbares und Bedrohliches nähert sich von außen. Der Mann mit den zotteligen Haaren, den ich am Tag auf dem Foto gesehen habe, kommt plötzlich herein, gleichzeitig sind die anderen Kinder verschwunden. Er fesselt mich, nimmt mich auf seinen Rücken und steigt mit mir in das Erdinnere hinab. In dieser Unterwelt durchschreiten wir verschiedene geheimnisvolle Bereiche, gelangen in immer tiefere Regionen. Gelähmt von Angst, zugleich voller Faszination und von der Gewissheit getragen, dass ich etwas sehr Bedeutsames erlebe, spüre ich, dass alles, was ich während dieses Abstiegs erfahre, mit Sexualität und Verwandlung zu tun hat. Der Traum scheint stundenlang zu dauern, und am nächsten Morgen weiß ich nur noch, dass dieses Tiefergehen allmählich in einen bewusstlosen Zustand hinübergeglitten ist. Niemandem erzähle ich von diesem merkwürdigen Traum, keine meiner Freundinnen würde ihn verstehen können.

Meine späteren Pubertätsjahre sind geprägt von mehreren Aspekten: von meiner Sehnsucht nach Modellen, die mir die Welt zu erklären helfen, und von einer tiefen Unsicherheit hinsichtlich meines Platzes in der Gesellschaft. Einmal schreibe ich in mein Tagebuch, dass ich das Gefühl hätte, auf dünnem Eis zu gehen, das jederzeit einzubrechen drohe. Im Rahmen eines schulischen Referats beschäftige ich mich mit dem Buddhismus in China und bin so begeistert davon, dass ich am liebsten Chinesisch studieren würde. Sartres Existenzialismus, aber auch die moderne christliche Mystik interessieren mich zudem sehr.

All diese Informationen, doch auch der Gedankenaustausch mit Gleichgesinnten, bringen mich freilich nicht weiter in Hinblick auf eine Last: Im Geschichtsunterricht habe ich mehrere Dokumentarfilme über die Vernichtungslager des Dritten Reichs gesehen. Der Schock, die eigene Ohnmacht und das tiefe Mitleid lähmen mich nachhaltig. Gleichzeitig ahne ich unterschwellig, dass im Grunde genommen meinem Entsetzen auch die Angst vor den eigenen unerkannten, dunklen Seiten zu Grunde liegt.

Nach dem «gerade noch so bestandenen» Abitur und der schmerzlichen Trennung von meiner Jugendliebe erhalte ich einen der wenigen, begehrten Studienplätze an der Düsseldorfer Kunstakademie. Ich tauche ein in die Welt der modernen Kunst, die geprägt ist von Provokation, dem Hinterfragen der Gesellschaft, Konzept-Kunst, radikalem, elitärem und sehr abgehobenem Denken.

Reisen in verloren geglaubte Welten

Während einer Kunstakademie-Karnevalsfete, auf der unter anderem ein Komiker als Jesus mit einem Schaumstoffkreuz auf dem Rücken umherläuft, lerne ich Peter kennen, einen auf den ersten Blick konservativ wirkenden Zahnmedizinstudenten. Als er mir erzählt, dass er über den Landweg nach Indien gereist ist, spüre ich plötzlich instinktiv, dass dieser Mann «stabil und verrückt genug» ist, um mir bei der Umsetzung meines nie vergessenen Kindheitstraumes, nach Indien zu gehen und dort zu helfen, zur Seite zu stehen.

Wir freunden uns an und brechen schon bald zu unserer ersten gemeinsamen, siebenmonatigen Reise – allerdings nach Südamerika – auf. Voller Faszination lernen wir in Brasilien afroindianische Rituale kennen, erleben Priesterinnen, Medien und Menschen, die in Trance fallen. In den peruanischen Anden entgehen wir auf einer Wanderung – dank einer Vorahnung, die uns beide wider alle Vernunft umkehren ließ – wie durch ein Wunder als einzige einem kommunistisch gefärbten Ritualmord. An der wüstenhaften Küste Perus besuchen wir den 1500 Jahre alten Friedhof einer untergegangenen indianischen Hochkultur, auf dem tausende von mumifizierten Leichen oder Leichenteilen herumliegen. Wider Erwarten bin ich überhaupt nicht schockiert, im Gegenteil. Voller Ehrfurcht knie ich nieder, nehme eine Schädelschale in die Hand und fühle plötzlich eine seltsame, tiefe und glückliche Ruhe. Warum, ist mir nicht klar.

Nach der Rückkehr nach Deutschland beginne ich damit, neben dem Studium an einer katholischen Fachschule Kunst zu unterrichten. Die Arbeit macht mir viel Freude, und ich erlebe die Nonnen als herzliche, weltoffene und tief gläubige Frauen. 1981 verdiene ich mir meine zweite lange Reise durch den Verkauf einer großen, sehr exotisch und geheimnisvoll wirkenden Tuschezeichnung. Diese habe ich in einer Technik angefertigt, die ich von den Surrealisten entlehnt habe und die «Automatismus» genannt wird. Hierbei wird alles, was dem Künstler, der sich in einer Art Wachtrance befindet, vor seinem geistigen Auge erscheint, direkt, unhinterfragt und unzensiert auf das Papier gebracht. Auf meiner Zeichnung sieht man einen steilen Berg, der von Fantasiegestalten und mit Pflanzen überwucherten exotischen Palästen bedeckt ist. In einer Höhle steht ein vielarmiges weibliches Wesen, in Bandagen eingehüllt. Hinter ihm ruht eine riesige Schlange, und neben dem Höhleneingang zeigt sich eine vielarmige, büffelköpfige Gottheit.

Von der halbjährlichen Reise – diesmal nach Asien – bleibt mir die Wallfahrt zu einem hinduistischen Bergheiligtum auf Java am eindrücklichsten in Erinnerung. Dort sehen wir einen alten brahmanischen Schattenspieler, der das *Ramayana* singt und erfüllt ist von uraltem Wissen über Leben und Sterben, Kampf, Liebe und

Opferwillen. Und auch der Pilgerweg zum birmanischen Heiligtum «Goldener Felsen» prägt sich tief in mein Bewusstsein ein. Denn hier erfahre ich hautnah die natürliche Demut und Versenkung der Menschen, etwas, das mir selber zu meinem Bedauern abhanden gekommen zu sein scheint und mich manchmal zu Tränen rührt.

Nach der Rückkehr nach Deutschland beschäftige ich mich im Rahmen des Studiums intensiv mit der Philosophie Hegels, insbesondere mit seiner faszinierenden Idee der Bedingtheit von Subjekt und Objekt.

Zeit der Krise und Rückkehr

Anfang 1983 werde ich überraschend schwanger. Muss so etwas mir passieren, die ich nie ernsthaft daran gedacht hatte, Kinder zu bekommen?! Wider Erwarten empfinde ich die Schwangerschaft, die Geburt und das Stillen als ein großes Wunder, als etwas sehr Ursprüngliches. Gleichzeitig erlebe ich diese Zeit als gewaltigen Umbruch, als Verlust meiner alten Identität und als Bedrohung meiner Partnerschaft, die unter den Veränderungen zu zerbrechen scheint. Als mein erster Sohn achtzehn Monate alt ist, reise ich mit ihm – ich bin inzwischen erneut schwanger – nach Beijing (Peking). Dort will ich meine Examensarbeit über die Verbotene Stadt schreiben. Eines Tages bringt mich ein befreundeter chinesischer Taxifahrer in den so genannten Lama-Tempel, ein tibetisch-buddhistisches Heiligtum, das während der Jahre der Kulturrevolution sehr gelitten hat und gerade erst wieder für die Öffentlichkeit zugänglich ist.

Ganz in Gedanken wandele ich durch die fast leeren, düsteren Tempelhallen, bis ich in den Raum der Schutzgottheiten eintrete. Neugierig blicke ich auf die verstaubten, zornvoll blickenden tibetischen Statuen, von denen ich umgeben bin. Da passiert etwas Erstaunliches: Wie eine große emotionale Welle überrollt es mich, ich möchte gleichzeitig weinen und lachen. Ohne dass ich jemals danach gesucht hätte, habe ich das Gefühl, hier und jetzt nach Hause gekommen zu sein. Da stehe ich nun mit einem Kind an der Hand und einem zweiten im Bauch und verstehe die Welt nicht mehr. Lediglich eines ist mir klar: Momentan kann ich diesem gewaltigen, vertrauten Gefühl noch keine Aufmerksamkeit schenken, andere Dinge gehen erst einmal vor.

So mache ich 1987 zunächst mein Staatsexamen, komme aber den Bitten der Professoren nicht nach, weiter an der Akademie zu arbeiten. Ich bin erschöpft, schaffe es an der Seite Peters nicht, der sich selbstständig gemacht hat und vierzehn Stunden am Tag arbeitet, eine verpflichtende universitäre Karriere aufzunehmen. Doch richte ich mir mein eigenes Atelier ein und beginne verstärkt zu malen.

Im Mai 1989 ist es dann endlich so weit, und ich stelle mich der «tibetischen Herausforderung»: Zusammen mit meinem Mann und dem älteren Sohn breche ich auf zu einer Reise ins damals fast unbekannte Osttibet – nach Kham. Mein Glück ist kaum zu beschreiben. Fast wie im Märchen, so lassen wir drei uns von Ort zu Ort treiben: Wir wandern durch trutzige Tibeter-Dörfer, besuchen uralte Klöster auf Bergen, erleben ein großes Klosterfest. Jeden Tag entdecken wir eine neue Welt, sitzen am Busbahnhof, sehen Tibeter, die auf eine Pilgerfahrt gehen und schließen uns ihnen einfach an, getragen von Vertrauen und Vertrautheit gleichermaßen. Nach einigen Wochen werden wir im Jeep mitgenommen, Richtung Norden, und durchqueren das morastige, hoch gelegene Grasland. Hier ziehen die Nomaden mit ihren Yak- und Schafherden. Links und rechts erstrecken sich Schneebergketten, von denen die weißen Nebelwolken wie Bäche ins weite Tal zu fließen scheinen. Ich fühle mich wie in einer Art klarsichtiger Trance. So absurd es auch sein mag: In der Verschmelzung mit dieser Landschaft habe ich immer und immer wieder das Gefühl, als würden mir die Berge, die glucksenden Bäche und die satten Wiesen eine Botschaft mitteilen. Sie flüstern mir zu, dass ich mein eigenes Leiden, aber auch das Leiden am Leiden der anderen (bei mir speziell das Grauen vor der Zeit des Dritten Reiches) überwinden kann, wenn ich mich tiefer auf dieses spezielle Gefühl einlasse.

Wieder in Deutschland, ist mir diese intensive Erfahrung zu emotional und rätselhaft. So beschließe ich, mich erst mal an der Bonner Universität einzuschreiben, um die tibetische Sprache zu erlernen. Ich will mich quasi «über den Kopf» dem tibetischen Buddhismus nähern und nicht gleich mit fliegenden Fahnen überlaufen. Auf einer Tibet-Tagung, organisiert von fortschrittlichen chinesischen Studenten der Bonner Universität, esse ich in der Mensa zusammen mit einem chinesischen Tibetologie-Studenten. Einer der Referenten, ein Tibeter, setzt sich zu uns. Dieser Herr Dagyab – er ist Wissenschaftler am Zentralasieninstitut – ist sehr nett, und wir unterhalten uns äußerst angeregt. Während des folgenden Jahres laufen wir uns öfter über den Weg, sprechen über unsere Familien und auch über Tibet und die Situation der Menschen dort.

1990 fahren Peter, beide Kinder und ich nach Nordosttibet, nach Amdo. Dort erleben wir zu unserer großen Freude, dass viele Klöster, auch in den einsamsten Seitentälern, mit großem Engagement wieder aufgebaut werden. Gegen Ende der Reise sitzen wir in einem überfüllten Pilgerbus, um von dem fruchtbaren Tal von Rebkong zur Klosteruniversität Labrang zu gelangen. Ungefähr in der Mitte der Strecke, im hügeligen Grasland, macht der Bus Halt. Ich steige aus und gerate augenblicklich wieder in den mir bereits bekannten Zustand der «klarsichtigen Trance». In der Nähe der Straße mache ich ein Dorf aus. Mit jeder Körperfaser zieht es mich dorthin, ich möchte weinen, dorthin laufen, dort bleiben. Da stehe ich nun, bin überwältigt und muss mich letztendlich zwingen, zurück in den Bus zu steigen. Wieder kann ich diesen Zustand nicht einordnen. Er ist mir fast schon peinlich!

Zuflucht

Ein Jahr später erfahre ich bei einem Aufenthalt in Kathmandu von einer französischen Buddhistin, dass ihr der Dalai Lama gesagt habe, in Deutschland gebe es einen herausragenden tibetischen Lama, nämlich Dagyab Rinpoche. Der nette und sehr bescheidene Herr Dagyab von der Bonner Universität ein bedeutender Lama?! Ich hatte keine Ahnung gehabt. Im Herbst machen Peter und ich eine buddhistische Pilgerreise nach Sikkim und Bhutan und nehmen dort im Kloster Rumtek Zuflucht, wir werden also ganz offiziell Buddhisten. Wieder in Deutschland, bekomme ich eine schwere Lungenentzündung, die zunächst unentdeckt bleibt. Ich liege im Bett, werde immer schwächer und sehe nach neun Tagen einen schwarzen Tunnel und an dessen Ende ein sehr verlockendes Licht. Ich habe das Gefühl, dass ich bald sterben werde, und spüre überhaupt keine Angst. Doch dann denke ich an meine Kinder und beschließe umzukehren. Es dauert Monate, bis ich wieder auf den Beinen bin.

Einige Zeit später besuche ich zum ersten Mal Dagyab Rinpoches buddhistisches Zentrum im Frankenland. In der alten, urigen ehemaligen Poststation fühle ich mich auf Anhieb wohl. Die Leute sind offen, bodenständig und warmherzig. Ich steige ein in das Studium des Lamrim, das in der Gelugpa-Tradition als Basis gilt. Es beeindruckt mich sehr, was Dagyab Rinpoche immer wieder betont: Das Studium von und die Meditation über Lamrim müssen bedeuten, dass man quasi «an seiner eigenen Biografie schreibt», die gewonnenen Erkenntnisse mit dem Alltag verbindet. Auch das Studium des Lojong, also des Geistestrainings, ist bahnbrechend für meine persönliche Entwicklung. Die Methoden des Erkennens der Arbeitsweise des eigenen Geistes und besonders der Geistesgifte finde ich verblüffend. Zum ersten Mal erhalte ich Antworten auf die Fragen, die sich mir zuerst mit siebzehn gestellt haben, als ich mich mit dem Grauen des Dritten Reichs und gleichzeitig meinen eigenen dunklen Seiten konfrontiert sah.

1993 besuche ich dann in Bonn ein Vortragswochenende der Deutsch-Tibetischen Kulturgesellschaft. Ein netter älterer Tibeter spricht über einen seiner Lehrer, der 1951 verstorben ist. Eigentlich bin ich ganz in Gedanken, bekomme nur einzelne Wortfetzen mit: Mönch, Rebell, Künstler, Frauenheld, Forscher, Kritiker des alten Systems, Kommunist. Dann höre ich das Wort Rebkong und werde hellwach. Alle Bilder der drei Jahre zurückliegenden Amdo-Reise erscheinen vor meinem geistigen Auge. Ich erfahre, dass dieser ungewöhnliche Lehrer in Rebkong geboren worden ist und später im Gefängnis in Lhasa gesessen hat, eingesperrt von der tibetischen Regierung! Dann dringt ein weiterer Satz in mein Ohr: «Und es blieb ihm nichts mehr außer einer Matratze und dem Bildnis der Weißen Tara.» In diesem Moment macht mein Herz einen heftigen Sprung. Ich habe das Gefühl, dass alles in mir und um mich herum zu weißem Licht wird, fühle gleichzeitig unendliches Mitleid und Sympathie.

Irritiert mache ich mich in den folgenden Monaten auf die Suche nach Literatur über diesen merkwürdigen Lehrer des Referenten, diesen Amdo Gendün Chöpel. In einer französischen Doktorarbeit über ihn finde ich dann den Namen seines Geburtsortes. Ich muss laut lachen: Dieses Dorf liegt exakt dort, wo ich auf unserer Amdo-Reise nicht mehr weiterwollte. Was für ein Fingerzeig ist das nun? Jetzt ist meine Neugierde vollends entfacht. Ich beginne damit, systematisch über sein Leben und Werk zu recherchieren, und lerne viel Interessantes und Desillusionierendes über die tibetische Gesellschaft. Mein Wissensdrang mündet einige Jahre später sogar darin, dass ich gebeten werde, ein Buch zu schreiben über diesen – immer noch sehr umstrittenen – tibetischen Antihelden.

Anfang 1994 erhalte ich meine erste tantrische Einweihung von Dagyab Rinpoche und praktiziere mit Freuden «die Weiße Tara», in dem Gefühl, einen Teil meiner Hingabe, Freude und das Einssein, all das, was ich bei meiner Marienverehrung als Kind erfahren habe, wieder geschenkt bekommen zu haben. Im Sommer fliege ich nach Lhasa. Jeden Tag gehe ich in den Jokhang, den uralten Tempel in der Altstadt, und «besuche» dort eine alte Wandmalerei, die ich für mich entdeckt habe. Sie zeigt das überirdisch schöne, lächelnde Antlitz der Weißen Tara. Das erste Mal erfahre ich so etwas wie eine intime Beziehung, eine Art Dialog, mit einer Gottheit – ein geistiges Spiel, das ich in Zukunft immer mehr schätzen lerne.

Eine zweite weibliche Gottheit zieht mich magisch an. Es ist die zornvolle, aber gleichzeitig hocherotische Vajrayogini. Diese Dakini ist mir schon seit langem vertraut. Mein Vater, der inzwischen zusammen mit meiner Mutter oft nach Asien gefahren ist, hat eine große, alte Dakini-Statue erworben. Als ich sie das erste Mal zu Gesicht bekomme, nehme ich überrascht wahr, dass sie eine Schädelschale als Ausdruck ihrer Glückseligkeit, ihres Freiseins von jedweder Anhaftung – wie ich später erfahre – in der linken Hand hält. Sofort fühle ich mich an mein weit zurückliegendes Erlebnis auf dem peruanischen Friedhof erinnert. Existiert hier eine innere Verbindung? In den folgenden Jahren wird dieser Gottheit mein

Hauptinteresse im Rahmen des Studiums, der Meditation, aber auch der historischen Forschung gelten. Sehnsüchtig wünsche ich mir eine Einweihung in diese Praxis. Zu meiner großen Überraschung erteilt sie Dagyab Rinpoche im Frühjahr 1996, und zu meiner noch größeren Freude darf ich «lausige» Anfängerin daran teilnehmen.

Wanderin zwischen den Welten

Inzwischen sind Peter und ich aktive Mitglieder im deutschen Förderverein geworden, der in der vollkommen abgelegenen osttibetischen Region Dagyab – also in der alten Heimat von Dagyab Rinpoche – die Ausbildung und die traditionelle Medizin unterstützt. Meinen alten Kindertraum, in Indien zu helfen, habe ich somit nicht aufgegeben, sondern nur etwas weiter nach Osten verlagert. Im Sommer desselben Jahres brechen wir nach Südchina auf, da wir den wagemutigen Plan haben, quasi durch die Hintertür nach Dagyab einzureisen, weil der direkte Weg von Lhasa aus nicht gestattet ist. Zwei Wochen klammern wir uns auf den Ladeflächen von Lastwagen fest, klettern über Erdrutsche; etliche Male drohen das Scheitern und die Umkehr.

Intuitiv beginne ich etwas zu tun, das ich unter normalen Umständen als abergläubisch abgelehnt hätte: Unaufhörlich flehe ich alle Dakinis an – wo immer sie auch sein mögen –, uns zu helfen. Dann werden wir wie durch ein Wunder von der Polizei (also eher von Dakas...) über die eigentlich geschlossene Provinzgrenze in die Autonome Region Tibet gebracht. Nun gibt es kein Zurück mehr. Wir überrumpeln die völlig überraschten Dagyabpa, als wir eines Abends in roten Staub gehüllt vom Lastwagen klettern. Eine Woche lang reiten wir dann, begleitet von fünf Mönchen, durch Wind und Wetter, über Pässe und reißende Flüsse und besuchen die gesponserten Nomaden- und Medizinschulen. Auf dieser ersten Dagyab-Reise entstehen starke, dauerhafte Herzensbindungen. Mich interessiert insbesondere die Ausbildung der Mädchen, aber auch der Nonnen, die traditionell ja wenig Achtung erfahren haben.

In den letzten Jahren bin ich sehr oft in Tibet gewesen. Es ist – trotz aller Schwierigkeiten – so etwas wie eine zweite Heimat für mich geworden. Ich selber habe mir – bedingt durch mein Karma – eine auf den ersten Blick sehr extreme Zwitterrolle ausgesucht: Einerseits lebe ich als Europäerin in einer hochkomplizierten Welt ein «ganz normales Leben» mit Ehemann, Kindern, Schulstress, defekten Waschmaschinen, weinseligen und fröhlichen Stunden mit Freunden und Nachbarn. Immer noch gibt es Situationen, in denen ich an meine emotionalen und körperlichen Grenzen gerate und die Geistesgifte «hochkochen». Meine pubertierenden Kinder sind wirklich meine besten Lehrer, die mich tagtäglich auf mich selber zurückwerfen. So kann ich mich zwar wochenlang durch Tibet kämpfen oder im Retreat sitzen, ohne mit der Wimper zu zucken, aber ein «falscher» Satz aus dem Mund dieser geliebten Menschen kann mich immer noch vernichten.

Andererseits gibt es für mich ein Leben in Tibet, das – wenn ich absehe von den politischen und sozialen Spannungen – zutiefst befriedigend ist. Dort gibt es so viele heilige Orte, an denen ich mich unendlich wohl fühle und an denen ich ganz ruhig werde. Auch die Zusammenarbeit mit den liebenswerten und engagierten Menschen in Lhasa und Dagyab ist für mich unverzichtbar geworden. Mir persönlich helfen die Methoden des tantrischen Buddhismus, die einen «Generalangriff» auf die eigenen Muster, Prägungen und vorgefassten Meinungen bedeuten, sehr dabei, mein kompliziertes Leben zwischen zwei Welten bewusster zu leben und «meinen» buddhistischen Weg möglichst widerspruchsfrei weiterzugehen.

Manchmal, wenn ich so vor mich hin träume, wünsche ich mir, ich könnte so sein wie die kleinen braunen Ratten im Jokhang in Lhasa. Ich schaue ihnen in stillen Stunden, wenn die Pilger noch nicht in das Heiligtum strömen, so gerne zu. Sie sind dann vollkommen furchtlos, schlürfen genüsslich mit ihren rosa Zungen geweihtes Safranwasser aus den goldenen Wasserschälchen, knabbern an den Opfergaben der Pilger, turnen übermütig über das Brokatgewand der goldenen Statue des Jobo Rinpoche, piepsen ihm etwas ins Ohr, während der Schwanz frech unter seiner Nase vibriert. Und sie tanzen ganz eigenwillige Tänze in der in sanftes Licht getauchten Kapelle.

Agganyani (Christa Bentenrieder)

Christa Bentenrieder wurde 1954 in München geboren und wuchs in der Nähe dieser Stadt auf. Nach dem Studium der Mineralogie erfuhr sie im Jahre 1977 während einer Trekkingtour durch Nepal in der Begegnung mit den dortigen Menschen eine einschneidende Umwälzung ihres Wertesystems. Ab 1984 folgte eine Phase intensiver Suche und Praxis in verschiedenen buddhistischen Kreisen, so im Orden Arya Maitreya Mandala sowie bei Ayya Khema. 1989–1994 hatte Agganyani den Vorsitz der Buddhistischen Gesellschaft München inne, seit 1994 die Leitung der Geschäftsstelle der Deutschen Buddhistischen Union (DBU). Ihr Übungsweg ist seit Anfang der 90er-Jahre auf die birmanische Vipassana-Praxis ausgerichtet, inzwischen in der Mogok-Tradition. 1998/99 absolvierte sie ein einjähriges Buddha-Dharma-Studium in Birma, wobei sie besonders die Abhidharma-Studien faszinierten. 1999 und endgültig 2002 nahm sie in Birma die Gelübde und lebt seither als Theravada-Nonne (Silashen). Sie wirkt weiterhin als Geschäftsführerin der DBU. E-Mail: Agganyani@gmx.de

Das ständige Kommen und Gehen …

Als Schulkind schon habe ich angefangen, heimlich ein Buch, besser: eine Prosasammlung, zu schreiben mit dem Titel «Ein Sinn darin». Warum? Weil ich keinen Sinn im Leben sehen konnte und doch glaubte, am Ende des Textes würde ich ihn gefunden haben. Das Buch ist natürlich nie fertig geworden. Und habe ich den Sinn gefunden? Nein, natürlich auch nicht. Jedenfalls nicht so, wie ich mir das damals vorgestellt hatte. Aber nach fast einem halben Lebensjahrhundert und wiederum der Hälfte davon im Buddha-Dharma stehend, stellt sich mir die Frage so nicht mehr. Ich habe Gesetzmäßigkeiten erkannt beziehungsweise nachvollziehen, nacherkennen können, die schon der Buddha gesehen und gelehrt hat. Diese Gesetze erklären mir, woher ich kommen muss, warum ich ausgerechnet diese Person und in dieser Situation bin, wie es weitergehen wird und wohin ich gelangen werde. Dass da nämlich kein blinder Zufall waltet, keine Willkür herrscht, ich aber auch nicht der Gnade und des Gefallenfindens irgendeines Gottes oder irgendeiner äußeren Macht ausgeliefert bin. Im Grunde genommen ist es so einfach.

Abhängig von der Intensität des Erlebens und Erkennens durchlief ich – wie wohl alle – verschiedene Stadien in meinem Leben und hoffe, es geht in diese Richtung noch weiter, bis zum endgültigen Ziel, der restlosen, irreversiblen Befreiung, der Erleuchtung, dem Nirvana und letztlich dem großen Verlöschen und Parinirvana. Es ist – zumindest bis zu einem gewissen Grad – durchschaut, und ich habe es wirklich satt: das ständige Kommen und Gehen, Entstehen und Vergehen, das Leiden bis in die subtilsten Bereiche hinein, die labilen, kaum kontrollierbaren Bedingungen für das, was wir als Glück empfinden, das ständige «Vom Regen in die Traufe»-Kommen, Ursachen-Setzen und Wirkungen-Abkriegen … Irgendwann, so hoffe ich – und möge der Tag nicht so fern sein! –, habe ich es nicht nur geschaut und erkannt, sondern habe meinen Geist so weit trainiert, dass ich mit dieser dummen Angewohnheit, ständig neue – und meist unheilsame – Ursachen zu setzen, endlich aufhören kann. Und auf diesem Weg bin ich nun. Aber nicht «der Weg ist das Ziel», sondern «mein Ziel ist es, den Weg zu gehen, zu Ende zu gehen» – so, wie ich es schon in meiner Jugendzeit formuliert habe.

Viele meiner Aufzeichnungen aus der Kindheit und frühen Jugend sind verblüffend, wenn ich sie jetzt mit den Augen eines Buddha-Nachfolgers anschaue. Ich schrieb meine Gedanken, Ängste und Sorgen nieder, denn ich hatte kaum Freunde oder Freundinnen, mit denen ich mich so etwas zu besprechen getraut hätte. Da gibt es Geschichten von Wiedergeburt, tiefem Verstehen und Einleben in Tiere, Ideen von absoluten Mächten und Gesetzen, Visionen vom Glück durch Selbstaufgabe, von großem Frieden, von totaler Stille, Gedanken der Entsagung, den Wunsch nach der Hauslosigkeit, nach Aussteigen, danach, Nonne zu werden ... – jetzt bin ich es. Die meisten meiner alten Texte habe ich vernichtet, denn sie sollten nicht in die Hände von Unverständigen oder Familienangehörigen kommen. In meiner vor- oder anfangsbuddhistischen Zeit schrieb ich: «Der Wind verweht meine tiefen Spuren im lockeren Schnee, sodass niemand mehr weiß, dass ich da war.»

Das Finden und Kennenlernen des Buddhismus in meinem dritten Lebensjahrzehnt war endlich die Lösung, war endlich ein Ankommen, ein Sichdaheimfühlen, die Antwort.

Nepal

Auf die so häufig gestellte Frage, wie ich zum Buddhismus gekommen sei, erzähle ich diese Dinge gewöhnlich nicht. Es war nicht angenehm, das sensible, scheue, verschlossene und introvertierte Kind zu sein, das zeitweise stotterte, errötete, große Selbstwertprobleme hatte und sich kaum je akzeptiert fühlte oder sich selbst akzeptieren konnte, das unter der Begabung und der Redegewandtheit der älteren Schwester litt. Mein Anspruch an mich selbst war und ist noch heute groß, eigentlich unerfüllbar groß, sodass das Gefühl des Versagens schon vorprogrammiert ist.

Was antworte ich also? Durch eine große Reise nach Nepal. Ich hatte schon immer die Berge geliebt. Wandern in unberührter Natur, Bergsteigen im Schweiße meines Angesichts, Gipfelglück, Gletschertouren in die weite, gleißende, unwirkliche Bergeinsamkeit, Zelttouren allein oder Schlafen draußen, unter dem Himmelszelt – das waren meine bevorzugten Freizeitbeschäftigungen, die mich begeisterten, mir – wie ich lange glaubte – Freude, Glückseligkeit und Sinn gaben. Aber doch kamen erste Gedanken auf wie: «Der Sternenhimmel über dir ist nur so weit wie dein Herz.» Und: «Auf so manchem Gipfel war ich niedriger als im Tal.» Oder: «Die Gipfel, die ich erreicht habe, waren nie hoch genug, um das Ziel zu sein.»

Mit meinem ersten, 1977 nach dem Studium selbst verdienten Geld wollte ich «wirklich hohe» Berge sehen. Ich wählte Nepal als Reiseziel, und zwar eine Pioniertour, ein Trekking in die damals touristisch noch völlig unbeleckte Makalu-Region im Osten des Landes. Körperlich war ich gut trainiert und vorbereitet – nicht aber geistig-seelisch. Die Erlebnisse und Erfahrungen auf dieser Reise krempelten mich total um. Mein ganzes Welt- und Wertesystem wurde erschüttert und relativiert. Ganz neue Werte lernte ich kennen, die sofort und tief mein Herz eroberten. Wohl, weil sie nichts wirklich Fremdes für mich waren. Wie viele Touristen gehen nach Nepal, und gar nichts geschieht? Sie sehen vielleicht nur schöne Berge – oder lebensfeindliche Berge, Schmutz und Armut. Die tiefere Faszination kam für mich nicht von den wunderschönen Bergen, sondern von den Menschen, der Kultur und der Religion. Die Offenheit, Herzlichkeit, Einfachheit, Hingabe dieser für unsere Verhältnisse meist so armen Menschen gingen mir ans Herz, und ich begann darüber nachzudenken, woran es liegen könnte, dass sie trotz äußerer Armut einen so glücklichen, gelassenen Eindruck machten, eine solche Ausstrahlung von Herzenswärme und Würde hatten. Nach mehreren Reisen nach Nepal, Nordindien und Ladakh und vielem Lesen erkannte ich, dass es die Religion sein musste.

Jetzt ging es Schlag auf Schlag

Im Frühjahr 1984 war es, dass mich ein Reisekamerad auf eine Bilderausstellung von Lama Anagarika Govinda in Stuttgart aufmerksam machte. Da ich bereits einige seiner Bücher mit Begeisterung gelesen hatte, fuhr ich hin, obwohl ich ein rechter Kunst- und Kulturbanause bin. Das führte wiederum zu einer Wende – nicht wegen der Bilder, sondern wegen der Ankündigung von Vorträgen zum Buddhismus und wegen der Auslage von Kontaktadressen. Jetzt ging es Schlag auf Schlag – von Veranstaltung zu Veranstaltung, ich ließ mir nichts Buddhistisches entgehen, das nur irgendwie für mich erreichbar war. Diese Suche war nie oberflächlich, sondern ich probierte ernsthaft und ließ mich tief ein.

Naturgemäß suchte ich erst vorwiegend bei Tibetern, im Bereich des tibetischen Buddhismus (versuchte sogar, Tibetisch zu lernen) und beim Orden Arya Maitreya Mandala, aber auch in einigen Zen-Gruppen schaute ich mich um und in den offenen Buddhistischen Kreisen Bodensee und Stuttgart (ich wohnte damals geografisch gesehen etwa in der Mitte zwischen diesen beiden Gruppen). Über Letzteren entstanden auch erste Kontakte zum Theravada, insbesondere zu Ayya Khema. 1986 war ich bei einem Meditationskurs auf ihrer Nonneninsel Parappudowa in Sri Lanka. Die Abgeschiedenheit dieser kleinen tropischen Insel und das strikte Nonnenleben sprachen mich sehr an, und wahrscheinlich wäre ich allen Ernstes geblieben, wenn ich nicht gerade für eine neue Stelle als Programmiererin in München zugesagt und ein gemeinsames Haus mit meinen Eltern gemietet hätte. Ich musste zu diesen Pflichten stehen, die ich selbst gewählt und mir auferlegt hatte.

Ganz so geradlinig hin zum Nonnentum verlief mein Leben also auch wieder nicht. Mit neun Jahren hatte ich zwar eine irgendwie «heilige» Phase und war tief inspiriert vom Christentum, in dem ich ja aufwuchs. Meine Eltern waren katholisch, jedoch nicht kirchenfromm, sondern eher kritisch und religiös weniger interessiert. Also stand ich allein da, erfuhr kaum Förderung – auch die Religionslehrer erkannten da nichts – und begegnete wohl auch nicht den richtigen Menschen. Ich erinnere mich noch genau an meine bittere Enttäuschung, als ich mir zu Weihnachten die Bibel gewünscht hatte und nur eine moderne, «kindgerechte», dünne Kinderbibel erhielt. Aber, verschlossen wie ich war, ließ ich mir nichts anmerken und weinte nur – wie so oft – nachts ins Kissen. Als große Tierfreundin empfand ich tiefes Mitleid für die Tiere, die keine Seele haben sollten. Auf diese wie andere Fragen fand ich keine befriedigende Antwort im Christentum, sodass mein Vertrauen schwand.

Noch in meiner frühen Teenager-Schulzeit kaufte ich mir von meinem spärlichen Taschengeld eine Taschenbuchreihe zu anderen Religionen. Irgendwo musste die beruhigende Wahrheit doch zu finden sein! Allein kam ich jedoch mit dieser schweren Kost und der ungewohnten Sprache nicht zurecht, sodass ich die Bücher bald wieder weglegte. Enttäuscht, keine Lösung zu finden, wandte ich mich den klareren Naturwissenschaften zu. In der Schulzeit waren erst Geografie, dann Chemie und Physik meine Lieblingsfächer. Dagegen fielen mir Sprachen immer sehr schwer, leider. Allerdings fehlte mir damals auch die Motivation. Durch das strenge Münchner Gymnasium, das ich besuchte, kämpfte ich mich hindurch – fleißig, aber freudlos. Angst und Aversion gab es nicht nur gegenüber den Lehrern, sondern oft auch gegenüber den Mitschülerinnen, mit denen ich wenig Gemeinsames entdeckte und mich nicht zu unterhalten wusste. Mode, Partys, Beziehungen, Geschlechterrollen interessierten mich nicht. Ich suchte viel die Einsamkeit, unter der ich aber auch manchmal litt. Als ich später im Buddhismus von Wiedergeburt hörte, war mein erster, schrecklicher Gedanke: «O je, noch einmal zur Schule gehen! Das ist der Horror!»

Dagegen fiel mir das Studium leicht. Ich hatte mich – meinen naturwissenschaftlichen Neigungen entsprechend – für das kleine, aber feine Studienfach Mineralogie an der Universität München entschieden. Das war endlich eine (relativ) schöne Zeit in meinem Leben: Erfolgserlebnisse, Lob, Anerkennung, Freunde und vor allem Freude, Befriedigung und Sinn. Kristallstrukturen, Molekülbau, mikroskopische und chemisch-physikalische Analysen, Experimente, um die Entstehungsbedingungen zu erforschen und zu lernen, konnten mich begeistern. Ich studierte sehr eifrig, in

Rekordzeit, und nahm an allen nur möglichen Vorlesungen, Praktika, Seminaren, geophysikalischen Feldversuchen und Exkursionen teil. Es war eine aktive, glückliche Zeit, die erst durch Nepal und meinen Kulturschock bei der Heimkehr nach Deutschland beendet wurde. Ich glaubte nach meinen Erlebnissen und Eindrücken in Nepal nicht mehr hier leben zu können. Vor allem wollte ich es nicht mehr. Noch heute – nach so vielen Asienreisen – geht es mir ähnlich. Aber der Rückkehrschock «schockt» mich nicht mehr so sehr. Er ist Gewohnheit geworden. Was bleibt, ist jedoch irgendwie ein «fader Geschmack» und immer die Sehnsucht, konkret oder vage. Und auch hier gilt: Auswander-, Aussteiger- und Ausreißideen hatte ich schon immer. Ich wusste bloß nie so recht, wohin.

Ich war auch nicht immer «allein stehend», nein, ich versuchte auch das Leben in der Partnerschaft (zum Glück nie in Ehe und Familie, sage ich jetzt), obwohl ich eigentlich schon immer tief in meinem Innern wusste, dass das nichts für mich ist. Von meinem ersten Freund, mit dem ich wenige Jahre zunehmend unglücklich zusammengelebt hatte, trennte ich mich aus eigenem Willen. Aber ich hatte große Angst vor der Zukunft und machte mir viele Selbstvorwürfe, empfand mich als Versager und spielte mit Selbstmordgedanken. Der Gedanke «das kann ich ja immer noch tun» und erste buddhistische Einflüsse hielten mich davon ab. Ich erholte mich ungeahnt schnell und fühlte mich unsagbar befreit.

In dieser Zeit fand ich auch endgültig zum Buddhismus. Spätere Freunde und Partner wussten es und mussten akzeptieren, dass an erster Stelle in meinem Leben der Buddhismus stand, dann erst, deutlich später, kam der Freund. Die erste Mahayana-Praxis insbesondere bewirkte eine Öffnung in mir, gab mir Selbstvertrauen und half, meine Menschen- und Kommunikationsscheu zu überwinden. Noch heute erinnert sich meine Mutter und erzählt mir, dass ich schon als kleines Kind lieber zuhörte, als selbst zu reden. Beim «Kasperltheater-Spielen» sei ich das einzige Kind gewesen, das geduldig dasaß und aufnahm, was die anderen Kinder aufführten oder wie sie sich stritten. Und so ähnlich war es später auch bei Diskussionen. Ich hielt mich immer lieber im Hintergrund. Erst über die Jahre lernte ich, mich aktiv einzubringen, mitzureden, selbst zu sprechen, meinem Wissen zu vertrauen und es offensiv zu vertreten. Durch Meditation lernte und lerne ich auch, meinen Körper anzunehmen – seit der Kindheit hatte ich ihn abgelehnt und als hässlich und fast «ekelerregend» empfunden. Zeitweise hatte ich deshalb sogar versucht, alle Spiegel zu verhängen. Und ich bemühte mich während der meisten Phasen meines Lebens, unauffällig gekleidet zu sein, liebte dunkle, triste, insbesondere Erd-Farben und weite, verdeckende Gewänder.

Als ich viel später die Metta-Meditation im Buddhismus kennen lernte, hatte ich zuerst große Probleme, mich selbst einzubeziehen und anzunehmen. Aber die häufige Übung half. Tieren gegenüber fiel mir die Entwicklung von liebender Güte wesentlich leichter als bei Menschen. Nach langen Jahren der Übung wage ich zu sagen, jetzt kann ich beides. Und oft fällt es mir schwer oder ist gar unmöglich, einen «Feind» zu finden als Übungsobjekt. Zu schnell sind Verständnis, Wohlwollen und Mitgefühl da. Eine der schönen Bestätigungen der Wirkungsweise der buddhistischen Meditation.

Meditation und Kontemplation hatten es mir schon als Schulkind angetan, obwohl ich ja damals nicht viel darüber wusste. Unbedingt wollte ich zum katholischen Rosenkranzbeten, aber die kritisch-fragenden, bohrenden Blicke der wenigen alten Frauen auf das Außenseiterkind in der Kirche vergällten es mir, und ich traute mich nicht wieder hin. Später gab es dann ein Meditationsangebot in der benachbarten evangelischen Kirche. Ich wollte unbedingt hin, und weil ich es allein nicht wagte, überredete ich meine Mutter, mitzukommen. Es waren schöne, interessante Abende und Erfahrungen, viele Anregungen zur Atembetrachtung, aber auch -lenkung. Zu Hause aber lachte uns mein Vater aus, als wir davon erzählten, wie wir zum Beispiel «durch die Füße atmeten». Trotzdem nahmen wir eine ganze Weile an diesen Abenden teil. Aber erst bei der buddhistischen Meditation, auf die ich etwa fünfzehn Jahre später stieß, biss ich richtig an. Sie überzeugte mich von ihrer Logik her und durch die ersten Erfolge bei mir selbst. Besonders beglückt war ich von den Schweige-Kursen und -Retreats: Endlich nicht reden müssen! Es war der reine Genuss für mich, und ich konnte mich richtig entspannen und machte auch bald

Fortschritte in der Meditation. Da gab es einige Lehrer und Lehrerinnen, die nach mir greifen wollten, mich exklusiv für sich, ihr Zentrum, ihre Gruppe zu gewinnen trachteten. Ich sei meditativ so begabt, hieß es nicht selten, aber ich fühlte mich nicht reif und glaubte, sie wollten mich nur wegen meines Fleißes und meiner Zuverlässigkeit als Arbeitskraft verpflichten. Also trennte ich mich von ihnen oder lockerte die Beziehung, um wieder Freiraum zu gewinnen und weiterzuüben.

Aufgaben

1988 wurde ich dann erstmals beim Münchner «Maitreya-Kreis» schwach, einer winzigen, offen-buddhistischen Gruppe mit Schwerpunkt nach Lama Govinda. Der Vorsitzende war plötzlich zurückgetreten, und wir – auch ich – wollten den Freundeskreis am Leben erhalten. Anfang 1989 kam dann die Buddhistische Gesellschaft München. Die gerade «führerlose» Gemeinschaft bat mich eindringlich, den Vorsitz zu übernehmen. Mir war klar: Hier handelte es sich nicht nur um eine der traditionsreichsten und ältesten Gemeinschaften in Deutschland, sondern die Gruppe selbst war auch überaltert. Es gab nur einmal monatlich einen kleinen, öffentlichen Vortrag – sonst nichts. Allen Warnungen zum Trotz: Ich packte es an und stellte mir die Aufgabe, die Gesellschaft mit neuem Blut und neuem Leben zu füllen, wieder Praxis einzubringen und ein vielfältiges Programm. Und es gelang. Genugtuung und Freude – allerdings mehr und mehr getrübt durch Überforderung bei der Organisation des vielfältigen Programms, denn verbindliche Unterstützung bekam ich wenig. Ich begann zu fühlen, dass da zu wenig Freiraum für mich selber blieb, die eigene Meditationspraxis vernachlässigt wurde. «Organisation als Praxis» (wie Sylvia Wetzel es einmal nannte) war nicht ausreichend und befriedigte mich nicht. Aber wie immer: Pflichtbewusst stand ich zu meiner selbst gewählten Aufgabe – sechs Jahre lang. Den Maitreya-Kreis mit seinen Veranstaltungen hatte ich längst integrieren können.

Seit 1984 schon hatte ich auch Kontakte zur Deutschen Buddhistischen Union (DBU) und war bei der Gründung der Buddhistischen Religionsgemeinschaft (BRG) dabei. Es war vor allem Karl Schmieds Vision und Begeisterung, die zu mir überschwappte, mich inspirierte und mitriss. Fast regelmäßig war ich seither auch bei den Mitgliederversammlungen und den Konventen. 1993 wurde ich in den Rat der DBU gewählt. Als der bisherige DBU-Sekretär Tom Geist 1994 sein Amt zur Verfügung stellte, war ich innerlich sofort bereit. Dass ich meinen sicheren, recht gut bezahlten Programmierer-Job aufgab, um fast nur die Hälfte zu verdienen, bei vielen nötigen, natürlich unbezahlbaren Überstunden und großer Unsicherheit, verstanden schließlich doch mehr Familienangehörige und Freunde als erwartet. Ein paar Einschränkungen bei den äußeren Lebensbedingungen, bei meiner Spendenfreudigkeit – und ich sagte zu.

Trotz viel Überlastung und Überforderung oft bis nahe an den Zusammenbruch bereute ich diese Entscheidung nie. Als «Leiterin der Geschäftsstelle» war ich erst einmal «Mädchen für alles». Später dann kamen Aushilfskräfte, Teilzeitmitarbeiter, Praktikanten. Derzeit sind wir fünf KollegInnen in der Geschäftsstelle, nicht selten gesellen sich freiwillige Helfer und Praktikanten dazu. Das bedeutet zwar einerseits Arbeitsentlastung für mich, anderseits aber hat der Kommunikations- und Koordinationsumfang meiner Arbeit erschreckende Ausmaße angenommen. – Und es sind Tätigkeiten, die mir eigentlich gar nicht liegen. Viel lieber arbeitete ich schon immer im stillen Kämmerlein. Auch muss ich mich sehr zurücknehmen, um die Ansprüche, die ich an mich selber stelle, nicht meinen Mitarbeitern überzustülpen. Ich muss lernen, mit unterschiedlichen Maßstäben zu messen und loszulassen. Ich kann nicht alles im Griff haben. Ich muss lernen, von meinem Perfektionismus wegzukommen. Schwer!

Theravada

Was es von meiner weiteren persönlichen buddhistischen Entwicklung zu berichten gibt? Ich landete immer mehr und konsequenter beim Theravada. Die bunte, vielfältige und offene Welt des Mahayana verlor zunehmend an Anziehungskraft für mich zu

Gunsten des reinen, eher nüchternen, logischen und sehr klaren Theravada. Entsprechend meinen alten Neigungen faszinierte mich speziell das Ideal der Entsagung, Bescheidenheit, Einfachheit und Stille. Und im Leben der traditionellen Theravada-Mönche, wie ich es oft in Asien erleben durfte, spürte ich die guten alten Zeiten des Buddha durch. Diesem uralten, bewährten Weg zu folgen wurde für mich immer dringlicher. Wenn man wirklich denselben Zielen nachstrebt wie der Buddha, dann erscheint mir diese Lebensform als die authentischste und als der beste Weg.

1992 bis 1996 hatte ich einen sehr strengen, recht dogmatischen Lehrer in Bangladesh: den Ehrwürdigen Prajnajyoti Mahathero. Da ich bei seinen Meditationskursen nicht nur die einzige Westlerin, sondern ein paar Mal überhaupt die einzige Schülerin war, lernte ich sehr, sehr viel, wurde aber auch hart rangenommen. Ähnliches erlebte ich nie wieder. Die Vipassana-Praxis unter seinem strengen Auge – und manchmal unter Tränen – gab mir einen gewaltigen Schub. Ich hatte Prajnajyoti 1992 auf meiner ersten Reise nach Bangladesh kennen gelernt, denn seit einer großen Naturkatastrophe 1991 dort hatte sich unsere Buddhistische Gesellschaft München entschlossen, die schwer betroffene buddhistische Minderheit in Bangladesh zu unterstützen. Doch, was heißt hier «Buddhistische Gesellschaft München»? Natürlich war es wieder ich und nur ich, die diese Aufgabe annahm, ein kontinuierliches Hilfsprogramm aufbaute und konsequent durch- und weiterführte. Dabei kamen mir meine Kontakte und Erfahrungen in der Deutschen Tibethilfe sehr zugute, in der ich einige Jahre ehrenamtlich mitgearbeitet hatte. Seither bereiste ich Bangladesh sechsmal, um die Situation zu erkunden, mich vor Ort zu informieren, mit unserer dortigen Partnerorganisation die effektivste Hilfe zu diskutieren, die Verteilung unserer Spenden- und Patenschaftsgelder zu überwachen und – nicht zuletzt – um zu meditieren. Das ganz vom ursprünglichen Theravada-Buddhismus geprägte Landleben in einigen Dörfern im Südosten Bangladeshs sowie die materielle Not und Benachteiligung der Buddhisten ging mir in jeder Weise sehr ans Herz.

Unser Unterstützungsprojekt läuft noch immer, allerdings auf Sparflamme. Denn ich bin allmählich an einem Punkt angekommen, an dem ich mich entscheiden muss. Und trotz allem Mitgefühl – oder vielleicht deshalb? – habe ich mich für den spirituellen Weg entschieden. Beides zu tun hieße, beides halbherzig zu machen, nirgendwo erfolgreich zu sein. Mit dieser Entscheidung gab ich auch meine anderen buddhistisch motivierten Engagements auf, zum Beispiel den aktiven Einsatz für die Rechte der Tiere, bin aber nach wie vor strikte, vielleicht sture Vegetarierin.

1993/1994 hatten wir den birmanischen Lehrer Tun Yi (U Tayzania) im Raum München. Er war zwanzig Jahre Mönch in der Taungpulu-Tradition gewesen und konnte wunderbar die Vipassana-Meditation vermitteln sowie den Abhidharma ganz praktisch und alltagsnah erklären. Er nahm zum Jahresende 1994, bevor er in die USA ging, einige von uns mit in das Waldkloster seines Lehrers Pakokku Sayadaw bei Meiktilla in Mittelbirma. Es war meine erste Reise nach Myanmar (Birma), mit dem Hauptzweck der Meditation und der Teilnahme am Klosterleben. «Kloster», das hieß hier, weit im Wald verstreute Holz- und Bambushütten, ein paar Ziegelhäuser und einige Höhlen, in deren einer ich untergebracht war, aber natürlich auch ein funktionierender Sangha, eine Gemeinschaft aus Mönchen und Nonnen.

Eine deutsche Freundin und ich entschlossen uns, Nonnen auf Zeit zu werden. Also: die langen Haare ab und in die ungewohnten, dunkelbraunen Roben rein! Tief beeindruckend waren dabei die täglichen Almosengänge in die entfernten Dörfer, drei Stunden jeweils. Kyauksen Tawya ist eines der wenigen Klöster, in denen Nonnen und Zehn-Sila-Yogis mit auf die Almosenrunde gehen dürfen. Barfuß ging es noch im Stockdunkeln los, in flottem Tempo eine Stunde den Hügel hinunter zu einem der armseligen Dörfer. Eine Stunde in etwa zogen wir durch das Dorf, um Essen zu empfangen. Ich zählte ein paar Mal mit: Es waren um die hundert Leute, die uns etwas gaben, meist nur ein kleines Teelöffelchen Reis. Am Ende war die Schale aber immer brechend voll und schwer, und es war eine anstrengende Sache, damit wieder die eine Stunde zurück den Berg hinaufzusteigen. Oben angekommen, nahmen wir dann diese, unsere einzige Mahlzeit am Tag ein. Die Unterstützung der Birmanen empfand ich nicht nur als sehr anrührend, sondern auch als äußerst motivierend, ja fast schon als Verpflichtung, ernsthaft, mit Anstrengung und Hingabe zu praktizieren.

Der traditionelle, monastische Weg

Erst 1998 kam ich wieder nach Birma. Zuerst im Januar zu einem Vipassana-Retreat im Kyaswa-Kloster in den Sagaing Hills unter Sayadaw U Lakkhana, der in der Mahasi-/U-Pandita-Tradition steht. Zu diesem Retreat waren vor allem meditationserfahrene US-Amerikaner gekommen, von denen es auch organisiert worden war. Auch einige der sehr bekannten westlichen Vipassana-Lehrer aus den USA, Australien und Europa lernte ich bei der Gelegenheit kennen. Aber ich spürte dort wie auch bei den Kursen und einer begonnenen Zusammenarbeit mit dem Schweizer Vipassana-Lehrer Fred von Allmen, dass ich doch einen mehr traditionellen Weg bevorzuge. Für mich sind Vertrauen und Hingabe, die sich auch in Ritualen und Zeremonien äußern, und die vollständige Übertragung des Dharma (und dazu gehört bei mir ganz wesentlich der Abhidharma und die Lehre von Karma und Wiedergeburt) in seiner ganzen Tiefe sehr wichtig. «Nichts hinzufügen, nichts weglassen, nichts ändern und nichts beschönigen», wie Sayadaw U Nyanissara den Theravada charakterisiert – das ist es für mich. Westliche Psychologie, Christentum, Esoterik, Geschlechterrollen oder Feminismus und so weiter haben da keinen Platz. Und Versuche, die Wiedergeburtslehre des Buddha, die ethischen oder Vinaya-Regeln und das Ideal der Entsagung und Hauslosigkeit auszuklammern, sind für mich auch daneben. Ich will den Dharma ganz und vollständig! Auch wenn er nicht immer bequem ist und auch wenn ich (noch) nicht alle Aspekte überprüfen kann und verstehe.

Im Frühsommer 1998 erfuhr ich dann von der neu gegründeten «International Theravada Buddhist Missionary University» in Yangon, Myanmar, und wusste, da musste ich unbedingt hin. Also bewarb ich mich. Alfred Weil, mein damaliger Chef von der DBU, zeigte zum Glück großes Verständnis und stimmte dem «Frei-Jahr» zu. Anfang Dezember war es dann so weit, und ich konnte dort am ersten Durchgang des Buddha-Dharma-Diplomstudiums teilnehmen. Aber es gab viele Enttäuschungen an dieser staatlichen Universität. Für uns Ausländer war alles kostenlos, auch Unterbringung und Verpflegung – aber gehalten wurden wir wie im Gefängnis, zumindest die ersten Monate. Dann waren da etliche Lehrer, die nicht genügend Englisch konnten, naive Lehrmethoden anwandten, und es gab – entgegen der Ausschreibung – zu wenig Praxis. Und mit anfangs vierzehn Fächern waren wir ganz schön eingedeckt, konnten aber deshalb auch überall nur an der Oberfläche bleiben. Höhepunkte waren für mich der Abhidharma-, Samatha- und Vipassana-Unterricht. Einer der Abhidarma-Lehrer, Sayadaw U Nandamala aus Sagaing, der nur halbmonatsweise in Yangon zur Verfügung stand, bot uns, einer Minigruppe interessierter Studentinnen, täglichen Privatunterricht bei sich an. Wir nutzten das, lernten viel und bekamen eine Menge Experten- und Insiderwissen von ihm vermittelt, aber vor allem auch ganz praktische Beispiele und Anwendungen. Er war auch einer der ganz wenigen, die man fragen und mit denen man diskutieren konnte, der wirklich Wert darauf legte, dass wir verstanden.

Wie gesagt, die Praxis an dieser Universität ließ zu wünschen übrig. Also machte ich mich, teilweise zusammen mit einer mexikanischen Mitschülerin, auf die Suche nach einem geeigneten Meditationszentrum und -lehrer. Ich schaute mir etliche an, probierte einige aus und blieb schließlich beim Mogok-Vipassana-Meditationszentrum Aung San Tawya hängen. Auf die Mogok-Tradition war ich zuerst durch ein englisches Büchlein gestoßen. Die dort beschriebene Cittanupassana-Methode (die Betrachtung des Bewusstseins, der Geisteszustände) schien eine vortreffliche Anwendung des Abhidharma zu sein, der mich an der Universität so sehr faszinierte. Das Mogok-Hauptzentrum in Yangon, das ich zuerst aufsuchte, war es noch nicht. Aber dann las ich in der Zeitung – und das ist kein Witz! – von der Einweihung einer großen Meditationshalle in einem Mogok-Kloster. Meine mexikanische Freundin und ich stiegen in ein Taxi, zeigten auf den Artikel und sagten, da wollen wir hin. Und es funktionierte und war zu unserer Überraschung gar nicht so weit von unserer Universität entfernt, nur ein Stück außerhalb Yangons. Für mich war es Liebe auf den ersten und zweiten Blick. Allein schon die abgeschiedene Lage in schöner Natur, die liebevoll gestalteten und gepflegten Örtlichkeiten, die friedlichen, freundlichen Hunde … Und dann natürlich der Sayadaw und seine Mönche und Nonnen.

Von da an gingen wir, oft auch noch Khemanandi, eine vietnamesische Nonne und Mitschülerin, oder zumindest ich allein immer wieder dorthin, erhielten Anleitungen, Erklärungen und Antworten auf all unsere Fragen und konnten ausgiebig praktizieren. Sayadaw U Saddhamma Kittisara, Aung San Sayadaw, war sehr geduldig, offen und herzlich zu uns. Ihm schien es Freude zu bereiten, uns Ausländer zu lehren und in der Meditation zu führen. Er ist «Mahakammatanacariya», großer Meditationsmeister und Experte auf den Gebieten Vipassana, Paticcasamuppada und Abhidharma, speziell Patthana. Auch wenn er selbst fast kein Englisch spricht, so kam doch mithilfe guter Übersetzer und nonverbal sehr viel rüber. Für mich ist er auch einer der großen «Metta-Sayadaws», und diese Ausstrahlung von liebender Güte spüren ganz sichtbar auch die Tiere, Klosterhunde und Katzen, wilde Tauben … Sein Kloster ist klein, aber ein riesiges Meditationszentrum, in dem während der etwa monatlichen, meist zehntägigen Kurse leicht fünfhundert und mehr Meditierende untergebracht werden können. Und der Bedarf ist da, das Zentrum ist hoch angesehen, beliebt und qualifiziert. Das eben ist Birma («… und es wird wie kein anderes Land sein, das du kennst!» – Zitat von Rudyard Kipling).

Bei unserem dritten Treffen war Uposatha-Tag, und viele seiner Anhänger wollten – wie traditionell üblich – die acht Silas nehmen. Auch ich bat um sie, aber nicht nur für diesen einen Tag, sondern für länger, ein paar Monate, meinte ich. Da fragte er mich spontan, ob ich Nonne werden wolle, er könne mir helfen. Nein, nein, das nun auch wieder nicht! Ich meinte, das würde auch nicht zum Lebensstil an der Universität passen. Nach ein paar Wochen des Hin und Her war ich bereit und wurde in einer schönen Zeremonie im Beisein all seiner Mönche und Nonnen, meines verehrten Abhidharma-Lehrers und einiger Klassenkameradinnen zur «Silashen» (so werden in Birma die Nonnen genannt – es sind keine voll ordinierten Bhikkhunis) ordiniert. Auf Zeit, bis maximal zum

Ende meines Birma-Jahres, dachte ich, ich wollte erst einmal sehen und nichts versprechen.

Ein Astrologe, der mir im Kloster oft beistand und für mich übersetzte, empfahl mir 111 Tage. Auf meine Nachfrage, warum denn das, antwortete er, dann werde etwas passieren, sich etwas verändern, sodass ich Nonne bleiben würde. Ich glaube nicht an Astrologie und solche Sachen und lachte darüber. Ich erhielt den Namen «Agganyani», was auf Pali so viel heißt wie «exzellentes» oder «höchstes Wissen» – ein Name, der zielgerichtet ist und mich verpflichtet und inspiriert. Anfangs hatte ich große Probleme mit der Robe, empfand sie als unpraktisch und viel zu warm bei dem Klima. Aber man gewöhnt sich. Weiterhin konnte ich jedoch nur die Wochenenden im Kloster verbringen, das Studium lief ja weiter. So gut es ging, nahm ich auch an den Massen-Meditationskursen teil und genoss – obwohl ich eigentlich überhaupt kein «Massenmensch» bin – die gewaltige Energie, die beim schweigenden Praktizieren von um die fünfhundert Meditierenden oder beim gemeinsamen Rezitieren entsteht.

Ein paar Mal hatte ich die Gelegenheit, etwas länger dort zu bleiben und mitzupraktizieren. Während eines so genannten «Stille-Retreats» Anfang Oktober geschah es dann auch. Ein Erlebnis, eine Erfahrung, eine Erkenntnis ... Und das ziemlich genau 111 Tage nach meiner Ordination! Zufall? Nein, sicher nicht, für mich aber karmisch bedingt und nicht Astrologie. Ich bin der Überzeugung, dass damals irreversible Prozesse und Veränderungen in mir einsetzten; es gab einfach kein vollständiges Zurück mehr ins Laienleben. Während meines vorerst halbjährigen Nonnentums hatte ich auch viele gute, inspirierende und motivierende Erfahrungen, und der Respekt, die Ehrerbietung und Unterstützung, die ich erhielt, waren beschämend, anrührend und verpflichtend zugleich.

Aber, obwohl innerlich unwiderruflich auf dem Weg, war ich dann feige und legte die Robe offiziell ab, als ich Ende 1999 zurück nach Deutschland ging. Wie mit meinem Lehrer besprochen, kleidete ich mich nur mehr schlicht und in Dunkelbraun, der Farbe meiner Robe, schor die Haare bis auf maximal Fingerbreite und hielt die Regeln peinlich genau ein – stur und perfektionistisch, wie ich nun mal veranlagt bin. Und gerade in schwierigen Situationen reizte es mich, die Regeln dennoch einzuhalten, auch wenn ich mir immer wieder sagen lassen musste: «Sei doch nicht so asketisch!» Oder: «Du nimmst es ja genauer als die Mönche!» Gut, inzwischen bin ich auch äußerlich Nonne, und ich muss mir solche Bemerkungen nicht mehr anhören – es gehört einfach dazu und wird jetzt eher akzeptiert.

Zwei lange Jahre vergingen. Der Sog zurück ins Nonnenleben war stark, und täglich viele Male grübelte ich über mein Leben, wohin ich denn nun gehörte. In Birma bin ich eine Fremde, aber auch in Deutschland fühle ich mich fremd. Nirgendwo gehöre ich mehr richtig hin. Ich hatte gehofft, mein Leben hier vereinfachen zu können. Meine DBU-Arbeit habe ich auf eine halbe Stelle reduziert, was die Bezahlung betrifft, aber nicht unbedingt – wie sich bald herausstellte – in Bezug auf die Arbeitszeit und den Verantwortungsdruck.

Für immer …

Anfang 2002 endlich konnte ich wieder nach Birma reisen. Nach einem Gespräch mit meinem Lehrer und einigen seiner welterfahrenen Laienanhänger über die Situation hier in Deutschland und die für das Überleben nötigen Kompromisse nahm ich wieder – und jetzt mit der ehrlichen Absicht: für immer – die Nonnenordination. Diesmal war es nur mehr eine kleine, familiäre Zeremonie, sozusagen zum Auffrischen. Einen vollen Monat konnte ich nun in «meinem» Kloster verbringen, genoss das Sangha-Leben und meditierte viel. Für einen weiteren Monat ging ich wieder nach Sagaing an die «Sitagu International Buddhist Academy» von Sayadaw U Nyanissara, wo ich schon am Ende meines Studienjahres gewesen war. Ich wollte dort meine Abhidharma-Kenntnisse vertiefen. Dazu war ich – wie bereits 1999 – von Sayadaw U Nandamala eingeladen, dessen Kloster in der Nähe der Akademie liegt. Sein immenses Wissen, seine Lehrweise und seine Persönlichkeit überzeugen mich immer wieder.

Sagaing ist für mich der heiligste Ort in Birma überhaupt. Hunderte, wenn nicht tausende von Klöstern, Pagoden und Einsiedeleien überziehen die Sagaing Hills, und alle sind lebendig und werden wirklich genutzt. Dort habe ich ein uraltes, halb verlassenes Waldkloster in den Hügeln entdeckt mit einem liebevollen Sayadaw und einigen leer stehenden, einfachen Kutis (Hütten) in dem weitläufigen, bewaldeten Tal. Dorthin werde ich mich bald zur Meditation zurückziehen, das ist bereits ausgemacht. Drei Arahats lebten und wirkten hier im Laufe der Jahrhunderte schon, und ich glaube, diese stille und ganz besondere Energie dort zu spüren. Spontan sagte ich dort zu meiner Dharma-Schwester Uppalavanna: «Wenn ich es hier nicht schaffe, wo dann!» Wir mussten beide herzlich lachen – aber die Vorbereitungen laufen schon.

Wieder zurück hier in Deutschland. Ich fühle mich wohl, als Nonne. Die Reaktionen meiner Umwelt, der Freunde und der Familie sind recht unterschiedlich, aber insgesamt weniger problematisch als befürchtet. Interessanterweise stoße ich auf mehr Unverständnis und Ablehnung in buddhistischen Kreisen als außerhalb. Egal, ich versuche mich frei zu machen von den «Winden der Welt» wie Lob und Tadel und gehe unbeirrt meinen beziehungsweise des Buddha Weg. Mein Vertrauen in Buddha, Dharma und Sangha ist groß und tief und fest. In gewisser Weise ziehe ich hier als «Einhorn» durch die Welt, bin aber dankbar für jede Begegnung mit einem echten «Kalyanamitta» (edlen Freund).

Der traditionelle, monastische Weg und seine ernsthaften Vertreter inspirieren mich immer mehr. Ich will den Buddha-Dharma nicht nur im Alltag einsetzen und leben – nein, das ist sogar schon zu einem Reizwort für mich geworden. Der Buddha-Dharma hat mich mit Haut und Haaren gepackt, transformiert mein Leben, ich muss ihn intensivst in seiner Ganzheit und vollen Tiefe gehen, und das bedeutet für mich mittlerweile klipp und klar: als Nonne. Langfristig will ich ja ganz «aussteigen», um nur mehr das «heilige» Leben zu führen; kurzfristig aber stehe ich zu meinen Verpflichtungen gegenüber den alten, zunehmend hilfsbedürftigen Eltern und der DBU. Als meine mittelfristige Aufgabe sehe ich es, mich hier für den wahren Dharma einzusetzen, und das ist für mich der reine Theravada. Die strikten Regeln und auch die oft unbequeme, unpraktische Robe erinnern mich immer wieder an meine Traditionslinie und an den Weg und das Ziel. Und dann freue ich mich. Eine kleine «Vorahnung» vom Ziel oder einer Wegmarke schrieb ich 1999 nieder:

Lautlos fließen die Tränen
über ein Gesicht, so hell, so licht und so klar.
Es sind nicht Tränen der Trauer und Bitterkeit,
es sind Tränen der grenzenlosen Entspannung.
Niedergerissen ist der Kerker des engen Herzens,
Qual und Dunkelheit sind beendet.
Das Wissen um Weite und Licht
ist zur eigenen Erfahrung geworden,
zur eigenen Sicht.
Ich sehe!
Leiden ist durchschaut und aufgehoben.
Wissen ist zu Weisheit explodiert.
Gelöst kann ich endlich entspannen und erleben,
wie die bedingten Prozesse sinnlos werden
und sich totlaufen.
Die Freiheit wird von selber frei.
Eine Stille, eine unerschütterliche Gelassenheit,
ein bedingungsloses Glücklich-Sein
angesichts des restlosen Verlöschens.
Tränen der Trauer, Bitterkeit, Wut und Verzweiflung
habe ich schon ozeanweise geweint,
aber ich habe nie verstanden.
Ich wusste nicht wirklich,
wie ich mich selber bedinge,
konnte mich nicht selber befreien.
Wie arg, dieses Nichtwissen und Leiden!
Heute fließen die Tränen lautlos
über ein verstehend-lächelndes Gesicht.
Die Tränen, wie lange auch immer sie noch fließen mögen,
kümmern mich nicht mehr.
Es sind nie mehr Tränen der Trauer, Bitterkeit und Verzweiflung!
Was will ich mehr als diese Gewissheit!

Ich bin sehr dankbar, den Weg des Buddha gefunden zu haben und gehen zu können. Und dieser Weg ist schön am Anfang, in der Mitte und sicher noch viel schöner am Ende, am Ziel. Ich gehe ihn mit Hingabe und zunehmendem Vertrauen. Ich freue mich aufs Ziel!

Hans Gruber

Gruber, Hans, geb. 1959 in Ingolstadt, Studium der Indologie mit Schwerpunkt Buddhismuskunde, Tibetologie und Europäische Geschichte in Hamburg. Danach weiterführende Ausbildung in Journalismus und Public Relations. Er arbeitet als freier Autor und Journalist sowie Übersetzer. Publikationen sind etwa das *Kursbuch Vipassanâ: Wege und Lehrer der Einsichtsmeditation*
(2. Aufl. Fischer Taschenbuch)
und der größte Teil des Buddhismus-Kapitels im *Harenberg Lexikon der Religionen* (Harenberg Verlag, 2002). Er vermittelt buddhistische Meditation auf Wochenendkursen «Yoga und Vipassana», die er regelmäßig entweder allein oder zusammen mit der Berliner Yoga-Lehrerin Elisabeth Landolt-Tiedje abhält.

E-Mail: yogruber@yahoo.de,
Website: www.buddha-heute.de,
www.buddhanet.de.net
Tel. und Fax 040-3900347.

Mit Buddha nach Hause kommen

Der folgende Beitrag will die Frage beantworten, wie ich zum Buddhismus gekommen bin und warum er heute in meinem Leben eine große Rolle spielt. Dabei wird an manchen Stellen auch mein Verständnis des Buddhismus resümiert, eingebettet in die Lehre des Buddha. Auf diese Weise sollen eigene oder buddhistische Sichtweisen, die Gegenstand kontroverser Diskussion beziehungsweise kulturell vergleichsweise unvertraut sind, auch vor dem biografischen Hintergrund nachvollziehbar werden.

In meinen Teenager-Jahren gab es klare «Stationen» auf meinem persönlichen Weg zur Lehre des Buddha. Die Drähte und Neigungen im Unbewussten, die daneben von klein an wirksam waren, sind schwieriger zu benennen: Ich habe hier bloß Gefühlserinnerungen, etwa an ein ungeteiltes Aufnehmen der Düfte und Farben als Kleinkind in einem Blumenbeet oder vor einem Fliederbusch, an ein tief staunendes Verhältnis zu den Gegenständen auf unserem Hausspeicher. Es waren rauschhafte Kindersommer, auf den hohen Heuhaufen, neben den Feldern, beim Mitfahren auf dem Traktor des benachbarten Bauern zur Ernte, mit Schwärmen von Maikäfern und bunten Schmetterlingen neben Mohnblumen oder mit nächtlichen Mutproben, wie Gängen auf den Friedhof, dessen Türmchen mitten aus den Feldern aufragte. Aufgewachsen bin ich im Bauerndorf Friedrichshofen bei Ingolstadt (heute ein Ortsteil). Es war die einzige protestantische Siedlung weit und breit, die auf eine hugenottische Gründung zurückging. Jenen Kindeserlebnissen gemeinsam war ein Gefühl der Einheit, des ungeteilten Seins, des Einfach-glücklich-Seins. Mit dem erwachenden Wollen des «Ich und Mein» und dem Intellekt ging es zunehmend verloren, wirkte aber immer als Mahnung an eine potenziell heile, innerlich frei zugängliche Welt nach. So gab es auch immer die Suche nach dem Herzenspfad zurück zu dieser Einheit. Frühe «philosophische» Tagebucheinträge sind von dieser Suche durchtränkt, die später in der Lehre des Buddha ihr bewusstes Fundament fand.

Es gab in meiner Kindheit auch einen Traum, der mir stärker als irgendein anderer in meinem ganzen Leben in Erinnerung geblieben ist: Ich steckte in einem sumpfigen Morast in einem dunklen Land, voller Angst, ganz unterzugehen. Ich wimmerte und schrie, sank jedoch weiter ein. Plötzlich tauchte oben am dunklen Himmel in einem leuchtenden Kreis eine Gestalt auf, die immer näher heranschwebte, bis sie als sanft lächelnde Frauengestalt mit zum Helfen ausgestreckter Hand erkennbar wurde. Ihr Licht dehnte sich immer mehr aus, bis alle Angst verschwand und sie mich rettete. Da erwachte ich gebadet, das Bett nass vor Angstschweiß. Aber zugleich gab es ein ungeheuer wohliges Gefühl im ganzen Körper, im Wissen um das Befreitsein. Ich bin kein Mensch, der starke oder symbolträchtige Träume hat. Von den sehr wenigen, die ich erinnere, ragt dieser mit seinen klaren Bildern und Empfindungen heraus. Jahre später bei meinem ersten Kontakt mit dem Buddhismus in einem tibetischen Kloster in Nepal sah ich Darstellungen des in Tibet zentralen weiblichen Bodhisattva Tara («Retterin», aus dem Strom der Existenzen). Gesicht, Gestalt, Armhaltung, alles erinnerte mich sofort an jene Traumgestalt meiner Kindheit.

Erste bewusste Begegnung

Bewusst begegnet bin ich dem «Erwachten» (Buddha) zum ersten Mal im Alter von dreizehn Jahren in Hermann Hesses Buch *Siddhartha*, das mir eine neue Welt eröffnete und Halt gab. Es hat mich so berührt, dass ich bei der Lektüre mehrfach weinte. Offenbar spricht es bei vielen etwas an, weil es sich weltweit über fünfzig Millionen Mal verkauft hat. Eines war mir damals schon klar: Dass eine Weltreligion auf den Buddha zurückgeht und dass es hier um den (wahren) Menschen geht, um das, was den Menschen im höchsten Sinne «ausmacht», was er im Leben sein kann. Was mich an Hesses Buch so gepackt hat, war der ganz individuelle Weg dieses «erwachten» Menschen «Buddha»: In seiner Jugend enthusiastische Suche, intensive Studien und hohe Ideale; die Aufgabe dieser «Ich»-wollenden Suche, um sich der Welt mit Geld, Luxus und Lust hinzugeben; am Tiefpunkt dieses Weges die plötzlich erwachte Wiederaufnahme der frühen Suche, aber geläutert durch eine ernüchterte, tief verstehende Schau der Welt; auf diesem neuen inneren Pfad das Lernen nicht von berühmten Meistern, sondern einem unscheinbaren Fährmann, der nicht minder Meister des Lebens ist; schließlich die große Heimkehr zu sich, dem Ganzen, im «Selbst»-los Allverbundenen.

Dieser archetypische Lebensweg von Hermann Hesses *Siddhartha* (Sanskrit für: «Der das Ziel erreicht hat») ist ein anderer als der Werdegang des historischen Buddha, wie ihn die buddhistischen Traditionen vermitteln. Dies war mir damals noch nicht klar. Hesse lässt Siddhartha in seinem Buch auch mit dem historischen Erwachten zusammentreffen, der hier Gotama heißt (in Wahrheit sind beides Namen desselben Buddha). Trotz des Eindrucks, den Gotama Buddha auf Siddhartha macht, geht dieser weiter seinen eigenen Weg und gelangt zum größten Ziel, das dem Menschen möglich ist. Sein Jugendgefährte Govinda, der zum Anhänger des Gotama Buddha wird, gelangt nicht dahin. Dies drückt auch Hesses indirekte Abwertung der Praxislehre des historischen Buddha aus, die unzähligen Menschen zur Entfaltung ihres höchsten Potenzials verholfen hat.

Nichtsdestoweniger sympathisiere ich noch heute (wie schon damals als revoltierender Teenager) mit dem zeitlosen, universellen Grundsatz, dass jeder Mensch letztlich seinen eigenen Weg finden muss. Hesses andere Bücher wie *Narziß und Goldmund, Demian, Das Glasperlenspiel* oder *Der Steppenwolf* bestärkten mich weiter in diesem Gefühl. Aber die Praxislehre des Erwachten scheint mir – im Unterschied zu Hesse – dafür die beste Hilfe. So habe ich mich auch später deren Studium und Vermittlung gewidmet. Auch macht Hesse Siddhartha zum Sohn eines Brahmanen, während der historische Buddha aus einer Kshatriya- beziehungsweise Kriegerfamilie kam. Obwohl sich viele überzeugte Brahmanen zur Urgemeinde des Erwachten bekehrten, betrachtete dieser die brahmanischen Lehrsysteme sehr kritisch.

Der Buddhismus ist die Religion des spirituellen Individualismus, wie viele Hauptaussagen des Buddha klar machen, vom *Kalama-Sutta* über das *Vimamsaka-Sutta* bis zum *Nashorn-Sutta* des *Sutta-Nipata*, jenem berühmten Hymnus an die Praxis der «alleine ziehenden Nashörner», die den buddhistischen Heilszielen selbstständig zustreben. Auch die letzten Worte des Buddha besagen es: «Seid euch selbst das führende Licht, seid euch selbst der Freiort, nehmt nichts anderes zum Freiort. Flusshaft-vergänglich ist alles bedingt Entstandene. Erarbeitet euch unermüdlich die Befreiung!»

In keiner anderen maßgeblichen Wertorientierung werden die höchsten Kräfte des Individuums so stark bewusst gemacht und gefördert. Ein buddhistisches Befreiungsideal, das für heute sehr relevant scheint, ist der autonom «von sich aus Erwachte» Pacceka-Buddha. «Anhaften an Regeln und Riten, Techniken und Methoden» (im Glauben, dass sie heilsentscheidend seien) ist eine der primären «Fesseln» (Samyojana), die es für die erste der «Endgültigen Befreiungsstufen» aufzulösen gilt. Diese individuelle Ausrichtung, die freilich in unterstützender «spiritueller Freundschaft» eingebettet ist, liegt tief in der Natur des Buddhismus begründet. Denn als einziger Weltreligion geht es hier nicht um den Glauben an (ein) Gott(-«Selbst»), sondern um die Realisierung des höchsten menschlichen Potenzials, das heißt jenes «zeitlosen, universellen Gesetzes» Dharma (Das, was trägt oder hält). Dieses bedeutet die Entfaltung von Ethik, Ruhe und Einsicht aus «Trefflicher Achtsamkeit» *(samma sati)*, welche die wahre, «Selbst»-lose Natur aller Dinge zunehmend «trifft».

Konventionelles und befreiendes Wissen

Bestimmte Lektüren, wie Hesses Romane und daneben besonders Robert Pirsigs Kultbuch *Zen und die Kunst, ein Motorrad zu warten* sind machtvolle Orientierungen in meiner höchst orientierungsbedürftigen Jugend gewesen. Denn sie befassten sich direkt mit einer «Dimension», die in meiner Schulerziehung kaum eine Rolle spielte und nach der sich etwas tief in mir sehnte. Erst später, nach meiner Begegnung mit dem Buddhismus beziehungsweise dessen

Lehre von der «Höchsten» und der «Konventionellen Wahrheit», verstand ich, was damals in mir geschah: Das traditionelle westliche Bildungssystem bezweckt vorrangig die Vermittlung funktionalen Wissens, das letztlich nur der Ausgestaltung des «Ich» oder «Selbst» in der Welt dient. Trotz aller vernünftigen Argumente, die sich für dieses Wissen in Bezug auf die konventionelle Realität anführen lassen: Es ist nicht das, was der Mensch und die heutige Welt in erster Linie brauchen. Sie brauchen ethischen Charakter, wahren Geist, Weisheit und aktiv gelebte Innerlichkeit – ein Empfinden, das sich heute zunehmend bestätigt sieht. Die Entwicklungen sind unmissverständlich: Man vergegenwärtige sich alleine die gewaltsamen Konflikte und ökologischen Katastrophen seit dem Jahr 2000; und von 1950 bis 2000 haben sich durch die starken Klimaeinwirkungen des Menschen so genannte «Naturkatastrophen» weltweit mehr als vervierfacht.

Diese zunehmend bedrohliche Situation gründet in unbewussten Wertvorstellungen beziehungsweise den dadurch bedingten Verhaltensweisen, die letztlich nicht stimmen, das heißt «neben der (wahren) Natur» (der Dinge) liegen. Diese Wurzel des Problems ist in den politischen Diskussionen und großen Konferenzen heute kein Thema, sondern wird im Grunde überall ängstlich vermieden. Mein Interesse am Buddhismus, dem «Inneren Weg», wie er etwa in Tibet treffend genannt wird, war auch eine Konsequenz aus diesem Empfinden von jung an. Als ich nach dem Abitur auf einer langen Asienreise 1980 zum ersten Mal in vollen Kontakt mit der Lehre des Erwachten kam, gab es ein tiefes Aufatmen in dem Gefühl: «Endlich geht es hier um die wirklich wichtigen Dinge!» Dieses Gefühl hat mich bis heute bestimmt. So habe ich etwa Jahre später in einem Artikel «Nehmt den Weg als Zuflucht: Die Faszination des Buddhismus» (*Stuttgarter Zeitung* vom 29. 8. 1998) zu den Gründen für das wachsende Buddhismusinteresse im Abendland geschrieben (im zweiten Teil mit dem Titel «Erziehung für Stummelschwanzhunde»)

> Mit großer Macht beginnt im ganzen Westen eine Hinwendung zum «Kontemplativen», die dem lange unbeantworteten Bedürfnis nach Sinn, Verbundenheit und innerer Erfüllung ent-

spricht (wobei sich hier auch die hoch komplexe Frage stellt, warum es eigentlich so lange unbeantwortet geblieben ist). Wer kennt es nicht in sich: jenes subtile, mächtige Unbehagen an der Kultur, dem fortschrittsgläubigen Erziehungs-, Wirtschafts-, und Wissenschaftssystem, das auf alles «schlüssige» Antworten hat, aber die innere Unruhe, die Sinnsuche, das Verstehenwollen des Lebens nicht beantwortet. Häufig wundern sich engagierte buddhistische Meister Asiens über das moderne westliche Bildungs- und Denksystem: Die Studenten würden zwar lernen, in bestimmten Fachgebieten besser als andere zu werden, aber sie würden nichts über Weisheit lernen, wie man den Geist verstehen, Frieden finden und erfüllt leben könne (Sulak Sivaraksa). Der mit einflussreichste Meister Thailands, Ajahn Buddhadasa, spricht gar von einer «Erziehung für Stummelschwanzhunde» und sagt: «Es scheint kaum jemanden zu stören, dass Studenten nichts über Ethik und den inneren Weg lernen, obwohl dies für die Menschwerdung unverzichtbar ist.»

Hinzu kommen überzeugende persönliche Eindrücke: Wer hat nicht schon einen geheimen Vergleich zwischen manchen kirchlichen Oberhirten und dem tief mitfühlenden, undogmatischen und herzensglücklichen Dalai Lama oder anderen buddhistischen Lehrenden gezogen? Welcher Reisende in einem buddhistischen Land ist nicht positiv angetan von jener dort auch heute noch verbreiteten Gelassenheit, Lebensfreude und Verehrung für das Spirituelle im Menschen? Welcher Gebildete kommt nicht ins Überlegen angesichts des Unterschiedes zwischen der friedfertigen Geschichte des Buddhismus (in dessen Namen kein Krieg geführt worden ist, der sich nicht mit Gewalt über ganz Asien verbreitet hat) und der gewaltvollen und antisemitischen Geschichte des Kirchenchristentums und dessen Alleingeltungsanspruch? Bei wem regt sich nicht die Frage, ob das immer mehr, besser, schneller und angenehmer auf allen Gebieten für Geist, Körper und Umwelt wirklich gut ist?

Konflikte mit der Sexualität

Teenager haben Konflikte, und bei mir waren sie vielleicht besonders groß. Als etwa meine Sexualität erwachte, kollidierte sie bald mit überhöhten Moralansprüchen in mir. Sie manifestierten sich in einem schnell auftauchenden Zeigefinger, der sexuelle Bedürfnisse und deren Ausdruck stark zensierte. Es gab keinen entspannten Umgang mit dem Thema. Der Grund dafür waren weniger die Eltern, die nicht einschränkend wirkten. Diese Haltung kam mehr aus einer archaischen Quelle in mir selbst. In einem Horoskop auf der Basis Jungscher Psychologie, das ich als Erwachsener machen ließ, hieß es dazu: «In Ihnen wirkt ein alttestamentarisches Gewissen.» Dieser Konflikt legte sich erst später, als mir der Buddhismus Mittel an die Hand gab, die Willensmächte in Geist und Körper zu verstehen bzw. bewußt zu gestalten. Erst nach meinem Kontakt mit dem Buddhismus als Twen erfuhr ich eine entspannte Sexualität. Meine emotionale Situation als Teenager sowie jenes starke Bedürfnis, die im Westen kaum thematisierte Tiefendimension der Dinge verstehen zu wollen, bewirkte eine Offenheit für die Lehre des Erwachten. Denn hier geht es um geistige Ruhe und intuitives Sehen dessen, was uns alle letztlich innigst verbindet und darin nicht zu greifen ist, das ganz unzertrennte «Nicht-Selbst» (wie der Erwachte die Höchste Wahrheit aller Dinge benennt).

Vater, Sohn und Buddhismus

Die Eltern sind die prägendsten Personen im Leben eines Menschen. So soll ihnen hier besondere Aufmerksamkeit hinsichtlich meines Interesses am Buddhismus zukommen. In meinem Fall gehören sie der Kriegsgeneration an. Meine jüngere Schwester Gabi und ich waren die «Nachzügler», verglichen mit den beiden älteren Schwestern Christl und Bärbl. Meine Eltern hatten schon früh einen Konflikt hinsichtlich der Frage, wie der «einzige Sohn» erzogen werden sollte – nach der «weichen Art» der Mutter oder der «harten Art» des Vaters. Die Mutter setzte sich durch. Das heißt nicht, dass mein Vater keine prägende Wirkung auf mich gehabt hätte. Äußerlich entstand jedenfalls ein überdistanziertes Verhältnis zum Vater und eine überenge Bindung zur Mutter. Natürlich wirkte hier auch die Eifersucht des Vaters hinein, woran Mutter durch eine gewisse Vereinnahmung meiner Person nicht unbeteiligt war. Doch schon vor meiner Geburt verlief die Ehe nicht sehr harmonisch.

Vater hatte eine besonders harte Jugend gehabt. Er zog früh aus dem elterlichen Bauernhof aus, weil er sich mit seinem Vater gar nicht verstand. Mit vierzehn verlor er seine geliebte Mutter. Wegen der Umstände konnte er trotz nachdrücklicher Empfehlung seiner Lehrer nicht aufs Gymnasium, musste den Schlosserberuf ergreifen, der ihn unbefriedigt ließ, und mit zwanzig in den Krieg, wo er seine Intelligenz erstmals in eine Offizierslaufbahn bei den Fallschirmjägern umsetzen konnte. Nach dem Krieg musste er im wenig geliebten Beruf aus dem Nichts etwas aufbauen. Dies gelang ihm mit Mutters Hilfe gut. Nach dem Meistertitel wurde er zum erfolgreichen mittelständischen Unternehmer, der aber mit seinem Betrieb für Heizungsbau und Sanitär immer tief unzufrieden gewesen ist. Es verging zu Hause kein Tag ohne ziemlich lautstarke Äußerungen dieser Unzufriedenheit. Dies hat mir bereits früh das Gefühl gegeben, mich später in nichts zwängen lassen zu wollen. Auch ist für mich früh klar gewesen, dass ich nicht das väterliche Geschäft übernehmen würde.

Vater war auch Vorstand des größten Fußballvereins der Stadt und als Stadtrat der Ingolstädter Sozialdemokraten (seine Idole waren Willy Brandt, Helmut Schmidt und Herbert Wehner) der führende Stimmeneinbringer seiner Partei. Die Aufforderung, für das Oberbürgermeisteramt zu kandidieren, lehnte er wegen des Unternehmens und seines Alters ab. Im traditionell schwarzen Ingolstadt war er ein äußerst geschätzter, charismatischer «Querkopf», der trotz seines Betriebes ein überzeugter SPDler war, in öffentlichen Reden die zweimal in den beiden Weltkriegen attackierten Russen verteidigte und die christlichen Kirchen vehement kritisierte.

Er hat die SPD immer wegen ihres konsequenten Einsatzes für den Frieden bewundert, während er die CDU und deren Vorläuferpartei «Zentrum» unter den Nazis auf Grund ihres Einknickens gegenüber der Macht sowie generell das Zusammengehen von Partei und Religion ablehnte. Diese klare Friedensorientierung, die sich bei ihm mit vehementer Kritik bestens vertrug, hat mich tief geprägt. Auch deshalb hat mich später der Buddhismus angesprochen. Denn Buddhas Reden sind einerseits unmissverständlich friedfertig (das erste und höchste Gebot ist hier das Nichttöten und Nichtschädigen von Leben, auch werden der Kriegerberuf, Waffenhandel und jede Tiere schädigende Profession abgelehnt), doch andererseits sehr kritisch gegenüber allen zeitgenössischen Lehren. Aus dieser Kombination ist die friedfertigste Weltreligion hervorgegangen. Trotz aller Konflikte, die ich mit Vater hatte, ist er mir mit seiner Individualität und seinem kritischen Verstand ein Vorbild.

In ihm steckte noch etwas anderes: So schrieb er viele Gedichte und verschenkte sie. Etabliert, begann er in den Siebzigern, Fernreisen zu machen, die er im Rahmen großer Diavorträge schilderte. Damals blühte er auf. Hätte er frei wählen können, wäre er mit Begeisterung Geschichtslehrer, Journalist oder eben Dokumentarfilmer geworden. Er war einer der Ersten, die das eben erst zugängliche buddhistische Ladakh bereisten. Danach sagte er mir: «Die Ladakhis sind wirklich glücklich, obwohl sie wenig haben.» Er war auch zeitlebens ein tiefer Bewunderer der nordamerikanischen Indianer. Gemalte Porträts von Häuptlingen, in denen er ihre «echte Würde» erkannte, schmückten sein Zimmer. Manche seiner Aussagen haben mich stark geprägt, etwa «Ideale sind nichts wert, wenn sie nicht gesellschaftlich fruchtbar werden», oder «du hast keine Ahnung, welche Macht die katholische Kirche entfalten kann, wenn sie wirklich bedroht wird». Trotz aller Kritik, die er später gegenüber meinen Entscheidungen übte, sagte er mir auch: «Ich habe große Sympathie für die asiatische Philosophie.» Seine atheistische Haltung, eingebettet in Bewunderung für echte menschliche Größe, sowie Kritik der christlichen Kirchen wirken in mir fort. Von klein an löste etwa das riesige Ingolstädter Münster in mir Widerwillen aus. Ich empfinde diesen Bau, wie andere gewaltige Dombauten in so vielen Städten der katholischen Welt, als den logischen Ausdruck des monumentalen Machtbegehrens und Alleingeltungsanspruchs der Kirche.

Mein Vater hatte es bloß geschafft, indem er die Widrigkeiten seiner familiären und der gesellschaftlichen Umstände und seine anders gelagerten Neigungen niederkämpfte. Aus dieser Perspektive betrachtete er nun seinen «einzigen Sohn», der also auch zum harten Kämpfer werden sollte. Einmal entdeckte er mich im Alter von neun zu Hause bei Mutter, als ich wegen eines Konfliktes mit Mitschülern vom Vortag nicht in die Schule gegangen war. Er geriet angesichts dieser «Weichheit» derart außer sich, dass er mich die rund 500 Meter vom Haus bis zur Schule lauthals durchs Dorf prügelte. Jedes Mal, wenn ich aufstand, versetzte er mir einen neuen Schlag, der mich wieder zu Boden fallen ließ. Einige Dörfler begleiteten stumm oder auch zustimmend (er war damals der zweite Bürgermeister des Ortes) dieses Geschehen hinter ihren Hauszäunen. Dies war die einzige Prügelei, die es gegeben hat. Aber sie war der extreme Ausdruck der Haltung, dass er mich nicht akzeptierte, wie ich bin, sondern mich mit «seinen» Idealen oder anderen verglich, und insofern ein prägendes Erlebnis. Es führte zu Widerstand sowie dem unbedingten Willen, meinen Weg zu gehen und dominanter Autorität nicht stattzugeben. Ich ging nach der Prügelei zwar in das Schulgebäude, aber nicht ins Klassenzimmer. Auf Schleichwegen kehrte ich zurück nach Hause. Er war nicht da. Ich schnürte ein Päckchen, verabschiedete mich von Mutter und zog los in die «große, weite Welt» (bis es dunkel wurde).

Mein Vater ist für mich heute gegenwärtiger als zu seinen Lebzeiten. Ich bin nicht mystisch veranlagt, aber in den beiden Nächten nach seinem Todestag bin ich aufgewacht und habe ihn dann stundenlang wie eine Decke auf mir gespürt. Es hatte früher kaum je eine väterlich wohl wollende Körperberührung gegeben, aber wenn eine solche einmal stattfand, hatte sie mich zutiefst berührt. Zuletzt war unser Verhältnis immer besser geworden.

In seinen letzten drei Lebensjahren durchlebte er schwere Operationen am Herzen, und ein Fuß wurde ihm amputiert. Noch ein paar Tage vor seinem Tod mit einundachtzig im Dezember 2000 war er im Rollstuhl auf einer Stadtratsitzung. Er wollte schlicht nicht mehr, weil er mit seinem Körperzustand seine geliebten Aktivitäten kaum mehr durchführen konnte. Einige Wochen vor seinem Todestag äußerte er, dass er glaube, er müsse bald sterben. Als dies passierte, lag er im Bett, aus dem er sich gut gelaunt mit Mutter unterhielt. Er machte einen Scherz, bevor Mutter etwas sagte und er nicht mehr antwortete, wie sie später berichtet hat. Ein halbes Jahr vor seinem Tod hat er meine Frage, ob er sich vor dem Tod fürchte, so beantwortet: «Nicht besonders. Mit meinem Alter und Zustand verstehe ich, dass es bald weitergehen muss.» Sein nüchterner, klarer Blick, sein Durchsetzungsvermögen und großes Leben wie Sterben bleiben mir inneres Leitbild. Er wollte den auflachenden Wachsbuddha, den ich ihm zum Achtzigsten geschenkt hatte, sein letztes Lebensjahr stets unmittelbar vor seinem Bett stehen haben, in dem er dann schon häufig liegen musste. Er ist mit in seinem Sarg, und die gleiche Wachsfigur steht jetzt vor meinem Schreibtisch.

Auffällige Unterschiede

Bei jener ausgedehnten Asienreise nach dem Abitur waren die Begegnungen mit herzensglücklichen alten Männern in den Dörfern Ladakhs bei einer langen Bergwanderung oder mit weisen, liebevollen, dabei innerlich starken tibetischen Lamas in einem Kloster, in dem ich mich drei Monate lang aufhielt, einschneidende Erlebnisse. Wenn eine Religion so etwas aus Männern machen konnte, musste sie etwas besonderes sein. Solche Männer waren mir zu Hause nirgends begegnet. Auch alle mir bekannten kirchlichen Würdenträger und Amtsinhaber ließen sich damit nicht vergleichen. Aber diese Erfahrung galt auch generell: Die Menschen, die ich auf meinen Wanderungen durch die buddhistischen Sherpa-Dörfer Nepals oder in Ladakh traf, hatten eine Sensibilität, Herzenswärme beziehungsweise nicht-urteilende Akzeptanz und Spiritualität, die mich ohne weitere Fragen überzeugten. So etwas fand ich auch in den hinduistischen Dörfern Nepals nicht vor.

Nach diesen Eindrücken begann ich, mich mit Buddhas Lehre zu befassen. Gäbe es ein Barometer für die inneren Werte eines Menschen, also für das Maß an ethischer Motivation, geistiger Ruhe oder intuitivem Wissen aus trefflicher Achtsamkeit (der universelle Befreiungsweg des Buddha in einem Satz), so läge der Durchschnittswert in den buddhistischen Ländern eindeutig höher als im christlichen Abendland. Dieser Ansicht bin ich bis heute. Andererseits wäre auf der Seite des Bewusstseins von «Ich», «Mein» oder «Selbst», den Selbstvergleichen und einem Abschätzen durch die Fixierung von Sein oder Nichtsein, recht oder schlecht, gut oder böse beziehungsweise Gott oder Satan, der Durchschnittswert im christlichen Abendland klar höher. Das Gleiche gilt für die Schwierigkeit, «meditativ» alleine mit sich, mit anderen und der Natur in Stille zu sein – beziehungsweise der Unruhe, dem Zwang, der Depression und Gewalt auf der anderen Seite der Skala. Diese Unterschiede sind ein Hauptmotiv für meinen Einsatz für den Buddhismus eben hier.

Mutter, Sohn und Buddhismus

Mutter verehrt aus verschiedenen Gründen, was ich tue. Besonders erinnere ich sie an ihren geliebten Vater, mit dem sie mich vergleicht. Ich lernte ihn nicht mehr kennen, bin ihm aber in der Familie am ähnlichsten, nicht nur, was das Äußere betrifft. Er war ein großer Bauer, der auch mit Leidenschaft schrieb, und ein sehr spiritueller Mensch, wenngleich ihn die Kirche nicht interessierte. Als er im Sterben lag und der Pfarrer gerufen wurde, wollte dieser nicht kommen – mit der Begründung: «Der braucht keinen Pfarrer, er ist doch selbst einer.» Hans Bauer, mein Großvater, war das, was man einen «ewigen Weltverbesserer» nennt, dies aber ernsthaft. Er verweigerte etwa den Hitlergruß, versuchte, Artikel gegen Hitler in der Stadtzeitung unterzubringen, und sprach sich in Dorfversammlungen gegen den «Führer» aus. So kam er vor zwei NS-Gerichte, die ihn warnend als «Volksschädling» einstuften.

Was ihn vor dem Konzentrationslager rettete, war der Umstand, dass der lokale Gauleiter der NSDAP ihn schon lange gut kannte und auch persönlich schätzte und sich überdies für meine Mutter interessierte. Auch trug Großvater das goldene Parteiabzeichen der NSDAP, weil er einer der Allerersten gewesen war, die in den

Zwanzigern aus purem Idealismus der neuen Partei beigetreten waren. Als ihm zunehmend die Schattenseiten Hitlers und der Nationalsozialisten deutlich wurden, passte er sich nicht an, sondern wurde zum Gegner. Aber er verließ die Partei nicht, weil jenes seltene Parteiabzeichen als Schutz wirkte. Obgleich ich ihn persönlich nicht mehr kennen gelernt habe (wohl aber seine Schriften), meine ich, ihn genau zu kennen. Er ist mir in dieser «Kombination» aus radikalem Idealismus und konsequenter Menschlichkeit irgendwie tief vertraut. In gewisser Weise setze ich «seine Art» auf der nächsten Stufe fort, indem ich Schriften publiziere.

Auch Mutter ist ein sehr spiritueller Mensch, obgleich die Kirche sie nicht interessiert. Als sie geboren wurde, meinte der Arzt wegen ihres geringen Gewichts, dass sie kaum viel älter werden würde. Heute ist sie vierundachtzig, nicht zuletzt infolge einer sehr gesundheitsbewussten Lebensweise und selbstständig entwickelter Meditation. Als Hauptgrund für ihr Befinden und sogar als «das Wichtigste im Leben» betont sie «richtiges Atmen» oder «tief atmen bis in die Zehen». Seit Jahrzehnten macht sie täglich ein bis zwei Stunden Atemübungen, die sie selbst entwickelt hat, häufig im Garten. Dazu gehört ein langsames, achtsames Heben und Senken des Unterarms, während der Ellbogen aufgestützt ist, in Kombination mit dem Ein- und Ausatmen. Diese Übung habe ich später bei dem thailändischen buddhistischen Meditationsmeister Ajahn Dhammadaro wieder entdeckt. Mein starkes Interesse an allen Formen von Achtsamkeits- oder Einsichtspraxis im Buddhismus gründet in dieser Prägung. Dieses Mittel zur Befreiung, nämlich ein öffnendes Erforschen dessen, was sich jederzeit körperlich und geistig darbietet, war mir daher sehr vertraut. Es hat mir später auch eingeleuchtet, dass der Buddha in seiner berühmten *Rede vom Bewussten Ein- und Ausatmen* das Bewusste Atmen als vollständigen Befreiungsweg lehrt.

Als ich später im Buddhismus auf diesen zentralen Lehrbereich vor allem in Form des Vipassana (Höheres Sehen) stieß, war da sofort eine besondere Hellhörigkeit. Dies ist ein Gebiet, das in den monotheistischen Quellenschriften fehlt. «Achtsamkeit» oder deren systematische Einübung in der «Meditation» ist kein Thema in der Bibel oder im Koran, eine heute generell nicht vergegenwärtigte Tatsache. Laut dem Erwachten sind sie die Quelle des universell gültigen Befreiungsweges von Ethik, Ruhe und Einsicht. Jene erste Hellhörigkeit erweiterte sich später zu einem zentralen Interesse, das etwa zum Verfassen eines Buches führte *(Kursbuch Vipassanâ: Wege und Lehrer der Einsichtsmeditation)*, das heute den einzigen populären Überblick über die hauptsächlichen Ansätze, Vertreter und Textgrundlagen des Vipassana bietet. Dieses ist die bekannteste Praxisform des frühen Buddhismus, Theravada (Lehre der Ältesten), der gegenwärtig in Südostasien und in Sri Lanka maßgeblich ist.

Mutter ist ein einfacher Mensch mit einer starken Natur- und Tierliebe. Einmal besuchte uns ein Mann vom Gartenbauamt. Er sah einen Baum im Garten, den er als unheilbar krank einstufte. Er meinte, der Baum müsse weg, weil er die anderen anstecken würde. Mutter kümmerte sich nun gezielt um den Baum, und dieser wurde gesund. Als unser Wolfshund Tasso, der mich als Baby im Garten immer behütet hatte, mit achtzehn (ein Methusalem-Alter für einen Hund) bloß noch knurrend mit nicht mehr heilenden Wunden in der Ecke lag, ließ er außer Mutter niemanden mehr heran; nicht einmal Vater, der täglich mit ihm ausgiebige Läufe unternommen hatte. Auch Mutters mit Natur- und Tierliebe verwobene Spiritualität hat mich tief geprägt. Dass der Buddhismus die einzige Weltreligion ist, in der die Natur ihre zentrale, Heil vermittelnde Rolle tatsächlich spielt, und Ethik sich nicht allein auf die Menschen, sondern auch auf die fühlenden Tiere bezieht, ist für mich ein primärer Anziehungspunkt.

Die kritische Haltung zu den Glaubensreligionen

Mit der Betrachtung der Natur unvereinbare Lehren wie «ewiges Leben», «Auferstehung von den Toten» (beide wirken ebenso als Bekräftigungen der Fixierung auf Leben und Körper), spezielle Wunder wie ein sich teilendes Meer, um den Weg freizumachen, oder die Kausalitätseinbildungen hinter einem «Jüngsten Gericht» und der Erlösung der Menschheit durch einen Kreuzestod scheinen mir ein bewusstes Wegführen von dem zu sein, was sich als (wahre) Natur der Dinge hier und jetzt konkret befreiend erfahren lässt. Die große Frage ist, warum sie davon wegführen wollen. Menschen, die der (wahren) «Natur» der Dinge entwöhnt werden, sind innerlich desorientiert, leidend, konsumhungrig und eher fremdbestimmt. Denn sie finden kaum mehr Halt in sich selbst, das heißt in ihrer intuitiven, wirklichkeitsgemäßen Wahrnehmung, die durch jene Glaubensvorstellungen verhindert wird. Macht braucht diesen «Typus». Seit dem späten Römischen Reich ist die Kirche aufs Engste mit den säkularen Mächten verzahnt.

Ethik ist für mich auch nicht teilbar, indem sie sich auf nur eine Art empfindender Lebewesen beziehen soll, die Menschen, während sie die Tiere völlig außer Acht lässt. Ethik muss mitfühlend das fühlende Leben als Ganzes umfassen, wenn sie tatsächlich das Leiden im fühlenden Leben sieht beziehungsweise mitempfindet. Sonst kann sie nicht wirklich authentisch sein. Darüber darf auch das soziale Engagement der Kirche in der Welt nicht hinwegtäuschen, das im Übrigen sehr häufig von der Vermittlung jenes Glaubens getragen wird. Auch bei der berühmtesten Aussage des Neuen Testaments, «Liebe deinen Nächsten wie dich selbst», sollte man bedenken, dass man sich selbst gewöhnlich in «Ich»-bezogener Weise liebt. Soll man so den Nächsten lieben?

Auch wird ein negatives Menschenbild (mit «Sündenfall», «Vertreibung aus dem Paradies», «Erbsünde» oder «irdischem Jammertal») dazu führen, dass man diesem Bild, wo es verinnerlicht worden ist, im Handeln entspricht. Dies wiederum wirkt als Selbstvergewisserung des Bewusstseins von «Ich und Mein», das hier die Form jenes negativen Menschenbildes angenommen hat – als Selbstbild. Die daraus erwachsenden inneren Konflikte und Leiden verstärken auch weiter jene Desorientierung und Lenkbarkeit. Denn laut buddhistischem Karma-Verständnis entscheidet allein die Qualität der Absichten, ob Glück oder Leid erfahren wird. Und mit einem Bild von sich als dem geborenen Sünder wird es eher zu unheilsamen als heilsamen Absichten beziehungsweise Handlungsmotiven kommen.

Auch das monotheistische Frauenbild ist höchst bedenklich: Laut der biblischen Mythologie ist die Frau als «Rippe» ein dienliches «by-product» des Mannes. Sie gilt hier sogar als Ursache für den «Sündenfall» der Menschheit beziehungsweise der «Vertreibung aus dem Paradies» laut der (männlichen) Geschichte von der «Verführung» Adams zum Genuss des «Apfels vom Baum der Erkenntnis von gut oder böse». Zu Phänomenen wie Hexenverbrennung (1400–1800, Christentum), Witwenverbrennung (Hinduismus) oder Hinrichtungen von Frauen, zum Beispiel weil sie ihrem Mann widersprochen haben (wie unter den Taliban in Afghanistan) oder Todesurteilen für von Männern vergewaltigte Frauen sowie Verschleierungsgebot (Islam) gibt es nichts Vergleichbares in der Geschichte des Buddhismus. Der Erwachte hat explizit keinen Unterschied gemacht, was die Befreiungsfähigkeit der Geschlechter angeht. Er gründet (gegen den Widerstand einer besonders patriarchalischen Kultur) einen weiblichen Orden, der groß wird. Er ist der erste spirituelle Meister im alten Indien, der Frauen in den engsten Schülerkreis aufnimmt. Es gibt hier eine beträchtliche Zahl von Frauen unter den Ordinierten wie Laien, die voll erwacht sind oder eine der «Endgültigen Befreiungsstufen» vorher realisiert haben. Diese Fakten gelten nicht für die Ausgangslagen der anderen Weltreligionen. Zu den Aposteln um Jesus Christus etwa gehören lediglich Männer.

Gewalt wird in der Bibel und dem Koran auch verherrlicht. Gottgesegnete Gewalt selbst im großen Stil ist hier unbestreitbar. Dagegen sind die buddhistischen Urtexte unmissverständlich friedfertig.

Vater war überzeugter Atheist, der Religion als machtdienlichen Betrug am einfachen Menschen ansah. Die andere Wurzel meiner kritischen Haltung zu den Glaubensreligionen liegt in Mutters und Großvaters kirchenunabhängiger Naturspiritualität, die ich durch manche ihrer christlichen Ideen eher behindert sehe. Ich sehe darin eine unbewusste Macht dieser christlichen Vorstellungen, wenn sie sich sogar bei solchen Menschen noch auswirken kann. Doch Mutter, die den Buddhismus immer wieder als die «beste aller Religionen» bezeichnet, hat etwa einmal spontan aus ihrer Intuition über die Bibel gesagt: «Machwerk.» In den letzten Wochen seines Lebens meinte Vater privat: «Wir werden alle an der Nase herumgeführt, und keiner merkt es.» Ich würde diesen zentralen Kritikpunkt analytisch so benennen: Der Gott- und Seelenglaube ist der menschliche Ich- und Mein-Glaube in seiner metaphysisch überhöhten Form, das unbewusst machtvollste Rückversicherungsprojekt des «Selbst» in der Geschichte.

In der nicht-theistischen Lehre des Erwachten gilt das «Selbst» bloß als «Konventionelle Wahrheit», weil das stetig Wegfließende und somit letztlich Nichttragfähige oder Nichtgreifbare in Wirklichkeit auch kein «Selbst» oder «Mein» sein kann. «Alle Dinge sind das Nicht-Selbst», lautet die zentrale kanonische Aussage des Buddha zur «Höchsten Wahrheit». Diese Aussage umfasst alles Bedingte und Unbedingte: alles. Er sagt auch: «Ich sehe keine Lehre vom Selbst, die, wenn sie ergriffen wird, nicht Unglück, Wehklagen, Schmerz, Kummer und Verzweiflung hervorbrächte.» Denn jede Lehre von einem «Selbst» (die Sicht, dass es im höchsten Sinne real existiere) widerspricht der wahren, «Selbst»-losen Natur aller Dinge.

Die Sehnsucht, aufzubrechen

Nach dem Abitur wollte ich nach Asien. Ich hoffte, dort eine wahre, verlässliche Orientierung zu finden, die mir weder Kirche oder Religionsunterricht, kein Fach auf dem Gymnasium, noch Verwandte oder Freunde geben konnten. Von klein an rumorten in mir Fragen, die hier nicht beantwortet wurden. Ich hatte sie für mich alleine durch das Lesen von Büchern und durch Schreiben zu lösen versucht. Nach Asien schaute ich wegen jener Literatur, die der «große Trost» meiner Teenager-Jahre gewesen war. Hinzu kam, dass ich das vom Zen-Buddhismus mit geprägte japanische Karate ab dreizehn als Leistungssport betrieben hatte. Es gab mir jene geistige und körperliche Stabilität, die mir zuvor weitgehend gefehlt hatte. Auch wirkte in mir ein Konflikt, der letztlich in der Gegensätzlichkeit der Eltern begründet lag: Vaters scharfem Intellekt, seinem Atheismus und seinem vielseitigen Engagement und

Mutters intuitiver Einfachheit, ihrer Naturspiritualität und meditativen Zurückgezogenheit. Diese Gegensätze trafen besonders in mir als «einzigem Sohn» zusammen. Der Buddhismus gab mir auch die Möglichkeit, sie auf höherer Ebene zu vereinen.

Auf einer neunmonatigen Reise durch Indien, Ladakh und Nepal kam ich bei Bergwanderungen und während dreier Monate in einem tibetischen Kloster in volle Berührung mit Buddhas Lehre. Nach jenen ersten Begegnungen mit Buddhisten in den Sherpa-Dörfern Nepals und in Ladakh gab ich bald schon meinen Plan auf, nach Indonesien weiterzureisen. Ich wollte mich jetzt ganz auf buddhistische Kulturen konzentrieren. In Nepal telegrafierte ich nach Hause, um mich vom Jurastudium abzumelden, das ursprünglich in jenem Herbst in Regensburg beginnen sollte. Denn in dem tibetischen Kloster erfuhr ich bei der buddhistischen Lehre und den Tibetern ein mir bislang unbekanntes, inneres Heimatgefühl.

Der erste Kontakt mit dem Kosmos im Herzen

Ein einschneidendes Erlebnis dort war eine geleitete Meditation, bei der der natürliche Sterbeprozess visualisiert und durchlebt wird. Ich hatte bei dieser Meditation das klare Gefühl, dass hier ein tatsächlicher Prozess «nacherlebt» wird. An einem Punkt stellten wir uns vor, wie die Lebensenergie der beiden seitlichen «Kanäle» in den «zentralen Energiekanal» zurückkehrt, kurz vor dem «Klaren Licht des Todes». In diesem Moment entwich wie mit einem Schlag aus meiner ganzen linken Körperhälfte jede «Spürbarkeit», als sei ich genau in der Mitte durchschnitten worden. Innere Panik überkam mich, das Herz begann zu rasen, die Augen öffneten sich, und ich ließ keinen weiteren Gedanken dieser geleiteten Meditation mehr zu. Nach einigen Momenten füllte sich plötzlich die linke Körperhälfte wieder mit Leben. Später erfuhr ich, dass sehr fortgeschrittene tantrische Yogis die Lebensenergie der Seitenkanäle tatsächlich in den zentralen Energiekanal hereinholen, um das «Klare Licht des Todes» zu verwirklichen. Auf

Grundlage dieses subtilen, freien Bewusstseins meditieren sie dann über die wahre Natur der Dinge als letztlich «leer» von einem «Selbst» oder «Mein». Ich habe diese Sterbe-Meditation bisher nicht wiederholt.

Die Skepsis weicht im lösenden Verstehen

An den folgenden Tagen im Kloster musste ich des Öfteren weinen, wenn ich an dieses Erlebnis dachte. Es nahm mir die Skepsis, die ich bis zu diesem Zeitpunkt gehegt hatte. Es war eine Art Nahtod-Erlebnis, das mir plötzlich direkt vermittelte, welches «Energiebündel» der eigene Geist ist, wie er sich etwa mit unbewusster Willensmacht an das Leben klammert. Danach hatte ich gefühlsmäßig keinen Zweifel mehr, dass beim Tod dieser «Lebensdurst» (wie es der Buddha nennt) nicht aufhören kann, sondern sich eine neue Form «sucht», und zwar entsprechend seiner qualitativen Ausrichtung (als die Summe der Willensakte des vergangenen Lebens). Es war für mich jetzt auch klar, dass es kein «ewiges Leben» gibt, sondern Leben immer nur die Folge dieser unbewußten Willensmacht ist (wie es auch der später für mich entdeckte Arthur Schopenhauer lehrt, dessen Philosophie der buddhistischen Lehre im Westen am nächsten kommt).

Mit diesem Erlebnis begann eine intensive Beschäftigung mit dem Buddhismus. Aufbauend auf jener frühen Einsicht in das Leben als Folge von Willen oder Durst, haben mir später auch die letzten Worte des Buddha immer mehr eingeleuchtet: «Flusshaft-vergänglich ist alles bedingt Entstandene. Erarbeitet euch unermüdlich die Befreiung!» Denn was als Folge von Willen bedingt entstanden ist, muss wieder vergehen. So kann bloß «das Unbedingte», wie das Nirvana definiert wird, nicht vergehen. Befreiung kann mithin nur heißen, von allen Zyklen des Entstehens und Vergehens frei zu werden, das heißt von der unbewussten «Ich und Mein»-Identifikation mit dem Bedingten (beziehungsweise dem ständig Entstehenden und Vergehenden), die zwangsläufig innerlich «rotieren» lässt. Aber diese Befreiung ist bloß hier und jetzt möglich, eben durch wachsendes inneres Verstehen des Bedingten.

Der Erwachte bezweckt die Befreiung in diesem Leben, die direkt erfahrbar, jedoch zugleich nicht vorstellbar oder begreifbar ist, weil Vorstellungen oder Begriffe den Willenskräften folgen. Ein eigener Vers sagt es so: Ein Erwachender hört auf, nach dem Bedingten zu dürsten, das seinem Wesen nach stetig fließt, letztlich nicht trägt, in der Natur des allbezogenen, ungetrennten Nicht-Selbst. So wächst er ins Unbedingte.

Mit diesen Einsichten begann ich allmählich die berühmten «Vier Edlen Wahrheiten» im Herzen des Buddhismus zu verstehen, die Inhalt der ersten Rede des Erwachten waren, und die es befreiend in immer tieferen Dimensionen zu verstehen gilt; nämlich von der (2) Leidensursache: «Der Durst, der von Wiedergeburt zu Wiedergeburt führt, der, von Wollen und Verlangen begleitet, hier und dort Gefallen findet: Der Durst nach den Sinnesgenüssen, nach Sein und nach Nichtsein»; vom (3) Leidensende: «Das vollkommene Sichfreimachen, Nichtmehranhaften und Seinlassen (alleine) des Durstes»; sowie vom (4) Weg zum Leidensende, nämlich der Läuterung durch ethische Motivation, geistige Ruhe (Achtsamkeit und Meditation) oder intuitive Schau aus trefflicher Achtsamkeit. Ich verstand, dass ohne diesen «Inneren Weg» das (1) Leiden herrscht, das gewöhnlich mit Geburt, Alter, Krankheit und Tod, Zusammentreffen mit Unliebem, Trennung und Nichterlangung von Liebem einhergeht. Der Erwachte resümiert dieses Leiden als «Ergreifen von Körper und Geist» in dem nichtsehenden Glauben, dass sie «Ich», «Mein» oder ein «Selbst» seien. Nach jener Meditation waren dies für mich zeitlose, universelle Wahrheiten, eben ganz zutreffend die «Vier Edlen Wahrheiten». Ihr Verständnis scheint überall dort notwendig, wo das Leiden ernsthaft überwunden werden will, welche äußere Form es auch annehmen mag (inklusive Kriegsgewalt und Naturkatastrophen).

Zurück in Europa

Nach dieser Asienreise war für mich der Buddhismus bestimmendes Thema. Geprägt vom tibetischen Buddhismus ging ich an eines der beiden großen Lehrinstitute in Europa, an denen man die tibetische Gelehrtenausbildung machen konnte – das Mañjushri Institute in England (das andere Lehrinstitut war Tharpa-Chöling in der Schweiz). Es hat mich immer eine besondere Liebe zu Großbritannien erfüllt. Meine engsten Freunde in den Jahren in Ingolstadt waren Engländer und Iren. Mit meinem damals besten Freund, Paul aus Nordirland, machte ich mich nach dem Abitur auf zu jener langen Asienreise. Er fuhr am Ende weiter nach Indonesien, weil er sich nicht auf den Buddhismus konzentrieren wollte. Damals gehörte das Mañjushri Institute zu der dem Dalai Lama folgenden Gelugpa-«Foundation for the Preservation of the Mahayana (FPMT)».

Studium des Buddhismus

Nach zwei Semestern an diesem Lehrinstitut spürte ich zunehmend klar, dass ich weniger einer bestimmten Richtung des Buddhismus folgen wollte, sondern dass er mich generell interessierte. Auch wollte ich mich nicht mit Quellen aus zweiter Hand, sondern den Originaltexten befassen, um mir eine eigene Sicht bilden zu können. Ich erfuhr von einem tibetischen Mönch, dass Deutschland eine führende Stellung innehabe in Bezug auf Buddhismuskunde als Teilbereich der philologischen Disziplinen Indologie (Wissenschaft von der Sprache und Kultur Indiens) und Tibetologie. Einen besonders guten Ruf diesbezüglich hätten Hamburg und Göttingen. Heinz Bechert in Göttingen traf ich nicht an. Aber hier hörte ich, dass in Hamburg der Schwerpunkt auf dem Mahayana-Buddhismus liege, der mich damals besonders interessierte. Mit dem Hamburger Indologieprofessor Lambert Schmithausen verstand ich mich gut. So ging ich in die Hansestadt.

Die protestantische Hafenmetropole mit ihrer Weltoffenheit, Pluralität und Liberalität und ihrem Seeklima gefiel mir, wenngleich ich die bayerische Gemütlichkeit und Heimat manchmal vermisse. Der Buddhismus hat in Hamburg seine Hochburg im deutschsprachigen Raum. Er ist hier mit 25 – teils alteingesessenen – Zentren oder Gruppen vertreten. Für die Liberalität Hamburgs spricht auch, dass ein «Exot» wie ich wiederholt ganzseitige Artikel zum Buddhismus in der großen Monopolzeitung der Stadt, dem *Hamburger Abendblatt*, publizieren konnte.

Ich begann mein Studium mit dem Hauptfach Europäische Geschichte, im Gymnasium meine Leidenschaft, und mit den Nebenfächern Indologie und Tibetologie. Dies bedeutete zunächst die Einführung in das Altindische (sanskrit) und das Schrifttibetische. Aber Geschichte und Orientalistik lagen mir bald zu weit auseinander, weshalb ich Geschichte nach der Zwischenprüfung ablegte. Jetzt nahm ich Indologie mit Schwerpunkt Buddhismuskunde als Hauptfach, Tibetologie weiter als Nebenfach und Neuindologie (bei mir Sprache und Kultur Sri Lankas) als zweites Nebenfach. Die insgesamt sechs Jahre des Studiums waren sehr lehrreich. Ich konnte mich mit den Originaltexten befassen und war nicht an eine bestimmte Tradition gebunden. Andererseits war für mich als «Buddhist» das Studium lediglich Mittel, um tiefer in die für mich existenziell relevante Lehre des Erwachten einzudringen und sie in dieser Relevanz auch weiterzuvermitteln. Dies war nicht die generelle Motivation zu dem Studium. Aber die Veranstaltungen mit den Professoren Schmithausen in der Indologie sowie David Seyfort Ruegg und Felix Erb in der Tibetologie vermittelten mir das Rüstzeug für präzises und unvoreingenommenes Arbeiten mit den Quellen.

Meine Liebe gehörte bald der altindischen Lehre vom «Mittleren Weg», Madhyamaka, wie sie von Nagarjuna (2.–3. Jh., Indien) begründet worden ist. Hier sah ich die klarste Wiederaufnahme der Grundlehren des Buddha im Mahayana. Meine selbst gewählte Abschlussarbeit war die Erstübersetzung eines Teils des umfassenden und weitgehend erhaltenen Sanskrit-Kommentars von Prajñakaramati (10. Jh., Indien) zum Hauptwerk des Madhyamika Shantideva (7.–8. Jh., Indien). Jener Teil des Kommentars befasst sich mit Shantidevas maßgeblicher Ethikbegründung durch die «Gleichheit von Selbst und anderen» im achten Kapitel. Shantideva gilt als Hauptbegründer des Ideals vom selbstlosen Weltbefreier Bodhisattva. In Tibet sind zu diesem Werk mehr als zweihundert große Kommentare entstanden. Auch der Dalai Lama betrachtet es als seine wichtigste Inspirationsquelle.

Der frühe Buddhismus – Theravada

Nach dem Abschluss im Dezember 1988 mit Eins ging die Suche weiter. Die Wissenschaft war bloß zum Teil mein inneres Zuhause. Bereits während des Studiums kam ich während zweier weiterer Asienreisen in vollen Kontakt mit dem frühen Buddhismus, dem Theravada (Lehre der Ältesten), dem ich auf meiner ersten Asienreise nach dem Abitur noch nicht begegnet war. Prägend sollten hierbei die Begegnungen mit dem englischen Vipassana-Lehrer Christopher Titmuss bei einem großen Kurs in Bodh-Gaya in Nordindien, mit dem deutschen gelehrten Mönch Nyanaponika und dem singhalesischen Abt des Meditationszentrums Wegirikanda, Bhante Kassappa, auf Sri Lanka werden. Später erkannte ich, dass ich somit Kontakt mit dem ganzen Theravada bekommen hatte – dem asiatischen (Kassappa), dem deutschen (Nyanaponika) und dem modernen westlichen beziehungsweise angelsächsischen (Titmuss). Bei diesen drei Lehrenden stand auch jeweils das Vipassana im Vordergrund. Nyanaponika hatte es mit seinem Klassiker *The Heart of Buddhist Meditation* sogar als Erster im Abendland bekannt gemacht.

Der Pragmatismus, Individualismus und intuitive Grundansatz der Achtsamkeits- oder Einsichtspraxis Vipassana entsprachen mir. Ich spürte hier große Nähe zu den ältesten voll überlieferten Redensammlungen des historischen Buddha im Pali-Kanon des Theravada. Dieses Interesse wuchs während des Studiums weiter. Danach ging ich für eineinhalb Jahre nach England, in die Gegend von Christopher Titmuss, zu dem es seit unserer ersten Begegnung eine inspirierende spirituelle Freundschaft gibt. Entsprechend dem «Engagierten Buddhismus», den Christopher überzeugend vertritt, wurde auch in mir das Bedürfnis immer stärker, die Lehre des Erwachten in die westliche Kultur mit einzubringen. Dies schien angesichts der bedrohlich zunehmenden äußeren Krisen und inneren Nöte, das heißt der wachsenden, unbewussten Rotation um das «Selbst» beziehungsweise «Dinge», die primär im (zunehmend weltweit übernommenen) «ewig hungrigen» Lebensstil mit den Werten des Abendlandes wurzelt, eine ganz zentrale Aufgabe. Ein Satz des neben Ajahn Chah einflussreichsten Meisters Thailands, Ajahn Buddhadasa, ist für mich gut nachvollziehbar: «Heute kooperieren Mächte auf der ganzen Welt, um immer mehr verlockende Dinge zu erschaffen. Wenn es so weitergeht, wird es die Welt zerstören.» In der Tat ist dies zu bedenken: Die Kurve der durch die immense Konsumtion des Westens und der «nachziehenden» Länder bedingten Mitweltverschmutzung, treibhausgasbedingten Klimaerwärmung beziehungsweise so genannten «Naturkatastrophen», steigt rapide an (Daten laut *Fischer Weltalmanach*): Im Jahre 2000 gab es auf der Erde 850 Naturkatastrophen, 1999 750 und im Mittel der 90er-Jahre 650. Seit den 60er-Jahren sind die volkswirtschaftlichen Schäden um das Neunfache gestiegen. Die Erwärmung hat die 90er-Jahre zum wärmsten Jahrzehnt des letzten Jahrtausends gemacht. Die Entwicklungen sind allmählich dramatisch. So lauten Schlagzeilen bloß vom August 2002: «Jahrhundertflut in Deutschland», «Waldbrände sind in den USA schlimmer als im Rekordjahr 2000, insgesamt wurden dort seit Januar bereits fast 2,5 Millionen Hektar Wald Opfer der Flammen», «Über 10 Millionen Menschen werden in China vom Hochwasser bedroht, 700 000 mussten bereits evakuiert werden und 1 Million Helfer sind im Einsatz», «Brandrodungen auf Borneo und Sumatra geraten außer Kontrolle, der Smog zieht bis nach Thailand, Singapur und Malaysia», «Taifun Rosa verursacht in Korea Schäden bislang ungekannten Ausmaßes. 30 000 Menschen verloren ihre Häuser», «Waldbrände um Moskau hüllen die Stadt in dicken Rauch».

Mit den wachsenden Durstkräften wächst auch die «begriffliche Verselbständigung» Papancha, die im Buddhismus als das innere Entfaltungsgebiet von «Durst und Ergreifen» gilt. Der thailändische buddhistische Meister Ajahn Buddhadasa wurde einmal gefragt, was für ihn das Hauptmerkmal der modernen Zeit sei. Seine Antwort: «Verloren in Gedanken.»

So war mir als geschichtsbewusstem Menschen früh klar, dass die Attraktivität des Buddhismus im Westen immer größer werden würde. Er erfährt hier seit den 60er-Jahren eine deutlich wachsende Popularität. Dies macht etwa das Ergebnis einer Umfrage des bekannten deutschen Instituts für Demoskopie in Allensbach klar: Im Frühjahr 2002 haben 33 Prozent der Deutschen auf die Frage, wen sie für den weisesten Menschen der Welt hielten, ohne Namensvorgaben mit «Dalai Lama» geantwortet. Bei ihm lag der Wert wesentlich höher als bei jeder anderen Person. Dies wäre noch vor zehn Jahren ganz anders gewesen. Interessant ist auch: Bei den Katholiken war der Zuspruch noch größer: Von ihnen betrachten 37 Prozent den Dalai Lama, laut dem Papst ein «Gottloser», als den weisesten lebenden Menschen, während lediglich 19 Prozent den Papst für den Weisesten halten. Auch diese Zahlen sind deutlich: In den USA gab es 1988 429 buddhistische Lehrzentren, zehn Jahre später hingegen 1062. In Deutschland waren es 1970 15 Zentren, 1991 dann 200 und 1997 schon 413. Im Jahre 2002 existieren hier über 600 Zentren.

Die Zeichen der Zeit waren damals bereits klar und werden seitdem immer klarer. Einleuchtend sind somit die Worte des bedeutenden britischen Historikers A. J. Toynbee (1889–1975): «Als das weitreichendste Ereignis des 20. Jahrhunderts wird sich einmal die Begegnung des Abendlandes mit dem Buddhismus erweisen.» Von dem englischen Schriftsteller H. G. Wells (1866–1946) stammt die Feststellung: «Der Buddhismus hat mehr für den Fortschritt der Weltzivilisation geleistet als irgendein anderer Einfluss in der Geschichte der Menschheit.» Schließlich betont Albert Einstein: «Die Religion der Zukunft wird eine kosmische Religion sein. Sie sollte einen persönlichen Gott transzendieren und Dogma und Theologie vermeiden. Der Buddhismus entspricht diesen Kriterien. Wenn es eine Religion gibt, die den modernen wissenschaftlichen Ansprüchen gewachsen ist, heißt sie Buddhismus.»

Die Kunst des Schreibens und Redens im Dharma

Ein authentischer westlicher Buddhismus, der die Gesellschaft prägen kann, braucht Weichensteller. Dies lehrt die Geschichte, und ich wollte zu ihnen gehören. Schreiben war für mich schon immer eine Vorliebe, früher auch ausgeübt in der relativ erfolgreichen alternativen Stadtzeitung Ingolstadts, dem *Schanzer Journal*, die später von der damals sehr konservativen Tageszeitung der Stadt gezielt verdrängt wurde. Jetzt wollte ich den Journalismus professionell erlernen. Dafür schien auch folgende Tatsache zu sprechen: Es gibt drei «Sprachen» beziehungsweise «Denkarten», welche die abendländische Mentalität primär geprägt haben: die Wissenschafts-, Medien- und Erfahrungssprache. Ihr jeweiliger Vorzug ist Objektivität beziehungsweise Präzision, ansprechende, lebendige oder wirksame Form und existenzielle Relevanz oder direkte Überzeugungskraft. So schien mir eine Verbindung zwischen diesen drei Sprachen oder Denkmodi angebracht, um im Westen den Buddhismus effektiv beziehungsweise überzeugend als alternative Wertorientierung zu vermitteln.

Nach 1990 folgten ein paar Jahre, in denen ich den Journalismus erlernte: Eine eineinhalbjährige Hospitanztour mit den Stationen «Bayerischer Rundfunk», «Deutsche Welle» Köln «Asia Desk» (englischsprachiger Auslandsdienst) und *GEO*-Magazin Hamburg. Dies waren totale «Sprünge ins kalte Wasser», mit vielen Beiträgen, die unter Zeitdruck zu machen waren. Beim *GEO*-Magazin hatte ich das Glück, dass gerade ein Indien-Special in Vorbereitung war, wofür ich einen großen Kasten zum indischen Kastensystem schrieb. Bald danach nahm ich in Hamburg an einem eineinhalbjährigen Aufbaustudium des «Institutes für Journalistik» der Universität in Zusammenarbeit mit einem PR-Institut (DIPR) für Absolventen teil. Diese erstklassige, sehr praxisnahe Vollzeitausbildung lehrte mich noch mehr als die Hospitanztour das Schreiben und Präsentieren.

Was meine buddhismusbezogenen Aktivitäten seitdem trägt, ist diese Überzeugung: Je besser der Buddhismus im Westen «ankommt», desto mehr wird in der Öffentlichkeit buddhismuskundliches Wissen in Verbindung mit allgemein ansprechender, lebendiger Darstellung vor dem Hintergrund praktischen Sicheinlassens auf den Buddhismus gefragt sein. Dabei gibt es viele Schwierigkeiten, von Nichternstgenommenwerden, Unverständnis, der Einstufung als Zeitvergeudung bis zu Behinderung, aber auch klare Erfolge, die jenes Gefühl zunehmend bestätigen.

Das Schreiben alleine reicht natürlich noch nicht, um den Lebensunterhalt zu sichern. So mache ich Jobs im Betreuungs- und PR-Bereich. Weitere Bücher habe ich im Herzen und im Kopf, die ich mit ähnlicher Überzeugung übersetzen oder schreiben werde. Darunter ist ein zeitgemäßer Kommentar zu jedem der Verse von Nagarjunas Hauptwerk, um dieses nach den Reden des Buddha wohl einflussreichste Werk des Buddhismus erstmals einer breiteren Öffentlichkeit zugänglich zu machen. Nagarjuna gilt dem Zen als einer seiner prägenden altindischen Vorfahren, im tantrischen Buddhismus als die maßgebliche Quelle und im tibetischen Buddhismus als der «Zweite Buddha». In allen Hauptströmungen des tibetischen Buddhismus wird heute die von Nagarjuna ausgegangene Denkschule des «Mittleren Weges» als die bedeutendste betrachtet.

Weil es sich durch Nachfragen so ergeben hat, wird für mich auch Vortrags- und Kurstätigkeit zunehmend wichtig. Die «reine» Praxis der Meditation wird in Zukunft noch breiteren Raum als bislang einnehmen. Ich empfinde Meditation heute als innere Freude. Der Dharma (Das, was trägt), wie ihn der Erwachte gezeigt hat, trägt tatsächlich. Ich werde das, was mir als innere Pflicht als Mensch mir selbst wie der Welt gegenüber bewusst ist, in wachsendem Maße erfüllen. Auf meinem Sterbebett will ich mir einmal sagen können: Es war ein wirklich ernsthafter, großer Schritt. Das Noch-nicht-Verwirklichte wird verwirklicht werden. Ich freue mich; Ehre dem Buddha.

Ritsunen Gabriele Linnebach
Gabriele Linnebach wurde 1943 in München geboren. Von 1968 an lebte sie in Paris, wo sie Fremdsprachen studierte und 1982 mit der Zazen-Praxis in dem von Deshimaru Roshi begründeten Zentrum begann. Ab 1986 praktizierte sie acht Jahre lang in Tokyo bei Gudo W. Nishijima Roshi, von dem sie 1993 die Dharma-Übertragung erhielt. In einzigartiger Weise befasst sich Nishijima Roshi seit vielen Jahrzehnten mit der Lehre und Übersetzung des *Shobogenzo*, des Hauptwerks Meister Dogens. Gabriele Linnebach folgt ihrem Lehrer in dieser Ausrichtung. Seit ihrer Rückkehr nach München im Jahre 1994 widmet sie sich ausschließlich der Übertragung dieses Werkes aus dem Japanischen ins Deutsche. Band 1 der vierbändigen *Shobogenzo*-Ausgabe erschien 2001 im Kristkeitz Verlag, Band 2 ist in Vorbereitung.
E-Mail: GLinnebach@aol.com

Mein Weg zum «einfach tun»

Seit meiner Kindheit und in allen Phasen meines Lebens haben mich fundamentale Fragen des Lebens beschäftigt, zum Beispiel, warum der Mensch leidet oder was dieses Leben eigentlich ist oder was wir hier tun. Vielleicht macht diese Lust am Herausfinden den eigentlichen Impuls meiner Existenz aus. Die Sehnsucht, wenigstens irgendeine Antwort auf diese Fragen zu erhalten, ist wahrscheinlich ein tief menschliches Bedürfnis, das sich vielleicht in einem verschwommenen Bereich zwischen Philosophie, Religion und dem Leben selbst mit seinen Höhen und Tiefen entfaltet. Ich glaube, dass in jedem Menschen eine Art transpersonaler Kraft lebt, die ihn, ohne dass er es oft weiß, dazu antreibt, mitten im Chaos der Welt das Wirkliche oder den Urgrund des Seins zu suchen und dabei manches zu tun, das für ihn selbst zunächst unerklärlich ist. Erst im Nachhinein versucht er, sein Tun zu analysieren oder auch zu rechtfertigen. Diese Urkraft spielt auch in meinem Leben eine wichtige Rolle, aber ich kann sie nur sehr bedingt in Worte fassen.

Religion und Kirche

Zunächst war nicht abzusehen, dass ich mich jemals mit religiösen oder philosophischen Fragen beschäftigen würde. Ich wuchs in einem sehr hektischen Geschäftshaushalt auf, in dem beide Elternteile ausschließlich damit beschäftigt waren, eine Werbeagentur aufzubauen und zu erweitern. Ich war mir weitestgehend selbst überlassen und vernachlässigte meine Schulaufgaben. Als ich dann bei der Aufnahmeprüfung fürs Gymnasium durchfiel, entschieden meine Eltern, es sei das Beste, mich für eine Weile in ein Internat zu schicken. Die Wahl fiel auf eine Institution, die von katholischen Nonnen geleitet wurde. Dort kam ich zum ersten Mal mit der Religion und der Kirche in Berührung. Es war leider keine besonders glückliche Begegnung.

Der Versuch, eine echte Beziehung zum katholischen Gott herzustellen, schlug bei mir schon deshalb fehl, weil ich jeden Tag gezwungen wurde, sehr früh aufzustehen, um an der heiligen Messe teilzunehmen. Das empfand ich als fast unerträglich. Etwas tun zu müssen, worin ich keinen Sinn erkennen konnte, löste bei mir eine sehr starke Gegenreaktion aus. Zudem war die Erziehung der Schwestern sehr auf äußere Disziplin ausgerichtet und basierte vor allem auf der Erzeugung von Angst vor Bestrafung. Täglich hörte ich zwar erhabene Worte wie «Gott» und «Nächstenliebe», aber im konkreten Alltag des Internats konnte ich nichts davon spüren.

Heute denke ich, dass ein überhöhtes religiöses Ideal, das nur gedacht wird und nicht überzeugend gelebt werden kann, der alltäglichen menschlichen Wirklichkeit nicht standhält. Das Problem liegt also nicht im bösen Willen oder unzulänglichen Bemühen der Menschen, sondern einfach in der grundlegenden Unvereinbarkeit der gedachten, geforderten Welt mit der Wirklichkeit. Als ich nach sechs Jahren aus dem Internat entlassen wurde, wollte ich das Leben erst einmal genießen, und zwar ganz ohne Religion.

Leben in Paris

Die nächsten dreißig Jahre verbrachte ich fast ausschließlich im Ausland, einen großen Teil davon in Paris. Ich hatte mich für ein Fremdsprachenstudium entschieden, das ich außerhalb Deutschlands zu absolvieren beabsichtigte. Damit wollte ich auch den Problemen in meinem Elternhaus entfliehen. Es drängte mich unwiderstehlich in die Welt hinaus. Dort bot sich die wunderbare Gelegenheit, die Kultur anderer Länder kennen zu lernen und meinen enormen Wissensdurst auf allen Gebieten zu stillen. Ich verbrachte zunächst ein Jahr in England und in der Schweiz, bevor ich mich 1968 schließlich in Paris niederließ. Dort kam ich später auch mit dem Buddhismus in Berührung.

Die 70er-Jahre waren für mich, neben der Arbeit, von einer sehr intensiven Beschäftigung mit der bildenden Kunst geprägt. Ich studierte Kunstgeschichte an der École du Louvre und erinnere mich noch gut an meine ausgedehnten Besuche im Musée Guimet, dem Museum für orientalische Kunst, das mich ganz besonders anzog. Damals war gerade eine bedeutende Sammlung von Steinskulpturen aus Angkor Wat in Kambodscha ausgestellt. Der Gesichtsausdruck der Skulpturen des Buddha übte damals eine besondere Faszination auf mich aus. Durch die wunderbare Sammlung von chinesischem Porzellan in diesem Museum angeregt, begann ich mich dann eingehender für die Kultur Chinas und Japans zu interessieren.

Ich las mit großem Interesse Schriften wie das *Tao Te King* und das Orakelbuch *I Ging* und später auch alle Publikationen von Daisetzu Suzuki über den Zen-Buddhismus, zu dem ich eine starke und unerklärliche Affinität verspürte. Es war eine Zeit der Suche nach etwas, das ich nicht definieren konnte, das aber erste Umrisse erkennen ließ. Damals glaubte ich allerdings noch, dass mein Denken, meine Gefühle und die Befriedigung meiner Wünsche das Wichtigste im Leben seien.

Die Jahre in Paris vergingen wie im Flug, ohne dass ich etwas in meinem Leben ernsthaft in Frage gestellt hätte. Zwar fühlte ich mich innerlich manchmal ruhelos und auch unbefriedigt, aber ich ging der Sache nicht auf den Grund. Das Ereignis, das mich dann Mitte der 70er-Jahre drängte, mein Leben zu ändern, war der frühe und plötzliche Tod meines Vaters, der mich tief erschütterte. An seinem Grab stellte ich mir die Frage, was ich eigentlich mit meinem Leben anfangen wollte.

Die erste konkrete Veränderung bestand darin, dass ich mit Hatha-Yoga begann. Diese regelmäßige körperliche Arbeit, die für mich etwas ganz Neues war, hatte zur Folge, dass ich zunehmend ruhiger und zufriedener wurde und meine Umgebung harmonischer als früher empfand. Meine Yoga-Lehrerin war eine Libanesin, mit der ich mich anfreundete. Da sie seit vielen Jahren unter dem japanischen Meister Taisen Deshimaru Roshi Zen praktiziert hatte, ließ sie uns nach den Yoga-Übungen zehn Minuten lang zur Entspannung meditieren. Die Körper-Geist-Verfassung in der Meditation faszinierte mich irgendwie, und ich fragte sie, was das denn eigentlich sei. Sie gab mir daraufhin die Adresse des Zentrums.

Erste Begegnung mit dem Zen-Buddhismus

Als ich dann 1982 im Zen-Zentrum von Meister Deshimaru zum ersten Mal mit gekreuzten Beinen und geradem Rücken vor einer weißen Wand beim Zazen saß, fühlte ich intuitiv und sehr stark, dass es *das* war, was ich immer schon gesucht hatte. Nicht, dass das Sitzen eine überwältigende Erfahrung für mich gewesen wäre. *Was* es war, das mich da unwiderstehlich anzog, konnte ich mir nicht erklären, aber es gab überhaupt keinen Zweifel, dass ich auf dem rechten Weg war. Ich wusste nur, dass diese Praxis mich in tiefere Bereiche meines Lebens führte, von denen ich bisher nichts wusste und mit denen ich mich noch nicht beschäftigt hatte.

Der Wert des Meditierens stand für mich nach einiger Zeit außer Frage, weil ich mich danach ganz anders und besser fühlte als vorher. Zum Beispiel löste sich die Vorstellung der Trennung zwischen mir und den anderen Menschen, unter der ich oft gelitten habe, nach der Praxis fast ganz auf. Ich konnte die Wirkung also konkret in meinem täglichen Leben erfahren. Außerdem erschien mir Zazen nicht als etwas Fremdes, wie es viele Menschen empfinden, die in unserer westlichen Kultur aufgewachsen sind. Obwohl mir die Übung starke körperliche Schmerzen bereitete, hatte sie in gewisser Hinsicht etwas Vertrautes. Ich wusste nicht, warum dies so war, und suchte auch keine Erklärung. Es genügte mir, einige Jahre einfach zu sitzen.

Die tägliche Übungspraxis bewirkte eine zunächst unmerkliche und später grundlegende Veränderung meines Lebens. Was mir vorher beruflich und privat wichtig erschien, verlor immer mehr an Bedeutung. Und eines Tages hatte ich das dringende Bedürfnis, mehr über die kulturellen und philosophischen Hintergründe dieser Praxis zu erfahren. Ich fasste den klaren Entschluss, nach Japan zu gehen, wo der Zen-Buddhismus heute noch lebendig ist, um dort einen Meister zu suchen. Es dauerte dann noch etwa zwei Jahre, bis ich endlich abreisen konnte. Inzwischen hatte ich ein intensives Studium der japanischen Sprache begonnen.

Zen in Japan

Im September 1986 kam ich in Tokyo an. Ich hatte natürlich keine Vorstellung davon, was mich dort erwarten würde, und war selbst überrascht, wie leicht es mir fiel, mich allein in dieser völlig anderen Kultur zurechtzufinden. Es war wie beim Meditieren: Land und Leute kamen mir irgendwie vertraut vor. Ein paar Monate nach meiner Ankunft sah ich im *Tokyo-Journal*, einer Zeitschrift für die in Tokyo lebenden Ausländer, eine kleine Anzeige, die mich sehr anzog: «Meister Nishijima hält jeden Samstag in Hongo Sanchome ein Seminar ab über Meister Dogens *Shobogenzo.*» Das *Shobogenzo (Die Schatzkammer des wahren Dharma-Auges)*, von dem ich in Paris schon gehört hatte, ist eine der wichtigsten Schriften des Zen. Es handelt sich um die Aufzeichnungen der tiefen und vielschichtigen Lehrreden, die Meister Dogen, einer der bedeutendsten Meister des japanischen Buddhismus, in der Zeit von 1231 bis 1253 erarbeitet und seinen Schülern als ebenso philosophisch fundierte wie konkrete Anleitungen vorgetragen hat.

Das Seminar bei Nishijima Roshi (Roshi bedeutet «alter Meister») bestand aus einer halben Stunde Zazen und der Lektüre einer Passage aus einem der 95 Kapitel des *Shobogenzo*, dessen schwierige Textstellen der Meister anschließend erläuterte. Zum Schluss blieb noch etwa eine halbe Stunde für die Fragen der Anwesenden. Ich erinnere mich noch gut an die erste Frage, die ich ihm stellte: «Sie sprechen sehr viel von dem, was Sie die Wirklichkeit nennen. Was meinen Sie eigentlich damit?» Ein riesiges Lächeln erschien auf seinem Gesicht, und dann sagte er: «Um das zu erfahren, praktizieren wir Zazen.» Ich spürte, wie leidenschaftlich und klar er Meister Dogens Lehre formulierte, und besonders beeindruckte mich, dass er dabei einen direkten Bezug zum Alltagsleben herstellte.

Hier hatte ich endlich einen Meister vor mir, der nicht nur abstrakt und allgemein über den Weg redete, sondern ihn wirklich im Alltag lebte. Dazu war er der glücklichste Mensch, dem ich je begegnet bin. Dies hat mich motiviert zu bleiben. Ich nahm fast acht Jahre an diesen Samstag-Seminaren teil, und sie veränderten vollständig die Art und Weise, wie ich mich selbst und die Welt um mich herum sehe und erlebe. Und sie waren das Fundament für meine spätere, noch intensivere Beschäftigung mit dem *Shobogenzo*, aber das wusste ich damals noch nicht.

Die Lehrjahre mit Nishijima Roshi

Wenig später gründete Nishijima Roshi sein eigenes Zen-Zentrum in Ichikawa, einem Vorort von Tokyo. Einer seiner langjährigen Schüler hatte ihm ein vierstöckiges Gebäude zur Verfügung gestellt, das einen Zendo (der Raum, in dem man Zazen praktiziert), einen Vortragsraum, eine Bibliothek, eine Gemeinschaftsküche, ein Bad und zwölf Einzelzimmer enthält. Meister Nishijima wollte dort ein Zentrum für Menschen schaffen, die sich neben ihrer beruflichen Tätigkeit intensiv der Praxis und dem Studium des Buddhismus widmen. Es war Bedingung für den Aufenthalt, morgens und abends eine Stunde Zazen zu praktizieren und einige elementare Regeln des Zusammenlebens einzuhalten.

Roshi dachte dabei vor allem an die in Tokyo lebenden Ausländer, die dort wohnen und mit ihm praktizieren und studieren wollten. In Japan, wo der Zen-Buddhismus traditionell im streng geregelten klösterlichen Rahmen praktiziert wird, ist die Idee eines «weltlichen» Zen mitten im «Moloch» Tokyo heute noch ziemlich ungewöhnlich. Da mich das Klosterleben – vielleicht wegen meiner unglücklichen Internatserfahrung – wenig ansprach, zog mich diese Form des Zen besonders an.

Es wurde eine schwierige Zeit. Dabei leitete Roshi das Experiment seines Zentrums mit großer Behutsamkeit und Vorsicht, setzte sich mit Leichtigkeit über die täglichen Reibereien zwischen den Bewohnern hinweg und strahlte immer Optimismus aus. Mir überließ er die Abwasch-Probleme. Es war die Gelegenheit, ihn näher kennen zu lernen. In der Tat zwangen mich die alltäglichen Situationen dazu, seine Praxis des Zen hautnah zu erfahren, obwohl ich das Wort «Zen» nie von ihm gehört habe. In dieser Zeit lernte ich die nüchterne und konkrete Seite des Buddhismus kennen. Das war ein sehr wichtiger Schritt auf meinem Weg, denn er löste dieses alte Problem, das ich immer noch mit mir herumtrug, nämlich die tiefe Kluft zwischen einem religiösen Ideal und dem gelebten Alltag. Unter der Führung meines Lehrers befreite ich mich ziemlich schnell von allen meinen Vorstellungen vom Buddhismus, lernte das zu schätzen, was vor meiner Nase war. Die Tatsache, dass man den Buddha-Dharma mit dem Körper verwirklichen muss, ist für uns kopflastige westliche Menschen eine recht schmerzliche Erfahrung.

Rückblickend denke ich, dass die intensive Zazen-Praxis und das Studium der Texte unter meinem Meister, Gudo Nishijima, in den Jahren von 1986 bis 1994 die wichtigste und gleichzeitig schwierigste Zeit meines Weges waren. In der Tradition des Zen-Buddhismus ist es unabdingbar, dass der Meister die Buddha-Lehre wirklich verkörpert, das heißt sie dem Schüler tagtäglich vorlebt. Viele alltägliche Handlungen, wie gemeinsam Zazen zu praktizieren, die buddhistischen Texte zu studieren, zu kochen und zu putzen, sind einfach notwendig, damit der Schüler mit dem Meister konkret arbeiten, sich an ihm «reiben» und dabei sich selbst in Frage stellen kann. Meister Dogen berichtet von den Schwierigkeiten, die er im 13. Jahrhundert hatte, einen authentischen Meister zu finden. Das ist auch heute nicht anders.

Ich hatte das große Glück, einen Lehrer zu bekommen, der in der buddhistischen Praxis und Philosophie gleichermaßen erfahren ist. Dies ist sicherlich eine Seltenheit. Es ist wohl diesem glücklichen Umstand zu verdanken, dass ich in direkten und lebendigen Kontakt mit dem Dharma und den überlieferten Lehren gekommen bin. Ausschlaggebend war für mich auch, dass ich mit meinem Lehrer Nishijima Roshi direkt und unkompliziert kommunizieren konnte. Es war immer sehr einfach, mit ihm zu reden, und er beantwortete alle meine Fragen mit großer Geduld. In den Zen-Klöstern in Japan ist dies im Allgemeinen nicht in dem Maße der Fall, denn die Positionen von Meister und Schüler sind traditionell durch Abstand und eine strenge Hierarchie gekennzeichnet.

Die Arbeit am *Shobogenzo*

Was ich philosophisch unter der Leitung von Nishijima Roshi über Buddhas Lehre gelernt habe, hängt eng mit unserer gemeinsamen Arbeit an der deutschen Übersetzung von Meister Dogens Hauptwerk, dem *Shobogenzo*, zusammen. Ich muss hinzufügen, dass Roshi sich sein ganzes Leben lang, das heißt über sechzig Jahre, mit diesem Werk befasst hat und bereits damals gemeinsam mit seinem Schüler Chodo Cross intensiv an der englischen Übersetzung des Gesamtwerks arbeitete. Diese englische Fassung ist inzwischen in vier Bänden erschienen und gilt heute als die Standardübersetzung.

Ich hatte also die einmalige Gelegenheit, einen hervorragenden Dogen-Kenner als Lehrer zu haben und von ihm geduldig und einfühlsam durch die oft sehr schwer verständlichen Texte dieses Werkes geführt zu werden. Am Anfang dachte ich, dass meine Kenntnisse der japanischen Sprache und des Buddhismus nicht ausreichend wären, um eine solch gigantische Aufgabe zu übernehmen. Ich wusste, dass selbst literarisch versierte Japaner das *Shobogenzo* kaum verstehen können. Trotzdem waren mir diese Texte, die ich täglich mit meinem Lehrer studierte und die er mir vorlebte, zutiefst wichtig geworden.

Eines Tages wusste ich, dass ich das *Shobogenzo* übersetzen musste, wenn ich wirklich zu seinem Grund vordringen wollte. Aber das war damals noch keine so deutliche Einsicht wie jetzt, sondern eher verschwommen. 1989 fing ich an, einige Kapitel zu übersetzen. Von Anfang an war mir klar, dass ich keine Zweitübersetzung der englischen Version machen konnte, sondern direkt auf den Originaltext zurückgreifen musste. Diese Entscheidung habe ich nie bereut. Wer den Text des *Shobogenzo* kennt, weiß, welch ungeheure Kraft und Frische von Dogens Worten ausgeht. Allerdings muss ich sagen, dass die Anforderungen, die dieser Text gerade am Anfang an mich stellte, manchmal weit über meine sprachlichen Fähigkeiten und physischen Kräfte hinausgingen. Ich wusste, dass ich viele Jahre benötigen würde, um mir allein die vielen buddhistischen Fachausdrücke anzueignen, die im *Shobogenzo* vorkommen.

Ich organisierte mein Leben neu, sodass ich den größten Teil meiner Zeit mit der schwierigen Arbeit des Übersetzens dieses alten japanischen Textes verbringen konnte. Ohne Nishijima Roshis tatkräftige Unterstützung und sein tiefes, in sechzig Jahren gewachsenes Verständnis des Werkes von Dogen hätte ich es niemals gewagt, diesen schwierigen Text anzupacken. Und wenn ich manchmal an Dogens komplizierten philosophischen Aussagen verzweifelte, verstand es Roshi immer wieder, mir diese prägnant und einfach zu erklären, mich auf den Boden der Realität zurückzubringen und mir Mut zu machen.

Konkret sah unsere Arbeit folgendermaßen aus: Nachdem ich eine erste Version eines Kapitels erstellt hatte, traf ich mich mit Nishijima Roshi, und wir arbeiteten sie noch einmal gründlich gemeinsam durch. Dabei stellte ich ihm viele Fragen, die einerseits den kulturellen Hintergrund und die buddhistischen Fachausdrücke, andererseits aber auch semantische Probleme in Bezug auf viele sino-japanische Schriftzeichen betrafen. Unsere Gespräche erstreckten sich über einen Zeitraum von dreizehn Jahren und fanden in einer sehr klaren und offenen Atmosphäre statt. Ich konnte immer spüren, dasss Roshi die Wahrheit von Dogens Lehren selbst erfahren hat und sie im Alltag lebt, dass er mir nicht theoretisches Wissen, sondern seine eigene, authentische Erfahrung weitergab.

Der Kreis schließt sich

Als ich 1994 wieder nach München kam, hatte ich fast dreißig Jahre lang im Ausland, acht Jahre davon in Japan, gelebt. Ich kehrte als Buddhistin und mit der schwierigen und zugleich schönen Aufgabe zurück, die deutsche Übersetzung des *Shobogenzo* von Meister Dogen zu Ende zu führen. Im Jahre 2001 ist nun der erste Band erschienen, und die drei weiteren Bände sind in Vorbereitung. Wenn ich heute im Nachhinein über meinen sicherlich etwas ungewöhnlichen Weg nachdenke, muss ich sagen, dass das *Warum* dieser Ausrichtung meines Lebens für mich selbst noch nicht ganz geklärt ist. Allein die Frage, warum ich als westlich erzogene, aufgeklärte Europäerin über ein Jahrzehnt ausschließlich damit verbringe, ein höchst schwieriges buddhistisches Quellenwerk zu übersetzen, das vor fast 800 Jahren von einem japanischen Zen-Meister geschrieben wurde, kann man mit dem gewöhnlichen Denken wohl kaum verstehen. Warum macht man so etwas? Das Leben selbst beantwortet diese Frage auf höchst unkomplizierte Weise: Man tut es einfach! Und so denke ich, dass mein Weg letztlich dieses von einem Augenblick zum anderen *einfach tun* ist – ohne zu zögern, zu zweifeln oder vom Ehrgeiz getrieben zu sein. Wirklich schöpferisches Handeln, so sagt Dogen Zenji, ist immer zweckfrei, ohne Motiv darüber hinaus. Der Nutzen für andere ergibt sich dann von selbst.

Kay Zumwinkel

Kay Zumwinkel, Jahrgang 1958, lebte bisher zumeist in Franken. Nach dem Abitur übte er eine ganze Reihe von Tätigkeiten aus, war Rettungssanitäter beim Zivildienst, Einzelhändler, Musiker, Verwaltungsangestellter in der Industrie, Assistent in einem Meditationszentrum und Krankenpfleger. Während einer Weltreise fand er 1989 in Thailand die buddhistische Ausrichtung und entschied sich für den Weg der Älteren (Theravada). Kay Zumwinkel war von 1997 bis zum Beginn eines längeren Asienaufenthaltes im Jahre 2001 Mitglied des Redaktionsteams der *Lotusblätter* und machte sich als Übersetzer buddhistischer Texte einen Namen. Hervorzuheben ist die Übersetzung des gewichtigen Werkes *Die Lehrreden des Buddha aus der Mittleren Sammlung (Majjhima Nikaya)*, 3 Bände, Jhana Verlag 2001.

Die Stille der Wats

Der Buddha im Klassenzimmer

Meine Eltern erzogen mich freiheitlich und tolerant, sie ließen mir jegliche nur mögliche Förderung angedeihen. Die erste Begegnung mit dem Buddha hatte ich in der siebten Klasse im evangelischen Religionsunterricht. In mehreren Unterrichtseinheiten wurde uns die Überlegenheit des Christentums vermittelt. Der Lehrer war ein lockerer Typ, und so lachten wir alle herzhaft über naive Gottesvorstellungen im Hinduismus und schüttelten den Kopf über die Strenge im Islam. Beim Buddhismus gab es wieder etwas zu lachen. «Die Buddhisten wollen gar nicht in den Himmel, die wollen ins Nirvana, und das ist das Nichts.» Es gab einen, der nicht mitlachte. Ich konnte den Blick nicht von den beiden Abbildungen im Religionsbuch lassen – dem Foto einer Buddha-Statue und dem eines meditierenden Mönchs. Beide brachten Unerschütterlichkeit und eine heitere Ruhe zum Ausdruck. Es war mir unvorstellbar, dass eine Religion, die sich so erhaben präsentierte, irgendetwas mit Nihilismus zu tun haben könnte. Fortan hatten Buddhismus und Meditation in meinem Denken einen Bonus, obwohl ich so gut wie nichts darüber wusste. Heute, rückblickend, würde ich nicht zögern, dies auf eine Prägung aus früheren Leben, auf ein Wiedererkennen zurückzuführen.

Jugendliche Mystik

Ich war das, was man ein stilles Kind nennt, mit viel Liebe zu den Tieren und einem ausgeprägten Gerechtigkeitssinn. Ein paar Situationen sind mir noch ganz deutlich in Erinnerung, in denen mich – etwa im Alter von vierzehn Jahren – existenzielle Fragen wie ein Hammer trafen: «Warum sehe ich alles immer durch *meine* Brille? Warum bin ich immer *ich*?» Erst viel später erfahre ich, dass das Problem des Eingesperrtseins in der eigenen Existenz *(sankhara-dukkhat)* manchen Dichter und Philosophen in die Resignation oder den Wahnsinn und den Asketen Gotama zum Erwachen getrieben hatte.

Mithilfe eines Yoga-Buches meiner Mutter praktizierte ich ein paar Asanas und besonders gern und lange die Entspannungsübung *(savasana)*. Bei Letzterer stellten sich wiederholt beglückende Erlebnisse ein, die ich später als Begleitfaktoren vertiefter Meditation *(jhananga)* wiedererkannte. Heute sind mir derartige Zustände stabiler Einspitzigkeit des Geistes leider nicht mehr so spielerisch leicht zugänglich. Irgendwann hatte ich das Gefühl, ich müsse mich zwischen einer Laufbahn als Yogi und meiner Schulausbildung entscheiden. Ich entschied mich für die Schule.

J. C. Superstar

Bis zu meiner Konfirmation war ich gläubiger Christ. Jesus Christ Superstar (das Musical konnte ich komplett auswendig mitsingen) war mein großes Vorbild – als Sozialrevolutionär und Weisheitslehrer. Die letzten Wellen der Hippiebewegung schwappten aus Amerika herüber, und ich sympathisierte mit den Jesus People. In deren Teestube stellt ich zum ersten Mal die Frage nach der Relevanz des eigenen Handelns (Karma). Konkret wollte ich wissen, ob Judas Ischariot aus eigenem Antrieb heraus Jesus verraten hatte, ob er überhaupt eine Wahl hatte. Schließlich war sein Verrat vorausgesagt worden, ja geradezu erforderlich, damit Jesus seine Mission am Kreuz zu Ende führen konnte. Und wenn Jesus nur dem göttlichen Plan folgte, warum wurde er dann dafür bestraft? Die Antwort, Gott stehe eben außerhalb der Zeit, befriedigte mich nicht.

Die Gretchenfrage

Der Buddha hat die Frage nach der Verantwortlichkeit für das eigene Tun und das Akzeptieren der Tatsache, dass Handlungen Folgen haben, als eine Art Gretchenfrage für spirituelle Lehren bezeichnet. Ich stellte sie im Konfirmandenunterricht in der Form: «Muss man die Zehn Gebote befolgen, um in den Himmel zu kommen?» – «Man sollte versuchen, sie zu befolgen. Aber weil man es sowieso nicht schafft, wird man außerdem durch den Kreuzestod Jesu gerettet.» Diese Frage habe ich bis heute vielen Christen gestellt, und das Spektrum der Antworten ist anscheinend noch nicht ausgeschöpft. Einige reiten mehr auf dem Konzept der Ursünde herum, bei manchen muss man beichten oder wenigstens bereuen, entweder formal oder «ehrlich». Bei anderen reicht es, wenn man an Jesus glaubt, entweder in Form eines Lippenbekenntnisses oder aber «echt» und ohne Zweifel. Keiner sagt klipp und klar: «Was immer ich an Handlungen begehe, guten oder schlechten – deren Erbe werde ich sein.»

Meine Zweifel am Christentum und am Weg der Religionen nahmen zu. Dieses Entweder-oder von Himmel und Hölle schien mir zu schwarz-weiß gemalt, um der Wirklichkeit zu entsprechen. Nach meiner Konfirmation war ich kein Christ mehr. Der Kirchenaustritt erfolgte vier Jahre später.

Das Paradies muss auf Erden sein

Meine Suche nach dem Glück verlagerte sich nach außen zu gesellschaftlichem, politischem Engagement. Bereits Jahre vor meinem Zivildienst war ich regelmäßig zu Gast bei der Deutschen Friedensgesellschaft. Später wurde ich Marxist und sogar Leitungsmitglied einer kommunistischen Wohngebietsgruppe. Wir kämpften gegen Mietwucher und Spekulantentum, Stellenabbau und Ausländerfeindlichkeit, für die Rechte und Interessen von Arbeitslosen und Asylanten und selbst für den Erhalt von Schrebergärten. Wir standen im Bündnis gegen Marschflugkörper und Wiederaufbereitungsanlage. Mit den Anleitungsfunktionären gab es Ärger, weil nach den Leitungssitzungen der Wohngebietsgruppe hin und wieder mal ein Joint kreiste. Bei zwei Themen gerieten wir in Konflikt mit der offiziellen Linie: bei den Atomkraftwerken und Nina Hagen. Ich wollte eine bessere Welt und bin auch heute noch davon überzeugt, dass viele Genossinnen und Genossen von echtem Mitgefühl zu ihrer politischen Arbeit bewegt wurden. Kommunist nicht, weil es ihm schlecht geht, sondern weil es nicht allen gut geht, wie ein Liedermacher es ausdrückte.

Sein und Bewusstsein

Die große Daseinsfrage ruhte nicht, aber vom Dialektischen Materialismus waren keine besseren Antworten zu erhalten als: «Nach dem Tode lebt man in seinen Werken weiter.» Die wohl existenzialistischste Aussage des Marxismus – das Sein bestimmt das Bewusstsein – hatte mich anfangs fasziniert, wurde später aber zum Auslöser für die Fortsetzung meiner spirituellen Suche. Nach dem Daseinsverständnis des Buddha ist in jeglichem Sein – der Gesamtheit aller Daseinsgruppen *(khandha)* – bereits Bewusstsein, das «Gegenwärtigsein des Seienden» *(vinnana)*, enthalten. Selbst wenn man Sein nur auf das beschränkt, was im Bewusstsein gegenwärtig ist, also die benannte, bewertete Form *(namarupa)*, ist zwar nach einigen Beispielformeln für Abhängiges Zusammenstehen *(paticcasamuppada)* Bewusstsein von Sein *(namarupa)* bestimmt, aber ebenso Sein von Bewusstsein. Sie stehen gemeinsam, und sie fallen gemeinsam – wie zwei aneinander gelehnte Getreidegarben.

Marx hatte wohl eher die gesellschaftliche Ebene im Sinn, also dass eine perfekte Gesellschaft gute, zufriedene Menschen hervorbringt. Aber mir wurde klar, dass eine perfekte Gesellschaft nur von Menschen geschaffen werden kann, die daran arbeiten, sich selbst von Begehren freizumachen, sich selbst zu vervollkommnen. Der Fall der Mauer und der Zerfall der Sowjetunion, die ich Jahre später aus fernen Landen mitverfolgte, riefen bei mir nur weise erkennendes Kopfnicken hervor. Vom Geist geführt die Dinge sind.

Der spirituelle Cocktail

Das Tao der Physik von Fritjof Capra und Werke anderer New-Science-Autoren, in denen es um die Konvergenz neuester wissenschaftlicher Erkenntnisse mit spirituellem Denken geht, brachten mir Mitte der Achtziger die erfreuliche Einsicht, dass man seinen gesunden Menschenverstand nicht an der Garderobe abzugeben braucht, um einem spirituellen Weg zu folgen. Als Beigabe erhielt ich taoistische, sufistische, hinduistische und buddhistische Kosmologie im Schnelldurchgang. Begeistert hörte ich J. E. Behrendts Kassetten und las seine Bücher über kosmische Klangharmonie und den Weg des Lauschens: *Nada Brahma* – die Welt ist Klang. Ich verschlang D.T. Suzukis Bücher über Zen, las das Tibetische Totenbuch und – mit dem Zelt hoch in die italienischen Berge zurückgezogen – die *Bhagavad-Gita*. Den Hinduismus hielt ich längst nicht mehr für naiv. Wie ein Schwamm sog ich wahllos spirituelle Nahrung auf. Die Antwort auf die Frage nach dem Einen Weg, ja selbst die Frage, ob es den Einen Weg überhaupt geben konnte, lag nach wie vor im Dunkeln.

In jener Zeit machte ich eine mystische Erfahrung – ein intensives Erleben von Einssein mit allem – beim Autofahren, während ich einen Drone zu einer keltischen Melodie aus der Stereoanlage summte. Es wurde nun langsam Zeit, das Meditieren zu lernen, um der Sache weiter auf den Grund zu gehen. Ich wollte eine einjährige Weltreise nutzen, um einen Meister, einen Weg oder irgendwas zu finden. Ich wollte Pilgerschaft. Das Ende einer Zweierbeziehung mit viel Anhaftung und das Ende eines Zusammenarbeitsverhältnisses bei einem Kabarett-Projekt gaben mir die nötige Unabhängigkeit, das *dukkha* (Leiden) von Ersterem noch den nötigen Treibstoff dazu.

Pilgerschaft

Mit einem One-Way-Ticket nach Toronto und 3000 Dollar in der Tasche machte ich mich im Sommer 1989 auf den Weg. Ich trampte quer durch Kanada bis Vancouver, dann die Westküste der USA hinunter bis San Francisco. Meinen Unterhalt bestritt ich als Baumpflanzer und Gärtner, als Straßenmusiker mit meinem kleinen Akkordeon und mit der Gastfreundschaft vieler Menschen. Ich spielte vor Einkaufszentren, auf Bühnen und den Partys reicher Leute. Auf einem Esoterik-Festival nahe Vancouver wurde ich als keltischer Barde angeheuert. Ich traf Kristallheiler, Medien, Medizinfrauen, Schamanen und Neo-Druiden. Und christliche Missionare, die unsere Seelen vor dem Satan retten wollten. In Berkeley lernte ich drei Monate lang Hatha-Yoga bei einem chinesischen Lehrer und verfolgte fasziniert, wie er nach dem großen Erdbeben aufgelöste Amerikaner wieder auf die Beine stellte. Vieles begeisterte mich, und ich wollte so etwas wie ein nada-brahmischer, tantrisch-yogischer Zen-Druide werden. Aber etwas werden zu wollen bringt stets sein eigenes *dukkha* mit sich.

Zen

Die Lektüre von P. Kapleaus *Die drei Pfeiler des Zen* brachte mich dem Wesentlichen wieder etwas näher. Ich stand schon vor dem Berkeley Zen Center, fand keinen Klingelkopf und wartete. Nach einer Weile kam ein Mann mit Glatze heraus, der so verwirrt aussah, dass ich mich nicht mehr hineintraute. In der Folgezeit versuchte ich, nach Anleitung aus dem Buch jeden Morgen zehn Minuten lang den Atem zu zählen. Erste Erkenntnis: Kiffen und Meditation passen überhaupt nicht zusammen. – Von Kalifornien flog ich nach Thailand weiter.

Die Stille der Wats

Wenn die Leute in Thailand erfuhren, dass ich mich für Buddhismus und Meditation interessierte, war ihre spontane Reaktion stets von Freude und Respekt geprägt. Ich war beeindruckt. Die Stille der Wats (Tempel) umfing mich mitten in *busy* Bangkok. In Wat Kalyanamitta ließen mich wildfremde Menschen an verdienstvollen Ritualhandlungen teilhaben. Ich atmete eine Kultur, in der sich Spiritualität in schönen Gesten in einer Atmosphäre des Gebens und Sichhingebens ausdrückt, ohne Vereinnahmung. In Wat Benchamabophit, dem Marmortempel, probierte ich zum ersten Mal aus, wie es sich anfühlt, wenn man sich vor dem Buddha niederwirft – sorgsam darauf bedacht, dabei nicht von westlichen Touristen gesehen zu werden.

In Wat Arun, dem Tempel der Morgendämmerung, traf ich schließlich einen westlichen Mönch, der mir viele Stunden seiner Zeit schenkte, um meine Fragen zur Buddha-Lehre zu beantworten. Bislang hatte ich den Buddhismus zwar sehr interessant gefunden, aber nur für Asiaten geeignet. Jetzt wurde mir klar, dass dieser Weg für mich da war. Hier wurde (endlich!) mit unglaublicher Klarheit *(svakkhato)* das zentrale Problem des Daseins – das Nicht-Befriedigende, Leidhafte, *dukkha* – angesprochen und auf nachprüfbare Weise *(ehipassiko)* ein hier und jetzt sichtbarer Weg *(sanditthiko)* zu dessen Lösung *(opanayiko)* gezeigt. Ein Weg, den einsichtsvolle Menschen selbst nachvollziehen können *(paccatam veditabbo vinnuhi)*. Es war eine überwältigende, reinigende, klärende Phase.

Mantra-Klänge

Nun war ich also Buddhist, nahm regelmäßig Zuflucht, las *Was der Buddha lehrt* (W. Rahula), *Zen-Geist. Anfänger-Geist* (S. Suzuki Roshi) und *Die Ewigkeit ist Jetzt* (Ayya Khema). In Dharamsala, Nordindien, meditierte ich und studierte den tibetischen Buddhismus, um noch mehr Klarheit über die Buddha-Lehre zu erlangen. Was ich erhielt, war jedoch mehr Verwirrung.

Der ständig von Vajrayana-Vertretern, Westlern wie Tibetern, vorgetragene Überlegenheitsanspruch gegenüber anderen Traditionen, vor allem dem Theravada, fühlte sich nicht heilsam an, auch wenn ich damals noch gar nicht wusste, was der Buddha zu Dünkel und Hochmut zu sagen hatte. Selbstverständlich hält jeder seinen eigenen Standpunkt für den richtigen. Diesen aber andauernd durch Herabwürdigung anderer öffentlich kund zu tun erschien mir wie ein Versuch dringend benötigter Selbstbestätigung.

Dennoch fiel auch ich zunächst dem Leistungsgedanken zum Opfer (Das schnellste Fahrzeug ist gerade recht!) und suchte, zusammen mit meiner damaligen Lebensabschnittsgefährtin, nach einem zweigleisigen Weg: im Denkgebäude wie auch in der formalen Praxis.

Das Wort des Buddha

Spätestens als ich begann, mich mit dem authentischen Buddha-Wort im Pali-Kanon auseinander zu setzen, hatte ich mich für die Lehre der Älteren (Theravada) und deren Praxisweg entschieden. Für die Tradition, in der dieser Kanon lebendig erhalten wurde. Es war mir vergönnt, durch eine Reihe glücklicher und seltener Begegnungen die ganze Bandbreite dieses Weges in ihrer Schönheit und Fülle kennen zu lernen. Ich habe bei birmanischen, chinesischen, indischen, thailändischen, tibetischen und westlichen Lehrern gelernt und praktiziert, denen ich zum Teil einiges, zum Teil sehr viel verdanke. In formalen Retreats oder bei zwanglosen Besuchen, mit mehr oder weniger Disziplin und Intensität, mit enger oder weiter Herangehensweise und Methodik, mit mehr oder weniger Schweigen, ein paar Stunden oder monatelang.

Die beeindruckendste und prägendste Begegnung hatte ich mit dem befreiten Meditations-Meister Luang Phor Lah in Nordostthailand, zwei Wochen, bevor er seinen Körper ablegte. Dieser steinalte Mann hatte fünf körperliche Gebrechen, von denen normalerweise schon eines ausreicht, um einen Menschen in einen Griesgram zu verwandeln. Aber Luang Phor Lah sprach von seinen fünf Schätzen, weil sie ihm die befreiende Einsicht gebracht hatten. Er strahlte tangible *metta* aus, fühlbare Liebe, und identifizierte sich einfach nicht mit dem Körper. Ich verstand sein laotisch gefärbtes Thai nur schlecht, aber seine Botschaft erreichte mich auch ohne Worte: «Ja, es ist möglich, das Leiden in diesem Leben zu beenden.»

Der Lehrer

Die große Daseinsfrage versuche ich heute nicht mehr zu beantworten, stattdessen die Frage selbst zu verstehen, um sie eines Tages einmal zu transzendieren. Kürzlich wurde ich von einem Lehrer gefragt, welche Schule ich denn verträte. Es ist die Schule derer, die das Wort des Buddha ernst und ziemlich wörtlich nehmen. Als authentischste Quellen haben wir die Vinaya-Schriften, die vier Haupt-Nikayas des Lehrreden-Korbes und die älteren Teile der Kürzeren Sammlung zur Verfügung. Diese Texte beinhalten zuverlässig die Lehre, die von dem einen vollkommenen Lehrer stammt, der durch die Statue in unseren Tempeln und Meditationsräumen repräsentiert wird.

Je mehr ich diese Lehre kennen lerne – zunehmend in der Ursprache Pali –, desto mehr bin ich beeindruckt von ihrer Kohärenz und Homogenität, ihrer Schönheit, ihrem Geschmack – dem Geschmack von Freiheit. Alles, was später hinzukam und noch kommt, kann notwendigerweise nur weniger perfekt sein und muss sich an den Aussagen des Buddha messen lassen, einschließlich meiner eigenen Ansichten. Seit ich der Buddha-Lehre nachfolge, in den letzten Jahren mit meiner Frau Pat als spiritueller Freundin *(kalyanamitta)*, bin ich möglicherweise ein besserer, sicher aber ein zufriedenerer Mensch geworden.

Thomas Lautwein

Thomas Lautwein, Jahrgang 1963, wuchs in Südbaden auf. Nach dem Studium der Germanistik und Philosophie begann er 1991 in Paris mit der buddhistischen Praxis. 1993 erfolgte die Ausrichtung auf das Zentrum Chödzong und seinen spirituellen Leiter Dagyab Kyabgön Rinpoche.
Insbesondere sprach ihn die tibetische Lehre vom Stufenweg an, der Lamrim. Seit 1996 ist Thomas Lautwein Mitarbeiter des inzwischen in Fürth ansässigen Zentrums, er lehrt als Dharma-Referent und übernahm im Jahre 1999 die Redaktion der Zeitschrift *Chökor*. Zusammen mit Dagyab Rinpoche ist er Autor von *Achtsamkeit und Versenkung – die tibetische Meditation Lamrim* (Diederichs 2001)
Website: www.choedzong.de

Meine Zuflucht – wie es dazu kam und was daraus folgte

Am 15. März 1991 saß ich im Wald von Gretz, ungefähr dreißig Kilometer östlich von Paris, im Meditationsraum des Centre d'Études dharmiques, zusammen mit einigen anderen Buddhisten, mit denen ich in den vergangenen Monaten regelmäßig zusammen diskutiert und meditiert hatte. Henri, der mehrere Jahre in Thailand gelebt hatte, sprach mir folgende Worte vor:

Namo tassa Bhagavato Arahato samma sambuddhassa – Hommage à lui, le Bhagavat, l'Arhat, le pleinement et parfaitement Eveillé
Buddham saranam gacchami – Je vais vers le Buddha comme refuge
Dhammam saranam gacchami – Je vais vers le Dhamma comme refuge
Sangham saranam gacchami – Je vais vers le Sangha comme refuge

Damit hatte ich Zuflucht genommen und war formell Buddhist geworden. Den Wunsch dazu hatte ich seit einem Jahr gehabt. Je mehr ich über Buddhismus las, desto stärker fühlte ich mich angezogen. Mehrfach war ich ins Musée Guimet gegangen, um mir dort die buddhistischen Statuen des «Panthéon bouddhique» anzusehen, und fühlte mich seltsam getröstet in all meinen Schwierigkeiten.

Kindheit und Jugend

Denn ich hatte das Gefühl, in meinem Leben nicht voranzukommen und nicht das zu erreichen, was ich mir wünschte. Geboren 1963, aufgewachsen in einer gutbürgerlichen südbadischen Familie, hatte ich die Schulzeit ohne größere Probleme hinter mich gebracht. Meine Probleme mit Mathematik und Naturwissenschaften konnte ich mühelos durch meine Begabung für Sprachen und

Geisteswissenschaften ausgleichen. Von klein auf war ich ein eifriger Leser, und schon mit zwölf fing ich an, Klassiker wie Goethe und Schiller zu lesen und Interesse an philosophischen Fragestellungen zu entwickeln. Mit fünfzehn und sechzehn las ich zum ersten Mal Nietzsche und Schopenhauer, die einen starken Eindruck hinterließen und meinen katholischen Kinderglauben endgültig zum Einsturz brachten. Der Preis dafür war eine große Einsamkeit, da ich bei meinen Altersgenossen mit meinen Interessen ziemlich allein dastand. Aber auch das gab sich mit dem Eintritt in die Oberstufe, und die letzten beiden Jahre vor dem Abitur hatte ich auch so etwas wie einen Freundeskreis.

Da mir wegen meines Asthmas und meiner (damals) recht schmächtigen Gestalt der Wehrdienst erspart blieb, konnte ich im Wintersemester 1983/84 in Münster mit dem Studium beginnen, und zwar mit dem meiner beiden Wunschfächer Germanistik und Romanistik. Voller Idealismus dürstete ich nur danach, in die Mysterien der Wissenschaft eingeweiht zu werden, und wünschte mir nichts sehnlicher, als dereinst selbst als Wissenschaftler arbeiten zu dürfen. Obwohl ich mit dem Studium intellektuell keine Schwierigkeiten hatte, fühlte ich mich doch nach einigen Semestern eigentümlich unbefriedigt. In den 80er- und 90er-Jahren wurde der Lehrbetrieb von Richtungen wie Strukturalismus, Marxismus und kritischer Theorie, Systemtheorie, Poststrukturalismus und Dekonstruktion beherrscht. Mich befriedigte keine dieser Theorien, und gleichzeitig hatte ich selbst kein System, an dem ich mich hätte orientieren können. Mit dem Christentum hatte ich schon mit sechzehn gebrochen, als ich mich vom Religionsunterricht abmeldete, mit achtzehn trat ich auch formell aus der römisch-katholischen Kirche aus.

Studium

Unbefriedigt vom reinen Sprachenstudium, erinnerte ich mich an die Einführung in Kant, die ich noch auf dem Gymnasium im Grundkurs Philosophie bekommen hatte. Da mich Kant neben Platon damals am meisten angesprochen hatte, beschloss ich, die

Kritik der reinen Vernunft zu lesen und Philosophie als Nebenfach zu belegen. Die Lektüre war qualvoll, aber befreiend. Mit Anne Desbordes, die ich am Romanischen Seminar kennen gelernt hatte, studierte ich in den nächsten Jahren Platon, Kant, Fichte, Hegel und Schleiermacher und gewann allmählich eine klare Position, wobei mir freilich klar wurde, dass wir uns im Widerspruch zum Zeitgeist befanden. Anne, die an einer umfangreichen Dissertation über Diogenes Laertios schrieb und, um Geld zu verdienen, am Romanischen Seminar französische Sprachkurse gab, war in dieser Zeit meine wichtigste Lehrerin. Ihre ganze Leidenschaft war die Philosophie und die Suche nach der Wahrheit, von ihr lernte ich, was Denken wirklich heißt und mich niemals mit bequemen Antworten zufrieden zu geben. Ich erinnere mich an ein Gespräch über Kants Religionsphilosophie, bei dem mich wie ein Schock die Erkenntnis traf, dass das Thema «Gott», «Religion», oder «das Absolute» keineswegs erledigt war und dass auch ich mich damit noch einmal würde auseinander setzen müssen. Auch wenn wir nicht wissen können, was nach dem Tod kommt, ist es doch nicht ohne Bedeutung, was wir in dieser Hinsicht glauben oder für wahrscheinlich halten.

1987 wechselte ich an die Universität Bonn und wurde studentische Hilfskraft, später sogar wissenschaftlicher Mitarbeiter am Germanistischen Institut. Trotz meines Erfolges empfand ich den Wissenschaftsbetrieb immer stärker als zynisch und sinnentleert, und als Kompensation begann ich, mich wieder stärker für religiöse Themen zu interessieren. Den Anstoß gaben Texte christlicher Mystiker, die ich in der «alten Abteilung» auf Mittelhochdeutsch lesen musste, sowie die Bücher von Eugen Drewermann, die damals für Aufsehen sorgten. Ich spürte eine starke Sehnsucht nach etwas Unsagbarem, das über das Gewöhnliche, Sichtbare hinausging, und gleichzeitig wurden mir meine persönlichen Defizite und Neurosen bewusst. Eine Zeit lang fragte ich mich ernstlich, ob ich nicht zum Christentum zurückkehren sollte, aber gerade die Drewermann-Lektüre machte mir schmerzlich bewusst, dass das Christentum nicht mein Weg ist.

In dieser Situation sah ich 1989 im Fernsehen Peter Brooks Theaterfassung des altindischen Epos *Mahabharata*. Sie ergriff mich tief, alles wirkte so seltsam vertraut. Seit einiger Zeit hatte ich auch angefangen, Yoga zu üben, was mir sehr gut tat. Ich griff begierig nach allem, was mit Indien zu tun hatte, und zwangsläufig stieß ich nach einiger Zeit auch auf buddhistische Texte. Hier ereignete sich wiederum etwas, das ich mir nur erklären kann, wenn ich annehme, dass ich in früheren Leben eine Beziehung zu Indien und dem Buddhismus gehabt hatte: Ein Gefühl der Freude, der Bejahung, des Glücks durchströmte mich; ich wusste ganz einfach, dass ich in diese Richtung wollte, raus aus der postmodernen Beliebigkeit. Ich hatte immer das Bedürfnis, mich für etwas zu engagieren, für etwas einzustehen, konnte mich aber nie für politische Parteien, die Friedens- oder Umweltbewegung oder sonstige Vereine entscheiden, weil ich genau spürte, dass ihre Anliegen nicht mein innerstes Anliegen waren. Hier jedoch schien eine Überlieferung vorhanden zu sein, die akzeptabel war, hier schien etwas zu sein, für das es sich einzusetzen lohnte und das den Weg zu inneren Erfahrungen zu eröffnen schien, die über das rein Intellektuelle hinausgingen.

Paris

Nach der Magisterprüfung, die ich natürlich mit «sehr gut» bestand, ging ich 1990 nach Freiburg, um an einem interdisziplinären Aufbaustudiengang des Frankreich-Zentrums teilzunehmen und vielleicht eine Dissertation zu schreiben. Ich hoffte, durch diesen Studiengang meine Karrierechancen zu verbessern, was sich jedoch als Illusion herausstellte. Ich will hier nicht näher darauf eingehen, aber das Aufbaustudium erwies sich für mich bald als Enttäuschung und das Praktikum in einer Buchhandlung im Quartier Latin, das ich im zweiten Semester in Paris antrat, als reine Ausbeutung. Nach sechs Wochen protestierte ich und bekam schließlich eine Stelle am «Musée d'histoire contemporaine» im Hôtel des Invalides, wo ich drei Tage die Woche bei der Katalogisierung historischer Plakate mithalf und ansonsten viel Zeit hatte, Museen zu besuchen, alte Bücher zu kaufen und nach buddhistischen Angeboten Ausschau zu halten.

Natürlich gab es davon in Paris eine ganze Menge. Von der stark kulturell geprägten Präsentation der meisten Gruppen, die eindeutig Theravada-, Zen- oder tibetisch orientiert waren, fühlte ich mich allerdings wenig angesprochen. Es widerstrebte mir, mich sofort für eine Tradition zu entscheiden, ohne zuvor einen Überblick gewonnen zu haben, auch wusste ich noch gar nicht, ob ich mich eher dem Mahayana- oder dem Theravada-Buddhismus anschließen sollte. Eines der Bücher, die ich damals erstand, war eine Übersetzung von Chandrakirtis *Madhyamakavatara* mit dem Kommentar von Tsongkhapa. «Buddhistische Philosophie – klingt gut», dachte ich mir, ohne zu ahnen, dass ich mit der Tradition von Tsongkhapa noch einmal näher bekannt werden und dass ich zehn Jahre später Belehrungen zu diesem Text von Tokden Rinpoche hören würde.

Dann fiel mir eines Tages in der Buchhandlung «fnac» ein Büchlein mit der Übersetzung des *Herz-Sutra* in die Hände, die ein kleines Zentrum in der Nähe von Paris herausgegeben hatte. Die Gruppe, die von René Joly geleitet wurde, der seit den 40er-Jahren Buddhist war, sprach mich durch ihre betont westliche und zurückhaltende Art an. Joly kam aus dem Theravada-Buddhismus, war aber nach jahrzehntelanger Praxis und auf Anraten seines Lehrers dazu gelangt, die Leerheits-Philosophie des Mahayana zu akzeptieren und das *Herz-Sutra* täglich zu rezitieren. In mancher Hinsicht hat er Ähnlichkeit mit Paul Debes, den ich ebenfalls sehr schätze. In dem kleinen, nur mit einem Holzofen beheizbaren Zentrum im Wald von Gretz machte ich meine ersten Erfahrungen mit buddhistischer Meditation und bekam eine solide Einführung, viel Pali-Kanon mit etwas Mahayana obendrauf.

Chödzong

Ende März 1991 kehrte ich nach Deutschland zurück. Meine Eltern waren erst etwas verunsichert, als ich ihnen erzählte, ich sei jetzt Buddhist, aber sie akzeptierten es schließlich, als sie merkten, dass ich in keiner «Sekte» war und mich nicht zum Negativen hin veränderte. In Freiburg, wo ich mein Studium fortsetzte, machte ich mich auf die Suche nach buddhistischen Gruppen, von denen es tatsächlich einige gab. Schließlich ging ich regelmäßig zu den Abenden der kleinen Rigpa-Gruppe, die sich wöchentlich zum Meditieren traf, ohne mich aber als Schüler von Sogyal Rinpoche zu fühlen. Durch Material, das ich von der DBU bekommen hatte, war ich auf Dagyab Kyabgön Rinpoche und sein Zentrum Chödzong aufmerksam geworden. Auch hier sprachen mich die nüchterne, humorvolle Art und die intellektuelle Klarheit der von Regine Leisner für Dagyab Rinpoche verfassten Artikel an (während mir die Kagyü-Buddhisten doch manchmal etwas zu ekstatisch und gefühlsbetont waren). Im Februar 1993 nahm ich dann am ersten Kurs mit Dagyab Rinpoche teil. Es war nicht so, dass ich ihn sah und mir die Haare zu Berge standen und die Tränen kamen, er schien einfach zu wissen, wovon er sprach, und vertrauenswürdig zu sein. Viel mehr interessierte mich auch, eine konkrete Praxis zu haben, die ich täglich ausüben konnte und die mir einen roten Faden bei meiner Beschäftigung mit dem Buddhismus bot. An diesem Wochenende hörte ich zum ersten Mal das Wort «Lamrim», und dieser tibetische Stufenweg schien ein brauchbares Instrument zu sein.

Was folgt, ist schnell erzählt. 1993 wurde ich Mitglied des Vereins Chödzong. Bald hatte ich einen guten Kontakt zu den Leuten, die im Zentrum mitarbeiteten, insbesondere zu Regine Leisner, die mich als Mitarbeiter für die Vereinszeitschrift requirierte. Mit drei anderen Buddhisten studierte ich in Freiburg den Lamrim und sammelte so erste Erfahrungen als Dharma-Vermittler. 1994 hatte ich meine Dissertation beendet, und da die Chancen auf eine Stelle im akademischen Bereich gleich null waren, auch ein Projekt für eine Habilitation im Sande verlief, versuchte ich, mit Übersetzungen und Aushilfsjobs etwas Geld zu verdienen, um mir vor allem regelmäßige Besuche in Langenfeld leisten zu können. 1996 bot mir Sabine Leuschner an, das Stadtzentrum in Frankfurt zu leiten, das Chödzong damals einrichten wollte. Da ich nichts Besseres zu tun hatte, willigte ich ein, ohne zu wissen, worauf ich mich da einließ (etwa, dass zur Zentrumseinweihung gleich die Reinkarnation von Trijang Rinpoche mit fünfundzwanzig Lamas erschien, woraus ein paar Platzprobleme resultierten, da das ganze Zentrum nur aus einer Zweizimmerwohnung in der Rothschildallee bestand).

Als das Stadtzentrum 1997 aufgelöst werden musste, zog ich nach Langenfeld, um mich dort um die Büro- und die inhaltliche Arbeit zu kümmern. Ich geriet in eine Krisensituation, in der es zum Teil zu sehr unschönen menschlichen Auseinandersetzungen kam. 1998 war es dann so weit, dass der damalige Vorstand des Vereins (ich war erster Vorsitzender) zu dem Schluss kam, dass das Haus in Langenfeld nicht länger zu halten und eine Verlagerung des Zentrums in die Stadt sinnvoll sei. Ich zog nach Nürnberg und half mit, das neue Zentrum in Fürth einzurichten. In den folgenden Jahren fiel mir immer mehr Verantwortung zu, da sich alte Mitarbeiter von Chödzong von der Zentrumsarbeit zurückzogen. Die Belastung in den Jahren 1999 und 2000 war manchmal sehr groß, aber ich bin doch froh, dass ich dies durchgestanden habe und dadurch zum Überleben von Chödzong beitragen konnte.

Wenn ich die letzten Jahre überblicke, drängen sich mir zwei Begriffe auf: Desillusionierung und Transformation. Zum einen haben sich alle Illusionen, die ich über Buddhisten vielleicht gehabt habe, in Rauch aufgelöst. Es hat sich deutlich gezeigt, dass die menschlichen Schwächen überall gleich sind, dass es in einem buddhistischen Verein wie überall auch zu Meinungsverschiedenheiten und Auseinandersetzungen kommen kann. Bei dem Versuch, Dharma anderen Menschen zu vermitteln, kann es wie in der privaten Praxis nur langsame und allmähliche Fortschritte geben. Zum anderen glaube ich sagen zu dürfen, dass ich den Dharma in den letzten zehn Jahren immer mehr verinnerlicht habe und jetzt ein anderer Mensch bin als damals. Ich bin heute mehr denn je davon überzeugt, dass der Dharma des Buddha wahr ist, dass er ein richtiger Weg ist und dass es auf diesem Weg noch viele Stationen geben wird. So hoffe ich denn, dass ich zum Zeitpunkt meines Todes mit Zuversicht werde sterben können.

Sanghamitta (Traudel Reiss)

Traudel Reiß, 1954 geboren, studierte Mathematik und war anschließend in der EDV-Abteilung eines großen Automobilkonzerns tätig, eine Periode, die von Sinnkrisen durchzogen war. Im Jahre 1989 begann sie mit der regelmäßigen Meditationspraxis. Von da an war die bekannte Meditationslehrerin Ayya Khema ihre Lehrerin. Anfang 1994 siedelte Traudel Reiß von Düsseldorf in das von Ayya Khema gegründete Zentrum Buddha-Haus über. Kurz vor dem Tod ihrer Lehrerin Ende 1997 nahm Sanghamitta die Gelübde. Nachfolgend betreute sie das angeschlossene Waldkloster Metta Vihara, den hauseigenen Verlag und begann damit, Meditationskurse zu leiten. 2002 kehrte sie in den Laienstand zurück und ist auf der Suche nach einem neuen Tätigkeitsfeld.

Vom Großkonzern in ein buddhistisches Kloster

Erstes Interesse

Wann ich ein erstes Interesse für einen religiösen Weg gespürt habe, kann ich gar nicht sagen, aber hier sind erst einmal ein paar Daten aus meiner Jugendzeit. Ich bin katholisch aufgewachsen und erzogen worden. Meine Eltern führten eine Mischehe, und niemand in der Familie war außergewöhnlich religiös. Das Gymnasium, das ich besuchte, war eine katholische, private und staatlich anerkannte Mädchenschule, die von Nonnen geleitet wurde. Als ich dreizehn Jahre alt war, durfte ich einmal mit einer Gruppe von Mädchen und Nonnen in die Schweiz in ein schönes Chalet in Ferien fahren. Dort haben mich die Nonnen so beeindruckt, dass in mir der Wunsch aufkam, selbst Nonne zu werden. Allerdings verlor sich dies wieder in der Pubertät und im frühen Erwachsenenalter. Aber ich wusste bereits mit vierzehn Jahren, dass ich weder heiraten noch eigene Kinder haben wollte.

Und ich hatte als Jugendliche bereits ein starkes Interesse an Tibet sowie an den Inka.

Politisches Engagement

Während des Studiums habe ich mich politisch engagiert in einer linken Partei, weil ich an einer besseren und gerechteren Welt interessiert war. Außerdem hat mich die stark konsumorientierte Gesellschaft schon gestört. Allerdings habe ich nach einer Weile des Engagements und der Beteiligung an vielen Demonstrationen festgestellt, dass auf diese Art und Weise die Welt nicht verbessert werden kann. Bei den so genannten «Friedensdemonstrationen» waren die Menschen auch aggressiv, und ich habe innerlich gespürt, dass dies nicht der richtige Weg ist, um nachhaltig etwas zum Positiven hin zu verändern.

Als ich nach dem Studium in einem großen Konzern in der EDV-Abteilung als Angestellte zu arbeiten anfing, hat es mich wenig gestört, dass ich bespitzelt wurde. Jedenfalls war dies nicht der Grund für die Beendigung meiner politischen Tätigkeit. Was mich dazu bewogen hat, die Richtung meines Weges zu ändern, war die innere Erkenntnis, dass sich die Menschen ändern müssen, damit die Welt eine andere wird.

Neue Wege

Nachdem ich mein politisches Engagement beendet hatte, brach ich auch alle Kontakte in dieser Richtung ab. Und da ich relativ stark engagiert gewesen war, hatte ich auf einmal viel Zeit, die ich nun sinnvoll nutzen wollte. So fing ich zunächst an, Yoga-Kurse zu besuchen und mich für esoterische Literatur im weitesten Sinne zu interessieren. Außerdem begann ich, klassische Gitarre zu lernen, und mein damaliger Lehrer hat mir die Zen-Literatur nahe gebracht. Für ihn war es das große Ideal, Gitarre so zu spielen, dass «es» spielt – ähnlich wie es im Zen in der Kunst des Bogenschießens zum Ausdruck kommt. Dies war im Jahr 1985.

Erste Fernreisen

Im Jahr 1987 habe ich meine erste Fernreise gemacht – nach Ladakh. Die Landschaft, die Menschen, die Kultur sowie die Religion hatten mich bereits fasziniert. Zur Vorbereitung auf die Reise habe ich auch etwas Literatur über den Buddhismus gelesen. Im Jahr darauf fuhr ich nach Nepal und Tibet, wobei ich mich zuvor schon etwas mehr mit dem Buddhismus befasste. Diese Reise hat mich besonders beeindruckt, und in Tibet habe ich mich ganz zu Hause gefühlt, sodass mir weder die Höhe noch die klimatischen oder hygienischen Bedingungen etwas ausmachten. Fasziniert war ich außer von der Landschaft von der tiefen Religiosität der Menschen. Tibet ist zwar ein besetztes Land, und es herrscht keine Religionsfreiheit mehr, aber tief in den Herzen der Menschen lebt die Religion weiter, denn diese können nicht besetzt und zerstört werden.

Nun wusste ich, dass ich einen Weg für mich gefunden hatte, doch mir war auch klar, dass ich nicht bis nach Tibet reisen muss, um dem Buddhismus näher zu kommen. Als ich nach fünf Wochen nach Deutschland zurückkehrte, hatte ich lange Zeit Schwierigkeiten, mich in unserer westlich-technologischen Gesellschaft wieder einzugewöhnen. Diese Reise war ein einschneidendes Erlebnis für mein weiteres Leben.

Erste Kontakte zum Buddhismus im Westen

Danach erfuhr ich von mehreren Vorträgen tibetischer Lehrer, die in meiner Nähe stattfanden, und ich nahm die Gelegenheit wahr, sie zu besuchen. Kurze Zeit später nahm ich an einem ersten Retreat bei Sogyal Rinpoche teil, das mich stark berührt und beeindruckt hat. Etwa zu dieser Zeit – Anfang 1989 – begann ich, regelmäßig zu Hause zu meditieren und zu praktizieren, was vorher nur sporadisch geschah.

Im August 1989 folgte mein erstes Seminar bei Ayya Khema. Ich hatte zwei ihrer Bücher gelesen und war dadurch auf sie aufmerksam geworden. Durch die *Lotusblätter* erfuhr ich von diesem Seminar, das genau während der Zeit stattfand, für die ich bereits unaufschiebbaren Urlaub angemeldet hatte. Auch von ihr war ich tief im Herzen berührt und habe dann noch im gleichen Jahr ein weiteres ihrer Seminare besucht. Ihre klare und einfache Sprache haben mich fasziniert, außerdem hat sie Klartext gesprochen. Und sie kam mir nicht abgehoben, sondern wie ein normaler Mensch vor. Allerdings verwirrte mich in den ersten Seminaren die immense Vielfalt dessen, was ich da aufnahm, sodass ich intellektuell noch nicht viel verstanden habe. Aber mein Gefühl sagte mir, dass ich meinen Weg gefunden hatte.

Als ich wieder an einem Retreat bei Sogyal Rinpoche teilnahm, wurde mir klar, dass ich mich für eine der beiden Richtungen entscheiden musste. Sogyal Rinpoche gehört zur Nyingma-Tradition des tibetischen Buddhismus und Ayya Khema zum Theravada in einer Ausrichtung, die von Sri Lanka übermittelt wird. Es schien mir nicht möglich zu sein, beides gleichzeitig zu praktizieren. Da es mich gefühlsmäßig mehr zu Ayya Khema hinzog, habe ich diese Richtung eingeschlagen. Allerdings war ich zu Beginn noch eher zögerlich, auch wenn ich äußerst begeistert war.

Im Jahre 1990 begann ich außerdem eine Yogalehrer-Ausbildung an einer Yoga-Schule in Düsseldorf – meinem damaligen Wohnort –, die dreieinhalb Jahre dauerte. Zum einen wollte ich mehr über Philosophie, Hintergründe, Geschichte und Theorie des Yoga wissen, zum anderen suchte ich ernsthaft nach einer Alternative zu meinem damaligen Beruf. Von Beginn an war ich an meiner Arbeitsstelle unzufrieden und unglücklich gewesen und schaute mich nach anderen Möglichkeiten um. Dabei ging es mir nicht darum, nur die Firma zu wechseln, sondern um eine ganz andere Ausrichtung. Die Yogalehrer-Ausbildung war intensiv und hat mir sehr viel gegeben, doch wurde mir gegen Ende der Ausbildungszeit klar, dass ich nicht allein durch Yoga-Unterricht meinen Lebensunterhalt bestreiten konnte und wollte.

Der Weg ist das Ziel

Schon relativ früh in meinem Leben begann ich, mich für den tieferen Sinn des Lebens zu interessieren, aber auch für gesellschaftliche Zusammenhänge und die Strukturen, die es ermöglichen, dass im Kosmos alles funktioniert. Während meines Studiums der Mathematik habe ich gelernt, wie die Strukturen hinter den Dingen aufgebaut sind. Die logischen mathematischen Zusammenhänge haben mich stark fasziniert, ebenso das rein abstrakte Denken. Das Studium begeisterte mich, auch wenn es nicht immer einfach und mit einem relativ großen Arbeitsaufwand verbunden war.

Als Mathematikerin war es anschließend nicht schwer, eine Arbeitsstelle zu finden. Aus mehreren Angeboten konnte ich etwas

Geeignetes auswählen. Da ich auf keinen Fall ins Lehramt wollte, blieb mir nur die Industrie. Der öffentliche Dienst kam nicht in Frage wegen meiner damaligen politischen Betätigung. Bevor ich diese Arbeit anfing, wusste ich allerdings schon, dass dies nicht «mein» Weg war und werden würde. So kam ich im Jahre 1980 als einzige Frau frisch von der Universität in eine reine Männerabteilung – eine EDV-Abteilung eines großen Automobilkonzerns. Dies war für mich sehr ernüchternd, ja schockierend, da ich mit solch einer Atmosphäre nicht gerechnet hatte. Im Laufe der Jahre besserte sich zwar das Klima, da noch andere Frauen sowie Hochschulabsolventen in diese Abteilung kamen. Trotzdem hatte ich bis kurz vor der Kündigung dieser Stelle ein Gefühl von Unzufriedenheit, und der Wunsch, etwas anderes zu tun, war spürbar. Natürlich hat diese Situation meine «Suche» stark geprägt. Obwohl ich nicht wusste, wonach ich eigentlich suchte, war ich damals permanent auf der Suche.

Faszination Buddhismus

Als ich in dieser Situation meine ersten Meditationsseminare besuchte, wusste ich, dass ich nun einen Weg entdeckt hatte, um einen tieferen Sinn in meinem Leben zu finden. Bis zu diesem Punkt hatte ich immer wieder Sinnkrisen gehabt, in denen ich das Gefühl hatte, mein Leben sei sinnlos. In den Seminaren lernte ich auch, wie ich mit meinen Gefühlen umgehen kann, dass ich sie zu akzeptieren und sogar zu ändern vermag, ihnen jedenfalls nicht hilflos ausgeliefert sein muss. Bei Ayya Khema habe ich in den Liebende-Güte-Meditationen gelernt, wie ich positive Gefühle nicht nur für mich selbst, sondern auch für mir nahe stehende Menschen wie Eltern, Geschwister, Freunde und auch für Leute, mit denen ich Schwierigkeiten habe, entfalten kann. Dies waren und sind tiefe Erlebnisse, die mich seit jener Zeit begleiten. Für mich war es auch faszinierend zu erproben, wie ich mithilfe der Meditation meinen eigenen Geist zu kontrollieren lernen kann und meinen Gedanken nicht hilflos ausgeliefert bin.

Was ich in diesen Kursen lernte, konnte ich dann im Alltag anwenden und praktizieren. Natürlich benötigt dieser Weg viel Übung, Geduld und Durchhaltevermögen, denn es ist nicht leicht, den eigenen Geist umzuerziehen. Mit dem Wissen von den Vier Edlen Wahrheiten und insbesondere von Dukkha, der Leidhaftigkeit des Daseins, konnte ich auch meine ständige Unzufriedenheit besser verstehen und akzeptieren, wodurch sich diese immer mehr aufgelöst hat.

Der große Umbruch

Gleichzeitig mit meiner Yogalehrer-Ausbildung habe ich viele Meditationsseminare bei Ayya Khema mitgemacht, ja, meinen gesamten Jahresurlaub auf diese Weise verbracht. Damals hatte Ayya Khema vor, im Bayerischen Wald ein weiteres Zentrum einzurichten. Das Gelände mit einem verfallenen Gebäude wurde erworben. Das Planungsmodell für dieses Zentrum sprach mich stark an, sodass ich mir vorstellen konnte, ganz dorthin überzusiedeln. Leider wurde jedoch aus diesem Projekt nichts, da keine Baugenehmigung erteilt wurde.

So fasste ich allmählich den Entschluss, stattdessen ins Buddha-Haus zu ziehen, das Zentrum, das Ayya Khema zusammen mit ihren Schülerinnen und Schülern als Seminarhaus gegründet hatte, als sie im Jahr 1989 nach Deutschland zurückgekommen war. Schließlich leitete ich alles in die Wege, um Anfang 1994 dorthin gehen zu können. Selbst als mir bei meiner Kündigung eine Gehaltserhöhung angeboten wurde, konnte mich dies nicht mehr in Düsseldorf halten, auch wenn sich schlussendlich die jahrelange Unzufriedenheit infolge meiner Praxis zum größten Teil aufgelöst hatte. Das materiell sorglose Leben vermochte mich innerlich nicht zu befriedigen, außerdem fehlte mir ein tieferer Sinn bei meiner Arbeit. Es erschien mir nicht sinnvoll, dabei mitzuhelfen, die Flut der Autos noch zu vergrößern. Da zu dem Konzern auch der Bereich Rüstung gehörte, war ich indirekt zudem noch hieran beteiligt.

Die Zeit im Buddha-Haus und die Ordination

Im Buddha-Haus beziehungsweise dem daran angeschlossenen Kloster lebe ich nun seit Anfang 1994. Mit Ayya Khema habe ich hier bis zu ihrem Tod im November 1997 eine intensive Zeit erlebt und durch sie eine gute Ausbildung erhalten. Allmählich reifte in mir der Wunsch, mich ordinieren zu lassen, was Ayya Khema noch eine Woche vor ihrem Tod tun konnte.

Heute lebe ich im Waldkloster Metta Vihara, das Ayya Khema noch gründen konnte. Ich kümmere mich um Haus und Garten und helfe bei der Betreuung der Retreat-Gäste, die während der Sommermonate im Kloster weilen. Weiterhin kümmere ich mich um unseren kleinen Verlag und habe damit begonnen, selbst Meditationskurse zu leiten. In den letzten Jahren habe ich zusätzlich verschiedene Ausbildungen in alternativen Heilmethoden absolviert, für deren Anwendung ich noch nach einer Gelegenheit Ausschau halte.

Auch wenn dies näher gelegen hätte, so bin ich doch nie auf die Idee gekommen, mir in der christlichen Religion eine spirituelle Heimat zu suchen. Obwohl ich als Kind und Jugendliche regelmäßig in die Kirche gegangen bin, hatte ich nie einen wirklich tiefen Zugang zur christlichen Lehre. Mittlerweile habe ich immerhin die christliche Mystik schätzen gelernt. Ich hätte jedoch nie erwogen, in ein christliches Kloster einzutreten. Auch andere Religionen haben mich nicht so tief berührt und fasziniert wie der Buddhismus. Mit dem Hinduismus beispielsweise habe ich mich während meiner Yogalehrer-Ausbildung intensiv auseinander gesetzt. Einiges sprach mich dort an, doch auch er konnte nicht meine spirituelle Zuflucht werden.

Visionen

Bekanntlich ist unsere Kultur christlich geprägt, und es gibt noch keine lange buddhistische Geschichte. In Asien ist der Buddhismus in jedem Land, in dem er aufgenommen wurde, stark durch das jeweilige kulturelle Umfeld geprägt worden, so dass viele verschiedene Traditionen der buddhistischen Praxis existieren. Wir hier im Westen stehen heute vor dem Problem, was davon wir übernehmen wollen. In Bezug auf die Lehre scheint dies leicht zu entscheiden zu sein. Was jedoch die Rituale sowie die hierarchischen Strukturen betrifft, so können wir die patriarchalisch geprägten Elemente den westlichen Menschen sicher nicht überstülpen. So wird es darum gehen müssen, beispielsweise den Frauen mehr Rechte einzuräumen, als dies im Osten der Fall ist. Und es wäre zu wünschen, dass sich im Westen für die Ordinierten neue Formen und Aufgaben ergeben, ohne dass dabei ihre Lebensform als solche behindert wird. Für uns heute ist es ein lohnendes Ziel, an dieser Entwicklung mitzuwirken.

An Ayya Khema hat mich besonders fasziniert, dass sie so unkonventionell war, womit sie so manchem alteingesessenen Buddhisten ein Dorn im Auge war – trotz ihres unermüdlichen heilsamen Wirkens.

LAMA DJANGCHUB PALMO (JERENA SMUK)
Als Sechsjährige kam Jerena Smuk aus dem heutigen Slowenien, wo sie 1952 geboren wurde, nach Deutschland. Nach ihrer Tätigkeit als Damenschneiderin und Ergotherapeutin begann sie ein Studium der Vergleichenden Religionswissenschaft. 1985 begegnete sie ihrem Lehrer Gendün Rinpoche und absolvierte 1986–1990 unter seiner Leitung ein erstes Drei-Jahres-Retreat der Karma-Kagyü-Tradition in Halscheid. Vor ihrem zweiten Drei-Jahres-Retreat im französischen Kloster Kündröl Ling ließ sie sich ordinieren. Im Jahre 1994 übertrug Gendün Rinpoche ihr zusammen mit einer Französin die Verantwortung für das Nonnenkloster. Lama Djangchub lehrt im deutschsprachigen Gebiet und gehört zum Leitungsteam des bayerischen Tochter-Zentrums Kündröl Püntsok Ling.
E-Mail: djangchub@kagyunet.net
www.dhagpo-kagyu-mandala.org

Ein Säckchen voller Steine

Eine Hand voll eckiger Steine in einem Säckchen fest rütteln und schütteln, und das mindestens drei Jahre lang. – Dass es sich hierbei nicht um ein tibetisches Kinderspiel handelte, war uns allen klar, als Gendün Rinpoche dieses Sinnbild benutzte, um zu beschreiben, was wir gerade erlebten: die spirituelle Arbeit unserer Gruppe im Drei-Jahres-Retreat in Halscheid im Bergischen Land, das wir 1986 begonnen hatten.

Natürlich führen viele Wege in ein Drei-Jahres-Retreat. Sie ergeben sich aus den persönlichen Erlebnissen der einzelnen Personen. Aber alle Beteiligten verbindet der Wunsch, intensiv zu praktizieren und sich spirituell zu entwickeln. Als kantige, ungeschliffene Steine mit fixen Ideen über uns selbst, die anderen und die Welt hatten wir uns zusammengefunden und waren eigentlich davon überzeugt, dass sich alles nach unseren Wünschen und Vorstellungen richten würde – weit gefehlt.

Besonders angezogen fühlte ich mich von der Möglichkeit, alle Energie auf die Arbeit mit dem Geist zu lenken, und ich war neugierig, was dann geschehen würde. Durch die klare Struktur des Retreats, die die Meditation und den ganzen Tagesablauf betraf, hat sich meine anfängliche Aufregung gelegt. Wenn die äußeren Ablenkungen wegfallen, wendet sich die Aufmerksamkeit allmählich nach innen. Ich lernte, klarer zu sehen und die eigenen Fehler zu erkennen, nahm wahr, welche Gewohnheiten und Tendenzen meine Denk- und Handlungsweisen bestimmen. So wurde mir deutlich, was ich zu verändern habe, um dem Bodhisattva-Ideal zu folgen.

Von der Suche zur Zuflucht

Ein Bodhisattva ist erfüllt von der Absicht, alle Wesen aus dem Gefangensein im Kreislauf der Existenzen zu befreien und sie zur Buddhaschaft zu führen. So sind die Handlungen eines Bodhisattva nicht ichbezogen, sondern auf das Wohl aller Wesen gerichtet. Der entscheidende Aspekt hierbei ist die Meditation als Herz der Bodhisattva-Praxis. Sie ermöglicht es, dass wir unsere Sichtweise verändern. Unsere innere Starre, bedingt durch das Festhalten an Konzepten, beginnt sich aufzulösen, sobald der Geist geschmeidiger wird und wir es tatsächlich schaffen, innerlich loszulassen.

Eigentlich hatte ich mich immer nach Harmonie und nach einem umfassenden Verstehen gesehnt. Ich habe in verschiedene soziale, politische und auf Selbsterfahrung hin orientierte Gruppen hineingeschnuppert, in denen ich trotz persönlichen Engagements nur vorübergehend blieb, da sie meinem inneren Ziel nicht entsprachen. In diesen Beziehungen verschiedener Art, die jeweils eine gemeinsame Ausrichtung hatten, stellte sich mit der Zeit im Umgang miteinander zwar große Vertrautheit ein, aber diese hatte mehr mit einem «Sich-aneinander-Gewöhnen» zu tun.

Mit siebenundzwanzig Jahren war ich zum Arbeiten nach Hannover gezogen, in eine mir fremde Stadt, und fand mich herausgelöst aus vertrauten Verbindungen und Strukturen. Ich wollte meine Situation verstehen, wissen, warum sie gerade so war, und ich wollte mir über die Bedeutung meines Daseins klar werden. Vorerst war mir allerdings nur eines klar, nämlich, dass ich dafür mehr Klarheit entwickeln musste – und mein nach außen gerichteter Blick wandte sich mehr nach innen. In dieser Situation großer Offenheit und Neuorientierung begegnete ich der Lehre Buddhas, die sich mit der Schulung des Geistes und dem Nach-innen-Schauen beschäftigt und somit genau das war, was ich brauchte.

In verschiedenen Kursen, zum Beispiel zum Thema Körperbewusstsein, aber auch in häufigen Gesprächen über den Zusammenhang der Dinge in der Welt hörte ich häufig etwas über die buddhistische Philosophie und kam bald mit der Karma-Kagyü-Schule des tibetischen Buddhismus (Vajrayana) in Kontakt. Ich spürte spontanes Vertrauen und war ganz sicher, diesen Weg zur Erleuchtung mit Herzenseifer gehen zu wollen. Und so nahm ich 1982 das Zufluchtsgelübde.

Zu jener Zeit hatte ich nur eine vage Vorstellung vom Weg und vom Ziel. Zuflucht zu den drei Kostbarkeiten zu nehmen bedeutet heute für mich: Ich nehme Zuflucht zum Buddha als dem Ziel, das heißt zu den außerordentlichen Qualitäten der Erleuchtung; Zuflucht zur Lehre Buddhas, dem Dharma, als dem Weg zur Buddhaschaft; und Zuflucht zur Gemeinschaft der Praktizierenden, dem Sangha, als unseren Begleitern auf dem Weg. Im Vajrayana nehmen wir zudem Zuflucht zu den drei Wurzeln: Der Lama ist die Quelle der Inspiration und Halter der ununterbrochenen Übertragung, die Yidams (Buddha-Aspekte) sind die Quelle der Verwirklichung, und die Dharma-Schützer sind die Quelle der erleuchteten Aktivität. Seither wurde die Kraft des Segens und Schutzes der Zuflucht zu einer unermesslichen Stütze für mich, und mein Lehrer Gendün Rinpoche (1918–1997) war für mich die Verkörperung all dieser Aspekte.

Unbeständigkeit

Im Jahr meiner Zufluchtnahme erkrankte mein Vater unheilbar an Krebs. In den Monaten vor seinem Tod erlebte ich in tiefer, mich erschütternder, aber auch stützender Weise die Wahrheit der Lehre Buddhas. Ich wurde mir der Kostbarkeit dieses Menschenkörpers und der Vergänglichkeit bewusst. Doch war es kein bloß verstandesmäßiger Einblick in die Lehre. Erst in dieser Situation erkannte ich, wie viel Geborgenheit und Sicherheit ich gefühlsmäßig in der Familie erfahren hatte. Nun war selbst auf meinen Vater, diesen wunderbaren Menschen, kein Verlass mehr. Seine großen, liebevollen Hände hatten mich so oft beschützt, und sein warmes, den Menschen zugewandtes Herz hat mir so oft den Weg gewiesen. So erlebte ich Momente von Schmerz und Verzweiflung, die abwechselten mit tiefer Dankbarkeit meinem Vater und meiner Familie gegenüber für all das, was sie mir immer so selbstverständlich gegeben hatten. Angesichts dieser Umstände entstanden Offenheit, ein Gefühl von Gelassenheit und eine natürliche Gewissheit hinsichtlich der Lehre Buddhas, da es nichts zu tun gab, als anzunehmen und da zu sein. In dieser Zeit fiel es mir leicht, mich regelmäßig zur Meditation hinzusetzen, denn das war das Einzige, womit ich meinen Vater im Sterbeprozess unterstützen konnte.

Damals konnte ich intuitiv verstehen und vertrauen, doch weiß ich erst jetzt, dass wahre Zuflucht nicht in äußeren Strukturen zu finden ist. Der Dharma führt uns und lehrt uns, loszulassen und anzunehmen. Wir können frei werden von Hoffnung und Furcht, den beiden Polen, die unser Leben bestimmen, die uns keine Besinnung finden und nicht zur Ruhe kommen lassen. Durch den Dharma werden wir gewahr, wie unbeständig die Dinge sind und wie alles, was wir wahrnehmen, sich ständig wandelt und keine bleibende Wirklichkeit besitzt – und erst in diesem Erkennen kann das damit verbundene Leid zur Ruhe kommen.

Praxis

Ein Jahr nach dem Tod meines Vaters machte ich ein längeres Nyung-Nä-Fasten-Retreat. Es sollte für meinen weiteren Lebensweg entscheidend werden, denn während dieser Zeit wurde mir klar, wie sehr ich in meinen Gedanken, Vorstellungen und Mustern verwickelt und gefangen war. Aus dieser Erfahrung des nicht Freiseins entstand ein tiefes Bedürfnis, diesen Zustand, dem alle Menschen unterworfen sind, aufzulösen. Gleichzeitig erkannte ich, dass hierfür eine intensive Praxis notwendig ist, und dies führte mich zwei Jahre später in das Drei-Jahres-Retreat. Dort entstand ein starkes Band zu Gendün Rinpoche, der uns mit unendlicher Güte, Weisheit und Geduld durch diese Praxiszeit führte.

Gendün Rinpoche war einer der letzten großen Meister der alten Generation tibetischer Lamas. Alles, was er weitergab, hatte er während vieler Retreats in seinem Kloster sowie in Höhlen und Einsiedeleien des Himalaya zutiefst verwirklicht. Mit seinen tiefgründigen und leicht zu verstehenden Unterweisungen, mit denen er sich an Menschen aus allen Lebensbereichen wandte, berührte er mich unmittelbar. Und wenn Gendün Rinpoche darauf hinwies, wie wichtig es sei, unsere Konzepte loszulassen, fühlte ich mich sehr persönlich angesprochen. Von Anfang an betonte er auch das Entwickeln von Mitgefühl und Hingabe, welche uns ermöglichen, Ichbezogenheit aufzugeben.

Kloster

Die Begegnung mit Gendün Rinpoche als einem lebenden Bodhisattva, dessen Herz und Verhalten mit der Lehre Buddhas vollkommen übereinstimmten und in dessen Nähe ich zwölf Jahre lebte, inspirierte mich, mein Leben ganz dem Dharma zu widmen. Zudem wünschte ich mir, mich nicht in persönliche Verpflichtungen zu verstricken. Dies bewegte mich 1991 dazu, die Nonnengelübde zu nehmen und an einem weiteren Drei-Jahres-Retreat in Frankreich teilzunehmen. Während dieser Zeit wurde mit dem Bau der Retreat-Klöster begonnen, einem Kloster für die Mönche und einem für die Nonnen, so wie es der 16. Gyalwa Karmapa gewünscht hatte. Die beiden Anlagen liegen in der Auvergne, nur eine halbe Gehstunde von einander entfernt.

In Gesprächen über die Bedeutung eines Klosters hob Gendün Rinpoche immer wieder hervor, dass die Erleuchtung aller Wesen aus heilsamen Handlungen erwächst. Deshalb sollen wir die Einstellung fördern, die solches Handeln hervorbringt. Dafür müssen die erhaltenen Unterweisungen in der Gemeinschaft so praktiziert und gelebt werden, dass sich Verwirklichung überträgt. Um dieser Aufgabe gewachsen zu sein, sollte diese Gemeinschaft die Form eines Retreat-Klosters wählen. – Dabei schaute er uns lachend, aber eindeutig an. Oft sagte er uns, dass der Dharma, falls er authentisch bleibt und wirklich gelebt wird, auch für viele andere Menschen eine Quelle der Inspiration und von wahrem Nutzen sein wird – nicht nur heute, sondern auch für zukünftige Generationen.

Zunächst waren wir dreizehn Nonnen, die im August 1994 nach unserem Retreat die Gelongma(Bhikshuni)-Gelübde nahmen und bei der Fertigstellung des Klosters halfen. Heute sind wir mehr als dreißig Nonnen, die nach einem oder mehreren Drei-Jahres-Retreats hier leben, und auf der Männerseite sind es vierzig Mönche. Natürlich erfordert es von allen viel Engagement, die spirituellen Aufgaben und die des täglichen Gemeinschaftslebens zu erfüllen. Für alle ist es wichtig, weiter zu meditieren und durch gemeinsame und persönliche Studien sowie intensive Praxisperioden das Verständnis der Praxis zu vertiefen.

Gendün Rinpoche lebte uns in allen Situationen die Essenz der Lehre Buddhas vor:

> Nicht die geringste schädliche Handlung begehen,
> höchst heilsam handeln und
> den eigenen Geist zähmen:
> Das ist die Lehre der Buddhas.

Diese klare, einfache Aussage beeindruckt mich weiterhin. Nach und nach wird mir ihre Tiefe immer mehr bewusst. Wenn ich diese Grundsätze lebe, komme ich jener Harmonie näher, die von den äußeren Bedingungen frei ist und nach der ich mich immer gesehnt habe. Dabei übe ich mich weiter darin, mir bei allem Handeln der eigenen Motivation bewusst zu sein und diese der Mahayana-Sichtweise, das heißt dem Bodhisattva-Ideal entsprechend, zu kultivieren. Die Anwendung dieser Aspekte, verbunden mit der Praxis der Achtsamkeit, bildet die Grundlage meines Lebensalltags. Dabei spielt es keine Rolle, wo ich mich aufhalte, im Kloster in Frankreich oder in unserem Meditationszentrum in Bayern, ob ich Kurse leite oder meine Familie besuche. Diese innere Ausrichtung und die tägliche Meditationspraxis helfen mir, mehr Achtsamkeit im Umgang mit Menschen, Situationen und Dingen zu entwickeln.

Gendün Rinpoche verließ seinen Körper im Jahr 1997, und sein Segen inspiriert mich weiterhin so wie früher. Doch treten meine anderen Lehrer, Meister wie der Gyalwa Karmapa Thaye Dorje, Künsig Shamar Rinpoche und Jigme Rinpoche, durch ihre Belehrungen und durch die Verantwortung, die sie für das Kloster übernehmen, für mich stärker in den Vordergrund.

Seit der Zufluchtnahme sind mittlerweile zwanzig Jahre vergangen und einige meiner Kanten und Ecken haben sich abgeschliffen. Doch das Im-Säckchen-geschüttelt-Werden geht weiter und weist mich unentwegt auf die Praxis hin, die der Weg zur Befreiung ist.

Vajraprabha Rose Kasper

Rose Kasper, Jahrgang 1943, wuchs in Triberg im Schwarzwald auf. Nach dem Studium der Germanistik und Romanistik war sie zwanzig Jahre lang als Lehrerin tätig. Auf dem Buddha-Weg wurde ab 1982 Amoghavajra (Karl Schmied) zum Lehrer und guten Freund, ab 1985 zudem Advayavajra (Dr. K. H. Gottmann), Leiter (Mandalacarya) des Ordens Arya Maitreya Mandala und Dharma-Nachfolger von Lama Govinda. Seit 1993 ist Rose Kasper Ordensmitglied des Arya Maitreya Mandala (AMM). Dort nimmt sie Lehraufgaben wahr und leitet seit 1993 das Ordenssekretariat.
Website: www.lama-govinda.de

Keine Direttissima

Meiner Mutter ist es wohl gelungen, mich in eine christliche Glaubenswelt einzuführen, die nicht bestimmt war von Geboten und Verboten. Sie lehrte mich Achtung und Ehrfurcht vor jedem lebendigen Wesen, vor Menschen, Tieren und Pflanzen.

Wenn ich an die Gottesdienste zurückdenke, die ich als Kind gern besuchte, so steigen die dunkel-geheimnisvollen Christmetten der Weihnachtszeit auf, die Osternachtsmessen mit dem immer lichter werdenden Altar unserer kleinen Wallfahrtskirche, und in die Stille hinein ertönte der Osterjubel – Jahre später besuchten meine Mutter und ich in Griechenland die griechische Osternachtsmesse –, derselbe Jubel und der völkerverbindende Glaube ... Dieser von Dogmen und Enzykliken freie Glaube fand mit der «Glaubensvermittlung» durch die Kirchenvertreter ein Ende. Zuerst versuchte ich es noch mit den so genannten «stillen» Messen.

Dann löste sich auch diese Verbindung.

Ein unerwarteter Anstoß auf Reisen

Nach Jahren religiöser Abstinenz erlebten mein Mann und ich einen unerwarteten Anstoß: Wir wurden inmitten einer Hindu-Wallfahrt, an der wir zunächst aus purer touristischer Neugier teilnahmen, mit einer tiefen Frömmigkeit konfrontiert, die uns anrührte und animierte, uns mehr mit östlichen Religionen zu beschäftigen, nachdem wir wieder zu Hause waren. Nun war in den frühen 70er-Jahren der Buddhismus noch nicht so medienpräsent wie heute. Wir begaben uns daher wieder auf den Weg nach Osten – auf der Suche nach einer «heilen» religiösen Welt ... – und erfuhren eine zwar schmerzhafte, aber heilsame Ent-Täuschung in

Sri Lanka: Nicht beschauliche Ruhe und Stille herrschten vor in dem weiten Tempelgelände, sondern eine plärrende Stimme aus den in den Bäumen aufgehängten Lautsprechern. Auf unsere erstaunte Frage, was denn da wohl rezitiert werde an heiligen(?) Texten, eröffnete man uns lachend, dass Herr X oder Familie Y soeben soundso viele Rupien gespendet hatten zur Vergoldung einer Buddha-Statue oder einer Dagoba-Spitze ... Ernüchtert – und nunmehr rein kunstgeschichtlich interessiert, setzen wir unsere Besichtigung fort.

Immerhin fuhren wir zu Hause mit unserer Wissenserweiterung in puncto «religiöse Kunst im asiatischen Raum» mithilfe aller uns erreichbaren Bücher fort: als Vorbereitung auf weitere Reisen – es gab ja damals noch nicht «all inclusive». Unbeabsichtigt, aber unvermeidlich flossen die religiösen Ideen, die diese Kunst hervorbrachten, mit ein.

Es gibt wohl so viele Arten der Begegnung mit einem religiösen Weg, wie es suchende Menschen gibt. Für uns beide waren es zunächst die Reisen, dann Bücher, auf die wir zufällig stießen, sowie Menschen, denen wir begegneten.

Die Stationen, Erfahrungen auf diesem Weg im Laufe der Jahre: Birma, Thailand (hier steigt aus der Erinnerung in die Gegenwart das stille Sitzen vor einem großen Buddha in einem leeren Tempel auf, später dann die Begegnungen mit den Menschen, «Weltlingen» oder Mönchen, auf einer mehrwöchigen Trekkingreise durch das damals noch nicht von einem Highway durchfurchte Zanskar. Sie nahmen uns herzlich und selbstverständlich mit zu ihren Pujas, Festen, teilten gedörrte Aprikosen und Nüsse als Prasad mit uns, der kleine Novize goss beim Rundgang mit der schweren Teekanne auch uns Buttertee ein – eine Offenheit, die wie bisher nicht erlebt hatten. Die eigentliche Wendung aber geschah über die Ritualmusik, deren tiefe Töne eine andere Dimension in mir zum Schwingen brachten, auf die ich nicht gefasst und die beglückend war.

Bücher, eine Begegnung und der Neubeginn

Wieder zu Hause, war es interessanterweise unser Friseur und DAV-Bergführer, Wegbegleiter unserer Skitouren, der uns das erste Buch schenkte, das keine äußere, sondern eine innere Reisebeschreibung war: *Zen in der Kunst des Bogenschießens* von Herrigel.

Ein anderes Buch aber diente – im Nachhinein gesehen – nicht nur der Wissenserweiterung: *Der Weg der weißen Wolken* von Lama Anagarika Govinda. Erstmals versuchten wir, Menschen hier im Westen zu finden, die Wegweiser sein konnten auf dem Buddha-Weg. Auf einem Flug nach Bhutan saß hinter uns ein Herr, der in ein dickes Buch vertieft war. Als wir den Titel lasen, *Schöpferische Meditation und Multidimensionales Bewusstsein,* fragten wir spontan, ob er den Autor dieses Buches, Lama Govinda, kenne. Er erwiderte lachend, er sei Schüler von Lama Govinda und gehöre zu dessen Orden Arya Maitreya Mandala – von dessen Existenz wir nichts wussten. Der Name unseres Mitreisenden: Amoghavajra (Karl Schmied). Im weiteren Gespräch zeigte sich, dass er den Buddhistischen Kreis Stuttgart leitete und uns zwei Tübinger herzlich einlud.

Die von Amoghavajra gefeierte Maitreya-Puja im Buddhistischen Kreis zum Jahreswechsel 1982 fand nicht in einem Schreinraum mit «authentisch» östlichem Ambiente statt, sondern in einem kleinen Nebenzimmer der Deutsch-Indischen Gesellschaft in Stuttgart, aber sie wurde für uns der Wieder-Neuanfang eines geistigen Weges. Mit seiner Begeisterung und seinem Engagement wurde Amoghavajra für uns wirklich ein Wegbegleiter: ein Lehrer und guter Freund (ein Kalyanamitra, wie wir sagen). In seinen sehr lebendigen Vorträgen und Seminaren sowie an den Meditationstagen lernten wir die Lehre des Buddha in ihren Grundzügen kennen. Eine sofortige Engführung auf eine Richtung oder eine Lehrerpersönlichkeit war damals, in der Mitte der 80er-Jahre, gar nicht möglich: Denn auch Ayya Khema, Prabhasa Dharma Roshi und Genro waren mit Vorträgen und Seminaren präsent im Buddhistischen Kreis.

Ich hatte als einen Weg der Begegnung Bücher genannt. Weitere Bücher Lama Govindas begleiteten mich, so die *Grundlagen tibetischer Mystik*. Wie ich bald erkennen musste, war dies kein Regelwerk, sondern wollte inspirieren zu eigenem schöpferischen meditativen Entfalten. Doch mehr noch sprach mich sein «Vermächtnis» an: *Lebendiger Buddhismus im Abendland*.

Die Motive

Wie ein roter Faden durchzieht die Botschaften Lama Govindas sein Hinweis: Wenn die Lehre des Buddha in der westlichen Kultur unserer Zeit fruchtbar und heimisch werden soll, dann dürfen wir die Wurzeln abendländischer Kultur nicht verleugnen oder abschneiden. Wir sollen und können nicht jede buddhistische Lehrmeinung, die – sicher in ernsthaftem Bemühen um «rechtes» Verstehen – geäußert wurde und wird, kritiklos und gläubig übernehmen, allein weil sie von Buddhisten vertreten wurde oder wird. Wir sind Menschen unserer Zeit, wir gehen den Weg hier im Westen. Wir haben gelernt, geschichtlich, wissenschaftlich-logisch zu denken, uns selbst und anderen kritisch gegenüberzustehen – im physischen und im psychischen Bereich. Und es gilt, die traditionellen Handwerkszeuge der meditativen Übungen zu püfen, gerade sie sind orts-, zeit- und kulturbedingt.

Die beliebten Sommerseminare des Buddhistischen Kreises Stuttgart mit Ven. Advayavajra (Dr. K. H. Gottmann), dem Nachfolger Lama Govindas, boten die einmalige Gelegenheit, Bücherwissen zu verlebendigen über die Begegnung mit seinem Nachfolger, der die dort vorgestellten Gedanken umzusetzen übte. Das erste Mal erlebten wir Advayavajra bei einem Vortrag: «Mahasukha – die Große Freude auf dem Buddha-Weg». Die Betonung dieses Aspektes war uns neu, und sie war motivierend. Seine Methode, grundlegende Begriffe der Buddha-Lehre, ausgehend von der Wortwurzel und der Bedeutung dieses Wortes zur Zeit des Buddha auszulegen, machte mir manche zunächst fremd anmutende Vorstellung einleuchtender. Zum Beispiel:

Dukkha – das ist nicht einfach «Leiden», es ist die unvollkommene, nicht runde Nabe eines Wagenrades, das dem Wagenlenker Mühe macht; Anicca ist nicht «Vergänglichkeit», sondern Veränderlichkeit, Veränderbarkeit – das heißt die eigentliche Chance auf dem Weg zur Befreiung. Advayavajras von großem Wissen getragene Darlegungen der Buddha-Lehre erfolgten ohne Konfrontation mit anderen spirituellen Wegen und ohne Beschneidung oder gar Ablehnung der abendländischen Kultur, im Gegenteil.

Es folgten die Jahre des «Upasaka-Seins» – eines «Nahe-dabei-Sitzens». Wir waren regelmäßig zu Gast bei den Exerzitien des Ordens in Roseburg. Mit der Zeit aber wollte ich nicht länger tatenlos andächtig zu Füßen des «Guru» sitzen, um dann auf Wiedersehen zu sagen bis zum nächsten Jahr ... Mit den beiden ungleichen Schwestern Maria und Martha in der Bibel hatte ich immer meine Schwierigkeiten. Mir persönlich ist die Rolle der Martha (allerdings ohne ihr Aufbegehren) lieber als die der Maria, aber es muss wohl auch Marias geben ....

Die oft von ihm zitierten Gedichtzeilen Rilkes: «Werkleute sind wir: Knappen, Jünger, Meister, und bauen dich, du hohes Mittelschiff ...», wurden auch mein Leitspruch. So bat ich darum, Zuflucht nehmen zu dürfen. Das war im Jahre 1987.

Aufgaben

Im Buddhistischen Kreis Stuttgart wurde die Leitung der monatlichen «Dharma-Gespräche» frei, und die Neu-Wahl fiel auf mich. Neben Aufsatzkorrekturen für Abschlussklassen und Französischunterricht erarbeitete ich, so gut ich es vermochte, Gesprächsunterlagen für die neue Aufgabe. Ein schwerer Unfall riss uns im Jahr 1987 beide für längere Zeit aus der gewohnten, als selbstverständlich hingenommenen Bahn eines bisher problemlosen Lebensweges. Es waren die mir liebevoll von meinem Mann aufbereiteten Texte der Ordens-Puja, die Meinen Geist in der Zeit der Rekonvaleszenz nicht nur trainierten, sondern ihm auch echte «Nahrung» boten.

Schon als junge Lehrerin hatte ich mir gesagt: Mit fünfzig Jahren überlässt du das Unterrichten jüngeren Menschen und fängst selbst etwas Neues, ganz anderes an. Nach der Kandidatenzeit im Orden Arya Maitreya Mandala und der Aufnahme in den Orden (1993) ergab sich diese Chance zu «etwas Neuem, ganz anderen». Advayavajra bat mich, die vakant gewordene Stelle des Ordenssekretariats zu übernehmen. «Könntest du dir vorstellen, dich mit einem PC anzufreunden?», fragte er vorsichtig an. Konnte ich nicht, da ich nicht einmal Schreibmaschine schreiben gelernt hatte ... Ich bat mir eine Nacht Bedenkzeit aus – und sagte zu, nachdem mein Mann mir Rückendeckung nicht nur in puncto PC zugesichert hatte.

Anfangs dachte ich für kurze Zeit, da gebe es ja nicht viel zu tun, doch dies erwies sich als Täuschung. Jedenfalls erreichten mich bald alle möglichen und unmöglichen Bitten um Auskunft, so zum Beispiel die, ob wir in unserem Kloster nicht einen Gärtner bräuchten ... Es kamen und kommen Anfragen von Schulen, von interreligiösen Gesprächskreisen mit der Bitte um Information über den Buddhismus allgemein, über den Orden sowie Lama Govindas Person und Werk, auch die Bitte, buddhistische oder interreligiöse Feiern mitzugestalten. Die geistige Offenheit der noch überschaubaren Universitätsstadt Tübingen ermöglichte uns den Aufbau eines «Freundeskreises» mit regelmäßigen Veranstaltungen.

Fortan ergab sich ein ganz anderer Lebensrhythmus. Nicht mehr der festgesetzte Stundenplan, Lehrerkonferenzen und Schulferien waren bestimmend. Ich selbst war von nun an dafür verantwortlich, die selbst gesteckten oder die mit Advayavajra sehr intensiv erarbeiteten Ideen und Vorhaben in die Tat umzusetzen. Für die von Vertrauen geprägten Gespräche bei unserem gemeinsamen Bemühen, Werk und Wirken Lama Govindas lebendig zu erhalten, bin ich ihm sehr dankbar.

Bis heute aber waren und sind es Advayavajras große Mitmenschlichkeit und Bescheidenheit – und sein trotz aller Enttäuschungen ungebrochenes Vertrauen und Zutrauen in die Fähigkeiten des anderen, die mich ab jener Zeit der ersten Begegnung motivieren und inspirieren, seine echte Mitfreude bei einem gelungenen Einsatz.

Das Wort Govindas: «Ein wahrer Lehrer ist nicht jemand, der sich anderen aufdrängt, sondern vielmehr einer, der in einem anderen Menschen angelegte Eigenschaften sich entfalten lässt», gilt für ihn gleichermaßen.

Genpo Döring
1955 in Köln geboren, wuchs Genpo Döring in einem Dorf in Bayern auf. Er arbeitete zunächst als Polizist. Ab 1977/78 begann er mit der Zazen-Praxis. Im Jahre 1985 begegnete er in Japan seinem Lehrer Hozumi Gensho Roshi. 1990 erfolgte seine Ordination zum Zen-Priester (Tokudo shiki). 1991 unterzog sich Genpo Döring einer traditionellen Klosterschulung der Rinzai-Tradition in Kyoto. Im Auftrag von Hozumi Roshi gründete er 1988 die Hakuin Zen Gemeinschaft Deutschland sowie 1992 in Dinkelscherben bei Augsburg, wo er mit seiner Familie lebt, den Zen-Tempel Bodaisan Shoboji, als dessen spiritueller Leiter er wirkt. Genpo Döring ist Mitglied des Rates der Deutschen Buddhistischen Union.
Website: www.shoboji.de

Mein Weg zum Zen

Schon als Kind war ich sehr religiös und immer auf der Suche. Geboren wurde ich 1955 in Köln, doch meine Eltern zogen bereits in meinen ersten Lebensmonaten mit mir nach Bayern. Aufgewachsen bin ich dann in einem Dorf im «schwärzesten Oberbayern» in einer christlichen Umgebung. Von Hause aus katholisch, war ich jedoch sonntags meistens der Einzige in der Familie, der in den Gottesdienst ging. Das dort gelebte Christentum, der Glaube an Gott, das Leben Jesu, zur Kirche zu gehen, die Messe und die Kommunion, all dies hat mir zur damaligen Zeit sehr viel gegeben. Aber befriedigende Antworten auf meine «existenziellen» Fragen, die ich schon von klein an (soweit ich mich erinnern kann) in mir trug und mit denen ich meine Umgebung permanent traktierte, bekam ich keineswegs.

Im Alter von dreizehn Jahren erschütterte mich der frühe Tod meines leiblichen Vaters. Bis dahin hatte ich zwar ein ausgesprochen schlechtes Verhältnis zu ihm, da er meiner Mutter, meinen Geschwistern und mir das Leben nicht gerade leicht machte. Aber die Frage nach dem Sinn des Lebens, dem Woher und Wohin überwältigte mich mit diesem Ereignis zusehends. Ich wollte nur noch davonlaufen, weg von zu Hause, um die Enge dieses Dorfes hinter mir zu lassen, wollte die Welt kennen lernen, anderen Menschen begegnen und überhaupt das Leben neu beginnen und selbst gestalten. Mit dem festen Entschluss, mein Leben selbst in die Hand zu nehmen, zog ich dann nach der zehnten Klasse alleine nach München. Hier begann ich zu arbeiten und konnte so meiner Mutter finanziell beistehen. Auch bin ich wieder zur Schule gegangen und wurde dann Polizeibeamter.

München – der bunte Markt der Möglichkeiten

Die ersten Jahre in München waren für mich eine faszinierende und aufregende Zeit des Erfahrens und Lernens. Endlich konnte ich ungestört meinem Forscherdrang nachgeben und mich mit den verschiedensten Religionen und Glaubensgemeinschaften auseinander setzen. Als besonders ergiebig für meine Absichten erwies sich die für die Olympischen Spiele neu eingerichtete Fußgängerzone im Herzen der Stadt. Hier tummelten sich neben Touristen, Käufern und Verkäufern alle möglichen Sorten von Predigern und Missionaren und Heilsverkünder der unterschiedlichsten Sekten und Weltanschauungen. Dort war ich in meinem Element. Jede freie Minute verbrachte ich zwischen Marienplatz und Neuhauser Tor, beobachtete die Leute, hörte zu, fragte und diskutierte, deckte mich massenhaft mit Infomaterial ein. Gelegentlich, wenn mich etwas besonders interessierte, ging ich dann in die entsprechenden Zentren, zu Bibelabenden, Gottesdiensten und anderen Informationsveranstaltungen.

Wenn ich mich und meine damalige Situation beschreiben soll, dann war sie die eines pubertierenden Jugendlichen, der niemals zufrieden war mit dem, was er zu hören bekam. Die häufigsten Antworten, die mir gegeben wurden, lassen sich in etwa so zusammenfassen: «Das ist die geheime Offenbarung. Durch Jesus Christus sind wir erlöst. Hier fängt eben der Glauben an. Das kann ich dir auch nicht erklären, ich glaube einfach daran. An den Erlösungsplan Gottes musst du glauben. Bitte Gott, damit er dir den Glauben schenkt.» Diese und ähnliche Antworten bekam ich, egal mit welchen christlichen Richtungen ich zusammenkam, ob katholisch, evangelisch, Zeugen Jehovas, neuapostolisch oder Mormonen. Solche Erklärungen konnte ich jedoch nie akzeptieren, sie trieben mich bei meiner weiteren Suche an. Ich verstand diesen Glauben an einen allwissenden, allmächtigen, allgegenwärtigen Schöpfergott einfach nicht. So habe ich mich also über die Jahre mit verschiedenen Ausprägungen der mosaischen Religionen beschäftigt und am Ende gemerkt, dass ich für keine dieser Heilslehren geeignet war und bin. So begann ich mich nach etwas anderem umsehen und deckte mich mit Büchern über Hinduismus und Buddhismus ein.

Das ist es!

Als ich dann unter anderem Schriften von Seidenstücker, Nyanatiloka, Grimm, Dahlke, Nyanaponika und Lama Govinda in die Hände bekam, begann ich mich mit der Übersetzung des Pali-Kanons von K. E. Neumann zu beschäftigen. Und endlich wusste ich: Das ist es! Niemand erwartete blinden Glauben von mir. Niemand schrieb mir vor, etwas zu glauben, das ich nicht verstehen konnte oder das gegen die Naturgesetze verstieß. Es kam mir alles so klar und logisch vor, und so wurden die Lehrreden des Buddha im Pali-Kanon eine Art Orientierung und Leitlinie für mich. Mit neunzehn trat ich dann (als Konsequenz und äußeres Zeichen) aus der Kirche aus.

Zu dieser Zeit hatte ich zwar viel über Buddhismus gelesen, doch die Gelegenheit, mit Buddhisten oder einer buddhistischen Gruppe in direkten Kontakt zu kommen, bestand für mich nicht. Heute gibt es zum Beispiel die DBU, den Dachverband der Buddhisten in Deutschland, der in der Öffentlichkeit präsent ist. Damals war es in Deutschland nicht so einfach, mit authentischem Buddhismus in Berührung zu kommen. Schließlich erhielt ich ab Mitte der 70er-Jahre die Möglichkeit, mehrmals nach Asien zu reisen, und dort endlich traf ich auf lebendigen Buddhismus.

So konnte ich zum Beispiel den Theravada-Buddhismus in Thailand studieren und Klöster und Tempel besuchen. Ich flog nach Singapur und Japan und sah mich dort um. Es ist eigentlich eine lustige Geschichte, wie ich dann zum Zen kam. Mehrere Wochen in Japan hatten mir sehr gut getan und mir viele Einblicke geschenkt. Die Tempel und die Parkanlagen begeisterten mich, die Begegnungen mit den Menschen dort waren sehr beeindruckend, aber wenn mich dann jemand in den Tempel zur Meditation einlud, wurde ich unsicher und sagte Nein. Was ich da schon alles gehört hatte, wie es in Dojos und Klöstern zugehen sollte, stundenlanges Sitzen, bis man nicht mehr aufstehen kann, und geprügelt würde man auch noch ... Irgendwie fand ich immer Ausreden, und jeder ließ mich auch ohne Überredungsversuch weiterziehen. Beim Rückflug aus Japan wollte ich endlich wieder mal etwas Deutsches lesen. In einem Buchladen am Flughafen fand ich aber nur den *Stern*, den *Spiegel* und ein Zen-Buch von Karlfried Graf Dürckheim. Ich entschied mich für das Buch. Als ich es während des Fluges, gelesen hatte, wusste ich, dass ich etwas verpasst hatte. Das ist doch eigentlich das, was du brauchst, und du hast dich davor gedrückt, obwohl du es vor der Nase hattest!

Erste Zen-Übungen

Nachdem ich wieder zurück in München war, begann ich zu Hause mit dem Zazen, so wie ich es verstanden hatte. Doch bald fing ich an, nach Möglichkeiten des Übens in einer Gruppe zu suchen. Ich fand eine Zen-Sitzgruppe und ein Zen-Dojo der Soto-Schule in München. Dort habe ich 1977/78 mit der Zazen-Praxis begonnen. Seit dieser Zeit flog ich fast jedes Jahr für einige Wochen zur Übung nach Japan. Nachdem ich mehrere Jahre Soto-Zen praktiziert hatte, hatte ich den Eindruck, wieder in einer Sackgasse gelandet zu sein. Die Gruppe hatte keinen autorisierten Lehrer und keinen Kontakt zur Traditionslinie in Japan. Alles, was dort über Japan und Zen-Buddhismus erzählt wurde, beruhte auf dem Hörensagen und wurde nach eigenem Gutdünken benutzt. Von der Buddha-Lehre erfuhr ich nichts oder lediglich verdrehte Ansichten. Wir saßen nur da, ich saß nur da, wir betrieben Nabelschau. Niemand war da, der mich voranbringen konnte. Zusammen zu sitzen in der Gruppe, das ist eine schöne Sache, aber so ging es nicht weiter.

Eines Tages kam ein japanischer Rinzai-Mönch aus unerfindlichen Gründen in unseren Japan-Laden, den ich 1979 in München gegründet hatte. Er fragte, ob ich einen Platz wisse, an dem er Zazen praktizieren könne. Ich lud ihn sofort nach nebenan ins japanische Teezimmer ein, und wir fingen gleich an, zusammen zu sitzen. Das war 1984, und so begann ich meine ersten Schritte im Rinzai-Zen. Nach einem halben Jahr merkte ich jedoch, dass dieser Mönch mich auch nicht voranbringen konnte, und so fragte ich ihn, wie es mit mir weitergehen könne.

Der Kontakt zum Meister

Er empfahl mir, baldmöglichst nach Japan zu fliegen und Hozumi Gensho Roshi, den Abt des Tokoji-Zen-Tempels in Kameoka, aufzusuchen. Dieser sei der Nachfolger seines Meisters, der schon ziemlich alt sei. Sein eigentlicher Zen-Meister war Omori Sogen Roshi, der in Tokyo lebte und zu dieser Zeit bereits fast neunzig war. Er nahm keine Schüler mehr an und verwies alle an seinen Nachfolger. So wollte ich, ausgestattet mit einem Empfehlungsschreiben des Mönchs, schnellstmöglich nach Japan, um mich Hozumi Roshi vorzustellen.

Dann ergab sich alles rascher als erwartet. Plötzlich waren wir, meine Frau Toshiko und ich – wir hatten 1982 geheiratet –, auf dem Weg nach Japan. Nach Anrufen in der Universität, an der Hozumi Roshi lehrt, und aus seinem Tempel erfuhren wir, dass Roshi einen Vortrag im Kulturzentrum in Osaka halten würde und wir ihn dort treffen sollten. Wir fuhren zur angegebenen Zeit dorthin, da aber die Veranstaltung bereits begonnen hatte, warteten wir vor dem Eingang. Plötzlich sprang die Tür auf, und ein laut schwatzender Pulk von Menschen um einen kleinen, untersetzten Japaner drängte heraus. Alle waren auf ihn fixiert, keiner wich von seiner Seite oder ließ ihn los. Dabei ging er einfach weiter, diese laut auf ihn einredende Masse Leute hinter sich herziehend. Wir standen erst sprachlos da und versuchten dann, recht chancenlos, näher an ihn heranzukommen.

Irgendwie fertigte er die Leute mit einigen Worten ab und wartete dann in einem kleinen Raum darauf, dass wir hereinkämen. Diese erste Begegnung, eine unterkühlte Begrüßung und Roshis ablehnende Haltung, werde ich vermutlich nie vergessen. Mir war vor Lampenfieber schon vorher sehr eigenartig zu Mute. Und als wir uns endlich gegenübersaßen, platzte er gleich so heraus: «Was soll das eigentlich? Was wollen Sie überhaupt von mir?» Toshiko und ich erklärten ihm, ich würde in München mit diesem Mönch zusammen üben. Ich würde schon lange Zazen üben, doch nun endlich ernsthaft mit der Zen-Schulung beginnen wollen. Hozumi Roshi wehrte lange ab, bevor er schließlich zustimmte und mich für den nächsten Tag zum Kennenlernen in seinen Tempel bestellte. Er wollte meine Zen-Praxis näher anschauen.

Tags darauf fuhr ich nach Kameoka in den Tokoji, um bei Hozumi Roshi Zazen zu üben. Bis zu diesem Zeitpunkt war ich sehr stolz auf «mein Sitzen». Zazen war für mich bis dahin: in Ruhe sitzen, sich nicht mehr rühren, einfach dasitzen und sich einbilden, das sei die Erleuchtung. Aber mit solch einer Einstellung sitzt man im Rinzai- Zen nicht. Da übt man anders.

Hozumi Gensho Roshi empfing mich sehr freundlich, wir tranken Tee, und dann begaben wir uns in den Zendo, eine neu erbaute Meditationshalle im traditionellen Stil. Er zeigte mir meinen Sitzplatz und erklärte, wie ich mich zu verhalten und zu üben hätte. So saßen wir eine geraume Zeit. Irgendwann stieg er von seinem Platz herunter, kam zu mir und sagte: «Sitzen kannst du schon ganz gut, aber deine Atmung und dein Ki sind ja überhaupt nichts.» Ich sagte: «Oh, ich habe eine zu enge Hose an, darum funktioniert das nicht.» Das war die erste der vielen dummen Entgegnungen, die mir im Laufe der Jahre Roshi gegenüber entschlüpfen sollten. Dennoch hatte ich gemerkt, dass irgendetwas mit meiner Praxis nicht stimmte. Nach einigen Erklärungen, wie ich sie bis dahin noch nicht gehört hatte, sagte ich, dass ich wirklich von ihm lernen wolle und darum bitte, wiederkommen zu dürfen. Hozumi Roshi lehnte ab und ging in Freie. Nur mit hartnäckigem Bitten konnte ich die Ernsthaftigkeit meines Ansinnens unterstreichen, und so stimmte er schließlich zu. Am nächsten Tag begleitete mich Toshiko zu Hozumi Roshi. Zuerst vereinbarten wir, dass ich zur Intensivierung meiner Schulung regelmäßig und nach Möglichkeit länger nach Japan kommen sollte.

Im Laufe der Gespräche wiederholten wir unsere Bitte und sprachen nun auch über einen Besuch Hozumi Roshis in München. Dort hatte sich durch unsere Zen-Aktivitäten in unserem Teezimmer (neben dem Japan-Laden) ein Zen-Kreis gebildet, der bis dahin keinen Meister hatte. Schließlich sagte Roshi zu. 1986 kam er das erste Mal nach München. Wir organisierten einen Vortrag im Völkerkundemuseum. Es kamen ungefähr 340 Leute. Viele der Zuhörer mussten stehen, es gingen gar nicht so viele Stühle in den großen Saal. Doch was Roshi vortrug, gefiel nicht allen Anwesenden. Einer seiner Sätze, die sich mir bis heute tief ins Gedächtnis eingegraben haben, lautete: «Zen hat nichts mit Nihilismus oder Quietismus zu tun. Europäer sitzen gern in aller Ruhe. Bitte geben Sie diese Art des Sitzens auf!» Es waren viele Freunde der Soto-Gruppe anwesend, mit denen ich früher lange Zeit geübt hatte. Mehrere fühlten sich beleidigt, einige standen sogar auf und verließen den Saal. Sie erklärten laut: «So etwas müssen wir uns nicht sagen lassen!»

So begann es mit Hozumi Roshi. Es tat mir sehr Leid, dass sich die Wege auf diese Weise trennten. Doch habe ich mir damals gedacht: «Gut, wenn Roshi glaubt, dass das nicht richtig ist, wie ich übe, dann soll er mir eben zeigen, wie er es für richtig hält und was er anders macht.» Es gab noch einige andere Zen-Freunde, die ebenfalls sehen wollten, ob das wirklich eine andere Art des Übens war. So fand bald darauf das erste Sesshin in München statt. Und bei dieser Gelegenheit konnten wir alle feststellen und erfahren, worin der Unterschied besteht zwischen Soto im Westen und Rinzai im Westen und dass sich beides von der Art, wie es in Japan geübt wird, unterscheidet.

1986 gründeten wir dann das Jikishin Dojo in München und 1988 die «Hakuin Zen Gemeinschaft Deutschland e.V.», um dem Ganzen einen «offiziellen Rahmen» zu geben. Es fanden seitdem regelmäßig Vorträge und Sesshin mit Hozumi Roshi statt, später erhielt ich die Erlaubnis, selbst Sesshin zu leiten.

Traditionelle Schulung

Irgendwann gab Hozumi Roshi zu verstehen, dass es auch für westliche Zen-Lehrer notwendig sei, solange es in Europa noch keine anerkannten Roshi, Tempel und Klöster gebe, sich in Japan in einem traditionellen Kloster ausbilden zu lassen. Um authentisches Zen in Deutschland zu etablieren und es aus den Kinderschuhen heraus- und vom Hobby-Zen wegzuführen, sei es notwendig, dass sich die Menschen hier ernsthaft und gewissenhaft mit der Zen-Lehre auseinander setzten. Ohne autorisierte Mönche und Nonnen, ohne Priesterinnen und Priester, Lehrerinnen und Lehrer, ohne anerkannte Tempel und Übungsstätten, ohne echte Übertragung der Lehre habe Zen in Europa keine Zukunft.

Eines Tages war es bei mir so weit, sodass ich Roshi erklärte, ich wolle meine Zen-Schulung traditionell weiterführen und in ein Kloster eintreten. Ich bat ihn, mich bei meinem Vorhaben zu unterstützen. Im Frühjahr 1990 erhielt ich in Japan die Mönchsordination und den Mönchsnamen Genpo. 1991 kam ich als Unsui zur Ausbildung in den Enpukuji unter Nishikata Tansetzu Roshi. Der Aufenthalt in diesem Kloster, die Aufnahmeprüfung, das Lernen, das Eintauchen in die traditionelle Zen-Ausbildung, die Koan-Schulung haben mich stark geprägt, und ich möchte diesen Lebensabschnitt nicht missen. Seit dieser Zeit fliege ich regelmäßig zu Sesshin und Schulung in den Enpukuji. Inzwischen ist Nishikata Roshi zum Oberhaupt des Myoshinji gewählt worden. Sein Dharma-Nachfolger Kato Gikan Roshi hat mich nun auch als seinen Schüler angenommen. So habe ich jetzt drei Roshi, die auf mich aufpassen. Das ist eine sehr gute Sache, und ich bin ihnen dafür von Herzen dankbar.

Nach meiner Rückkehr aus Japan gründete ich im Frühjahr 1992 in Dinkelscherben bei Augsburg den Bodaisan Shoboji Zen-Tempel («Erleuchtungsberg – Tempel zur aufrichtigen Verehrung der drei Juwelen»). Der Shoboji steht jedem offen. Jeden Monat finden mehrere Sesshin statt. Teilnahme am Tempelleben (Kloster auf Zeit) ist für kürzere oder längere Zeit möglich. Hozumi Roshi besucht uns mindestens zweimal im Jahr und leitet Sesshin, hält Teisho und macht Koan-Schulung. Durch unseren engen Kontakt zu japanischen Klöstern und Tempeln erhalten wir regelmäßig Besuch von Meistern und Mönchen. So werden im Shoboji außerdem regelmäßig Chado, Kado, Shodo und andere Zen-Wege unterrichtet.

Sylvia Wetzel

Sylvia Wetzel, Jahrgang 1949, wuchs im Schwarzwald auf. Nach dem Studium der Politologie und Slawistik in den bewegten Jahren von 1968 an und zwei Jahren als Deutschlehrerin kam es 1977 im indischen Dharamsala zur entscheidenden Begegnung mit dem Buddhismus. In dem tibetischen Lama Thubten Yeshe fand sie ihren Lehrer. 1981 übersiedelte sie als Leiterin des neuen buddhistischen Seminarhauses Aryatara-Institut nach Niederbayern. 1985 nahm sie die Gelübde und lebte zwei Jahre als Novizin. Fünfzehn Jahre wirkte Sylvia Wetzel in der Deutschen Buddhistischen Union mit (1984–1999) und war von 1985 bis 1993 deren Sprecherin (Vorsitzende). Ab 1986 intensivierte sich ihre Lehrtätigkeit. 1987 bot sie einen ersten Kurs für Frauen an und kann als Pionierin eines feministischen Ansatzes bei der Interpretation des buddhistischen Weges gelten. Sie unterrichtet Entspannung, Meditation und Buddhismus im deutschsprachigen Raum und in Spanien. Sylvia Wetzel ist Autorin der folgenden Bücher: *Das Herz des Lotos. Frauen und Buddhismus*, Fischer Spirit 1999; *Hoch wie der Himmel, tief wie die Erde. Praktische Meditationen über Liebe, Beziehungen und Arbeit*, Theseus Verlag 1999; *Leichter leben. Praktische Meditationen zum Umgehen mit Gefühlen*, Theseus Verlag 2002.
Website: sylvia-wetzel.de

Schwarz – Rot – Grün

Ein Schwarzwaldmädel, rote Roben und die Grüne Tara

Vier Jahre nach Ende des Zweiten Weltkriegs wurde ich im Herzen des Schwarzwalds geboren, wuchs als Tochter und Enkelin von «Adlerwirtinnen» hinter dem Tresen eines badischen Gasthofs auf, besuchte nebenbei die Schule und machte im denkwürdigen Jahr 1968 Abitur. Die Nähe zur Schweiz, zum Elsass und Sommergäste aus Frankreich, England und den USA brachten die große weite Welt in unser Haus und nährten die Sehnsucht nach der Ferne. Zu den Glanzpunkten jener Zeit gehören die alemannische Fastnacht, endlose Sommer in unserem großen Gemüse- und Obstgarten, die Maiandachten mit den hochdramatischen Mariengesängen, Ferienlager und Wanderungen mit den Pfadfinderinnen sowie die große Bibliothek meiner Großmutter und meiner Mutter. Voller Neugier auf das «richtige» Leben, ließ ich 1968 den «kleinbürgerlichen Mief» und die äußere und innere Enge der Schwarzwaldtäler hinter mir und stürzte mich Hals über Kopf in das Leben als Studentin in Heidelberg. Im Gepäck hatte ich eine solide Allgemeinbildung und erste Erfahrungen in angewandter Demokratie und Pressefreiheit als Klassensprecherin und Redakteurin der Schülerzeitung.

Sehnsucht nach einer besseren Welt

Aus Liebe zur slawischen Seele und zur russischen Literatur studierte ich Slawistik und aus Sehnsucht nach einer besseren Welt Politologie. In vollen Zügen genoss ich das bunte politische Leben an den Universitäten Heidelberg und Berlin in der Aufbruchstimmung der 60er- und 70er-Jahre. Wir streikten für bessere Studienbedingungen und demonstrierten gegen den Vietnamkrieg, setzten uns ein für die Öffnung der Psychiatrie und gegen die Erhöhung der Preise im öffentlichen Nahverkehr, gegen die kapitalistische Ausbeutung und für die freie Liebe hier und jetzt. Neben dem Studium betreute ich Schulkinder in einem Heidelberger Obdachlosenviertel, bereitete in Wochenkursen Arbeiterjugendliche und Studentinnen der Sozialarbeit in Berlin auf ein politisch aktives Leben vor und verdiente meinen Lebensunterhalt selbst, zunächst als Kellnerin und später als studentische Hilfskraft an der Institutsbibliothek. Das sorgte für Bodenhaftung und stärkte die Verbundenheit mit dem «einfachen Volk».

Anfang der 70er-Jahre verbrachte ich immer wieder einige Wochen mit Sprachkursen in der damaligen Sowjetunion und machte kleine Abstecher ins Baltikum und in die zentralasiatischen Republiken. In Usbekistan streifte mich zum ersten Mal der Atem Asiens. Ein einziges Semester in Leningrad, dem Venedig des Nordens, im Jahre 1974 genügte, und meine letzten Hoffnungen auf das sozialistische Modell russischer Art waren mausetot. Blieb noch eine Hoffnung: China. Kurz vor dem Abschlussexamen für das Lehrfach am Gymnasium besuchte ich im Sommer 1975 die Volksrepublik China. Als zukünftige Lehrerinnen und Lehrer waren wir vor allem an Erziehungsfragen interessiert. Zwei Wochen redeten deutsche und chinesische PädagogInnen fruchtlos aneinander vorbei, und nach drei Wochen legte ich ein weiteres politisches Ideal zu den Akten. Fast zumindest.

Inzwischen nährte die Frauenbewegung neue Hoffnungen. Meine Arbeit als freiberufliche Deutschlehrerin für Aussiedler aus Polen und dem übrigen Osteuropa ließ mir 1975–1977 genügend freie Zeit, um an der neuen Frauenzeitschrift *Courage* mitzuarbeiten. Gleichzeitig entstand in einem Kreuzberger Keller – dort übten auch die «Flying Lesbians» – die zweite deutsche Frauenrockband, «Lysistrara», in der ich den Elektrobass spielte. Der Name war inspiriert von der Griechin Lysistrata. Sie hatte den ersten Bettenstreik der Frauen organisiert und die Männer damit ganz schnell vom Kriegführen abgebracht. Bei endlosen Jam-Sessions im Musikkeller erlebte ich «Momente, da gab es keine mehr, die spielte.

Die Musik spielte sich von selbst.» Seltsame Eindrücke, die ich nicht einordnen konnte. Sie jagten mir aber keine Angst ein, sondern inspirierten eher dazu, noch mehr Musik zu machen. Unsere «Geige» fing damals im Herbst 1976 mit «Zen-Meditation» an und erzählte von «Sesshins» und Einzelgesprächen mit dem Meister. Seltsam, aber «irgendwie» spannend.

Kultureller Weltschmerz

Nach der ersten Chinareise von 1975 hatte ich mir geschworen, nicht noch einmal nach Fernost zu reisen, ohne mir Indien anzuschauen. Schon 1975 waren erste Bekannte, Freundinnen und Freunde nach Indien gereist und hatten nach ihrer Rückkehr begeistert von ihrem Guru Rajneesh erzählt. Das Gerede von Gurus und Hingabe brachte zwar keine Saite in mir zum Klingen, und ich fand es äußerst lästig, meine alten FreundInnen plötzlich mit Ma Yoga Irgendwie und Swami Soundso anzureden, aber irgendetwas gefiel mir an diesen Indienreisenden. Sie hatten etwas Leichtes und Liebenswürdiges, und sie kämpften nicht mehr voller Wut gegen die ganze Welt.

Von Fritz Perls' Gestalttherapie lernten wir in jener Zeit, dass die Umwelt «irgendwie» ein Spiegel unserer selbst sei, und das brachte mich zum Nachdenken: «Wenn diese», wie ich inzwischen fand, «furchtbare Welt ein Spiegel meiner Seele ist, dann steht es schlecht um mich.» Ich sah mich in einer Welt der Ausbeutung, in der einige wenige Menschen unsinnig konsumierten und den Rest der Welt hungern ließen, in der Frauen als Menschen zweiter Klasse betrachtet und Kinder misshandelt wurden, wo Menschen nur noch für die Arbeit lebten, ohne Freude, ohne Lachen, ohne Zeit. In einer Welt, in der Macht und Geld regierten und unsere guten Ideen von einer gerechten Welt ohne Krieg von den Mächtigen verlacht wurden. Ich lief durch Berlin und ärgerte mich über Werbung, Filme, Zeitungsberichte, Theaterstücke und Romane und sah nur die Arroganz der Reichen und Mächtigen, Frauenfeindlichkeit und Dummheit. Es schien keine Ideale zu geben, und mein Glaube an einen neuen Gesellschaftsentwurf auf sozialistischer oder feministischer Grundlage hatte bereits tiefe Risse bekommen.

Mein kultureller Weltschmerz verstärkte sich, als ich Anfang 1977 eine relativ feste Stelle als Deutschlehrerin angeboten bekam. Sollte das mein weiteres Leben sein? Sollte ich die nächsten vierzig Jahre Unterrichtseinheiten erstellen, zweimal im Jahr Urlaub machen und dem Untergang des Abendlandes taten- und hilflos zusehen? Ich schrieb damals in mein Tagebuch: «Ich möchte endlich für etwas sein und nicht immer gegen die ganze Welt kämpfen müssen.» Einen weiteren Anstoß gab ein Science-Fiction-Film im selben Frühjahr: Die Bösen hatten das Trinkwasser von New York vergiftet, und alle Menschen wussten, dass sie innerhalb der nächsten zwei Wochen sterben würden. Ich saß mit einer Freundin in Berlin vor dem Fernseher, und wir fragten uns, was wir wohl tun würden, wenn wir nur noch ein paar Wochen oder Monate zu leben hätten. Die erste Antwort war: «Musik machen, Haschisch rauchen und auf keinen Fall so weiterleben.»

Indien ruft

Von der Schwester einer Freundin erhielt ich damals ein paar Briefe aus Nepal. Sie schwärmte von einem «buddhistischen Kloster im Himalaya, von Meditation und Lamas». Als sie braun gebrannt, entspannt und sanft lächelnd Ende 1976 nach Berlin zurückkam, stand mein Entschluss fest: Nach der zweiten Chinareise würde ich Indien besuchen und nachschauen, was mich diese alte Kultur über das Leben lehren konnte. In dieser Verfassung brach ich nach knapp zwei Jahren Berufstätigkeit als Deutschlehrerin zu meiner zweiten Asienreise auf. Wohlweislich hatte ich eine Nachmieterin für meine Wohnung gesucht und gefunden, Auto, Stereoanlage und den *Großen Brockhaus* in zig Bänden verkauft und mich auf ein, zwei Jahre Reisen eingestellt. «Vielleicht bin ich schon in drei Monaten zurück, vielleicht aber auch erst in zwei Jahren», war meine Devise. Ich wollte auf alle Fälle den Rücken frei haben für das, was dort möglicherweise auf mich wartete.

Ein Jahr nach dem Sturz der «Viererbande» reiste ich 1977 wieder nach China. Dieses Mal mit dreiundzwanzig Frauen aus der Berliner und der westdeutschen Frauenszene, um Lage und Ideen der «anderen Hälfte des Himmels» zu studieren. Wieder besuchten wir Volkskommunen, Fabriken, Krankenhäuser, Kindergärten, Grund- und Mittelschulen. Wieder redeten wir in den offiziellen Gesprächen aneinander vorbei, und auch die wenigen privaten Gespräche waren fruchtlos. Auch dieses Land war kein Vorbild bei meiner Suche nach einer besseren Welt, schon gar nicht bei der nach einer wie auch immer definierten Freiheit als Frau.

In Hongkong verabschiedete ich mich von meiner Frauengruppe und setzte mich ins Flugzeug nach Indien. Ein paar Stunden später stand ich mit der Gitarre auf dem Rücken und meiner roten Reisetasche in Kalkutta am Flughafen. Vor mir endlos viel Zeit, alleine in einem riesigen Land mit einer der ältesten Hochkulturen im indoeuropäischen Raum. Fünf Tage spazierte ich durch Kalkutta, war entsetzt über Armut, Dreck und Chaos, sehr berührt von den Gesichtern und – «fühlte mich seltsam heimisch». Ich hatte mir bislang nie Gedanken über Seelenwanderung oder Wiedergeburt gemacht, und auch heute beschäftigt mich die Frage nach früheren oder zukünftigen Leben nicht besonders, aber schon in diesen ersten Tagen in Indien fühlte ich mich so «zu Hause», dass frühere Leben in Indien eine gute Erklärung dafür bieten könnten. Vielleicht erhielt aber einfach meine bis dahin ziemlich verschüttete religiöse Seite die Nahrung, nach der sie sich immer schon gesehnt hatte, ohne darum zu wissen. Möglicherweise brachte auch das Nebeneinander von vergangener Pracht, improvisierter Gegenwart und endlosen Baustellen ein Wissen um Vergänglichkeit ins Bewusstsein, das mich tief aufatmen ließ. Auch wenn die Häuser aus Stein und die Brücken aus Stahl in Europa ständig rufen: «Ich bin für die Ewigkeit gebaut», klingt daran etwas falsch, und ich hatte unter dem Anspruch der Beständigkeit gelitten. Alles in Indien schien mir einstimmig zuzurufen: «Die Welt ist unbeständig», und das finde ich heute noch bei jedem Besuch Indiens ungeheuer erholsam.

Angekommen mit Widersprüchen

Inzwischen war es Ende Juli 1977, und der Monsun setzte Tag für Tag alles unter Wasser. Ich erinnerte mich an eine Postkarte, die eine Freundin vor einem halben Jahr von einem alten Freund erhalten hatte: «Im Monsun empfehle ich dir Dharamsala. Es ist wunderbar.» Mit dem Nachtzug ging es von Delhi nach Norden. Unterwegs versuchten mich schöne, gebildete Inderinnen davon zu überzeugen, dass für Touristen Kulu und Manali viel, viel schöner seien. «Ich aber ‹musste› nach Dharamsala.» Die vierstündige Busfahrt vom Bahnhof Pathankot nach Dharamsala wird mir ewig im Gedächtnis bleiben. Es war Vollmond. Als die Sonne aufging, ging der Vollmond gerade unter. Für Minuten sah man beide über den Bergen. «Ein Glücksgefühl erfasste mich, das mich fast zwei Jahre nicht mehr verlassen sollte.»

Im Tourist-Bungalow in Dharamsala, dem Sitz der tibetischen Exilregierung und des Dalai Lama, begegnete ich zwei Stunden nach meiner Ankunft am frühen Vormittag einem Australier. Er lud mich zu einer «Party im Tibeter-Ashram» ein, die am Nachmittag stattfinden sollte. Ich hatte im Flugzeug von Hongkong nach Kalkutta zwar ein Taschenbuch über «den» Buddhismus gelesen und wusste nicht einmal, dass es so etwas wie «tibetischen» Buddhismus gibt. «Warum nicht», dachte ich. Zusammen gingen wir bergauf zu einem tibetischen Studienzentrum, der Library of Tibetan Works and Archives, in der gegen drei Uhr eine traditionelle «Guru-Puja» stattfand. Kaum sechs Stunden nach meiner Ankunft in Dharamsala saß ich unter tibetisch singenden Frauen und Männern aus dem Westen, auf dem Thron saß ein rot gekleideter Mönch, und an den Wänden hingen bunte, brokateingefasste Rollbilder von vielerlei Gottheiten. Dies alles kam mir recht exotisch vor. Irgendwann merkte ich, dass ich leise mitsummte. Einige Melodien erinnerten mich an gregorianische Kirchenmusik und an die schönen Seiten meiner katholischen Kindheit. Zwischendurch wurden Kekse und Obst verteilt und Tee ausgeschenkt, und alle schwatzten beim Essen und Trinken ein wenig. Tief im Herzen wusste ich: «Ich bin angekommen.»

Nach der Puja machten wir uns auf den «Heimweg» nach Lower Dharamsala. Drei Minuten später suchten wir Schutz vor einem typischen Monsunsturzbach unter dem Vordach eines großen Hauses. Zwei Minuten danach kam eine blonde Frau zu uns gestürzt, auch auf der Suche nach Schutz vor dem Regen. Eine Stunde später standen wir immer noch da, jetzt in der Sonne. Cathy war aus Neuseeland und lebte seit einem knappen Jahr hier. Die Journalistin und linke Feministin hatte einige Jahre in London gearbeitet. Sie besorgte uns beiden im Handumdrehen ein Haus in ihrer Nähe und nahm unsere buddhistische Erziehung in die Hand.

In diesen ersten Wochen in «Little Tibet» fühlte ich mich hin und her gerissen zwischen einer unsäglichen Freude an den klaren Lehren über Liebe, Mitgefühl und Einsicht und meiner Auflehnung gegen feudale Sitten und patriarchale Strukturen. Acht Wochen nach dem ersten öffentlichen Konzert unserer Frauenrockband in der alten TU-Mensa in Berlin, sechs Wochen nach meiner Abreise aus Berlin und zwei Wochen nach einer Rundreise durch die Volksrepublik China auf der Suche nach den befreiten Frauen saß ich jeden Tag in einem mittelalterlich wirkenden Tempel. Auf einem Thron saß ein rot gekleideter Mönch und erzählte dreißig Menschen aus dem Westen etwas über die Eigenschaften der Buddhas, über den Wunsch, Erleuchtung zum Wohle aller zu erreichen, über die Weisheit, die Leerheit versteht, usw.

Ohne meine erste Lehrerin Cathy, die meine Fragen kannte und verstand, hätte ich den Kulturschock dieser ersten Wochen wohl kaum so gut überstanden. Wir verbrachten drei Monate mit Gesprächen über Gott, Buddha und die Welt, mit gemeinsamen Yoga-Stunden und Partys, spielten Gitarre, sangen Folksongs und tanzten Blues, rauchten selbst angebautes Haschisch und wanderten in den Bergen. Seither weiß ich, wie wichtig es für Menschen aus dem Westen ist, gerade am Anfang des Weges nicht nur bei asiatischen Lehrern zu lernen. Menschen aus der eigenen Kultur können Brücken bauen und sehr viele Anstöße geben, selbst wenn sie noch nicht unendlich tief mit den Lehren vertraut sind.

Der «Mann meines Lebens»

Im Herbst 1977 gingen Cathy und ich im Wald von Upper Dharamsala spazieren und begegneten zwei tibetischen Mönchen. Sie fragten uns nach unseren Plänen. Wir wollten beide zum Novemberkurs ins Kloster Kopan nach Nepal, denn eine Freundin hatte mir vor einem Jahr Loblieder auf dieses Kloster und seine Lamas, auf Berge und Meditation gesungen. Als der stämmigere der beiden Lamas hörte, dass Cathy schon fast ein Jahr in Dharamsala studierte, ich aber erst ein paar Wochen, schlug er ihr vor, in Dharamsala zu bleiben. Zu mir sagte er nur: «Es ist gut, wenn du nach Kopan kommst.» Die beiden Lamas hießen Thubten Yeshe und Thubten Zopa Rinpoche. Ich war gerade dem Mann begegnet, der mein Leben verändern sollte wie keiner davor und danach.

Die folgenden beiden Winter verbrachte ich im Kloster Kopan in Nepal. Unter der liebevollen Anleitung von Lama Yeshe, den eher strengen Unterweisungen seines Hauptschülers Lama Zopa und mit der Hilfe vieler westlicher Nonnen, Mönche und Laien lernte ich in Kopan den tibetischen Buddhismus von der Pike auf kennen. Tibetische Lamas hielten Vorträge, westliche Nonnen, Mönche und Laien leiteten Meditationen an, und in Gesprächsgruppen diskutierten wir heftig und hitzig über alle schwierigen Aspekte der Lehren. In kurzen Klausuren meditierten wir über tantrische Gottheiten und lasen Tonbandabschriften mit Kommentaren zu den Übungen.

In Lama Yeshe hatte ich einen Lehrer gefunden, der mir aus dem Herzen sprach. Mit bodenständigen Lehren, unerschöpflichem Interesse am Denken seiner westlichen Schülerinnen und Schüler und viel Humor gab er uns praktische Orientierung im verwirrenden Kosmos des tibetischen Buddhismus. Schon in Süddeutschland hatte ich gelernt, dass man seine Zeit gut nutzen sollte. So räumte ich an kursfreien Tagen die umfangreiche Bibliothek westlicher Bücher auf und führte das typisch universitäre Ordnungssystem ein, mit Titelkarten, einer Stichwort- und einer Autorenkartei. Es existiert heute noch und wird meist von Deutschen auf den neuesten Stand gebracht. Zwei Winter brachte ich kleinen Mönchen im Kloster in der Mittagspause Englisch bei, ohne Bücher und Tische, mit einer Schiefertafel und ein wenig Kreide.

Etwas über zwei Jahre lebte ich in Asien. Ich pendelte zwischen dem Kloster Kopan in Nepal und dem tibetischen Studienzentrum in Dharamsala in Nordindien, studierte Buddhismus und vertiefte meine Studien in kürzeren und längeren Meditationsklausuren. Insgesamt ein Jahr hörte ich fünfmal die Woche Vorträge in Dharamsala, lernte etwas Tibetisch und Sanskrit und verbrachte rund zehn Monate mit intensiven Meditationsklausuren von bis zu zwei Monaten Dauer, anfangs in kleinen Gruppen, später auch alleine. Zwischendurch machte ich kleine Reisen nach Indien: Varanasi (Benares), Bodh-Gaya, Darjeeling, Orissa, Poona, Rishikesh und immer wieder Delhi. Im Herbst 1979 war ich bereit, nach Berlin zurückzukehren.

Von Berlin nach Niederbayern

Zwei Wochen nach meiner Rückkehr im Herbst 1979 unterrichtete ich wieder Deutsch als Fremdsprache für deutschstämmige Aussiedler aus Polen, Rumänien und Russland und für russische Juden. Ich kam provisorisch in einer Berliner Laube im Grünen unter. Berlin war für mich lediglich eine Zwischenstation auf dem Weg in ein buddhistisches Zentrum. Ich fühlte mich sehr mit Lama Yeshe und dem Kloster Kopan verbunden, überarbeitete Lama Yeshes Vorträge auf Englisch und experimentierte mit ersten deutschen Übersetzungen von Meditionsanweisungen. In den Schulferien besuchte ich die Lama-Yeshe-Zentren in Italien und England und ein buddhistisches Zentrum in Hamburg und überlegte, wo ich leben wollte. Ich begegnete Menschen, die genau wie ich den tibetischen Buddhismus in Asien kennen gelernt hatten und hier in Deutschland weiterüben wollten. Im Herbst 1980 besuchte Lama Yeshe das zweite Mal Deutschland. Zwei Tage nach Kursende reiste ich als frisch gebackene Leiterin des neu gegründeten Aryatara-Instituts zurück nach Berlin. Im März 1981 packte ich mein Hab und Gut in einen VW-Bus und zog nach Niederbayern.

In sechs Monaten verwandelten sechs Exhippies eine kleine

ehemalige bayrische Grundschule in ein funktionsfähiges Seminarhaus. Wir hatten kein Geld, keine Erfahrung in der Leitung eines Zentrums und recht wenig Ahnung von Buddhismus. Begeisterung, praktische Intelligenz, Improvisationsfähigkeit und Mut machten fast alles wieder wett. Lama Yeshe und Lama Zopa weihten das Zentrum im September 1981 mit einem großen Kurs ein, und der Alltag begann. Nach knapp eineinhalb Jahren hatten wir gute Beziehungen zu unseren ländlichen Nachbarinnen und Nachbarn aufgebaut, waren mit eigenen Kursen und Gastkursen relativ ausgelastet, und es gab keine ernsthaften finanziellen Sorgen mehr.

Von Anfang an spielten Frauen ein große Rolle im Zentrum: Schutzpatronin war die Grüne Tara, eine Verkörperung des Klugen Handelns aller Buddhas und als Weisheit ihrer aller Mutter. Eine Kerngruppe von drei Frauen führte das Haus in den ersten Jahren. Wir fühlten uns als Pionierinnen und hatten relativ großen Erfolg mit unserer Mischung aus traditionellen und experimentellen Kursen. Es gab Kurse mit tibetischen Lamas und mit Nonnen, Mönchen und Laien aus dem Westen. Sie wurden ergänzt durch intensive Gruppenklausuren und längere Meditationsphasen im Winter. Ganz im Sinn von Lama Yeshe und in Absprache mit ihm widmeten wir uns mit großer Energie der Begegnung von Ost und West und boten spezielle Kurse dazu an: Grüne Tara und Mutter Maria (mit einem evangelischen Pfarrer!), Buddhismus und Psychotherapie (mit einem Gestalttherapeuten), Buddhismus und Jungsche Psychologie (mit einem Religionswissenschaftler und Sandspieltherapeuten), Buddhismus und Politik (mit einer Kreistagsabgeordneten der Grünen), befassten uns mit Kulturpsychologie und sozialen Fragen. Wir waren offen für neue Ideen und hielten besonders Ausschau nach Lehrerinnen, aber auch nach Lehrern, die mit neuen Formen und Ansätzen experimentierten. In der Leitung wechselte ich mich mit einer Kollegin im Haus ab. Im Marien-Monat Mai 1987 bot ich den ersten Kurs für Frauen an: «Frauen auf dem Weg».

Leben als Nonne

Nach acht Jahren Buddhismus und vier Jahren in einem tibetisch-buddhistischen Landzentrum sehnte ich mich nach einer Intensivierung meines geistigen Weges. Ich hatte in Asien gelebt, und jeden Winter meditierten wir bereits zwei Monate gemeinsam mit Gästen, die bereit und fähig zu Einzelklausuren waren. Was gab es noch? Die Tradition bot mir den Weg der Nonne an. Im Frühjahr und Sommer 1985 hatte eine von mir sehr verehrte kanadische Nonne mehrere Monate in unserem Zentrum verbracht und Kurse gegeben. Ich fand sie lebendig, offen und bodenständig. Meine beste Freundin im Zentrum wollte ebenfalls Nonne werden, und so «nahmen» wir im Sommer 1985, passenderweise an Mariä Himmelfahrt(!), «die Roben». Ich ließ mir die Haare scheren, zog rote Nonnengewänder an und verschwand erst einmal für vier Monate in Klausur.

Endlich musste ich mir keine Gedanken mehr über Kleidung machen, niemand fand es mehr komisch, wenn ich vor allem meditieren und studieren wollte, und niemand überredete mich mehr zu Ausflügen nach München oder ins Umland. Etwas später bemerkte ich allerdings auch: Niemand nahm mich mehr in die Arme, Gäste und KursteilnehmerInnen stellten mich noch mehr auf ein Podest als zuvor, und ich fühlte mich von anderen Menschen etwas abgeschnitten. Ich wurde immer strenger und ernster, und das gefiel mir gar nicht. Im zweiten Jahr meines Nonnenlebens veränderte sich unser Drei-Nonnen-Haus dann sehr drastisch. Meine beiden Mit-Nonnen «verließen» mich. Die eine kehrte zurück nach Kanada, um ihre kranken Eltern zu pflegen, und die andere lebte mit ihrem neuen Freund im Zentrum. Meine Motivation fürs Nonnendasein wurde auf eine harte Probe gestellt. Den folgenden Winter reiste ich nach Asien, nahm an der Ersten Internationalen Konferenz über buddhistische Nonnen in Bodh-Gaya im Februar 1987 teil und suchte händeringend westliche Nonnen, die bei uns im bayrischen Jägerndorf leben wollten. Keine kam mit. Alle hatten bereits eine Aufgabe in anderen Zentren oder wollten in Asien bleiben. Zwei Monate nach meiner Rückkehr stand mein Entschluss fest: «Ich gebe meine Roben zurück. Ich trete aus dem Orden aus.»

In den buddhistischen Traditionen kann man den Orden jederzeit wieder verlassen, und wenn man die Gelübde nicht gebrochen hat, kann man auch wieder eintreten. Mein Eindruck war: Für eine Weile tat mir das Leben als Nonne gut. Es spornte mich zur Übung an und gab meinem Leben eine noch klarere Ausrichtung. Doch bald stellte ich fest, dass diese Lebensform nicht meine besten Seiten zum Vorschein bringt, sondern Selbstgerechtigkeit und Enge fördert. Fast ein Jahr versuchte ich, mit meinen Zweifeln zu leben und sie als notwendige Krise einer Anfängerin auf dem Nonnenweg zu interpretieren. Ich war sogar bereit, das Zentrum zu verlassen und das einzige westliche Nonnenkloster meiner Tradition in Frankreich aufzusuchen. Unser Haus-Lama gab mir folgenden Rat: «Das Zentrum ist dein Kind. Wenn du weggehst, ist das Zentrum in Gefahr. Bleib lieber hier, und gib meinetwegen die Roben zurück. Ob du Nonne bist oder nicht, ist nicht so wichtig.»

Zwei Wochen später legte ich in einem kleinen Ritual meine Roben ab und kehrte zurück in den Laienstand. Ich habe keinen Tag bereut, dass ich Nonne gewesen bin. Ich habe eine asketische Seite, und ich habe sie ausgelebt. Aber ich bin froh, dass ich die Roben wieder abgelegt habe, als ich bemerkte, dass viele Regeln für meinen Geist nicht gut sind. Ich werde dann rebellisch oder zu streng. Mit den fünf Laiengelübden lebe ich gerne, und sie inspirieren mich zu einem wachen Leben. Außerdem wurde mir klar, dass ich weder alleine noch im Zölibat leben will. Ich brauche Menschen und auch nahe Beziehungen zu ihnen. Wenn Beziehungen «generell» ein Hindernis auf «dem» geistigen Weg sind, dann ist mir ein solcher Weg «zu geistig». Das ist dann nicht mein Weg. Ich suche einen Weg, den ich gemeinsam mit mir nahen Menschen gehen kann. Einen «Weg mit Herz», wie Don Juan einst sagte, den ich «mit Leib und Seele» gehen kann.

Ein weiterer Grund, die Nonnenroben abzulegen, war die Einsicht, dass ich nicht als «wandelnde Fahne», durchs Leben gehen möchte. Ich will weder durch bestimmte Kleidung noch durch einen exotischen Namen Menschen auf mich und das, was ich tue, aufmerksam machen. Wenn andere sich in eine asiatische oder westliche Tradition einbinden können und das auch durch Namen und Roben ausdrücken wollen, so achte ich das als eine Möglichkeit, den Weg zu gehen. Es ist nicht mein Weg. Ich schätze den Buddhismus als die bislang größte Inspiration meines Lebens und möchte dabei eine Frau aus dem Westen bleiben, auch in meinem äußeren Auftreten.

Im Westen: Miteinander arbeiten und leben

Ich habe den Buddhismus in der tibetischen Tradition kennen gelernt und fühle mich sehr mit ihr verbunden. Nach dem Tod meines Herz-Lehrers Lama Yeshe (1936–1984) sehnte ich mich nach einer Frau, bei der ich weiter lernen konnte. Auf einer Konferenz begegnete ich der deutschen Zen-Meisterin Gesshin Prabhasa Dharma Roshi (1933–1999) und übte acht Jahre lang Rinzai-Zen mit ihr. Fünf Jahre lernte ich bei Ayya Khema (1923–1997) die Theravada-Tradition kennen. Heute studiere ich mit einem englischen Lehrer der Nyingma- und Kagyü-Tradition, Rigdzin Shikpo. Derzeit inspiriert mich besonders die Zusammenarbeit mit westlichen Kolleginnen und Kollegen aus unterschiedlichen buddhistischen Traditionen. Wir bieten zusammen Kurse an, tauschen uns aus und lernen viel voneinander.

Das Leben in einem buddhistischen Zentrum bot mir acht Jahre lang einen Ort, an dem ich mit Gleichgesinnten zusammenleben, arbeiten, studieren und üben konnte. Wir hatten viel Raum, immer wieder nach Sinn und Bedeutung von Lehren und Übungen zu fragen. In dieser Atmosphäre fanden die fünfzehn Menschen, mit denen ich im Lauf von acht Jahren zusammenlebte, ihren jeweils eigenen Zugang zum Buddhismus. Trotz aller Aufs und Abs gehören die acht Jahre im Jägerndorfer Landzentrum zu den glücklichsten und inspirierendsten Phasen meines Lebens. Wir organisierten und betreuten Kurse, gründeten 1983 den Diamant-Verlag, übersetzten und veröffentlichten Bücher aus der mündlichen tibetischen Tradition aus dem Englischen ins Deutsche. Ab 1984 arbeitete ich im buddhistischen Dachverband Deutsche Buddhistische

Union mit und seit der Gründung ihrer Zeitschrift *Lotusblätter* im Jahre 1987 in deren Redaktion. Dadurch kam ich in engen Kontakt mit Übenden und Lehrenden aus anderen buddhistischen Traditionen. Wir sahen einander häufig, bereiteten buddhistische Tagungen mit ReferentInnen aus unterschiedlichen Traditionen vor, versuchten möglichst viele Gemeinschaften zur Mitarbeit zu motivieren. Wir meditierten zusammen, besuchten uns gegenseitig in den Zentren und erlebten ganz hautnah, dass es viele Wege zum Erwachen gibt.

Frauen und Buddhismus, Frauen und Freiheit

Die Begegnung mit dem Buddhismus hatte mein Herz berührt wie nichts zuvor im Leben. Ich fand die tibetischen Lamas klug und voller Wärme. Die Lehren waren zwar scholastisch strukturiert und häufig seltsam und überaus moralisch formuliert, aber klar und inspirierend. Die Übungen funktionierten und öffneten mir die Augen für mich selbst und die anderen. Ich fühlte mich wohl und fand mich wieder in den Lehren. Zumindest solange ich mich als «allgemeinen» Menschen oder als Individuum sah. Doch trotz allem guten Willen meinerseits war unübersehbar, dass auch im Buddhismus – wie überall – auf allen Ebenen Männer die erste Geige spielten. Die wunderbaren Lehrer waren alle Männer, der Buddha war ein Mann, die Kommentare zu den Lehrreden und heiligen Schriften stammten von Männern, der Dalai Lama war ein Mann, usw. Das spielte anfangs keine Rolle, doch ich fragte mich immer wieder: Wo sind hier die Frauen? Ist das auch ein Weg für Frauen? Eine so wunderbare Lehre kann doch nicht einfach genauso männerfixiert sein wie alle Wege im Westen, die ich kannte. Für eine Weile stellte ich die Frage nach den Frauen zurück, sah mich als Individuum, arbeitete, studierte und meditierte. Doch ich merkte immer deutlicher: Auch im Buddhismus steht hinter dem allgemeinen Menschen, dem die wunderbaren Lehren und Übungen vermittelt wurden, das Modell Mann. Immer lauter wurden meine Fragen nach Rolle und Ort der Frauen.

Die Begegnung mit Übenden und Lehrenden aus anderen buddhistischen Traditionen erleichterte mir das Fragen, da ich ihnen mit mehr Distanz gegenüberstand. Es ist nicht einfach, Menschen zu hinterfragen, von denen man sehr viel gelernt hat und die man schätzt. Es fiel mir leichter, mit Kolleginnen und Kollegen aus dem Theravada, dem Zen und den anderen tibetischen Traditionen über die Rolle der Frauen zu sprechen und ihre Aussagen in Frage zu stellen. Es dämmerte mir, dass der Buddhismus genauso patriarchal war und auch sein musste wie alle anderen Systeme in Gesellschaften, in denen Männer den Ton angeben und Frauen aus vielen Bereichen ausgeschlossen sind. Doch gab es einige feine Unterschiede.

Meine damalige Analyse ergab: Die Lehren und Übungen selbst sind zu großen Teilen brauchbar für Frauen. Das zeitbedingte Gewand des Buddhismus ist in allen Traditionen recht patriarchal, kann aber verändert werden. Drei Aspekte der Lehren fand ich auf meiner Suche nach dem Ort der Frauen theoretisch und praktisch außerordentlich hilfreich: 1. In der Buddha-Lehre wird der *eigenen Erfahrung* großer Wert beigemessen, also gibt es prinzipiell auch Raum für die Erfahrungen von Frauen. 2. Es geht darum, *Leiden abzubauen*. Wenn ich Lamas darauf hinwies, dass frauenfeindliche Aussagen oder ihre Beispiele aus einer mittelalterlichen Männerwelt Frauen kaum ansprechen oder dass sie sie verletzen, waren sie sehr bemüht, die nächsten Vorträge anders zu gestalten. 3. Die wichtigste Lehraussage in Sachen Frauen ist für mich die Lehre vom *bedingten Entstehen*. Wenn man sie klug auslegt, müsste eigentlich auch ein konservativ denkender Lama, Meister oder Schüler begreifen, dass Selbstbilder, Geschlechterrollen, Geschichten und Lehrmethoden zeitbedingt sind und somit veränderbar. Auf diese Lehren greife ich häufig zurück.

In den Begegnungen und Gesprächen mit Frauen und Männern auf dem buddhistischen Weg begriff ich bald, dass es auch hier mehr als eine Generation dauern würde, um Lehren und Übungen von ihren patriarchalen Elementen befreien zu können. Ab Ende der 80er-Jahre fiel mir in der buddhistischen Welt der Part der «Feministin vom Dienst» zu. Dies ist keine leichte Rolle. Sie brachte mich immer wieder in ernsthafte Krisen. Nicht immer war ich guten Mutes, und manchmal verlor ich die Geduld. Die Jahre der Meditation hatten mich zwar gelehrt, dass Veränderungen unendlich langsam vonstatten gehen, aber oft war dies schwer zu ertragen. Im Herbst 1993 saß ich nach einer Redaktionssitzung der *Lotusblätter* heulend im Auto und verwünschte mein hartnäckiges Suchen nach dem eigenen Weg. Warum konnte ich nicht wie so viele andere Frauen und Männer den vorgegebenen Bahnen folgen und «geschlechtslosen» Buddhismus üben und lehren? Dieser Zusammenbruch war der Wendepunkt. Danach spürte ich plötzlich mehr Vertrauen dazu, dass mein Weg mich schon dahin bringen würde, wo ich hingehöre.

Zwei Seelen kämpften Ende der 80er-Jahre in meiner Brust: Einerseits leitete ich immer noch ein tibetisch-buddhistisches Zentrum und repräsentierte zunächst als Vizepräsidentin und später als Sprecherin der Deutschen Buddhistischen Union den Buddhismus in der allgemeinen Öffentlichkeit. Andererseits erkannte ich immer genauer, wie sehr auch «der Buddhismus» und seine Vertreter die Welt mit den Augen der Männer sahen und wie wenig Frauen, ihre Erfahrungen und ihre Fragen in den allgemeinen Lehren vorkamen. Das tat weh. Besonders schmerzhaft war, dass kaum jemand unter meinen buddhistischen Kolleginnen und Kollegen die Frage nach den Frauen wichtig nahm und niemand das Thema als *Problem beider Geschlechter* begriff. Wenn ich nicht darauf pochte, war die Sache vom Tisch. Für die anderen war das mein Trip. «Und wenn schon», dachte ich mir, «es geht um *mein* Leben, und die Fragen berühren *mein* Herz.» Irgendwann hörte ich auf, mich um Anerkennung für meine feministische Buddhismus-Kritik zu bemühen. Ich suchte nach einem Weg für Frauen, hielt Vorträge zum Thema und gab Meditationskurse für Frauen. Wenn das die anderen nicht interessierte, war das ihr Problem. Überraschenderweise interessierten sich von dem Augenblick an einige Kolleginnen und Kollegen für meinen Ansatz und stellten plötzlich eigene Fragen.

Ich spürte, dass ich für mein Forschen mehr Raum brauchte. Nachdem ich eine Nachfolgerin eingearbeitet hatte, legte ich Ende 1988 die Leitung des Seminarhauses nieder, blieb dem Zentrum aber weiterhin verbunden und halte auch heute noch Kurse im Münchner Zentrum. Jetzt hatte ich den Raum, den Buddhismus «mit den Augen einer Frau» zu mustern und gegen den Strich zu bürsten. Die äußere Distanz verschaffte mir ein Umzug nach Frankfurt. Noch war Berlin von einer Mauer umgeben, und ein Leben in einer Stadt ohne grünes Hinterland war für mich undenkbar geworden. Nach zwanzig Jahren Wohngemeinschaft, davon zwölf Jahre in buddhistischen Zentren – mit einem kurzen Berliner Zwischenspiel –, zog ich Anfang 1989 mit knapp vierzig Jahren in eine Einzimmerwohnung im Frankfurter Nordend und suchte Arbeit. Wieder unterrichtete ich Deutsch als Fremdsprache. Ich hatte noch in Jägerndorf zwei Bücher für einen «professionellen» buddhistischen Verlag aus dem Englischen ins Deutsche übersetzt und nahm weitere Aufträge an. Meinen Lebensunterhalt verdiente ich mit Deutschunterricht und Übersetzungen, und meine Arbeit ließ mir genügend Zeit, regelmäßig an Klausuren und buddhistischen Seminaren teilzunehmen und auch selbst zu unterrichten. In der Jägerndorfer Zeit hatte ich viele Kurse als Übersetzerin begleitet, später auch Meditationen und Gesprächsgruppen angeleitet und Vertiefungskurse gegeben. Ab 1986 hielt ich vermehrt Kurse in Jägerndorf ab und wurde eingeladen, auch Meditationskurse an anderen Orten durchzuführen.

In der Frankfurter Zeit prüfte ich den Buddhismus noch einmal auf Herz und Nieren. Ist das wirklich auch ein Weg für Frauen? Eine große Inspiration war mir dabei die Begegnung mit den Werken der feministischen Psychoanalytikerin Luce Irigaray und der italienischen Philosophin Luisa Muraro. Zusammen mit einer feministischen Philosophin aus Frankfurt begann ich, an der Frankfurter Frauenschule Kurse zum Thema Geschlechterdifferenz zu geben. In einigen Veranstaltungen experimentierte ich mit meditativer Textlektüre und stillen Übungen. Aus diesen Kursen heraus entwickelten sich neue Ansätze für Meditationskurse mit Frauen: Wie weibliche Freiheit entsteht; Mutter-Tochter, Göttin-Frau; Neid und Konkurrenz unter Frauen, Übergangsriten für Frauen und anderes. Von 1982 an hatte ich in Absprache mit Lama Yeshe Übungstage, Wochenenden und Übungswochen zur Grünen Tara für Menschen ohne «Einweihung» in die Praxis angeboten. Diese Veranstaltungen stoßen auch heute noch auf großes Interesse, und diese Praxis steht jetzt im Zentrum meiner buddhistischen Kurse. Schwerpunkt all meiner diesbezüglichen Bemühungen ist die zeitgenössische Interpretation der Lehren. Sie richten sich ausdrücklich auch an Menschen, die weder eine neue Religion suchen noch Interesse an den Feinheiten buddhistischer Philosophie haben. Sie möchten Menschen im Westen Zugang zu den lebensnahen Konzepten und praktischen Übungen des Buddhismus bieten. In allen Kursen werden daher der persönliche Erfahrungshintergrund sowie geschlechtsspezifische und soziokulturelle Bedingungen der Teilnehmerinnen und Teilnehmer einbezogen. Besonders Frauen genießen es, dass ihre Lebenswirklichkeit – mit Beziehungen, Kindern, Doppelbelastung und Alltag, mit Interesse am Körper, den Sinnen und der Welt – nicht als Hindernis betrachtet, sondern als Ausgangspunkt und Mittel ihres spirituellen Weges angenommen und geschätzt wird.

Der Kreis schließt sich: Jütchendorf bei Berlin

Auf der Abiturfahrt nach Berlin 1968 hatte ich mich in diese Stadt verliebt. Knapp zehn Jahre hatte ich dort in der wichtigen Phase zwischen zwanzig und dreißig gelebt. In all den Jahren fern von Berlin fühlte ich mich weiterhin als Berlinerin, kam regelmäßig zu Besuch und gab dort ab 1980 regelmäßig Meditationskurse für Frauen. Im November 1989 fiel dann die Berliner Mauer. Seit März 1993 lebe ich mit sechs Frauen, zwei kleinen Mädchen, einem Hund und zwei Katzen auf dem Land südlich von Berlin auf einem ehemaligen Bauernhof. Dort verbinden sich zwei Welten: die anregende Atmosphäre einer Großstadt im Umbruch und die ländliche Ruhe eines märkischen Dorfes. In Berlin sind die Folgen der Wiedervereinigung überall sichtbar und oft schmerzhaft spürbar, und sehr viel Neues ist möglich. Rund dreißig buddhistische Zentren bieten Veranstaltungen an, und die Menschen, die sie leiten, sind in der Regel wach und aufgeschlossen und arbeiten auch gerne traditionsübergreifend zusammen. Ein guter Rahmen und sichtbarer Ausdruck des dichten Netzes von Verbindungen mit vielen Bereichen – Frauen, Wissenschaft, Politik, Kunst und Kultur – ist für mich die 2001 gegründete Buddhistische Akademie, ein Netzwerk für Menschen, die Buddhismus im europäisch-westlichen Kulturraum üben und weitergeben.

Vajramala
1945 in Schlesien geboren, wuchs Vajramala in Süddeutschland auf. Von ihrer buddhistischen Mutter schon früh mit dem Dharma vertraut gemacht, begegnete sie neunjährig dem tibetischen und fünf Jahre später dem fernöstlichen Buddhismus. Nach Jahren der Zazen-Praxis wurde sie 1972 persönliche Schülerin Lama Anagarika Govindas, der seit den 50er-Jahren wesentlich dazu beitrug, die Bedeutung aller drei Fahrzeuge des Buddhismus für die heutige Zeit herauszustellen. In seinem Auftrag lehrte sie ab 1980 in dessen Orden Arya Maitreya Mandala buddhistische Philosophie und Meditation. 1984 wurde Vajramala von Lama Govinda zu seiner Dharma-Erbin ernannt. Einige Jahre leitete sie den «Buddhistischen Kreis Bodensee» und seit 1991 das Buddhistische Studien- und Meditationszentrum Mahakala Ashram in Überlingen. Nach der Wende 1989 wird sie vom ungarischen Sangha des Arya Maitreya Mandala zur spirituellen Leiterin der Gemeinschaft berufen. 1999 wurde sie Mitglied des Rates der Deutschen Buddhistischen Union und ist seit 2001 dessen Sprecherin (Vorsitzende).

Wie ich den Dharma wiederfand

Ich muss vorausschicken, dass meine Geschichte eigentlich nicht in dieses Buch passt, denn ich bin nie zum Buddhismus konvertiert. Ich bin in einem sehr gemischten Elternhaus aufgewachsen, das man eigentlich eher ein «Mütterhaus» nennen sollte. Da war zum einen vom frühen Morgen bis zum späten Abend unsere Kinderfrau ständig präsent, die uns liebevoll wie eine Mutter umsorgte. Und da war unsere leibliche Mutter, die in den Abendstunden nach ihrer anstrengenden Arbeit in der Praxis oder am Wochenende Zeit für Gespräche fand. Beide waren, jede in ihrem Bereich, starke und autonome Frauen, die sich wunderbar ergänzten und uns Kindern unterschiedliche Welten erschlossen. Der Vater war ein eher seltener Gast, der wenig Einfluss ausübte, da er nicht mit der Familie lebte.

Unsere Kinderfrau lehrte mich sehr früh, ich muss etwas mehr als drei Jahre alt gewesen sein, ein Abendgebet, das ich wahrscheinlich gründlich missverstand, denn ich benutzte es regelmäßig, um die darin angerufenen Engel als Beschützer herbeizuzitieren und um mein Bett herum aufzustellen, wo sie dann bis zum andern Morgen «Dienst» taten. Sie sprach auch immer ein Tischgebet, das ein Gefühl der Dankbarkeit für die Speisen zum Ausdruck brachte, die auf dem Tisch standen. Das war in der damaligen Zeit keineswegs eine Selbstverständlichkeit, sondern es grenzte oftmals eher an ein Wunder und hing zuweilen davon ab, dass einer der Patienten meiner Mutter nach langem Warten doch endlich seine Rechnung bezahlte. Mit unserer Kinderfrau besuchte ich manchmal den Gottesdienst in der Dorfkirche, aber obwohl der nette Pfarrer von interessanten Dingen sprach, berührten mich seine Worte nicht wirklich. Ich empfand die Atmosphäre beim Gottesdienst als künstlich und kühl und völlig getrennt vom Alltag der Zuhörer, die meist schläfrig oder gelangweilt in ihren Bänken saßen.

Vorgelesen

Ich teilte in meiner frühen Kindheit mit meiner Mutter die kleine, kalte Kammer neben unserem Wohnzimmer, und wenn wir zu Bett gingen, las sie gerne noch in den wenigen Büchern, die wir besaßen. Bald bat ich sie, mir daraus laut vorzulesen, und da gab es dann beglückende Momente, die ganz stimmig und klar waren. Es waren, wie ich später herausfand, Lehrreden des Buddha, frühe Aufsätze von Max Ladner, Dahlke, Govinda, aber auch die *Bhagavad-Gita* gehörte dazu und Schriften von Heinrich Zimmer und Alexandra David-Néel. Ich genoss diese abendlichen Lesestunden vor allem auch deshalb, weil meine Mutter unermüdlich und ganz ernsthaft all meine Fragen beantwortete. Und da tauchten sehr viele Fragen auf, besonders in Zusammenhang mit der *Gita*, die ja die Verstrickung in karmisches Handeln sehr eigenwillig interpretiert.

Erst sehr viel später wurde mir bewusst, dass eine solch frühe Begegnung mit dem Dharma in unseren Breiten keineswegs selbstverständlich war, und ich entwickelte eine tiefe Dankbarkeit meiner Mutter gegenüber, die schon viele Jahre lang diesen Weg ging und ihn in vielen einfachen Gesprächen und durch ihre stille Präsenz und Achtsamkeit mit mir teilte. Als ich etwas älter geworden war und schon ein wenig die Zusammenhänge von Karma und Wiedergeburt verstand, war ich felsenfest davon überzeugt, dass mein Karma mir diese Mutter beschert hatte. Sie war in der Nähe von Breslau aufgewachsen und hatte gegen Ende des Ersten Weltkriegs während ihres Konfirmandenunterrichts fasziniert den Erzählungen des Pfarrers gelauscht, der als Missionar in Indien gearbeitet hatte. Sie war dann auf die Buddhistische Gemeinde in Breslau gestoßen und hatte begonnen, sich mit der Weltsicht des Buddhismus vertraut zu machen. Sie hatte die recht zahlreiche Literatur studiert, die schon in den 20er-Jahren verfügbar war, aber dann bei der Vertreibung aus der Heimat zurückgelassen werden musste. Nur weniges hatte sie retten können.

Nach dem Zweiten Weltkrieg fand unsere Familie Unterschlupf in einem kleinen Dorf in Süddeutschland. Dort wuchs ich inmitten einer bis dahin abgeschlossenen bäuerlichen Welt auf und genoss die Ungebundenheit und Freiheit, die unser Flüchtlingsdasein uns bescherte. Es waren wunderschöne Tage in den Wäldern und Wiesen der Umgebung, die uns vieles von dem schenkten, was wir für unseren täglichen Bedarf brauchten: Holz und Tannenzapfen für den Ofen, Beeren, Pilze, Fallobst und Wildkräuter für den Kochtopf. Die Dorfbewohner schauten unserem Sammlerdasein verwundert und sicher auch manchmal befremdet zu, wenn wir sonntags wandern gingen, statt den Gottesdienst in der Dorfkirche zu besuchen. Völlig unverständlich war es ihnen auch, dass es ihnen nicht erlaubt wurde, unsere Wohnung in Straßenschuhen zu betreten, sondern wir ihnen zumuteten, ihre Schuhe auszuziehen, wenn sie in den einzigen Wohnraum gehen wollten. Dort saßen wir ja oftmals auf dem Fußboden. Aber es gab mehrere freundliche Nachbarinnen, die sich an unsere seltsamen Gepflogenheiten gewöhnten, und so waren wir bald wohlgelitten. Mehr noch: Sie wollten uns manchmal etwas besonders Gutes tun und brachten uns Würste vom Schlachttag, damit wir endlich einmal etwas «Vernünftiges» zu essen bekämen. Sie konnten nicht verstehen, dass wir ihre Gabe höflich, aber bestimmt ablehnten, denn sie hatten noch nie gehört, dass man auch ohne den Verzehr von Fleisch leben und dabei gesund bleiben kann.

Anderssein

Bei diesen Gelegenheiten erlebte ich zum ersten Mal massiv unser Anderssein. Es war schwer für mich zu begreifen, wie die immer freundliche und liebenswürdige Bäuerin aus dem Nachbarhaus es fertig brachte, auf dem Spaltklotz einem ihrer Hühner den Kopf abzuhacken. Ich half ihr oft im Kuhstall beim Füttern oder fuhr mit ihr mit dem Pferdegespann aufs Feld. Sie schenkte mir deshalb oft Obst aus ihrem Garten oder einen Becher Milch und war immer die Freundlichkeit in Person. Wie konnte ein so liebenswürdiger Mensch gleichzeitig so grausam sein? Eines Tages brachte sie mich in schwere Gewissenskonflikte, als sie mich wieder einmal zum Mittagessen einlud. Es sollte Dampfnudeln geben, die ich über alles liebte, denn dazu gehörte Vanillesauce. So war ich über die Einladung entzückt.

Aber als ich die Stube betrat, erschrak ich heftig, denn ich erblickte auf dem Tisch eine Art Gulasch, der als Beigabe für die Dampfnudeln gedacht war. Ich schaute vom Tisch zur Bäuerin und zurück und sah in ihrem Gesicht die Freude, mich eingeladen zu haben. Wenn ich nun das Essen ablehnen würde, wäre sie sehr verletzt, dachte ich und überlegte angestrengt, welches von den beiden Übeln wohl das geringere wäre: das Fleisch zu essen oder die Gefühle der liebenswürdigen Gastgeberin zu verletzen. Ich entschied mich schweren Herzens dafür, das Fleisch zu essen, aber es wurde die mühseligste Mahlzeit meines Lebens, und ich war froh, als endlich mein Teller leer war. An diesem Tag beschloss ich, anderen Menschen rechtzeitig deutlich zu machen, dass ich nicht bereit war, Fleisch zu essen, auch wenn dies gegen die Konventionen verstoßen sollte. Eine interessante Erfahrung war es, festzustellen, dass diese «Absonderlichkeit» immer mehr akzeptiert wurde.

Noch schrecklicher war ein Erlebnis, das ich im ersten oder zweiten Schuljahr hatte. Auf dem Schulweg sah ich eines Morgens am Querbalken eines Scheunentores ein geschlachtetes Schwein hängen. Ich war so entsetzt, dass ich wochenlang einen großen Umweg zur Schule wählte, um nicht an dieser Stelle vorbeigehen zu müssen. Ich bekam nur verwirrende Antworten auf meine Frage, warum die Menschen den Tieren so viel Leid antaten. Im Religionsunterricht in der Schule hörte ich dann, der Mensch habe das Recht, über die Tiere zu herrschen und sich ihrer ganz nach Wunsch zu bedienen. Das war mir angesichts des Leidens, das den Tieren widerfuhr, vollkommen uneinsichtig. Dem Argument, diese Art von Nahrung sei unverzichtbar, um gesund zu bleiben, konnte ich auch nichts abgewinnen, denn ich wusste ja aus eigener Erfahrung, wie gut und angenehm es sich mit den Feld- und Waldfrüchten leben ließ. Mir erschien die hartnäckige Ansicht, man brauche Fleisch, um gesund zu bleiben, als starrer Ausdruck überlieferter und unreflektierter Unwissenheit.

Damals begann ich, Unwissenheit als das größte Hindernis für Einsicht und Mitgefühl zu verstehen – und zu fürchten. Denn dem Beispiel meiner unmittelbaren Umgebung zufolge war sie unausrottbar und weder mit guten Worten noch mit stichhaltigen

Argumenten zu widerlegen. Besonders schmerzlich war diese Unwissenheit dann, wenn ich sie bei Menschen beobachtete, die ich liebte und schätzte, weil sie eigentlich viele gute Eigenschaften besaßen und auch so manches Wertvolle wussten. Erst später, als ich mit meiner Mutter buddhistische Texte studierte, begriff ich, dass ich dem begegnet war, was der Buddha *ditthi*, unvollkommene Ansichten, nannte. So sehr ich in den folgenden Jahren vom Abenteuer des Wissens verzaubert wurde und in die Welt der Bücher eintauchte, in denen man dieses Wissen finden konnte, so sehr lähmten mich diese sogar in der Wissenschaft anzutreffenden Erscheinungsformen von Verblendung.

Kleine Übungen

Hinter unserem Wohnhaus erstreckte sich über mehrere hundert Meter eine traumhafte Wiese mit alten Obstbäumen bis hin zu dem Kindergarten, den ich besuchen sollte. Aber statt dorthin zu gehen, verbrachte ich im Sommer jeden schönen Tag damit, im hohen Gras zu liegen und in den blauen Himmel zu schauen, über den die weißen Wolken zogen und unablässig ihre Gestalt veränderten: Drachen verwandelten sich in kauernde Hasen, in lauernde Krokodile und dahintreibende Schiffe. Dieser Wandel hatte eine erhabene Ruhe, eine verlässliche Beständigkeit, er strömte eine Geborgenheit aus, in der ich oft stundenlang ruhen konnte. Hier verschwanden alle Wünsche, und das Leben war gut, so wie es war.

Wir lebten damals in einem einzigen Zimmer und einer Küche. Jedes der acht Familienmitglieder hatte seinen eigenen kleinen Zufluchtsort. Das war für unsere Großmutter ein Sessel, in dem sie den ganzen Tag saß und meist äußerst kratzige und deshalb nicht sehr beliebte, dennoch aber dringend benötigte Strümpfe strickte. Nur gegen Abend, wenn die Dämmerung sich im Zimmer ausdehnte und die Welt darin versank, erlaubte sie sich eine Pause. Das war die «Dunkelstunde». Da holte ich meinen kleinen Fußschemel, der mein Refugium war, stellte ihn neben Omas Sessel, hockte mich davor, und dann saßen wir so – beide schweigend,

Abend für Abend. Im Nachhinein erscheinen mir diese Stunden meditativer gewesen zu sein als so manche erlernte Meditationsübung in späteren Jahren. In den Sommermonaten saß auch meine Mutter dabei und erklärte mir, wie man ganz bei seinem Atem bleiben, dessen Strömen wahrnehmen und sich dabei leicht wie eine Feder fühlen könne.

Später am Abend, vor dem Schlafengehen, las meine Mutter mir mehrere Wochen lang aus einem wunderbaren Buch, der *Bhagavad-Gita*, vor: von Karma und Pflicht, von Selbstzweifeln des Helden im Kampf, von der Unzerstörbarkeit des Selbst und dem Wunder von Tod und Wiedergeburt. Es bewegte mich, was dort gesagt wurde. Gern hätte ich die Stellen, die mich zum Widerspruch reizten, noch einmal gelesen, um herauszufinden, ob dieser mir unverständliche Kampf, der nur Leiden brachte, vielleicht doch eine Erklärung finden würde. Das Buch lag den ganzen Tag auf Mutters Nachttisch, da ich aber nicht lesen konnte, war es für mich unerreichbar. Also fragte ich Oma nach der Bedeutung jedes Buchstabens, und sie half mir. Bald konnte ich lesen und fand zu meinem Entzücken noch eine andere interessante Lektüre auf dem Nachttisch. Es waren schmale Heftchen mit Titelbildern von Tempeln, Buddhas und Stupas, die *Indische Welt*, eine Zeitschrift, die leider bald wieder eingestellt wurde. Die kurzen Artikel von Zimmer, Dahlke, Ladner, Nyanaponika, Lama Govinda (wie ich erst viele Jahre später feststellte) – auch Lehrreden des Buddha waren dabei – waren eine wahre Fundgrube für ein wissbegieriges Kind und lösten weitaus mehr Zustimmung aus als das altindische Epos, die *Gita*. Hier fand ich auf viele Fragen Antworten, die mich überzeugten: Warum geht es manchen Menschen gut und anderen schlecht? Was mache ich, wenn mich andere Kinder ärgern? Was geschieht, wenn ich sterbe? Woher komme ich?

Geduldig erklärte mir meine Mutter, was ich nicht verstanden hatte. Wenn ich ihr wieder einmal mein Leid klagte, dass mich andere Kinder wegen meiner Brille verspottet hatten, dann meinte sie nur: «Sie verstehen es nicht besser. Aber wenn du ihnen liebevolle Gedanken schickst, dann werden sie ihre Gehässigkeit aufgeben.» Voller Vertrauen in ihre Worte, schickte ich meinen

Schulkameraden liebevolle Gedanken, und siehe da, mein erster Versuch einer Metta-Bhavana zeitigte erstaunliche Folgen. Von nun an wandte ich diese Übung auf alle möglichen Menschen an und genoss ihre positiven Auswirkungen. Ich muss allerdings gestehen, dass ich dabei noch sehr auf mein eigenes Wohlsein bedacht war. Meine Mutter fand auch einfache Worte, um mir Meditations- oder Yoga-Übungen zu erklären, bei denen ich ihr gern Gesellschaft leistete und von denen sie mich nie ausschloss. Noch lieber aber verwickelte ich sie in Gespräche über das Gelesene, denn nicht alles, was da gedruckt war, konnte ich unwidersprochen lassen.

Die Mauern von Jericho

Doch dann kam es zu einem gewaltigen Einschnitt in dieses behütete Leben: dem Schuleintritt. Wie alle anderen Kinder nahm ich wie selbstverständlich am Religionsunterricht teil. Ich hörte die Schöpfungsgeschichte, die mir noch ein wenig vertraut erschien, wusste ich doch, dass auch Brahma diese Welt erschaffen hatte. Und hier nannte man ihn eben «Gott». Aber bald traute ich meinen Ohren nicht. Hatte uns die freundliche Lehrerin nicht erklärt, Gott sei gut und liebe alle seine Geschöpfe? Und nun vertrieb er sie aus dem Paradies! Wie konnte dieser Gott das Streben nach Erkenntnis so grausam bestrafen, wo Erkenntnis doch unser aller Ziel war? Dass hier nicht Erkenntnis im Sinne von *jnana* gemeint war, sondern eher die Trennung in Gut und Böse, verstand ich erst zur Zeit meiner Zen-Studien. Aber diese so offenkundigen Fehldeutungen, wo sich Menschen im Dickicht von Sünde und Schuld verstrickten, statt die Gesetzmäßigkeit von Ursache und Wirkung zu durchschauen, empörten mich zutiefst.

Dieser Gott ließ die Mauern der Stadt Jericho einstürzen, weil ihre Bewohner Widerstand leisteten, und er duldete, dass in seinem Namen Menschen getötet wurden. Er forderte von Abraham gar die Tötung seines Sohnes Isaak, um seinen Gehorsam zu prüfen. Das musste ein Gott sein, der sehr von Anerkennung abhängig war. Dieser Gott verlangte von Jesus, sich für die Sünden der Menschen foltern und töten zu lassen. Wie war das nur möglich? Da musste die nette Lehrerin, die uns diese Geschichten erzählte, wohl etwas falsch verstanden haben. So etwas konnte ein Gott der Liebe nicht zulassen. Es hieß doch: «Du sollst nicht töten!» Natürlich nicht, deshalb aßen wir ja zu Hause glücklicherweise kein Fleisch. Es war entsetzlich genug, wenn im Dorf ganz unverhüllt ein Schwein geschlachtet wurde.

Nach vielen Fragen und immer verwirrenderen Antworten stand meine Entscheidung fest: Die Lehren von diesem Gott konnten nicht richtig sein. Es war doch so einfach zu beobachten, wie das eigene Handeln und Denken auf mich selber und auf andere Menschen wirkte. Es war so klar ersichtlich, dass jeder Mensch nur durch eigene Einsicht sein Verhalten ändern kann. Wie sollte es da möglich sein, durch das Blut eines andern von Fehlhaltungen befreit zu werden? Und so saß ich denn als buddhistisches Kind in einem christlichen Unterricht und lernte fleißig Bibelverse auswendig, um die Lehrer mit ihren eigenen Worten widerlegen zu können, denn die Widersprüchlichkeit dieser Lehre hatte mich tief betroffen gemacht. Solche Verse fand ich da und dort, aber seltsamerweise wurden sie von den Vertretern des Christentums nicht wirklich ernst genommen. Hatte Jesus nicht gesagt: «Ihr sollt vollkommen werden, so wie mein Vater im Himmel vollkommen ist»? Über den Weg zu dieser Vollkommenheit aber erfuhr man nur wenig. Vielmehr hatte ich stets das Gefühl, dass das Streben nach Vollkommenheit eher mit Misstrauen betrachtet wurde, so, als sei es etwas Ungehöriges, Vermessenes. In den Gesprächen mit meiner Mutter genoss ich umso mehr die klaren, Einsicht weckenden Lehren des Buddha, die man ergründen, erforschen und durch die eigene Erfahrung verifizieren durfte, ohne ein Sakrileg zu begehen. Und ich erprobte voller Vertrauen und Zuversicht die Wirkung der kleinen Übungen der Achtsamkeit und der Entfaltung von Liebe und Mitgefühl, die meine Mutter mich gelehrt hatte.

Lektüre

In diesen Jahren nach dem Krieg durfte man nicht wählerisch sein: Man musste lesen, was man in den Büchereien fand. Das waren Mitte der 50er-Jahre Reiseberichte von Fritz Mühlenweg, der noch viel spannender erzählen konnte als Sven Hedin und mich in die weiten Grasländer und Wüsten der Mongolei entführte. Es erschien Heinrich Harrers *Sieben Jahre in Tibet*, und mein Herz flog dem tibetischen Volk und ganz besonders Seiner Heiligkeit dem Dalai Lama zu. Und schließlich gaben die geheimnisumwitterten Berichte Alexandra David-Néels mir neue Argumentationshilfen für meine Dispute mit Religionslehrern und Pfarrern, sofern diese sich für Auseinandersetzungen überhaupt die Zeit nahmen. Die Gesetzmäßigkeit der buddhistischen Grundlehren, ihre Schlüssigkeit und Logik wurden eine so unerschütterliche Basis für mein gesamtes Denken, dass ich es als Oberstufenschülerin sogar wagte, die Werke mancher großer deutscher Lyriker vor dem Hintergrund dieser Weltsicht zu interpretieren – zum Erstaunen des Lehrers, der sich nicht zu erklären vermochte, wie eine Sechzehnjährige so «philosophisch» sein konnte.

Leider missbrauchte ich während meiner Flegeljahre manchmal mein Wissen. Ich hatte herausgefunden, dass der Satz aus dem *Dhammapada*: «Vom Geiste gehen die Dinge aus, sind geistgeschaffen, geistgewirkt», auch ganz wörtlich zutraf: Man konnte allein durch die Kraft der Gedanken auf andere Menschen einwirken. Und so begann ich damit zu experimentieren. Aber die sich prompt einstellenden Ergebnisse beschämten mich bald, und ich erkannte, dass ich mit den Übungen, die ich gelernt hatte, nicht andere Menschen manipulieren durfte, sondern dass ich mich selbst damit zu zähmen lernen sollte. Und das war weitaus schwieriger.

Dann kamen die ersten Bücher zum Zen-Buddhismus auf den Markt. Hier stieß ich wieder auf Textstellen, die schwer zu verstehen waren und die man viele Male lesen musste, bevor man erahnen konnte – oder eben auch nicht –, was damit gemeint war. Die Unmittelbarkeit und Direktheit der Aussagen, die aber gleichsam wie verschlüsselt erschienen, zwangen zu einer intensiven Beschäftigung mit den Texten. Immer wieder tauchten dieselben Sätze im Geiste auf, und es gab niemanden, der sie hätte erläutern können. Sitzen in Stille – einer äußeren Stille, die den Aufruhr im Geist verbarg. Manchmal erinnerte ich mich an die stillen Stunden meiner Kindheit, in denen das Denken beim Schauen in den weiten Himmel zur Ruhe kam und eine große Klarheit die Zeit und alles Wollen einschmolz. Und dann flüchtete ich mich in den langen Stunden des Zazen in die Weite des damals geschauten Raumes.

Darshan

Zu Weihnachten 1971 schenkte mir meine Mutter den *Weg der weißen Wolken* von Lama Anagarika Govinda. Ich verschlang dieses Buch, schrieb an den Verlag und bat um die Anschrift des Verfassers. Doch mein Brief erreichte Lama Govinda nicht, denn er war auf einer Weltreise, und doch ganz nah. Im darauf folgenden Sommer lernte ich ihn bei einem Vortrag kennen und war von seinem tiefen Wissen, mehr aber noch von seiner Bescheidenheit und Einfachheit tief berührt. Ich schlich mich nach seinem Vortrag (fast) unbemerkt in sein Zimmer, in dem es von geschäftigen Schülern wimmelte, und erfuhr zum ersten Mal in diesem Leben das Geschenk eines Darshan: im wortlosen Betrachten des Lehrers eine Erfahrung jener Weite, Offenheit und Einfachheit zu machen, die ganz unmittelbar einen Weg weist. Hier sah ich die Möglichkeit, von einem authentischen Meister zu lernen. Es war mir in diesem Moment einerlei, welcher buddhistischen Tradition er angehörte, obwohl ich schon während seines Vortrages verstanden hatte, dass er ein durchaus kritischer Geist war. Vertraut erschien mir das Pantheon der Buddhas und Bodhisattvas, das er mit der Wortgewalt und der magischen Verzauberung eines orientalischen Märchenerzählers für seine Zuhörer zum Leben erweckte. Er schien mir den Schlüssel zum Verständnis all jener Fragen in Händen zu halten, die mir bis jetzt noch niemand hatte beantworten können. Und er schien mir ein Lehrer zu sein, der das lebte, was er lehrte.

Mit dieser Begegnung begann mein systematisches Studium des Buddha-Dharma. Ich studierte die verschiedenen Epochen und die Texte ihrer großen Lehrer und erkannte die verschiedenen Lehrmeinungen als einen Versuch, sich dem Weg immer wieder neu und frisch und von einer anderen Seite aus anzunähern. Ich lernte ihn in der eigenen Praxis umzusetzen und machte die Erfahrung, dass die Übungspraxis befreiende Veränderungen auslösen kann.

Seitdem ist der Buddhismus hier in unserem Land bekannter geworden. Viele Menschen haben sich ihm zugewandt, weil seine Lehren überzeugen oder aber – wie in meinem Fall –, weil sie ganz einfach so wesensverwandt sind, dass man sie als Wahrheiten erkennt und als unterstützend und befreiend erlebt. Heute empfinde ich mich hier im Westen nicht mehr als Fremdling, sondern meinen buddhistischen Freunden in ganz Europa oder anderswo in der Welt verbunden. Ich sehe mit Freude, wie die vielen unterschiedlichen Traditionen hier im Westen heimisch werden und uns ihre Schätze erschließen. Ich spüre auch in der Öffentlichkeit ein immer tiefer werdendes Verständnis für unser Anliegen, ein Bewusstsein für die wesentlichen Dinge im Leben zu entwickeln: Frieden und Genügsamkeit, Liebe und Mitgefühl für alle Wesen, die Verwirklichung unseres menschlichen Potenzials im Erwachen.

Es ist meine Vision, hier im Westen die notwendigen Bedingungen für eine mit dem Dharma in Einklang stehende Lebensweise zu schaffen. Bedingungen, die dazu beitragen, Weisheit und Mitgefühl zu entwickeln. Wenn es uns gelingt, dem Dharma gemäß zu leben, dann können wir auf die Verfechtung eines der vielen «Ismen» verzichten. Das macht Frieden und ein konstruktives Miteinander möglich. Deshalb ist es nach mehr als fünfzig Jahren an der Zeit, dass der Dharma hier im Westen heimisch wird.

Paul H. Köppler

Paul Köppler wurde 1946 in Österreich geboren. Nach seiner Promotion im Fach Theaterwissenschaft wirkte er zunächst als Lehrer an einer Berufsschule. Ende der 70er-Jahre kam es zu ersten Annäherungen an den Buddha-Weg. Einige Jahre später wurde ihm die Leitung des buddhistischen Seminar-Hauses in Scheibbs angetragen. Bald darauf übersiedelte er nach Deutschland und eröffnete im Jahre 1987 das Zentrum Waldhaus am Laacher See sowie 2001 das Stadtzentrum Siddharta in Bonn, wo er nun mit seiner Familie lebt. Geistig orientierend wirkten dabei die Begegnungen mit zahlreichen Lehrern, vor allem jedoch die Vipassana-Lehrerin Ruth Denison und seit 1992 der vietnamesische Lehrer Thich Nhat Hanh, dessen Orden Intersein Paul Köppler 1996 beitrat. Prägend war zudem die Auseinandersetzung mit der Humanistischen Psychologie sowie der ursprünglichen Lehre des Buddha, die er in eine zeitgemäße Sprache bringen möchte. Paul Köppler wirkt auch als Meditationslehrer und ist Autor des Buches *Auf den Spuren des Buddha*, O.W. Barth Verlag 2001.

Website: www.Buddhismus-im-Westen.de

Mit leisen Schritten Umwege und Wege zum Land ohne Werden und Vergehen

Frühe Erfahrungen

Ich liege hinter dem Paravent im Schutz meines Kinderbettes – alleine. Ein Stück Zucker ist mein süßer Trost. Da dieser Trost so schnell vergeht, lerne ich eine besondere Technik. Ganz zart und gleichmäßig sauge ich daran, ruhig atmend. Der Zucker wird hart. Ganz achtsam muss ich sein, denn: Ein fester Atem, ein stärkerer Druck, eine heftigere Bewegung – und die Herrlichkeit vergeht. So wird das abendliche Ritual unbewusst zur Meditation, und während mein Körper ganz ruhig liegt, gleite ich in eine andere Dimension, in eine unkörperliche, stille, wunderbare Welt.

Als Jugendlicher liege ich im brütend heißen Hochsommer in einem stillen Heuschober. Der Duft ist betörend. Zwischen den Brettern sehe ich in der Ferne die mächtigen Berge, die heiße Luft flimmert. Es ist absolut ruhig. Ich vergesse, dass ich da bin. Es gibt nur diese Stille, das Heu, die Berge, den unendlichen Augenblick, sonst nichts.

Als junger Mann habe ich wahnsinnige Angst vor dem Zahnarzt. Irgendwo lese ich, dass der Geist stärker ist als der Körper, dass es gegen die Schmerzen hilft, an etwas anderes zu denken. Ich versuche es. Während das hässliche Geräusch des Bohrers meinen Kopf ausfüllt, denke ich an die schönsten Erlebnisse, die ich je hatte. Es funktioniert. Ich kann in der Vorstellung anderswohin gehen, der Schmerz tritt zur Seite, ist so zu ertragen. Der Geist ist stärker als der Körper.

Längst habe ich die ersten frühen Erlebnisse vergessen. Erst viel später erkenne ich, dass sie mit meinem Weg sehr viel zu tun haben.

Sinnfragen

Als Schüler frage ich mich und meine Mutter: Warum lebt man? Warum lebt man wirklich? Sie hat keine Antwort, die mich befriedigt. Wenn das so ist, sage ich, dann kann man sich doch auch umbringen, dann braucht man ja nicht weiterzuleben. (Mutter ist schockiert.) Dabei würde ich das nie wirklich in Erwägung ziehen. Außerdem sagt eine Stimme in mir, dass es doch einen Sinn gibt.

Später diskutiere ich mit Freunden nächtelang über den Sinn des Lebens, über Gott und die Notwendigkeit, zu glauben. Ich erinnere mich noch, wie ich einem Cousin, dessen Eltern Atheisten waren, die Notwendigkeit, an Gott zu glauben, nahe zu bringen versuchte.

Ich ging nicht oft, jedoch gern in die Kirche. Vor allem die Beichte fand ich gut. Dieses Gefühl der Vergebung meiner Sünden, der Reinigung liebte ich. Ich weiß noch, welch ein erhebendes Gefühl es war, nach der Kommunion frei von allen alten Verfehlungen unbeschwert in die Osterferien zu gehen. Aber nach und nach wird mein Glaube erschüttert, Zweifel stellen sich ein. Die Eltern sind aufrichtige, gute Menschen, aber nicht frömmelnd. Kritisch zu denken und Autoritäten zu hinterfragen, das ist erlaubt. Einmal nehme ich auf der Straße einem anderen Jungen etwas Unbedeutendes weg. Aber für mich ist das eine große Sache, ein Raub. Das führt zur ersten mächtigen Erschütterung meines Glaubens, als der Priester meine Beichte nicht annimmt. Es gehe doch um nichts, meint er, ich solle es vergessen. Das kann ich nicht.

Nach einem langen Gespräch mit einem Freund wird uns klar: Die Kirche ist ein Übel, die Priester verstehen gar nichts, alles ist eine große Lüge, um die Menschen zu unterdrücken und an ihr Geld zu kommen. Diese Institution ist in unseren Augen hohl geworden, die Lehre ein Hindernis für die persönliche Entwicklung, die Rituale sind ohne Bedeutung. Solch einem Verein will ich nicht länger angehören. Ohne schlechtes Gewissen treten wir aus der Kirche aus – wir sind freie Menschen. Lange Diskussionen folgen später, Nächte auf Liegestühlen im Gespräch verbracht. Eine ältere Frau erweckt mein Interesse (mein Vater glaubte schon nicht mehr, dass ich noch einmal Literatur und Philosophie lesen würde) für Homer, die griechischen Philosophen und einen eigenartigen Autor namens Mulford, der über das einfache Leben schreibt. Ich glaube nicht, dass man so leben kann, aber tief drinnen berührt es mich.

Erste buddhistische Schritte

Derselbe Freund, mit dem zusammen ich die Unzulänglichkeit der christlichen Kirche entdeckte, begegnet einem buddhistischen Lehrer. Ich höre im Jahre 1976 einen Vortrag, aber noch ist mir alles fremd. Auf keinen Fall will ich veranlasst werden, wieder irgendetwas zu glauben. Das habe ich überwunden. Am Rande der Großstadt entsteht ein buddhistisches Haus. Ich gehe hin, helfe mit, finde neue Freunde und eine feste Beziehung. Was wird da gemacht? Arbeiten, reden, streiten, verwalten, planen, leben. Und meditieren!

Die erste Meditation. Freunde haben die Übung mitgebracht, aus Asien. Sie können nicht viel darüber erzählen, es gibt kaum Anleitung hier im Jahre 1978. «Was macht ihr da?», möchte ich wissen. Einfach die Beine irgendwie kreuzen, aufrecht sitzen, den Atem zählen, sich auf den Unterbauch konzentrieren, still sein. Still sitzen – ich glaube, das kann ich nicht. Ich bin ein unruhiger Mensch, kann nicht sitzen bleiben. Meine Mutter pflegte zu sagen: «Der hat Quecksilber im Hintern.» Am ersten Tag in der Grundschule stehe ich nach einer Stunde Sitzen auf und will nach Hause gehen, denn ich habe schon genug. Die Schule wird mir deswegen später oft zur Qual. Und nun sitze ich auf diesem Kissen, die Glocke ertönt. Ich hatte so zu sitzen schon einige Male am Strand probiert, aber es ging nicht lange. Nun soll ich es eine Stunde lang tun. Ich probiere es. Den Atem zu zählen klappt nicht, immer schweifen die Gedanken ab, der Körper schmerzt nach kurzer Zeit – soll ich mich bewegen? Und dann, unerwartet: Etwas beruhigt sich, der Geist ist nicht mehr so fordernd, die Schmerzen lassen nach, ich bin auf einmal einverstanden mit dem Augenblick. Ich kenne dieses Gefühl, ich erlebe es nicht zum ersten Mal. Ich habe es nur vergessen. Ich weiß nicht, woran es mich erinnert – aber es ist wie ankommen, wie endlich zu Hause sein. Was immer da kommt und geht, ist nicht so wichtig. Diesen Schlüssel zum Tor des Erwachens will ich in diesem Leben nicht mehr verlieren.

Die langen Jahre der Schulung

«Wie komme ich auf diesem Weg weiter?», frage ich meinen Freund. «Ich glaube», sagt er, «du solltest einmal einen längeren Kurs machen.» Es wird mein erster Meditationskurs, noch in diesem Jahr 1978, eine Woche Vipassana mit einem Lehrer und einer Lehrerin aus England. Er war früher Theravada-Mönch, sie war oft in Thailand. Beide sind völlig unkompliziert, locker, humorvoll und trotzdem diszipliniert. Eine neue Welt tut sich auf. Alles ist schwierig, ungewohnt, anstrengend. Nichts Großartiges geschieht, kein inneres Licht, keine Stimme der Erkenntnis, kein Durchbruch in eine andere Dimension. Aber ich beginne, vieles zu verstehen. Ich sehe «meinen» Ärger tatsächlich als meinen Ärger und nicht als das Ergebnis des Verhaltens anderer. Ich erkenne, dass sich der Geist nur im Spiegel der körperlichen Erfahrungen sehen kann. Ich erfahre, wie mich immerfort irgendwelche Wünsche und Vorstellungen, wie es sein soll, antreiben und nicht zur Ruhe kommen lassen. Manchmal ist es wunderbar, oft ist es unerträglich, hin und wieder ist es einfach langweilig und trüb. Aber am Ende der Woche fühle ich mich frei wie nie zuvor. In all den kommenden Jahren werden mich die Kurse, die Zeiten des Rückzugs in verschiedene Zentren oder in asiatische Klöster immer begleiten, zum festen Bestandteil meines Weges werden.

Warum bleibe ich dabei? Vielleicht wäre irgendwann – trotz besseren Wissens – die ganze Übung im gewöhnlichen Alltag untergegangen, aber zu meinem Glück bekam ich eine weltliche Aufgabe. Mein Freund will das Zentrum nicht mehr leiten und fragt mich, ob ich es nicht machen möchte. Ich brauche nicht lange, um zu einer Entscheidung zu kommen. Als Lehrer an einer Berufsschule ist es mir schon lange verleidet, meine Schüler zum Zuhören und Lernen zu zwingen. Ich gebe meinen Beruf auf und ergreife die neue Chance. Zudem erleichtert der Umstand meinen Entschluss, dass meine damalige Freundin auch in diesem Zentrum lebt.

Eine intensive Zeit des Zusammenlebens, Organisierens und Übens beginnt. Ich verwalte, koche, putze, arbeite im Garten, renoviere, betreue die Gäste, schreibe und meditiere. Seltsamerweise werden die Schwierigkeiten im Umgang mit anderen nicht weniger, teilweise nehmen sie sogar zu. Ich beginne, mir selbst zu begegnen, und das ist nicht immer erfreulich.

In all dem Auf und Ab der gruppendynamischen Prozesse finde ich Halt, Korrektur und Unterstützung durch «meine Lehrer und Lehrerinnen». Christopher Titmuss, Christina Feldmann, Dr. Walther Karwath, Franz Ritter, Klaus Zernickow, Akira Ishii, Godwin, Ayya Khema, Norman Rosenberg, Mischka Solonevich, Bhagwan, Krishnamurti, Karmapa, Genro, Vimalo, Kassapa, Gesshin, Sayadaw U Janaka, Sasaki Roshi und noch viele andere. Ruth Denison wird meine spirituelle Mutter. Sie ist mein bester Spiegel und wird immer wieder an entscheidenden Stellen meines Lebens die Richtung vorgeben. Sie bietet mir stets aufs Neue den Widerstand, den ich brauche, bis ich lerne, ihre widersprüchlichen Anweisungen einfach zu akzeptieren – und gerade dadurch mich zu verwirklichen und gehört zu werden.

Neben Meditation und buddhistischer Schulung, neben der Lektüre von Nyanaponikas Übersetzungen der Reden des Buddha werden die psychologisch-therapeutischen Gruppen zum entscheidenden Faktor der Weiterentwicklung.

Die wichtigste Schulung allerdings ist der notwendige tägliche Umgang mit den anderen Menschen, die im Zentrum leben, wohnen und üben, sind die Auseinandersetzung mit Freunden, Mitarbeitern, Gästen und das Leben in mehr oder minder festen Partnerschaften. Die geistigen Einsichten reifen, mehr und mehr verstehe ich die alten Texte und neuen Vorträge, versuche, meine Erkenntnisse in Artikeln, Gedichten und Kurzgeschichten zum Ausdruck zu bringen.

Aber das Schwierigste ist die praktische Umsetzung in dem täglichen, ganz normalen Wahnsinn.

Aufbruch zu neuen Ufern

Nach einigen Jahren Gemeinschaftsleben wird mein Lebensschiff auf einen anderen Kurs gebracht. Ich sehe eine neue Aufgabe: die Gründung eines buddhistischen Vereins und Zentrums in Deutschland. In gemieteten Räumen fangen wir an, dann gelingt es mir, ein eigenes Haus zu finden und dort die Arbeit fortzusetzen. 1987 wird das «Waldhaus am Laacher See» eröffnet. In dieser Zeit beginnt ein neues Familienleben. Ich heirate zum zweiten Mal, und bereits im neuen Haus wird mein Sohn geboren. Auch heute noch bietet die Familie die größte Chance für die Entfaltung von wirklicher Liebe und ist der unerbittlichste Prüfstand dafür, ob Herzensqualitäten echt und tragfähig geworden sind.

Neben dem ursprünglichen Buddhismus finde ich seit 1992 eine zweite Wurzel in der Tradition des vietnamesischen Zen-Lehrers Thich Nhat Hanh. Immer mehr unterrichte ich selbst, arbeite mit «meinen» Lehrern und Lehrerinnen zusammen, finde Ermutigung, die Lehre und meine Erfahrungen weiterzugeben. Die intensive Beschäftigung mit alten buddhistischen Texten und Geschichten (für die allerdings neben Zentrumsarbeit und Familie nicht viel Zeit bleibt) führt schließlich zu einem Buch: *Auf den Spuren des Buddha*. Diese Geschichtensammlung bringt mein Bemühen zum Ausdruck, die Lehre des Buddha für Menschen von heute verständlich zu machen.

Nach und nach fließen die Weisheiten der buddhistischen Lehre in den Umgang mit Menschen und in die Arbeit ein. Konflikte lösen sich, Anerkennung und Erfolg stellen sich ein, die Gemeinschaft festigt sich. Schon seit vielen Jahren gebe ich Kurse, vor allem solche, für die ich keine anderen Lehrerund Lehrerinnen finden, wie zum Beispiel Tage für Familien mit Kindern. Nach dem Tod eines Meditationslehrers, mit dem zusammen ich lange Zeit Kurse leitete, spüre ich seinen Auftrag und seine Unterstützung aus der anderen Welt, um nun verstärkt mehrtägige Kurse anzuleiten.

Nach fünfzehn Jahren als Familie in einem buddhistischen Zentrum wagen wir den Schritt in eine andere Umgebung. Der buddhistische Weg ist inzwischen so sehr zur wahren Heimat geworden, dass schon von Anfang an der neue Wohnort mit einem

Stadtzentrum für die Praxis der Achtsamkeit verbunden ist. Noch habe ich meine Wurzeln und Aufgaben in der Waldhaus-Gemeinschaft, während in Bonn seit dem Frühjahr 2001 ein neuer Sangha entsteht.

Erwachen

Ich nehme mit Dankbarkeit den langsam reifenden Prozess des Erwachens wahr. Immer wieder erlebe ich die Momente unabhängigen Glücks, die an nichts und niemanden gebunden sind. Ich bin eins mit dem Waldboden, auf den ich meine Schritte achtsam setze, ich bin der Klang der Glocke, der durch die Welt dringt, um die Herzen der Menschen zu verwandeln. Wenn der Wind des Begehrens weht, muss mein Schiff nicht mehr auslaufen. Wenn ich wirklich da bin, kann ich Menschen zuhören und die Antworten aus den Gesetzen unseres Seins ablesen.

Wie viele Personen sind in dieser Person, die ich bin? Wie viele Schatten sind noch da, wie viele Samen des Unrechten wollen noch an die Oberfläche? Erwachen bedeutet auch, die Energie dieser Schatten immer wieder zu erleben und zu transformieren, loszulassen und sich unablässig zu bemühen. In all diesen von Wünschen getriebenen Bewegungen, in all diesen Rollen und Wirklichkeiten gibt es kein beständiges Ich. Das ist der Weg zur Freiheit.

Heinz-Jürgen Metzger

Heinz-Jürgen Metzger wurde 1952 in Landau in der Pfalz geboren. Nach dem Studium der Germanistik und Soziologie unterrichtete er zwanzig Jahre lang an einem Gymnasium. Im Jahre 1986 begann er mit der Praxis des Zazen, seit 1992 leitet er das Zen Zentrum Solingen, das der von Deshimaru Roshi begründeten Association Zen Internationale in Paris zugeordnet ist. Gegenwärtig arbeitet er als Geschäftsführer der Peacemaker Gemeinschaft Deutschland, die sich auf überkonfessioneller Basis der Verbindung von Spiritualität und sozialem Engagement widmet. Seit 1999 ist er Mitglied des Rates der Deutschen Buddhistischen Union.
Website: www.buddhaweg.de

Kein Weg – Mein Weg – Ein Weg

Kein Weg

Erscheinungsformen – *shiki* – unterscheiden sich nicht von Leerheit – *ku* –
und Leerheit unterscheidet sich nicht von Erscheinungsformen.
Shiki selbst ist *ku*, *ku* selbst ist *shiki*.
So verhält es sich mit
Form, Sinnesempfindung, Wahrnehmung, Geistesformationen, Bewusstsein.
Alles Dasein hat den Aspekt von *ku*.
Es ist ohne Geburt und Erlöschen, weder rein noch beschmutzt, nimmt weder zu noch ab.
In *ku* gibt es weder Unwissenheit noch Beendigung der Unwissenheit,
weder Täuschung noch Beendigung der Täuschung.
In *ku* gibt es weder Verfall und Tod noch Beendigung von Verfall und Tod.
In *ku* gibt es kein Leiden, keinen Ursprung des Leidens, kein Ende des Leidens,
keinen Weg, der zum Ende des Leidens führt.
(aus dem *Herz-Sutra*)

Ku ist die Ebene, auf der es keine Trennung gibt, kein Leben und keinen Tod, kein Mein und kein Dein, die Ebene, auf der wir alle miteinander verbunden sind, auf der wir sehen, dass «Ich» als getrennte Einheit nicht existiert.

Buddha Shakyamuni ging es um das Erwachen zur Ebene von *ku*, zur wahren Wirklichkeit jenseits aller Begriffe, wo es weder Buddhismus noch Nicht-Buddhismus, weder Wege noch Umwege gibt.

Mein Weg

Wie bin ich zum Buddhismus gekommen? Ich weiß es nicht wirklich, weil ich die Wirklichkeit als Ganze nicht überschaue. Jede Antwort, die ein «So war es» vorgeben würde, würde eine Kausalität konstruieren, die nur einen Ausschnitt der Wirklichkeit abbilden würde und somit ungenau, falsch wäre.

Spielen zum Beispiel folgende Ereignisse eine Rolle auf meinem Weg zum Buddhismus? Oder eher doch nicht?

Vier Mosaiksteinchen meines Lebens

Ich schätze, es war 1956 oder 1957, als ich vier oder fünf Jahre alt war. Karneval stand bevor. Ich sollte eine Pistole bekommen. Mein Großvater ging mit mir in ein Geschäft und kaufte eine schöne silberfarbene Zündblättchen-Pistole. Stolz wie Oskar verließ ich mit der Pistole in der Hand das Geschäft. Draußen lief ein Hund vorbei. Ich legte an, drückte ab, peng! Im selben Augenblick hing der Hund in meinem Arm. Der Biss war schmerzhaft. Ich ließ die Pistole fallen und habe nie mehr eine Pistole angefasst. – Meine Kriegsdienstverweigerung führe ich bis auf dieses Ereignis zurück. Aber hat es auch Einfluss darauf gehabt, dass ich mich dem Buddhismus zuwandte?

Auf dem Gymnasium habe ich mich für Astronomie interessiert. Das hatte auch den praktischen Vorteil, dass ich einen Grund hatte, nachts aufzubleiben, und erst gegen Mitternacht nach Hause kommen musste. (Ich nutzte die Abendstunden nicht nur, um Sterne am Himmel zu betrachten.) – Hat das Sichbefassen mit Sternen, Galaxien, dem Raum jenseits der Erde mich für das Unbekannte, das nicht Sagbare geöffnet?

Einer meiner Onkel ist katholischer Pfarrer. In die Kirche zu gehen gehörte in meiner Familie zu den Sonn- und Feiertagen wie Kaffee und Kuchen. Je älter ich wurde, desto weniger glaubhaft waren für mich viele kirchliche Lehräußerungen. Sobald ich achtzehn war, trat ich aus der Kirche aus. – Hat meine Trennung von der katholischen Kirche eine Lücke hinterlassen, die später der

Buddhismus füllte? Gibt es so etwas wie ein religiöses Grundbedürfnis?

Ich war lange Jahre politisch aktiv, habe zuerst gegen den Vietnamkrieg und gegen die Macht des Springer-Verlags demonstriert, wurde Mitglied in der SPD, später bei den Grünen. Eine Zeit lang leitete ich eine Initiative zur Verhinderung von Pseudokrupp, einer Atemwegserkrankung bei Kleinkindern, die zum Ersticken führen kann. Wir setzten durch, dass in Solingen ein Immissionskataster erstellt wurde, um zu überprüfen, wo sich die Abgase der Solinger Müllverbrennung niederschlugen, und erreichten, dass eine bessere Abgasreinigung erfolgte. – Die RaucherInnen unter den Eltern weigerten sich aber, die Auswirkungen ihres Verhaltens auf den Schadstoffgehalt der Luft in den Wohnungen untersuchen zu lassen. Ich verließ die Initiative. – Wir neigen dazu, nach außen zu blicken, und wehren uns oft, nach innen zu schauen. Habe ich im Buddhismus diese Innensicht gesucht und gefunden?

Mein Weg: Kein Weg

Mitte der 80er-Jahre, ich war inzwischen verheiratet und hatte eine vierjährige Tochter, brauchte ich Abstand, Zeit zum Nachdenken. Ich ließ mich für ein Jahr von meinem Beruf als Studienrat beurlauben und fuhr in gut sechs Wochen mit dem Fahrrad bis nach Helsinki.

Schon immer hatte mich die Frage nach dem Sinn des Lebens beschäftigt. Eine Antwort, eine ANTWORT hatte ich nicht gefunden. Während ich an der norwegischen Küste Stunde um Stunde in die Pedale trat, wurde mir plötzlich klar: Der Sinn des Lebens ist, zu leben. Nichts sonst. (Seither hat sich mir die Frage nach dem Sinn des Lebens nicht mehr gestellt.)

Von Helsinki aus fuhr ich mit dem Zug nach Moskau, dann mit der Transsibirischen Eisenbahn durch die Sowjetunion und anschließend mit dem Schiff bis nach Japan, wo ich weitere zwei Wochen radelnd verbrachte, bevor ich zu meiner Familie zurückkehrte.

In Japan besuchte ich Tempel und begegnete buddhistischer Kunst, aber nicht der buddhistischen Lehre.

Mit ihr kam ich erst nach meiner Rückkehr aus Japan in Kontakt: Ich war in meinem Leben schon viel gereist, war in zahlreichen Ländern gewesen. Noch nie aber hatte ich den Eindruck gehabt, so wenig von einem Land verstanden zu haben wie von Japan. Vieles schien amerikanisiert, doch es war spürbar, dass in der Tiefe etwas anderes sein musste. Ich besorgte mir Bücher über Japan und begann zu lesen. In einem der Bücher stieß ich auf das Wort «Zen», dies sei die Bezeichnung für das, was in den Tempeln Japans praktiziert wurde. War das die Quelle für das Verständnis Japans? Kurz darauf hörte ich, es gebe in Solingen eine Gruppe, die Zazen praktiziere. Ich rief die Person an, die in der Kontaktadresse genannt wurde, und wir vereinbarten einen Einführungstermin.

Ich kam in eine Zweizimmerwohnung, deren Besitzer gerade dabei war, das Mobiliar seines Wohnzimmers auf den Speicher zu tragen. «Ich mache aus meinem Wohnzimmer ein Dojo», erklärte er. «Das ist der Ort, an dem Zazen praktiziert wird.» Er zeigte mir die Zazen-Haltung, die Geh-Meditation «Kinhin» und den Ablauf der Zermonie. Dann kamen vier oder fünf weitere Leute, und wir saßen zweimal vierzig Minuten, unterbrochen von Kinhin. Die Beine schmerzten, nach den ersten vierzig Minuten konnte ich kaum aufstehen.

Aber das war nicht so gravierend, wichtiger war das klare Gefühl, angekommen zu sein. Trotz der Schmerzen war das Bewusstsein da: «Genau das ist es. Das wirst du weitermachen.» Seither praktiziere ich Zazen.

Im Rückblick kann man natürlich die Frage stellen: «Angekommen wo?» – Ich vermag dies nicht zu beantworten. Höchstens so: Vielleicht am Ort jenseits von Fragen und Antworten.

Kein Weg: Mein Weg

1989 legte ich die Gelübde des Bodhisattva ab:

Zahllos sind die lebenden Wesen.
Ich gelobe, sie alle zu befreien.
Unerschöpflich sind die Leid schaffenden Täuschungen.
Ich gelobe, sie alle zu überwinden.
Unermesslich ist die Wirklichkeit.
Ich gelobe, sie ganz zu durchdringen.
Endlos ist der Weg des Erwachten.
Ich gelobe, ihn ganz zu gehen.